◆ **bachelor-wissen**

Fachdidaktik Spanisch

bachelor-wissen

bachelor-wissen ist die Reihe für die modularisierten Studiengänge

◆ die Bände sind auf die Bedürfnisse der Studierenden abgestimmt

◆ das fachliche Grundwissen wird in zahlreichen Übungen vertieft

◆ der Stoff ist in die Unterrichtseinheiten einer Lehrveranstaltung gegliedert

◆ auf www.bachelor-wissen.de finden Sie begleitende und weiterführende Informationen zum Studium und zu diesem Band

bachelor-wissen

Christiane Fäcke

Fachdidaktik Spanisch

Eine Einführung

Prof. Dr. Christiane Fäcke ist Inhaberin des Lehrstuhls für Didaktik der romanischen Sprachen und Literaturen an der Universität Augsburg.

Idee und Konzept der Reihe: Johannes Kabatek, Lehrstuhl für Romanische Sprachwissenschaft an der Eberhard-Karls-Universität Tübingen.

Bibliografische Information der Deutschen Nationalbibliothek

Die Deutsche Nationalbibliothek verzeichnet diese Publikation in der Deutschen Nationalbibliografie; detaillierte bibliografische Daten sind im Internet über http://dnb.d-nb.de abrufbar.

© 2011 · Narr Francke Attempto Verlag GmbH + Co. KG
Dischingerweg 5 · D-72070 Tübingen

Internet: http://www.bachelor-wissen.de
E-Mail: info@narr.de

Umschlagfoto: »Tango-Pärchen« © Carlos Santa Maria – Fotolia.com
Satz: Informationsdesign D. Fratzke, Kirchentellinsfurt
Printed in the EU

ISSN 1864-4082
ISBN 978-3-8233-6655-3

Inhalt

Vorwort

Im Jahr 1999 zielten die 29 europäischen Bildungsminister mit der Initiierung des Bologna-Prozesses auf die Vereinheitlichung des europäischen Hochschulsystems bis 2010. Sie verbanden damit Ziele wie die Förderung von Mobilität, internationale Wettbewerbsfähigkeit und Beschäftigungsfähigkeit, die durch ein internationales System vergleichbarer Hochschulabschlüsse, durch konsekutive Studiengänge sowie durch das europäische Leistungspunktesystem (ECTS) umgesetzt werden sollten.

Inzwischen ist dieser Bologna-Prozess durch die Einführung der Bachelor- und Master-Studiengänge an den meisten Universitäten in Deutschland weitgehend umgesetzt. Ein Studium besteht aus jeweils in sich geschlossenen und aufeinander aufbauenden Modulen, die in der Regel mit einer Prüfung beendet werden. Dies führt zu einer stärkeren Strukturierung einzelner Lehrveranstaltungen innerhalb eines Moduls, die jeweils formal wie inhaltlich aufeinander bezogen sind. Insbesondere in den BA-Studiengängen geht es um die Vermittlung wissenschaftlicher Grundlagen, um Methodenkompetenz sowie um Bezüge zu berufsbezogenen Qualifikationen.

Studierende müssen im Rahmen eines Lehramtsstudiums unter anderem fachdidaktische Module ableisten. Überblicksartige Einführungsmodule bilden oft den Auftakt eines solchen fachdidaktischen Studiums. Im Rahmen einer Einführungsveranstaltung in die Fachdidaktik Spanisch werden grundlegende Begriffe und zentrale inhaltliche Schwerpunkte der Fremdsprachendidaktik vermittelt und somit Auseinandersetzungen mit Fragen des Lehrens und Lernens von Spanisch angeregt.

Der vorliegende Band der Reihe bachelor-wissen entspricht diesen Überlegungen und richtet sich primär an Studierende eines fremdsprachendidaktischen Moduls zur Einführung in die Fachdidaktik Spanisch. Wesentliche Zielsetzungen bestehen darin, zentrale Wissensbestände der Fachdidaktik Spanisch begleitend zu einer Einführungslehrveranstaltung zu vermitteln oder zum Selbststudium anzuleiten. Der Band besteht aus insgesamt 14 Einheiten, die jeweils in Anlehnung an eine universitäre Lehrveranstaltung bearbeitet werden können. Dabei bildet eine kompetenzorientierte Vermittlung zentrales Konzept der Gestaltung: Neben der expliziten Benennung jeweils angestrebter Kompetenzen wird die Darstellung ergänzt durch Aufgabenstellungen, die auf die vertiefte Bearbeitung des jeweiligen thematischen Abschnitts während oder nach der Lektüre zielen. Ergänzende Materialien sowie Lösungen zu den Aufgaben finden sich auf der Homepage www.bachelor-wissen.de, so dass der eigene Lernfortschritt selbstevaluierend eingeschätzt werden kann. Insgesamt ist mit der auf Anschaulichkeit und Nachvollziehbarkeit zielenden Darstellung anvisiert, insbesondere für Studienanfänger/innen verständlich zu sein und zur eigenverantwortlichen vertieften Auseinandersetzung mit fremdsprachendidaktischen Fragestellungen einzuladen.

Dementsprechend ist der Band in drei Teile gegliedert. Im ersten Abschnitt werden Kompetenzen zu fachdidaktischem Denken und Arbeiten vermittelt, Grundbegriffe der Fachdidaktik Spanisch sowie Arbeitsweisen vorgestellt und daneben Informationen zum Beruf Spanischlehrer/in gegeben. Im zweiten Abschnitt steht die Analyse des Spanischunterrichts im Mittelpunkt. Hier geht es um zentrale Besonderheiten einzelner Methoden sowie um aktuelle Entwicklungen der Fremdsprachendidaktik ebenso wie um die Gestaltung des Spanischunterrichts durch Lehrplan, Curriculum oder Bildungsstandards. Daneben werden besondere Ansätze, d. h. Spanischunterricht in verschiedenen Altersstufen sowie bilinguales Lernen, diskutiert. Im dritten Abschnitt liegt der Schwerpunkt auf Kompetenzen zur Gestaltung des Spanischunterrichts. Hierzu gehört die Thematisierung kommunikativer, methodischer und sozialer Kompetenzen ebenso wie die Auseinandersetzung mit bestimmten Inhaltsfeldern, d. h. Grammatik, Wortschatz, Literatur und interkulturellem Lernen. Einheiten zu Lehrwerken und Unterrichtsmaterialien sowie zur Leistungsbewertung runden diese Einführung ab.

Naturgemäß bestehen Übereinstimmungen zum bereits erschienenen Band *Fachdidaktik Französisch* in den Bereichen der Didaktik der romanischen Sprachen, die keine sprachspezifischen Besonderheiten aufweisen. Der vorliegende Band akzentuiert daneben umfassend alle Aspekte, die rein auf das Spanische bezogen sind.

Augsburg, im Mai 2011 *Christiane Fäcke*

Begriff ‚Fachdidaktik‘

In diesem Kapitel werden Definitionen der Begriffe „Fachdidaktik", „Fremdsprachendidaktik" und „Spanischdidaktik" als wissenschaftliche Disziplinen entwickelt und ihre Gegenstandsbereiche vorgestellt. Ausgehend von einem Beispiel kommen Einflussfaktoren des Spanischunterrichts zur Sprache und hermeneutische wie empirische Methoden werden diskutiert. Anschließend lernen Sie Bezugswissenschaften der Fachdidaktik Spanisch sowie die Paralleldisziplin Sprachlehrforschung kennen.

Überblick

1.1 | Fachdidaktik

Fachdidaktische Veranstaltungen sind obligatorischer Bestandteil jedes Lehramtsstudiums. Sie umfassen in der Regel Einführungs- bzw. Überblicksveranstaltungen, themenbezogene Pro- und Hauptseminare sowie Schulpraktika. Die Fachdidaktik als wissenschaftliche Disziplin ist interdisziplinär angelegt und verortet sich zwischen der jeweiligen Fachdisziplin – also beispielsweise Mathematik, Spanisch oder Geschichte – und den Berufs- bzw. Vermittlungswissenschaften.

Didaktik   Didaktik ist ein Begriff, der aus dem Griechischen stammt. ‚Didaktike techne' bedeutet die ‚Lehrkunst'. In wissenschaftlichen Diskursen bestehen heute verschieden weit oder eng gefasste Auffassungen von Didaktik: So wird Didaktik als Wissenschaft vom Lehren und Lernen (z. B. Heimann, Peterßen), als Wissenschaft vom Unterricht (z. B. Huber, Stöcker), als Theorie der Bildungsinhalte (z. B. Weniger, Klafki), als Wissenschaft vom Lehrplan (Curriculumforschung) oder auch als Wissenschaft von der Verhaltensänderung (z. B. Frank, von Cube) verstanden (vgl. Kron 1996: 329).

Methodik   Häufig wird auch zwischen Didaktik und Methodik unterschieden. Zusammengefasst zielt die Didaktik auf Fragen nach dem Was und Warum, die Methodik hingegen auf Fragen nach dem Wie. Didaktische Fragestellungen sind methodischen Zugängen vorgeordnet, d. h. Inhalte und Begründungen von Unterricht sollten vor konkreten Umsetzungen reflektiert werden. Sobald Didaktik auf ein bestimmtes Unterrichtsfach bezogen wird, spricht man von Fachdidaktik.

Definition

> Fachdidaktik ist eine wissenschaftliche Disziplin, die Inhalte, Begründungen und Zielsetzungen fachbezogenen Lehrens und Lernens sowie methodische Umsetzungen zum Gegenstand hat und analysiert. Sie befasst sich mit Lehr-/Lernsituationen in schulischen und anderen institutionellen Zusammenhängen.

Dabei stellen sich je nach Schulfach, das unterrichtet wird, spezifische Fragen. So werden im naturwissenschaftlichen Unterricht häufig Experimente zu begründen und zu analysieren sein, im Fremdsprachenunterricht hingegen kommen andere Lehr- und Lernformen zum Tragen: beispielsweise die Imitation authentischer Gesprächssituationen, die Lektüre von Texten oder auch die Anwendung des Gelernten in Übungen und Aufgaben. Damit ist die Fremdsprachendidaktik konkret auf das Lehren und Lernen von Fremdsprachen bezogen und befasst sich mit Lehr/Lernsituationen „in allen institutionellen Kontexten und auf allen Altersstufen" (Bausch/Christ/Krumm 2007: 1).

Fremdsprachendidaktik   Hier kommen bestimmte Themen zum Tragen, die in jedem Fremdsprachenunterricht von Bedeutung sind, unabhängig davon, welche Fremdsprache denn nun gelernt werden soll. Im Englischunterricht, im Spanischunterricht oder auch im Russischunterricht gilt es beispielsweise, sich mit Grammatik auseinanderzusetzen, Wortschatz zu erwerben oder auch Lernstrategien zu entwickeln. Ob nun die Bedeutung des *Present Perfect* erlernt werden soll oder der *subjuntivo* – beide Male müssen Lehrkräfte sich grundlegend überlegen, warum und wie sie denn nun das jeweilige Grammatikthema präsentieren, erklären und üben wollen. Außerdem geht es immer wieder um das Erlernen und Behalten neuen Wortschatzes. Schülerinnen und Schüler müssen in jedem Fremdsprachenunterricht Strategien entwickeln, ihren eigenen Lernprozess möglichst effektiv und konstruktiv zu gestalten. Diese Fragen werden jeweils in fremdsprachendidaktischen Perspektiven diskutiert.

Als wissenschaftliche Disziplin ist die Fremdsprachendidaktik auf Inhalte, Begründungen und Zielsetzungen sowie auf die Methodik des Lehrens und Lernens von Fremdsprachen ausgerichtet. Diese Didaktik der modernen Fremdsprachen analysiert übergeordnete Fragestellungen, die auf die in Deutschland in schulischen und anderen institutionellen Zusammenhängen primär gelehrten Fremdsprachen Englisch, Französisch, Spanisch, Italienisch, Russisch sowie Deutsch als Fremdsprache bezogen sind.

Definition

Darüber hinaus gibt es jedoch auch sprachenspezifische Unterschiede. Landes- und kulturkundliche Themen werden nicht sprachenübergreifend behandelt, sondern sind nur jeweils im Spanischunterricht oder im Englischunterricht relevant. Unterrichtseinheiten über *Andalucía* oder *Los partidos politicos en España* bilden beispielsweise ein mögliches Thema für den Spanischunterricht, Unterrichtseinheiten über *The Tudors* oder *Australia* sind nur dem Englischunterricht zuzuordnen. Andere Beispiele für Unterschiede zwischen dem Unterricht einzelner Fremdsprachen sind die Stellung und Bedeutung des jeweiligen Fachs in der Schule, die Sprachenfolge oder auch daraus resultierende Motivationen der Schülerinnen und Schüler, die jeweilige Fremdsprache zu erlernen. So ist Englisch *lingua franca*, d. h. eine weltweite Verkehrssprache, die nicht nur von *native speakers*, sondern von zahlreichen Menschen als Zweit- oder Fremdsprache gesprochen wird. Spanisch hingegen wird in Deutschland weit seltener als wichtige zu erlernende Weltsprache angesehen. Englisch wird daher im Regelfall als erste Fremdsprache gelernt, Spanisch häufig als dritte und in den letzten Jahren z. T. auch als zweite Fremdsprache. Daraus resultieren weitere fachdidaktische Besonderheiten. Schülerinnen und Schüler sind im Anfangsunterricht Englisch meist jünger als im Anfangsunterricht Spanisch. Der Spanischunterricht kann damit als zweite oder dritte Fremdsprache in der Schulsprachenfolge auf Lernerfahrungen der Schülerinnen und Schüler im Englisch- und Französischunterricht zurückgreifen. Dabei gilt es auch, eine andere Motivationshaltung bei den Lernenden zu berücksichtigen. Während Englisch auch im Alltag in Deutschland durch Musik und die Übernahme englischen Wortschatzes in der Alltagssprache – z. B. in Bereichen wie Medien, Computer, Internet usw. – präsent ist, erscheint

Sprachenspezifische Unterschiede

Spanisch demgegenüber eher nachgeordnet. Diese Beispiele machen eine explizit fachdidaktische Dimension deutlich.

Definition

> Fachdidaktik Spanisch ist konzentriert auf die Inhalte, Begründungen und Zielsetzungen des Lehrens und Lernens von Spanisch sowie auf methodische Umsetzungen. Unter Bezugnahme auf den Spanischunterricht in schulischen und anderen institutionellen Zusammenhängen werden fachdidaktische Fragestellungen analysiert und auf ihre Tragfähigkeit für die Umsetzung in konkreten Lehr-/Lernsituationen hin befragt.

Fremdsprachen-unterricht

Mit Spanischunterricht ist hier vor allem Spanisch als Fremdsprache gemeint, nicht Spanisch als Erst- oder Zweitsprache. Spanisch ist Erst- oder Zweit-sprache in Spanien und den meisten Ländern Lateinamerikas, Spanisch als Fremdsprache hingegen dominiert in allen Staaten, in denen Spanisch nicht Erstsprache ist, so auch in Deutschland.

Unterricht in der Primarstufe

Betrachten wir nun einmal den folgenden Text, in dem Grundschulunter-richt als Rahmen gewählt und literarisch verarbeitet ist. Unterricht realisiert sich in jeder Lehr-/Lernsituation jeweils neu, doch kann die folgende Episode exemplarisch verdeutlichen, wie viele Faktoren zur Gestaltung einer Stunde jeweils konkret beitragen.

Das folgende Beispiel stammt aus einer Novelle von Manuel Rivas (2004), in der der Grundschulunterricht aus Sicht eines Schülers dargestellt ist. Im ersten Abschnitt geht es um Schmetterlinge, im zweiten Abschnitt um die Auseinan-dersetzung mit einem Gedicht von Antonio Machado. Trotz aller ursprünglich abschreckenden Erzählungen über die Schule seitens seiner Familie erlebt der sechsjährige Moncho einen sehr motivierenden Lehrer und ist ganz begeistert von dessen lebendiger Art der Vermittlung des Unterrichtsinhalts. Das Ende der Novelle ist bestimmt vom Ausbruch des spanischen Bürgerkriegs und der Verhaftung des einst so geliebten Lehrers. Er wird als anarchistischer Verräter von den Eltern des Jungen beschimpft, die sich dadurch selbst retten wollen. Moncho kann sich dem nicht entziehen, beschimpft den Lehrer jedoch mit den Begriffen, die er von ihm im Unterricht gelernt hat: „¡Sapo!, ¡Tilono-rrinco!, ¡Iris!" (vgl. Lüning 2003: 89)

Text 1.1

«¿Qué hay, Pardal? Espero que por fin este año podamos ver la lengua de las mariposas.»

El maestro aguardaba desde hacía tiempo que les enviasen un microscopio a los de la Instrucción Pública. Tanto nos hablaba de cómo se agrandaban las cosas menudas e invisibles por aquel aparato que los niños llegábamos a verlas de verdad, como si sus palabras entusiastas tuviesen el efecto de poderosas len-tes.

«La lengua de la mariposa es una trompa enroscada como un muelle de reloj. Si hay una flor que la atrae, la desenrolla y la mete en el cáliz para chupar. Cuando lleváis el dedo humedecido a un tarro de azúcar, ¿a que sentís ya el

4

dulce en la boca como si la yema fuese la punta de la lengua? Pues así es la lengua de la mariposa.»

Y entonces todos teníamos envidia de las mariposas. Qué maravilla. Ir por el mundo volando, con esos trajes de fiesta, y parar en flores como tabernas con barriles llenos de almíbar.

Yo quería mucho a aquel maestro. Al principio, mis padres no podían creerlo. Quiero decir que no podían entender cómo yo quería a mi maestro. Cuando era un pequeñajo, la escuela era una amenaza terrible. Una palabra que se blandía en el aire como una vara de mimbre.

«¡Ya verás cuando vayas a la escuela! »

(Rivas 2004: 6)

[...]

«Bien, y ahora vamos a empezar un poema. ¿A quién le toca? ¿Romualdo? Venga, Romualdo, acércate. Ya sabes, despacito y en voz bien alta.»

A Romualdo los pantalones cortos le quedaban ridículos. Tenía las piernas muy largas y oscuras, con las rodillas llenas de heridas.

Una tarde parda y fría...

«Un momento, Romualdo, ¿qué es lo que vas leer?»

«Una poesía, señor.»

«¿Y cómo se titula?»

«*Recuerdo infantil*. Su autor es don Antonio Machado.»

«Muy bien, Romualdo, adelante. Con calma y en voz alta. Fíjate en la puntuación.»

El llamado Romualdo, a quien yo conocía de acarrear sacos de piñas como niño que era de Altamira, carraspeó como un viejo fumador de picadura y leyó con una voz increíble, espléndida, que parecía salida de la radio de Manolo Suárez, el indiano de Montevideo.

Una tarde parda y fría
de invierno. Los colegiales
estudian. Monotonía
de lluvia tras los cristales.
Es la clase. En un cartel
se representa a Caín
fugitivo y muerto Abel,
junto a una mancha carmín...

«Muy bien. ¿Qué significa *monotonía de lluvia*, Romualdo», preguntó el maestro.

«Que llueve sobre mojado, don Gregorio».

(Rivas 2004: 9–10)

Dieses Beispiel macht deutlich, dass Unterricht von zahlreichen Faktoren und Größen bestimmt wird, die ineinander wirken und sich gegenseitig bestimmen. Bevor Sie nun weiterlesen, lösen Sie bitte die folgende Aufgabe.

Aufgabe 1.1 | **?** Welche Faktoren beeinflussen die Gestaltung der in diesem Beispiel dargestellten Lehr-/Lernsituation?

Faktoren im Fremd-
sprachenunterricht

Sicherlich lassen sich etliche Faktoren zur Analyse der hier literarisch verarbeiteten Unterrichtssituation heranziehen. Exemplarisch verweise ich im Folgenden auf drei Faktoren, die mir wichtig erscheinen: die Konzeption von Primarstufenunterricht, das Unterrichtsverständnis des Lehrers insgesamt sowie die Stellung von Poesie.

Primarstufen-
unterricht

Von zentraler Bedeutung ist zunächst die konzeptionelle Gestaltung des Primarstufenunterrichts. Dieser Unterricht wird fächerübergreifend durch einen *Maestro* durchgeführt, der seiner Lerngruppe Schmetterlinge ebenso nahebringt wie Gedichte. Ein solcher Unterricht ist weniger fachspezifisch orientiert und zielt auf die umfassende Erziehung der Kinder. Dazu gehört auch ein enges und persönliches Verhältnis zwischen dem Lehrer und seinen Schützlingen, das von Empathie und Verantwortungsbewusstsein für die Lernenden gekennzeichnet ist. Sein Engagement für seine Klasse oder insgesamt für seine Schule zeigt sich auch darin, dass er die Anschaffung eines Mikroskops zielstrebig, nachhaltig und schließlich auch erfolgreich verfolgt.

Schülerorientierung

Das Unterrichtsverständnis des *Maestro* bildet einen zentralen Faktor bei der Gestaltung des Primarstufenunterrichts. Es dominiert ein schülerorientiertes Verständnis von Unterricht, das viel Raum lässt für Freiarbeit, offenen Unterricht, Methodenvielfalt und den Einsatz unterschiedlicher Medien. Dem Lehrer ist es ein zentrales Anliegen, seinen Schülerinnen und Schülern die Inhalte erfahrbar zu machen und sie ihnen nahezubringen. Der Verweis auf die Schmetterlinge verdeutlicht, dass biologisches Wissen altersgerecht und nachvollziehbar vermittelt wird, sei es mit Hilfe eines Mikroskops oder durch lebendige Schilderung des Lebens der Schmetterlinge, so dass die Lerngruppe sich empathisch mit den Tieren identifizieren kann.

Vermittlung von
Literatur

In diesem Unterricht wird auch der Vermittlung von Poesie ein großer Stellenwert eingeräumt. Auch hier zeigt sich das den Lernenden zugewandte Unterrichtsverständnis des Grundschullehrers. Der Zugang zu dem Gedicht von Antonio Machado wird nicht als literaturwissenschaftlich inspirierte Textinterpretation gestaltet, bei der es auf formale Analysekriterien wie das Reimschema oder die verwendeten Metaphern ankommt, sondern der erste Zugang erfolgt durch einen Vortrag des Gedichts durch einen einzelnen Schüler. Dabei kommt es dem Lehrer auf eine angemessene Intonation und Darstellung an und nicht auf ein gedankenloses Ablesen des Textes. Auch inhaltlich wird der Bezug zur unmittelbaren Lebenswelt der Lernenden erkennbar. Insgesamt erscheint hier ein leserorientiertes Verständnis von Literaturdidaktik, das auf eine lebendige Auseinandersetzung zwischen den Lesenden und dem Gedicht zielt.

Soweit beispielhaft drei Faktoren, die die Durchführung des geschilderten Fremdsprachenunterrichts beeinflussen. Für andere Spanisch-Stunden ließen sich sicherlich andere Einflussfaktoren vorstellen.

? Bevor Sie nun weiterlesen, listen Sie bitte einmal für sich auf, welche Faktoren den Spanischunterricht insgesamt bestimmen bzw. einzelne Stunden bestimmen können.

Aufgabe 1.2

Die wichtigsten Faktoren des Spanischunterrichts sind in der folgenden Grafik zur Übersicht zusammengestellt. Weitere Faktoren lassen sich problemlos ergänzen und darüber hinaus auch die Zuordnungen zu- und untereinander teilweise modifizieren. Da zahlreiche Faktoren ineinanderwirken, spricht man auch von einer Faktorenkomplexion:

Faktorenkomplexion

Faktorenkomplexion im Spanischunterricht

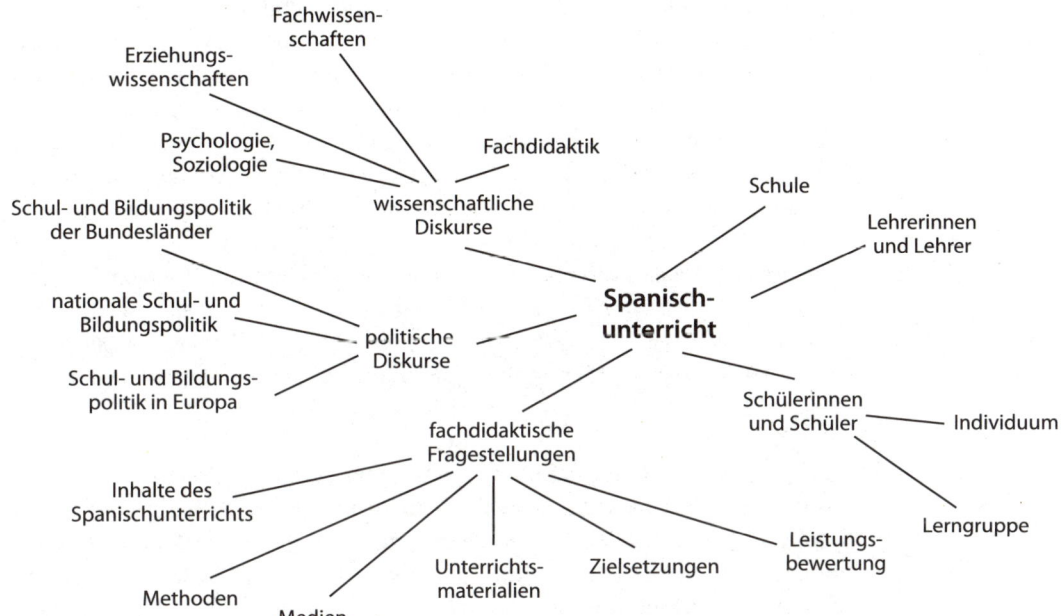

Eine ausführlichere Mind-map, die weitere Faktoren enthält, finden Sie unter www.bachelor-wissen.de.

Die hier genannten Faktoren beeinflussen u.a. die konkrete Realisierung von Spanischunterricht. Eine Spanischstunde an einem Montag in der ersten Stunde in einer unmotivierten Klasse 7 mit einer hohen Anzahl an Schülerinnen und Schülern zum Thema *Escuela y educación en España* auf der Basis eines Lehrwerktextes ist sicher anders gestaltet als eine Spanischstunde in einer hoch motivierten Klasse 9, in der eine an Bildungsstandards und Outcome orientierte Aufgabe zum Thema *Preparamos un intercambio de alumnos con un grupo de Jaén* selbstständig bearbeitet werden soll.

Analyse des Spanischunterrichts

Wenn Fachdidaktik Spanisch nun, wie in der Definition oben aufgeführt, die Inhalte, Begründungen und Zielsetzungen des Lehrens und Lernens von Spanisch zum Gegenstand hat und analysiert, stellt sich auch die Frage nach den Analysemöglichkeiten konkret realisierten Spanischunterrichts.

Die Spanischdidaktik bedient sich dabei zwei verschiedener Zugänge. Wenn wir beispielsweise herausfinden wollen, welche Inhalte im Spanischunterricht standardmäßig bearbeitet werden, so könnten wir z.B. die Inhalte von Spanischlehrwerken analysieren. Ausgehend von dem Postulat, dass Spanischunterricht in der Sekundarstufe I in der Regel lehrwerkbasiert durchgeführt wird, können wir daraus schlussfolgern, dass die Inhalte der Lehrwerke indirekt Aufschluss über die Inhalte des Spanischunterrichts geben und diese dann interpretieren. So könnte man gezielt untersuchen, welche Themen in die Lehrwerke aufgenommen sind, wie häufig und wie intensiv sie zur Sprache kommen oder auch aus welcher Perspektive sie geschildert werden.

Hemeneutik

Eine solche Interpretation von Lehrwerkinhalten basiert auf einem geisteswissenschaftlichen und hermeneutischen Wissenschaftsverständnis. Im Griechischen bedeutet das Verb ‚hermeneuo‘ ‚aussagen, erklären, auslegen‘. Die Hermeneutik zielt somit auf die Auslegung und Deutung von – in diesem Fall – Lehrwerktexten und steht im Gegensatz zu einem sozialwissenschaftlichen Empirieverständnis und zu naturwissenschaftlichen Erklärungen.

Definition

> Hermeneutik ist eine wissenschaftliche Methode, die Ereignisse, menschliches Verhalten und menschliche Werke, wie z.B. Texte oder Kunstwerke, aus sich heraus und in ihrem Zusammenhang verstehen will. Ziel ist dabei das Verstehen von Bedeutung und Sinn. Dieses Verstehen kann niemals endgültig und abschließend sein, sondern ereignet sich immer neu.

Verstehen

Verstehen ist im Sinne des ‚hermeneutischen Zirkels‘ niemals abgeschlossen und definitiv, sondern besteht in einem Prozess, der immer wieder neu durchgeführt wird. Dies steht in Zusammenhang damit, dass das Verstehen immer schon an ein Vorverstehen gebunden ist, dass der Verstehende immer schon ein Vorverständnis hat und dass sich bei immer neuen Auslegungen ein immer neuer Sinn und eine neue Bedeutung ergeben. Kehren wir zur Verdeutlichung zu dem bereits genannten Beispiel der Interpretation von Lehrwerktexten zurück. Ein Spanischlehrwerk, das in den 1970er Jahren erstellt wurde, wird heute sicherlich anders verstanden als damals. Zeichnungen und Fotos von Menschen mit Haarfrisuren und Kleidung im Disco-Stil galten damals als schick und modern, werden heute jedoch als veraltet angesehen. Vergleichbares gilt für das Layout des Lehrwerks oder auch die Gestaltung der Übungen und Lehrwerktexte. Gemäß dem hermeneutischen Zirkel müssen sich die

Sichtweisen auf Texte und Fotos immer neu erschließen und das Verständnis wird sich demgemäß immer wieder verändern.

Hermeneutische Zugangsweisen wurden und werden in der Spanischdidaktik genauso wie in anderen wissenschaftlichen Disziplinen immer wieder genutzt. Doch wissen wir damit genau, welche Inhalte im Spanischunterricht nun wirklich thematisiert werden? Die Rückschlüsse aus Inhalten von Spanischlehrwerken erfolgen nur indirekt. Vielleicht nutzen Lehrkräfte die Lehrwerke nicht genau so wie vorgegeben. Vielleicht nutzen sie ganz andere Unterrichtsmaterialien. Was nun tatsächlich im Spanischunterricht zum Thema gemacht wird, kann somit nicht exakt durch die hermeneutische Methode geklärt werden.

Dazu müssten wir den Spanischunterricht selbst beobachten und analysieren. Durch Unterrichtsbeobachtung und Hospitation aller gehaltenen Spanischstunden in einem bestimmten Zeitraum und einem bestimmten Gebiet, z. B. aller Gymnasien in Köln von Januar bis März eines Jahres, ließe sich ganz genau herausfinden, welche Inhalte wirklich thematisiert werden. Eine entsprechend hohe Anzahl an ausgewerteten Stunden könnte verallgemeinert und als repräsentativ für den Unterricht aller Gymnasien in Deutschland verstanden werden. Eine solche methodengeleitete, strukturierte Unterrichtsbeobachtung folgt einem von Empirie geleiteten Wissenschaftsverständnis.

Empire

Empirie ist eine wissenschaftliche Methode, die sich auf Erfahrung, d. h. Beobachtung, Messung und Experiment, als Zugang zu Erkenntnisgewinn stützt. Empirische Verfahren der Feldforschung gelten als gesicherte Möglichkeit, Realität zu erfassen.

Definition

Empirische Verfahren werden nicht nur in den Naturwissenschaften genutzt, sondern in neuerer Zeit auch in den wissenschaftlichen Disziplinen, die eher von hermeneutischen Verfahren geprägt waren, so z. B. in der Psychologie, Soziologie, Pädagogik und eben auch in den Fachdidaktiken. Besonders bekannte Beispiele sind umfangreiche empirische Untersuchungen wie die PISA-Studie oder die DESI-Studie.

Hermeneutik und Empirie werden heute nicht mehr als einander entgegengesetzte und sich ausschließende Methoden verstanden, sondern in gegenseitiger Ergänzung genutzt. Damit werden auch die Gefahren der jeweiligen Methoden – Spekulation der hermeneutischen Interpretation und unhinterfragter Positivismus der Empirie – verringert oder vermieden. Wenn wir nun herausfinden wollen, welche Inhalte im Spanischunterricht wirklich zum Tragen kommen, bietet es sich an, eine von hermeneutischen Methoden geleitete Lehrwerkanalyse ebenso durchzuführen wie eine von empirischen Methoden geleitete Unterrichtsbeobachtung. Die jeweiligen Ergebnisse der beiden Untersuchungen können sich sinnvoll und konstruktiv ergänzen. Dies wird in der Spanischdidaktik zunehmend umgesetzt. Qualitative und quantitative empirische Studien zum Spanischunterricht untersuchen gezielt

Hermeneutik und Empirie in der Spanischdidaktik

einzelne Faktoren und streben damit an, zusätzliche Aussagen und Ergebnisse im Vergleich zu den ursprünglich eher hermeneutisch angelegten Zugängen der Spanischdidaktik zu bieten.

Aufgabe 1.3 | **?** Vergleichen Sie hermeneutische und empirische Methoden miteinander. Arbeiten Sie die jeweiligen Charakteristika, Gemeinsamkeiten und Unterschiede heraus. Analysieren Sie Vor- und Nachteile beider Methoden für die Fachdidaktik Spanisch. Welche Chancen liegen in einer Kombination von Hermeneutik und Empirie?

1.2 | Bezugswissenschaften der Fachdidaktik

Die bislang aufgeführten Aspekte deuten bereits darauf hin, dass die Spanisch-didaktik von Interdisziplinarität geprägt ist und Bezüge zu anderen wissen-schaftlichen Disziplinen hat. Sie ist zwischen Fachwissenschaften und Berufs-bzw. Vermittlungswissenschaften angesiedelt.

Dazu werden unter anderen die Linguistik (deskriptive Linguistik, ange-wandte Linguistik, Psycholinguistik), die Literatur- und Medienwissenschaft, die Kulturwissenschaft, die Erziehungswissenschaft und die Kognitionswissen-schaften (Philosophie, Psychologie, Soziologie) gerechnet (Küster 2009: 43).

Aufgabe 1.4 | **?** Welche Fragestellungen könnten für die genannten wissenschaftlichen Disziplinen und für die Spanischdidaktik gemeinsam relevant sein? Formulieren Sie jeweils für jede Disziplin eine mögliche Fragestellung bzw. ein Thema, das interdisziplinär auf die Fach-didaktik Spanisch bezogen werden kann.

Im Folgenden werden einige fachwissenschaftliche und vermittlungswissen-schaftliche Bezüge genauer vorgestellt (Fäcke 2007). Fachwissenschaftliche Bezüge bestehen zu Literatur- und Sprachwissenschaft sowie zu Kultur- und Landeswissenschaften, vermittlungswissenschaftliche Bezüge beispielsweise zur Erziehungswissenschaft und Lernpsychologie.

Literaturwissenschaft   In der Literaturwissenschaft lassen sich zahlreiche Diskurse für die Fach-didaktik Spanisch nutzen. Hierzu gehören Fragen zum Charakter von litera-rischen Texten und zu ihrer Fiktionalität oder auch das Verhältnis zwischen Autor, Text und Textrezipienten.

Literaturwissenschaftliche Analysen fokussieren die Gattungen Lyrik, Epik und Drama. Die Interpretationsansätze zielen auf biografische Aspekte zu den jeweiligen Autoren oder leiten sich von den Texten her. Dabei kommen verschiedene Argumentationsschienen zum Tragen: Psychoanalytische und literatursoziologische Ansätze finden sich neben postkolonialen oder feminis-tischen Positionen, daneben gibt es Perspektiven der komparatistischen Lite-raturwissenschaft oder strukturalistische und poststrukturalistische Ansätze, die jeweils ihren Niederschlag im fremdsprachlichen Literaturunterricht finden. Für den Spanischunterricht ist die Rezeptionsästhetik zentral, insofern als ihr Fokus auf die Interaktion zwischen Text und Rezipienten zur Konstitution von Bedeutung für die schulische Praxis praktikabel und sinnvoll erscheint.

Auch die Sprachwissenschaft ist für die Spanischdidaktik von Relevanz. Ein grundlegender Unterschied zwischen Linguistik und Fachdidaktik besteht darin, dass die Linguistik Kenntnisse *über* die Fremdsprache zum Gegenstand hat, während die Fachdidaktik auf Kenntnisse *in* der Fremdsprache zielt, d. h. primär auf die Anwendung der jeweiligen Fremdsprache und auf Kommunikation in der Fremdsprache. Sprachwissenschaft

Dabei erweisen sich vor allem Diskussionen innerhalb der verschiedenen linguistischen Teildisziplinen als für die Fremdsprachendidaktik relevant. Dazu gehören u. a. die Soziolinguistik, Ethnolinguistik, Pragmalinguistik oder auch die Psycholinguistik. Die Linguistik fokussiert zahlreiche unterrichtsrelevante Forschungsfelder. Dazu gehören die Bereiche der Korpuslinguistik, der Varietätenlinguistik, der Textlinguistik, der Lexikographie und Metalexikographie, der Sprachenpolitik oder der Kontrastiven Linguistik.

Gegenstand der Kultur- und Landeswissenschaften sind die Kultur(en) der jeweiligen Zielsprachenländer, die die Fremdsprachendidaktik auf Möglichkeiten zur Umsetzung im Unterricht reflektiert. Die Vermittlung einer Fremdsprache wird stets mit der Auseinandersetzung mit den Kulturen der Zielländer verknüpft. Kultur- und Landeswissenschaften

Aus den Landeswissenschaften mit einem Fokus auf geografische, historische oder politische Zusammenhänge hat sich die Landeskunde in der Fremdsprachendidaktik entwickelt, die zunächst Wissen über das jeweilige Land vermitteln will. Dabei können kulturkundliche Perspektiven in philologisch-hermeneutischer Tradition verfolgt werden oder auch eher alltagskulturelle Perspektiven in der Tradition der *cultural studies*. Die Kulturwissenschaften vertreten insgesamt einen weiten Kulturbegriff, der jegliche Form von Kultur als materielle und symbolische Praktiken umfasst.

Die Spanischdidaktik ist auch durch vermittlungswissenschaftliche Bezüge geprägt, von denen im Folgenden exemplarisch die Erziehungswissenschaft und die Lernpsychologie vorgestellt werden. Vermittlungswissenschaften

Die Erziehungswissenschaft thematisiert und erforscht Erziehung in jeglichen Zusammenhängen und Formen. Dazu gehören der Sozialisations- und der Erziehungsprozess ebenso wie Institutionen und Organisationsformen im Erziehungswesen oder didaktische Fragestellungen und die Reflexion des Zusammenhangs von Lehren und Lernen (Kron 1996). Die Schulpädagogik bildet einen Schwerpunkt innerhalb der Pädagogik und konzentriert sich auf Erziehungszusammenhänge in der Schule, ohne jedoch primär inhaltliche Zusammenhänge des Lehrens und Lernens zu reflektieren. Die Allgemeine Didaktik thematisiert didaktische Fragen in Hinblick auf alle Schulfächer. Erziehungswissenschaft

In der Erziehungswissenschaft werden gerade vor dem Hintergrund von Bildungsstudien wie PISA und DESI veränderte Lernbedingungen diskutiert, was auch ein verändertes Verständnis des Spanischunterrichts nach sich zieht. So mehren sich Stimmen, die den lehrer-, lernziel- und leistungsorientierten Spanischunterricht zunehmend durch selbst entdeckendes und selbst gesteuertes Lernen ersetzen wollen. Forderungen der Allgemeinen Didaktik und der Erziehungswissenschaft nach Selbsttätigkeit wird auch in der Spanischdidaktik zunehmend Rechnung getragen, so z. B. durch stärkere Berücksichtigung von Lernerautonomie, Lernstrategien oder *language awareness* (vgl. Einheit 4; S. 55 ff.). Darüber hinaus ist auch die Diskussion zur Einführung von Bildungsstandards, von Evaluation und Outputorientierung für die Spanischdidaktik von Bedeutung. Sie impliziert ein verändertes Verständnis von Spanischunterricht, orientiert am Europäischen Referenzrahmen für Sprachen oder an einem auf Aufgaben basierten Verständnis des Unterrichts (*enfoque por tareas*) (vgl. Einheit 5; S. 72 ff./S. 81 ff.).

Lernpsychologie Die Lernpsychologie analysiert in psychologischer und neurowissenschaftlicher Perspektive Mechanismen des Lernens, des Behaltens und Vergessens. „Lernpsychologie liefert in der Gegenwart durch die Analyse von Lernprozessen allgemeinere Aufschlüsse über Erwerb und Veränderungen von psychischen Repräsentationen und Vorgängen. Als Psychologie der Lern- bzw. Lehrmethoden bildet sie die Grundlage für die pädagogischen Anwendungen." (Schönpflug 2001: 50) Was ist Lernen und wie funktioniert Lernen? Diese Fragen versuchen verschiedene Lerntheorien jeweils neu zu beantworten. Hierzu gehören Lerntheorien behavioristischer Prägung (z. B. Skinner, Pawlow) oder auch kognitive Lerntheorien, die den Lernprozess als aktive Aufnahme von Informationen sehen.

Fragen nach Funktionsweisen des Gehirns und nach der Aufnahme von Informationen werden empirisch untersucht und im Blick auf Gedächtnismodelle reflektiert. Dabei wird ein Zusammenhang zwischen der Intensität und Dauer der Aufnahme von Informationen und der Behaltensleistung des Gehirns gesehen. Diese Gedächtnismodelle sind von unmittelbarer Relevanz für die Spanischdidaktik, der es ja auch um die Aufnahme und das Behalten z. B. von spanischem Wortschatz geht. Hier werden Fragen zur Unterstützung und Erleichterung von Lernen reflektiert und auf mögliche methodische Umsetzungen bezogen. Möglichkeiten der Steigerung von Gedächtnisleistungen bestehen beispielsweise in der Vernetzung von Sinnzusammenhängen, in der Verknüpfung von Neuem mit Bekanntem oder auch in der Anregung der Fantasie.

Sprachlehrforschung Neben interdisziplinären Bezügen der Spanischdidaktik gilt es auch, die in den 1970er Jahren begründete Sprachlehrforschung als Paralleldisziplin zur Fremdsprachendidaktik vorzustellen. Sie widmet sich Forschungsfragen zum Lehren und Lernen fremder Sprachen und visiert eine aus empirischen Untersuchungen begründete Bestätigung oder Veränderung bestimmter Lehr-/Lernformen im Fremdsprachenunterricht an. Dabei geht es um Bedingungen und Möglichkeiten des Erwerbs und der Vermittlung von Sprache (vgl. Bausch/Christ/Krumm 2007: 3 ff.).

Aktuelle Forschungsschwerpunkte, die aus der empirischen Wende in der Fremdsprachendidaktik und aus der zunehmenden Relevanz von Bildungsstudien wie PISA entstanden, nehmen Faktoren des gesteuerten Fremdsprachenerwerbs in institutionellen Zusammenhängen auf, so beispielsweise Kognition, Affektion, Interaktion, individuelle Unterschiede zwischen Lernern sowie das gesellschaftliche Umfeld (vgl. Vollmer 2001).

Forschungsthemen beziehen sich auf autonomes und selbst gesteuertes Fremdsprachenlernen, auf den Radikalen Konstruktivismus (vgl. Einheit 4, S. 60 ff.), auf Mehrsprachigkeit (vgl. Einheit 4, S. 53 ff.), auf das Selbstverständnis und die Ausbildung von Fremdsprachenlehrenden (vgl. Einheit 2, S. 15 ff.), auf innovative Neuerungen wie das bilinguale Lernen (vgl. Einheit 6, S. 87 ff.) oder den Fremdsprachenfrühbeginn (vgl. Einheit 7, S. 106 ff.), auf interkulturelles Lernen und multiethnisch zusammengesetzte Lerngruppen (vgl. Einheit 11, S. 171 ff.), auf Lesen in der Fremdsprache (vgl. Einheit 8, S. 125 ff.) oder auch auf den Einsatz neuer Medien (vgl. Einheit 4, S. 62 f.).

Forschungsschwerpunkte

In dieser ersten Einheit wurden Definitionen für die Fachdidaktik, die Fremdsprachendidaktik und die Spanischdidaktik erarbeitet sowie die Themengebiete der jeweiligen Disziplinen präsentiert. Fremdsprachendidaktik und Fachdidaktik Spanisch teilen weitgehend Themen und Inhalte, unterscheiden sich aber in ihrem Grad der Konzentration auf fachspezifische Zusammenhänge. Die Erforschung und Verbesserung des Lehrens und Lernens von Spanisch basiert auf geisteswissenschaftlichen und sozialwissenschaftlichen, auf hermeneutischen und empirischen Methoden, die in den Fachdidaktiken als gegenseitige Ergänzung betrachtet werden. Die Analyse von Spanischunterricht muss dabei einer hohen Anzahl von Faktoren Rechnung tragen, die den Unterricht beeinflussen. Die Fachdidaktik Spanisch ist eine interdisziplinäre Wissenschaft, die Bezüge zu den Fachwissenschaften und zu den Vermittlungswissenschaften entfaltet. Die Sprachlehrforschung ist eine parallele Disziplin zur Fremdsprachendidaktik.

Zusammenfassung

? Sie sind im Gespräch mit Freundinnen und Freunden, die einige Jahre jünger sind als Sie selbst und von Ihnen wissen möchten, was Fremdsprachendidaktik bzw. Fachdidaktik Spanisch nun ist. Erläutern Sie Ihnen die wesentlichen Aspekte und Themenfelder und beziehen Sie sich dabei auf die Inhalte, die in den folgenden Publikationen zur Fachdidaktik Spanisch und zur Fremdsprachendidaktik zum Gegenstand gemacht werden, anhand der jeweiligen Inhaltsverzeichnisse. Stellen Sie die Fremdsprachendidaktik in einem 10-minütigen Vortrag dar.

Aufgabe 1.5

Bausch, Karl-Richard/Christ, Herbert/Krumm, Hans-Jürgen (Hg.) (2007): Handbuch Fremdsprachenunterricht. 5. Auflage. Tübingen und Basel: Francke.

Decke-Cornill, Helene/Küster, Lutz (2010): Fremdsprachendidaktik. Tübingen: Narr. (Reihe bachelor-wissen)

Grünewald, Andreas/Küster, Lutz (Hg.) (2010): Fachdidaktik Spanisch. Tradition, Innovation, Praxis. Stuttgart: Klett, Kallmeyer.

Literatur

Bausch, Karl-Richard/Christ, Herbert/Krumm, Hans-Jürgen (2007): Fremdsprachendidaktik und Sprachlehrforschung. In: dies. (Hg.): Handbuch Fremdsprachenunterricht. 5. Auflage. Tübingen und Basel: Francke, 1–9.

Rivas, Manuel (2004): La lengua de las mariposas. Berlin: Cornelsen.

Fäcke, Christiane (2007): Fachdidaktik und Unterrichtsqualität: spezifische Aspekte im Bereich Französische Sprache. In: Arnold, Karl-Heinz (Hg.) (2006): Unterrichtsqualität und Fachdidaktik. Bad Heilbrunn: Klinkhardt, 155–176.

Kron, Friedrich W. (1996): Grundwissen Pädagogik. 5. Auflage. München, Basel: Reinhardt.

Lüning, Marita (2003): „La lengua de las mariposas": del cuento a la película. In: Hispanorama 100/2: 87–98.

Küster, Lutz (2009): Die Spanischdidaktik und ihre Bezugswissenschaften. In: Grünewald, Andreas/Küster, Lutz (Hg.): Fachdidaktik Spanisch. Tradition, Innovation, Praxis. Stuttgart: Klett, Kallmeyer, 42–66.

Schönpflug, Ute (2007): Lerntheorie und Lernpsychologie. In: Bausch, Karl-Richard/Christ, Herbert/Krumm, Hans-Jürgen (Hg.): Handbuch Fremdsprachenunterricht. 5. Auflage. Tübingen und Basel: Francke, 49–54.

Vollmer, Helmut J. u. a. (2001): Lehren und Lernen von Fremdsprachen: Kognition, Affektion, Interaktion. Ein Forschungsüberblick. In: Zeitschrift für Fremdsprachenforschung 12 (2): 1–145.

Berufswunsch Spanischlehrer/in

Gegenstand dieser Einheit sind Überlegungen zur Berufswahl, d. h. zu Kriterien und Entscheidungen, die den Prozess zur Aufnahme eines Lehramtsstudiums begleiten, sowie zu Gründen, die zu dem Berufswunsch Spanischlehrer/in führen. Dabei werden persönliche Motive zur Berufswahl ebenso diskutiert wie Vorstellungen vom Berufsbild Spanischlehrer/in. Anschließend lernen Sie einige empirische Befunde der Lehrerforschung kennen. Hier werden Ergebnisse der biografischen Lehrerforschung vorgestellt und Untersuchungen zum Selbstbild und zu subjektiven Theorien von Lehrer/innen aus der Perspektive der Erziehungswissenschaft und der Fremdsprachendidaktik präsentiert.

Überblick

2.1 | Motive zur Berufswahl

Wenn Sie dieses Buch lesen, haben Sie sich vermutlich bereits zur Aufnahme eines Lehramtsstudiums entschieden oder sind gerade dabei, dieses zu tun. Sicherlich gibt es zahlreiche und sehr unterschiedliche Gründe, den Berufswunsch Spanischlehrer/in zu entwickeln und sich darüber Gedanken zu machen. Derartige Entscheidungen sind von etlichen Faktoren beeinflusst, so unter anderem von der eigenen Sozialisation und Herkunft, von Vorlieben für bestimmte Schulfächer und Erfahrungen aus der eigenen Schulzeit, von Vorstellungen zur eigenen Lebensplanung oder auch von gesellschaftlichen Rahmenbedingungen. Grundsätzlich stellt sich dabei die Frage nach der individuell richtigen Berufswahl.

Motive zur Berufswahl

Zu Beginn eines Lehramtsstudiums erscheint es daher besonders sinnvoll, sich einmal grundsätzlich Gedanken über die Motive der eigenen Berufswahl zu machen. Studierende führen dabei häufig bestimmte Argumentationen an, wie die folgenden Beispiele verdeutlichen. Es handelt sich um Auszüge aus autobiografischen Texten, die im Rahmen von Einführungsveranstaltungen und Seminaren der Fremdsprachendidaktik entstanden sind. Auf die Frage, welche Gründe zur Berufswahl und zur Entscheidung für die Aufnahme eines Lehramtsstudiums geführt haben, antworten einige Studierende folgendermaßen:

Text 2.1 |

Ich habe diesen Beruf gewählt, weil ich mit Menschen zu tun haben wollte. Ich wollte im sozialen Bereich arbeiten und die Schule kann das bieten. Schließlich hat man an einem Vormittag mit ca. 150 Schülern zu tun. Ich finde, dass die Schule eine sehr wichtige Rolle für das Heranwachsen der Kinder spielt, natürlich nach der Erziehung der Eltern.

Ich hatte selber Lehrer, von denen ich etwas fürs Leben gelernt habe. Deswegen finde ich es auch sehr wichtig, sich als Lehrer nicht nur an den Lehrplan zu halten, sondern außerschulisches Wissen – Allgemeinbildung, eigene Erfahrung etc. – zu vermitteln. Schule ist dafür da, die Schüler zu sozialisieren. Das ist auch für die Schüler viel interessanter, anstatt nur den Lehrplan „durchzukauen".

Ich bin auf diesen Beruf gekommen, indem ich Nachhilfe gegeben habe, und wenn man den Erfolg und Fortschritt der Schüler sieht, hat man sozusagen das Ziel erreicht. Die Schüler sind auch zu mir gekommen, wenn sie Probleme hatten, und haben mich um Rat gebeten. Diesen Aspekt finde ich auch sehr wichtig, denn Lehrerberuf heißt nicht nur den Unterricht halten und dann wieder zu gehen, sondern dass man mit den Schülern Kontakt aufnimmt und ein gutes Verhältnis hat. Nicht nur in der Schule, auch im privaten Leben sollen die Schüler auf einen Lehrer zukommen können. Natürlich muss auch gegenseitiger Respekt vorhanden sein, um ernst genommen zu werden.

Man kann diesen Beruf als eine Kunst bezeichnen. Die Kunst mit Menschen umzugehen. Die Kunst, jemandem etwas zu lehren, ohne die Geduld zu verlieren. Die Kunst, mit einem Fehlschlag zu rechnen und damit umgehen zu können und neue Wege zu finden. Man muss kreativ, schlagfertig und selbstbewusst in diesem Beruf sein. Der Erfolg und Fortschritt der Schüler ist der Beweis für diese Kunst. Danach kann man selbst dieses Kunstwerk betrachten und stolz auf sich sein.

Für mich war nicht von vornherein klar, dass ich Lehrerin werden möchte. Vielmehr haben mich Fremdsprachen schon immer interessiert und ich habe immer gerne neue Sprachen gelernt. Als ich mir Gedanken über meinen zukünftigen Beruf gemacht habe, habe ich mich auch mit dem Lehrerberuf beschäftigt und mich letztendlich dafür entschieden, weil ich mir vorstellen kann, dass es Spaß machen kann, Schülern eine Sprache beizubringen, und dass es ein sehr abwechslungsreicher Beruf sein kann, wenn auch vielleicht manchmal stressig und arbeitsintensiv. Aber wenn man motiviert ist, jungen Menschen eine fremde Sprache und Kultur beizubringen, glaube ich, dass es ein schöner Beruf ist. | Text 2.2

Ich war mir nicht immer hundertprozentig sicher, ob der Beruf des Lehrers für mich geeignet ist, aber vor allem mein Orientierungspraktikum hat mir sehr geholfen und hat mich in meiner Wahl eher bestätigt als abgeschreckt, da es mir sehr viel Spaß gemacht hat, und da ich selbst einige Stunden halten konnte und wirklich praxisnahe Erfahrungen sammeln konnte und auch durch Gespräche mit anderen Lehrern viel gelernt habe.

Als ich mich entschied, auf Lehramt zu studieren, wusste ich über den Lehrerberuf wenig mehr, als dass man als Lehrer viele Ferien hat, meistens eine sichere Anstellung kriegt und recht gut bezahlt wird. Obwohl wir natürlich alle 13 Jahre lang als Schüler die Gelegenheit hatten, uns genau anzuschauen, was der Lehrer da eigentlich macht, fällt es doch schwer, sich in die andere Seite hineinzuversetzen. Auch überlegt man sich als Schüler im Unterricht ja kaum, ob das, was der Lehrer da produziert, ein didaktisch wertvoller Unterricht ist. | Text 2.3

Als ich das Orientierungspraktikum machte, fühlte ich mich immer noch eher der Seite der Schüler zugehörig, zumal bei diesem Praktikum wenig mehr gefordert wird, als sich mit in den Unterricht zu setzen und dem Lehrer zuzuhören – also auch nichts anderes, was man die letzten 13 Jahre sowieso gemacht hat.

Ich muss also zugeben, dass die Entscheidung für den Lehrerberuf bei mir durchaus aus praktischen Erwägungen resultierte. Einen richtigen „Traumberuf", den ich unbedingt ausüben wollte, hatte ich keinen. Natürlich spielt auch meine Vorliebe für Fremdsprachen und andere Länder eine Rolle bei der Entscheidung für dieses Studium; außerdem fühlte ich mich durchaus fähig, andern Leuten etwas zu erklären. Aber dazu „berufen", Lehrer zu werden, fühlte ich wie gesagt nicht.

Neben den hier genannten Überlegungen lassen sich sicherlich weitere Argumente für die Aufnahme eines Lehramtsstudiums und für die Entscheidung, Spanischlehrer/in zu werden, anführen (vgl. dazu Özkul 2011). Zusammenfassend können die folgenden, häufig genannten Entscheidungsfelder und Einflussfaktoren aufgeführt werden:

Einflussfaktoren zur Berufswahl

► Entscheidung für das Schulfach und die Fremdsprache
► Entscheidung für Spanien bzw. Hispanoamerika und die Spanier bzw. Hispanoamerikaner
► Entscheidung für das Unterrichten und die Schüler/innen
► Entscheidung für Sicherheit im Berufsleben, für Unkündbarkeit, für Beamtenstatus
► Entscheidung für einen Beruf, der die Vereinbarkeit mit Kindern und Familie gut ermöglicht (ein häufig von Studentinnen genanntes Argument)
► Entscheidung für den gleichen Beruf wie die eigenen Eltern
► Entscheidung im Blick auf Erfahrungen mit eigenen Lehrern (als Vorbild oder als Abschreckung: „Ich will es besser machen.")

Aufgabe 2.1

? Zeichnen Sie eine Lebenslinie und markieren Sie darauf entscheidende Momente, die einen Beitrag zu Ihrer persönlichen Entscheidung für ein Lehramtsstudium geleistet haben. Überlegen Sie, warum Sie sich gerade für diesen Beruf entschieden haben.

Bei einer Analyse solcher Texte gilt es nicht nur darauf zu achten, welche Argumente die Studierenden anführen, sondern auch welche Argumente fehlen. Ein selten genannter Aspekt ist beispielsweise der Hinweis darauf, Karriere machen zu wollen. Karriere – dieses Stichwort wird in Bezug auf den Beruf Spanischlehrer/in weitaus seltener erwähnt als in Bezug auf Juristen, Politiker oder Professoren, was wohl auch damit zusammenhängt, dass die Tätigkeit als Spanischlehrer/in nicht unbedingt zu einer beruflichen Karriere in Spitzenpositionen der Wirtschaft und Politik führt.

Career Counselling for Teachers

Vor dem Hintergrund dieser Überlegungen erscheint das erziehungswissenschaftlich geprägte Projekt *Career Counselling for Teachers* mit dem Ziel der Berufsberatung von Lehrer/innen interessant. Ein gemeinnütziger Verein mit dem gleichen Namen und mit Sitz am Institut für Unterrichts- und Schulentwicklung der Alpen-Adria-Universität Klagenfurt bietet im Internet eine Laufbahnberatung für Lehrerinnen und Lehrer an. Die Verantwortlichen sind Mitglieder von Hochschuleinrichtungen aus sechs verschiedenen europäischen Staaten und meist Erziehungswissenschaftler. Das Projekt *Career Counselling for Teachers* richtet sich explizit an Studieninteressierte, an Studierende, an Berufseinsteiger/innen sowie an erfahrene Lehrer/innen. Neben Informationen zum Lehramtsstudium und Reportagen aus dem Leben von Lehrerinnen und Lehrern finden sich Angebote zur Selbstreflexion durch entsprechende Tests, d. h. Selbsterkundungsverfahren und eine Geführte Tour.

Die einzelnen Fragebögen konzentrieren sich auf die Bereiche Persönlichkeit, Interessen oder die Wahl des jeweiligen Studienfachs. Die hier angebotenen Fragebögen sind, wie es häufig bei derartigen Selbsttests der Fall ist, transparent und verbergen das zu erwartende Ergebnis kaum. Dennoch eröffnet eine intensive Bearbeitung verschiedene Facetten des Berufsbilds, die bei kritischer Auseinandersetzung hilfreich für eigene Entscheidungen sein können. Die Internetseite will Beratung für verschiedene berufsbiografische Etappen und Entscheidungssituationen bieten. Insgesamt lohnt es sich, einen kritischen Blick auf Möglichkeiten der Berufsberatung zu werfen.

> **?** Besuchen Sie im Internet die Seite www.cct-germany.de. Wenn Sie ein Lehramtsstudium in Baden-Württemberg aufnehmen wollen, klicken Sie bitte auf www.bw-cct.de. Machen Sie sich mit den Seiten vertraut und durchlaufen Sie die angebotenen Selbsterkundungsverfahren und die Geführte Tour. Zu welchen Erkenntnissen kommen Sie mit Blick auf Ihre eigene Berufswahl?

Aufgabe 2.2

Vorstellungen vom Lehrerberuf und vom Sprachenlernen und -lehren

2.2

Die Entscheidung für ein Lehramtsstudium ist sicher nicht nur durch die Erfahrungen der eigenen Schulzeit mit verschiedenen Lehrerinnen und Lehrern geprägt, sondern auch durch gesellschaftlich bestimmte Vorstellungen vom Lehrerberuf.

> **?** Welche Vorstellungen haben Sie vom Lehrerberuf? Bitte notieren Sie für sich Aspekte, die Ihr Bild von diesem Beruf prägen.

Aufgabe 2.3

Berufswünsche, Berufsbilder und Diskurse über Berufe sind gesellschaftlich, ökonomisch oder auch historisch eingebunden und bedingt. Dies wird u. a. deutlich bei einem historischen Vergleich von Berufsbild und Image des Fremdsprachenlehrers.

Im 19. Jahrhundert dominiert der Philologe, d. h. der Altphilologe und der Neuphilologe. (Die maskuline Form ist hier bewusst gewählt, da Lehrer in der Regel männlich waren.) Das Selbstverständnis des Fremdsprachenlehrers ist in dieser Zeit an der universitären philologischen Ausbildung orientiert, d. h. an einem Studium der Romanistik, am Interesse an Fremdsprache und klassischer Literatur sowie an einem Bildungsideal in der Tradition Humboldts. Seine gesellschaftliche Stellung ist ebenso wie seine Position im Klassenzimmer in der Regel von Autorität und hohem Ansehen geprägt. Spanischunterricht wird in dieser Zeit weniger als Bestandteil der gymnasialen Bildung gesehen, sondern an Handels- und Kaufmannsschulen, an Realschulen und

Berufsbild des Fremdsprachenlehrers

Realgymnasien erteilt, da Spanisch als Handelssprache gesehen und genutzt wurde (Grünewald 2010: 26 f.).

Das Bild des Fremdsprachenlehrers bzw. der -lehrerin hat sich seit Mitte des 20. Jahrhunderts deutlich gewandelt. Wesentliche Aspekte, die das Berufsbild prägen, sind der Bezug zur Kommunikationsfähigkeit bei der Vermittlung des Spanischen, die Wissenschaftlichkeit der Ausbildung an Universitäten und die Bezugnahme auf die Fremdsprachendidaktik als Berufswissenschaft der Spanischlehrer/innen (Krumm 2007).

In diesem Zusammenhang ergeben sich einige Veränderungen des Berufsbilds entlang einer großen Entwicklungslinie, nämlich von Konzeptionen einer an Instruktion orientierten Tätigkeit hin zu Vorstellungen vom Lehrberuf, die stärker von Begleitung und Beratung bei Lernprozessen bestimmt sind (Leupold 2002: 111 ff.). Der ursprünglich sehr förmliche und distanzierte Philologe ist nunmehr abgelöst von einem weit zugänglicheren Lehrer, der an Autorität in gleichem Maße eingebüßt hat wie er an Nähe zu den Lernenden gewonnen hat.

Berufliches Selbstverständnis

Das Berufsbild und berufliche Selbstverständnis kann von verschiedenen Aspekten bestimmt sein, u. a. den folgenden: Lehrer/innen fungieren als Selektionshelfer, als Sozialpädagogen, als Anwälte des Schullebens, als Freunde der Schüler/innen, als Spezialisten ihres Fachs, als Autoren von Zeugnissen, als Animateure, als Schulleiter oder als Umsetzer der Bildungspolitik. Darüber hinaus ist zu unterscheiden zwischen Lehrer/innen an Grundschule, Haupt- und Realschule oder Gymnasium und es ist die lebensbiografische Entwicklung der älter werdenden Lehrer/innen zu beachten (und die sich damit ändernde Zusammensetzung von Lehrerkollegien) (vgl. Struck 1994: VII f.).

In dieser Aufstellung werden verschiedene berufliche Identitäten von heutigen Lehrkräften erkennbar, die vorwiegend auf administrative und pädagogische Aufgabenfelder verweisen. Fachspezifische und fachdidaktische Aspekte stehen hier noch eher im Hintergrund. Darüber hinaus ließen sich weitere Berufsbilder sowie Funktionen und Aufgaben von Fremdsprachenlehrer/innen vorstellen, die weit mehr auf den Lehr-/Lernprozess und zum Teil auch auf den Fremdsprachenunterricht zielen.

Hierzu gehören auch die folgenden Aspekte der Berufsbilder von Lehrer/innen: Sie erfüllen Funktionen als Erzieher, als Motivator, als Sprachpartner, als Beichtvater, als Ratgeber, als Trainer, als Betreuer, als Dozent, als Lernbegleiter, als Lernquelle, als Autorität, als lebendes Lexikon, als Gesprächspartner, als fremdsprachlicher Ratgeber, als Lernhelfer, als Moderator, als Mediator (Vermittler, Schlichter), als Diktator, als Sachverständiger, als Gutachter, als Bürokrat, als Organisator, als sprachlicher Repräsentant der spanischen Sprache, als Agitator, als Lernberater, als älterer Freund … – eben als Lehrer/in (vgl. Struck 1994).

|Aufgabe 2.4

? Vergleichen Sie die hier angeführten Berufsbilder von Lehrer/innen mit Spanisch-lehrer/innen, die Sie selbst erlebt haben. Welche Bilder erkennen Sie wieder? Woran machen Sie dies fest? Bitte nehmen Sie begründet Stellung dazu.

Das Berufsbild von Lehrer/innen, Vorstellungen von Professionalität und Berufsethos ändern sich mit gesellschaftlichen Entwicklungen. Auch in der Folge der PISA-Studie wird angesichts aktueller bildungspolitischer Änderungen um das Verständnis des Lehrerberufs gerungen, so auch im folgenden Text. Es handelt sich um Empfehlungen der Bildungskommission der Heinrich-Böll-Stiftung und ihre Vorstellungen davon, welches Profil der Lehrerberuf in Zukunft haben sollte.

|Text 2.4

Frankfurter Rundschau, 29.11.02
Lehrer brauchen Professionalität und ein Berufsethos

Neue Empfehlungen der Bildungskommission der Heinrich-Böll-Stiftung/
Plädoyer für eine grundlegende Reform des Lehrerberufs

Die Grünen-nahe Böll-Stiftung begibt sich mit ihren neuen bildungspolitischen Empfehlungen auf „vermintes Gelände": Es geht um das zukünftige Anforderungsprofil des Lehrerberufs. Wir dokumentieren die Kurzfassung der Empfehlungen, die nächste Woche in Berlin vorgestellt werden und an denen unter anderem Gerd de Haan, Wolfgang Edelstein und Jens Reich sowie Warnfried Dettling, Cornelia Stern, Dieter Wunder und Sybille Volkholz mitgearbeitet haben.

I. Reformbedarf der Schule

Junge Menschen sind angemessen auf die Anforderungen eines selbstbestimmten Lebens in der demokratischen Wissensgesellschaft vorzubereiten; zugleich muss der Schulbesuch Jugendlichen in ihrem gegenwärtigen Leben hinreichend Sinn vermitteln. Sowohl die Befunde der Pisa-Studien wie auch der neue OECD-Bericht 2002 legen die Vermutung nahe, dass vor allem die Arbeit der Lehrpersonen stärker in den Fokus der Betrachtung gerückt werden muss.

II. Die Profession von Lehrpersonen

1. Ausgangslage:

Die bisherige Stärke von Lehrpersonen liegt in ihrer Fachkompetenz und der Vermittlung von Faktenwissen, die pädagogische Freiheit des Einzelnen ist groß. Die Schwächen wiegen demgegenüber schwerer. Die sozial selektive Funktion der Schule prägt den Lehrerberuf stark, die umfassende Förderung der Kinder und Jugendlichen bleibt meist nur sekundäre Aufgabe. Die Diagnosefähigkeit ist gering; es gibt wenig Ansätze zur Individualisierung von Unterricht, die Fähigkeit, Lernprozesse zu initiieren und ihre Wirksamkeit zu überprüfen, ist unterentwickelt.

Das fragend-entwickelnde Lehrer-Schüler-Gespräch ist eine wenig effektive, aber anstrengende Unterrichtsmethode, aber in Deutschland vorherrschend.

Arbeitstechniken und mentale Strategien zur sinnvollen Organisation der Arbeit, die Stress und Überforderungen begegnen könnten, werden kaum gelernt. Die Kooperation mit anderen Lehrpersonen, Eltern, Partnern der Schule, insbesondere die gemeinsame Arbeit an der Entwicklung der Schule, werden nicht als prioritäre Anforderungen des Berufs verstanden.

2. Neubestimmung der Aufgaben:

Vorrangiges Ziel von Unterricht ist es, die motivationalen und methodischen Grundlagen für Lernprozesse zu schaffen. Lehrpersonen müssen Lernarrangements organisieren und Lernprozesse unterstützen sowie moderieren. Angesichts der größer werdenden Heterogenität von Kindern und Jugendlichen wird es notwendig, mit Unterschiedlichkeit besser umgehen und individualisierende Lernsituationen herstellen zu können.

Gute schulische Arbeit zeichnete sich immer dadurch aus, dass Lehrpersonen sich für die Entwicklung der gesamten Person junger Menschen verantwortlich sehen. Die Aufgabe der Beratung junger Menschen für ihren Bildungsweg, die Anbahnung beruflicher Orientierung, die Kenntnisnahme persönlicher Probleme und die Vermittlung professioneller Beratung für den Berufsweg oder zur Lösung persönlicher Probleme ist ein wichtiger Aspekt der alltäglichen Arbeit. Die erzieherischen Aufgaben werden nicht zuletzt durch den Ausbau von Schulen zu Ganztagsangeboten zunehmen.

Wie andere Berufstätige stehen auch Lehrpersonen vor der Aufgabe, ihren beruflichen Auftrag kontinuierlich neu zu bestimmen. Die Fähigkeit zur Innovation, also zur Wahrnehmung gesellschaftlicher Veränderungen und zu eigenständigen Folgerungen für die berufliche Arbeit, wird grundlegend.

3. Die Zusammensetzung des (pädagogischen) Personals:

Kinder und Jugendliche können in der Schule mehr lernen, wenn die für sie zuständigen Personen über vielfältige Qualifikationen verfügen. Lehrpersonen sollen jeweils Experten für etwas Besonderes sein, Dritte aus den unterschiedlichsten Berufsfeldern sollen das Angebot anreichern, psychologische und sozialpädagogische Fachkräfte sollten dazu gehören.

4. Autonomie der Schule und Kooperation:

Die Schule hat sowohl innerhalb des Kerncurriculums Gestaltungsspielräume wie vor allem für die weiteren 50 Prozent der Unterrichtszeit. Deswegen wird die gemeinsame Planung notwendiges Element einer jeden Schule. Dies erfordert einen grundlegenden Wandel vom individualisierten Berufsverständnis zur Kooperation in der gemeinsamen Arbeit an der Schulentwicklung.

5. Kooperation mit Eltern

Für Lehrpersonen muss die partnerschaftliche Kooperation mit Eltern zum Zentrum des Berufsverständnisses gehören. Erziehungsziele gemeinsam auszuhandeln, Bildungsinhalte nicht nur gegenüber Schülerinnen und Schülern, sondern auch gegenüber Eltern begründen zu müssen, sich über die Auswahl von Methoden, unterrichtlichen und außerunterrichtlichen Angeboten zu verständigen, ist selbstverständlicher Bestandteil von Lehrerarbeit.

6. Kooperation mit dem regionalen Umfeld:

Die Schule muss das regionale und gesellschaftliche Umfeld in die pädagogische Arbeit einbeziehen. Vielversprechende Ansätze dazu sind die „Öffnung der Schule" und das angelsächsische Konzept der „Community based education" und das „service learning". Als Kooperationspartner kommen Betriebe, ökologische, kulturelle und soziale Einrichtungen, Kirchen und Vereine sowie Stadtteilinitiativen in Betracht.

7. Berufsethos:

Die Übernahme der Verantwortung für das Wohl der Kinder und ihre Zukunft prägt den Lehrberuf und muss die bestimmende Norm, vergleichbar dem Hippokratischen Eid von Ärzten, sein. Das gegenseitige Verhältnis muss von der Anerkennung der Würde eines jeden Menschen, also auch der von Kindern und Jugendlichen, geprägt sein. Kinder haben ein Menschenrecht auf Bildung; Lehrpersonen müssen sich vor allem ihrer Bedeutung für Kinder und Jugendliche bewusst sein und ihre Arbeit wertschätzen. Auch wenn zur Anerkennung des Lehrberufes viele gesellschaftliche Akteure (Medien, Politik) ihren Beitrag zu leisten und zu verbessern haben, ist diese subjektive Überzeugung der Lehrpersonen die unerlässliche Grundlage. Lehrpersonen, die sich für die Ergebnisse der Schule, also die Schülerleistungen, verantwortlich fühlen, von ihrer Wirksamkeit überzeugt sind und öffentlich Rechenschaft über ihre Arbeit und deren Ergebnisse ablegen, können von der Öffentlichkeit die notwendige Anerkennung ihrer Arbeit erwarten. Lehrpersonen müssen von dem pädagogischen Optimismus getragen werden, dass ihre Arbeit Kinder und Jugendliche entscheidend fördern kann (wie ihr Fehlverhalten ihnen aber auch schaden kann). […]

V. Schlussbemerkung

Wer den Reformbedarf von Schulen mit einer Reform des Lehrberufs verbindet, begibt sich auf vermintes Gelände, ist doch die Debatte über Lehrpersonen sehr stark durch Vorurteile belastet; diese dürfen allerdings einen konstruktiven Dialog über den Beruf nicht verhindern. Der Kommission geht es darum, sowohl Reformbedarfe offen zu legen als auch zu einem Gesprächsklima beizutragen, in dem unterschiedliche Vorstellungen über die Entwicklung des Lehrberufs ausgetragen werden können.

Der Kommission liegt es fern, das Engagement vieler Lehrpersonen gering zu schätzen; uns geht es um Reformen, die mit der jetzigen Struktur des Berufes, also auch mit dem Berufsverständnis der handelnden Personen verbunden sind.

(http://www.absn.de/boell-stiftung-lehrerprofessionalitaet.pdf)

Aufgabe 2.5

? Beschreiben Sie die hier aufgeführten Vorstellungen vom Lehrerberuf. Welche Stärken und Schwächen weisen sie jeweils auf? Welche Überlegungen zu beruflichem Selbstverständnis prägen den Text? Analysieren Sie den Diskurs über Lehrer/innen, der zu diesen Vorstellungen in dieser Form beigetragen haben könnte.

Kompetenzen der Spanischlehrer/innen

Die oben angeführten Aufgaben und Funktionen von Lehrer/innen verweisen auf Kompetenzen und Teilkompetenzen, die verschiedene Aufgabenbereiche des Berufs ausmachen. Hierzu gehört an zentraler Stelle das Unterrichten. Der Unterricht gelingt auf der Basis verschiedener Lehrkompetenzen. Dazu gehören fachliche und fachwissenschaftliche Kompetenzen ebenso wie fachdidaktische, kommunikative und soziale Kompetenzen. Fachliche Kompetenzen beinhalten u. a. das weitgehende Beherrschen der spanischen Sprache (*near native competence*) sowie landeskundliche, kulturkundliche, sprach- und literaturwissenschaftliche Kenntnisse. Dies umfasst beispielsweise Wissen über *La Casa Verde* von Mario Vargas Llosa oder den spanischen Bürgerkrieg oder auch die Kenntnis zur Entwicklung der spanischen Sprache aus dem Vulgärlatein über das Altspanische zum heutigen Spanisch. Häufig genannten Argumenten, diese Inhalte seien doch niemals Gegenstand des Spanischunterrichts, ist entgegenzuhalten, dass gerade ein massiver Wissensvorsprung gegenüber den Schüler/innen zu Sicherheit und fachlicher Kompetenz beiträgt, was u. a. zu Ansehen, Respekt und Autorität von Spanischlehrer/innen in den Augen von Schüler/innen führt. Fachliche Sicherheit führt auch zu Sicherheit im Unterrichten, insofern als die Aufmerksamkeit verstärkt auf fachdidaktische, pädagogische und soziale Entscheidungen gelenkt werden kann.

Aufgabenfelder

Aufgabenfelder von Spanischlehrer/innen erstrecken sich nicht nur auf das Unterrichten, sondern auch auf die Bereiche Erziehen, Diagnostizieren, Beurteilen und Evaluieren (vgl. Einheit 14, S. 225 ff.) sowie darauf, berufliche Kompetenz und Schule weiterzuentwickeln. Erziehung als Begleitung zur Persönlichkeitsentwicklung impliziert pädagogische und psychologische Kompetenzen, die bewusster und selbstkritischer Reflexion bedürfen. Gleichzeitig gilt es, sich der Grenzen der Erziehung innerhalb der Institution Schule bewusst zu sein, insofern als Eltern nicht von Lehrer/innen ersetzt werden können und die Institution Schule keine therapeutische oder sozialpädagogische Einrichtung darstellt. Gleiches gilt für Beratungsaufgaben gegenüber Eltern und Schüler/innen (Terhart 2000: 48 ff.).

Evaluation

Auch die Tätigkeit der Beurteilung und Evaluation gehört zu den zentralen Aufgaben von Lehrer/innen. Die Einschätzung und Beurteilung von Leistungen und Lernerfolg beinhaltet nicht nur pädagogische Aspekte wie die Förderung extrinsischer Motivation, sondern führt auch zu Selektion und Zuweisung im Hinblick auf Ausbildung und Beruf der Schüler/innen. Weitere Tätigkeitsfelder von Lehrer/innen sind die Kooperation mit Kolleg/innen des eigenen Fachs und anderer Fächer, mit Eltern und außerschulischen Institutionen sowie schließlich der Beitrag zur Entwicklung der eigenen Schule insgesamt (Terhart 2000: 48 ff.).

Lehrerforschung

| 2.3

Motive zur Berufswahl und Vorstellungen vom Berufsbild des Spanischlehrers und der Spanischlehrerin liegen im Bereich persönlicher Überzeugungen, Einstellungen und subjektiver Theorien. Sie entfalten dennoch ihre Wirksamkeit und beeinflussen die Entscheidung, nach dem Abitur ein Lehramtsstudium aufzunehmen, genauso wie Einstellungen und Verhaltensweisen von Schüler/innen und Lehrer/innen einer Schule. Inwieweit sie der Wirklichkeit entsprechen ist damit noch nicht genau geklärt. Dementsprechend besteht innerhalb der Erziehungswissenschaft ein breites Forschungsfeld, das Lehrer/innen in den Mittelpunkt empirischer Untersuchungen stellt. Hierzu gehört u. a. auch die biografische Lehrerforschung.

Biografische Lehrerforschung

Seit den 1980er Jahren hat sich der biografische Ansatz in der Lehrerforschung etabliert. Hierzu gehört die Erforschung beruflicher Lebensläufe, verschiedener Phasen der Entwicklung des eigenen Berufsbilds und eigener Kompetenzen sowie kritischer Momente in Berufsbiografien (Terhart u. a. 1994). Dieser Forschungszweig konzentriert sich auf eine typologische Perspektive und versucht, Gemeinsamkeiten in biografischen Entwicklungen von Lehrer/innen auszumachen. Ergebnisse der Forschungen zeigen auf, dass das Geschlecht und die Schulform, an der unterrichtet wird, entscheidende Faktoren zur Gestaltung von Berufsbild und Berufsbiografie sind. Lehrerinnen und Lehrer haben unterschiedliche Einstellungen zu ihren pädagogischen Aufgaben, Lehrerinnen berücksichtigen deutlich mehr als ihre männlichen Kollegen die eigene Familie und damit verbundene Aufgaben in ihrer Lebensplanung und Lebensgestaltung.

Berufsbild und Berufsbiografie

Der Übergang von der Ausbildung zur eigenen Lehrtätigkeit bedeutet einen weit geringeren Einschnitt als zunächst angenommen. Demgegenüber wird eine grundlegende und allmähliche Veränderung bzw. Schwächung der beruflichen Belastbarkeit erkennbar, die mit dem Alter zunimmt. Im Lauf des Berufslebens steigen somit Enttäuschungen, Verbitterung, Hoffnungslosigkeit und Ängste. Während in einigen Studien eine kontinuierliche berufsbiografische Entwicklung angenommen wird, sehen andere Studien eher berufsbiografische Plateaueffekte. Insgesamt wird bei etwa 70 % der Lehrer/innen Berufszufriedenheit festgestellt, während etwa 30 % sich als eher als beruflich unzufrieden sehen (Reh/Schelle 2006: 394 f.).

Berufsbiografische Entwicklung

Diese Studien verfolgen quantifizierende Analysen und erheben den Anspruch, dass ihre Ergebnisse verallgemeinert werden können. Inwieweit jedoch wirklich alle Lehrer/innen im Einzelfall diesen Aussagen entsprechen, kann letztlich damit nicht ausgesagt werden. Dementsprechend gibt es auch

Einzelfallanalyse

eine biografisch orientierte Lehrerforschung, die auf die Rekonstruktion einzelner Fälle abhebt und aus einer detaillierten qualitativen Einzelfallanalyse zu differenzierten Ergebnissen kommt. Diese Forschung weist auf große individuelle Unterschiede zwischen einzelnen Lehrer/innen hin und stellt damit die Ergebnisse der eher quantitativ orientierten, biografischen Lehrerforschung in Frage. Dies verdeutlichen die folgenden Beispiele von Studien aus der Erziehungswissenschaft und der Fremdsprachendidaktik.

Berufseingangsphase

In einer biografisch angelegten Untersuchung aus dem Bereich der Bildungsgangforschung werden Rekonstruktionen zur Berufseingangsphase von Lehrerinnen und Lehrern (Hericks 2006) fokussiert. Ausgehend von drei Fallbeispielen kommen Aspekte einer gelingenden Professionalisierung zur Sprache. Reflexion und Selbstanalyse sowie die Fähigkeit zur Kooperation mit Kolleg/innen unterstützen Prozesse der Professionalisierung; fehlende Reflexion hingegen führt zu Stagnation in Feldern, die nicht direkt mit dem Unterricht zu tun haben, so beispielsweise im Bereich der sozialen Kontakte mit den Schüler/innen.

Professionalisierung

Die Bedeutsamkeit einer biografischen Reflexion und Selbstpositionierung weist eine weitere Studie zur Professionalisierung von Englischlehrer/innen nach (Dirks 2000). Gegenstand der Analyse ist die berufsbiografische Entwicklung von Englischlehrer/innen in den neuen Bundesländern in einer Situation des grundlegenden Umbruchs nach der Wende und der Integration der neuen Bundesländer in die Bundesrepublik. Mit diesem politischen Wandlungsprozess geht seit 1989 auch ein grundlegender Einschnitt in berufliche, pädagogische und bildungspolitische Rahmenbedingungen einher. Eine biografische Standortklärung führt gerade vor diesem Hintergrund zu Professionalisierung und zu Flexibilität in neu gestalteten Berufsfeldern.

Subjektive Theorien von Fremdsprachenlehrer/innen

In einer Studie zum beruflichen Selbstverständnis von Fremdsprachenlehrer/innen wurden zwölf Interviews geführt, in denen die Befragten sich selbst und ihre Funktion, d. h. ihre Vorstellungen von eigenen Aufgaben oder Rollen als Fremdsprachenlehrer/innen, thematisierten. Die Untersuchung basiert auf dem Ansatz der „subjektiven Theorien", die als subjektive Konstrukte von Wissen, Einstellungen, Absichten, Gefühlen etc. im Kontext beruflicher Erfahrungen sowie deren Bewertungen betrachtet werden. Dabei kommen gerade individuelle Charakteristika der befragten Lehrer/innen zum Tragen (Caspari 2003).

Zusammenhang zwischen Lehren und Lernen

Soweit Ergebnisse von Studien zum beruflichen Selbstverständnis von Lehrer/innen und zu einzelnen berufsbiografischen Entwicklungen. Nun könnte man, in Erinnerung an eigene Erfahrungen mit Lehrer/innen und mit eigenen Lernprozessen, zu der Vermutung kommen, dass eventuell all diese Aussagen wenig mit den eigentlichen Lernprozessen der Schüler/innen in der Schule zu tun haben. So erinnern wir uns alle vielleicht an Beispiele, denen zufolge ein Schüler wegen einer ihn ermutigenden und motivierenden Lehrerin mit Vergnügen Spanisch gelernt hat, ebenso wie an andere Beispiele, denen zufolge

26

eine Schülerin trotz einer als streng und abweisend erlebten Lehrerin Spanisch als Lieblingsfach betrachtete.

Wie steht es um die Zusammenhänge zwischen dem Lehren der Lehrer/innen und dem Lernen der Schüler/innen? Ist die Position des Lehrers wirklich so zentral, wie man dies in Alltagsgesprächen von Eltern und Schüler/innen immer wieder hören kann? „Ich hatte einen schlechten Spanischlehrer. Deswegen habe ich nie richtig Spanisch gelernt." Diese Aussage eines ehemaligen Schülers in der Retrospektive postuliert einen großen Einfluss des ehemaligen Spanischlehrers. Inwieweit dies wirklich so ist, dem gehen Studien nach, die Zusammenhänge zwischen Lehrerhandeln, Lehrerkompetenzen und dem Lernen der Schüler/innen untersuchen (Lipowsky 2006).

Empirische Untersuchungen, die Einflussfaktoren auf erfolgreiche Lernprozesse analysieren, finden die wichtigsten Gründe für Leistungsunterschiede in Lerngruppen bei individuellen Schülermerkmalen, darauf folgen die Merkmale der Klasse und der einzelnen Lehrer/innen sowie schließlich Merkmale der Schule. Andere Studien weisen die Bedeutung guter Lehrer/innen und guten Unterrichts besonders für schwächere Schüler/innen sowie für das Lernen in den ersten Schuljahren nach (Lipowsky 2006: 48 f.).

Einflussfaktoren auf erfolgreiches Lernen

In weiteren Studien werden weitere Faktoren und deren Bedeutung für Lernprozesse in schulischen Zusammenhängen insbesondere für das Fach Mathematik nachgewiesen. Hierzu gehören in unterschiedlicher Ausprägung je nach Studie das fachliche Wissen der Lehrer/innen, fachdidaktisches und pädagogisches Wissen, Berufserfahrung, epistemologische Überzeugungen (*beliefs*) und selbstbezogene Kognitionen (Lipowsky 2006: 49 ff.). Mit diesen *beliefs* sind Vorstellungen der Lehrkräfte über sich selbst, ihren eigenen Unterricht, ihre Wertvorstellungen, Normen, Regeln oder ihre Ziele gemeint.

Lehrer haben mit ihren Kompetenzen und ihrem unterrichtlichen Handeln erheblichen Einfluss auf die Lernentwicklung von Schülern. [...]

Text 2.5

Was die Bedeutung des Unterrichts anbelangt, lassen sich die dargestellten Ergebnisse dahingehend deuten, dass nicht nur allgemeine fachunabhängige Merkmale, wie eine effiziente Klassenführung, für die Lernentwicklung wichtig sind, sondern auch Merkmale, die auf eine vertiefte inhaltliche Auseinandersetzung mit dem Unterrichtsgegenstand hindeuten. Hierzu gehören eine interessante, klare, verständliche und vernetzte Präsentation neuer Inhalte und Konzepte, die Aktivierung des vorhandenen Vorwissens der Schüler, das Evozieren kognitiv anspruchsvoller Tätigkeiten, die Kultivierung eines diskursiven Unterrichtsstils, der Einsatz geeigneter Repräsentationsformen, die Förderung der Bewusstheit für das eigene Lernen sowie die Vermittlung von Strategien zur Strukturierung und Elaboration des Unterrichtsgegenstands.

Dies legt einen Unterricht nahe, der sich vor allem durch eine aktive Lehrerrolle auszeichnet, was jedoch nicht bedeutet, dass dieser Unterricht kleinschrittig aufgebaut ist, die Schüler in eine passive Rolle drängt und sie zu Stichwort-gebern degradiert.

Die dargestellten Ergebnisse zeigen auch, dass ein Unterricht, der sich durch einen geringeren Grad an Lehrersteuerung und durch stärker schülerorien-tierte, z. B. durch kooperative Arbeitsformen auszeichnet, in seiner Effektivität gesteigert werden kann, wenn die Schüler über Techniken, Strategien und Kompetenzen verfügen, ihre Arbeitsprozesse zu strukturieren und zu steuern. Ähnliche Ergebnisse liegen auch aus der Forschung zum selbstgesteuerten Lernen vor. Das bedeutet: Die Einführung schülerorientierterer Arbeitsformen sollte mit bereichsspezifischen Begleit- und Trainingsmaßnahmen für Schüler gekoppelt werden, die auf den Erwerb entsprechender Strategien und Kompe-tenzen abzielen. Dann steigt die Wahrscheinlichkeit, dass das Potenzial koope-rativer und schülerorientierter Arbeitsformen genutzt werden kann.

(Lipowsky 2006: 64 f.)

Lehramtsausbildung

Insgesamt wird die Komplexität der Forschungen und des Forschungsgegen-stands, nämlich das Berufsbild und berufliche Selbstverständnis von Lehrer/innen in diesen Ausführungen deutlich. Lehrer/in zu sein aktualisiert sich jeden Morgen in jeder Unterrichtsstunde mit jeder Lerngruppe neu. Infolge zahlreicher Faktoren, die diesen Beruf bestimmen, ist das Lehren kein Hand-werk und nicht auf der Ebene von Kochrezepten zu erlernen. Dementspre-chend wird die Ausbildung zu diesem Beruf als Lehramtsstudium konzipiert und durchgeführt. Gegenstand eines solchen Hochschulstudiums ist die theoretische Reflexion und Analyse verschiedener wissenschaftlicher Diszi-plinen und bestimmter Gegenstandsfelder, die einen Beitrag zu einer kriti-schen und analytischen Auseinandersetzung mit verschiedenen Tätigkeiten im Rahmen des Lehrerberufs leisten. Da die konkrete Unterrichtswirklichkeit niemals genau antizipiert werden kann, ist diese Form der Ausbildung eben nicht als Kochrezept zu verwirklichen. Eine gelungene Spanischstunde setzt sich aus weit mehr zusammen als aus 100 Gramm Motivation, 50 Gramm Bildmaterial, 3 Litern Phasen- und Methodenwechsel sowie schließlich 250 Gramm Lehrwerken. Dementsprechend besteht die fremdsprachendidak-tische Lehramtsausbildung aus der Reflexion und Analyse praxisbezogener Themen durch theoretische Modelle, wobei eine gegenseitige Durchdrin-gung und wechselseitige Beeinflussung von Theorie und Praxis mitgedacht wird.

Theorie-Praxis-Bruch

Dabei wird dieser Form der Ausbildung von Studierenden immer wieder mangelnde Praxisnähe vorgeworfen. Dies bezeichnet die Fremdsprachendi-daktik als Theorie-Praxis-Bruch: Die theoretische Reflexion kann schulische Praxis niemals in allen Dimensionen vorwegnehmen. Enttäuschungen Studie-render und ihrer Hoffnungen auf konkrete Hilfestellungen für methodische Entscheidungen und praxisrelevante Handlungsanweisungen sind nachvoll-ziehbar, doch können sie inhaltlich von der Fremdsprachendidaktik an den

Universitäten nicht bedient werden. Letztlich stehen Spanischlehrer/innen selbst und allein vor ihrer Lerngruppe und müssen in jeder Situation selbstverantwortlich und selbstreflexiv handeln. Eine fachdidaktische Ausbildung und ein Hochschulstudium, das neben der Fremdsprachendidaktik weitere wissenschaftliche Disziplinen umfasst, will Lehramtsstudierende darauf bestmöglich vorbereiten.

Zusammenfassung

In dieser Einheit haben Sie Argumente und Motive für die Wahl des Berufs „Spanischlehrer/in" kennengelernt. Dabei ist die individuelle Vielfalt und Unterschiedlichkeit einzelner Lehramtsstudierender zum Ausdruck gekommen. Auch das Berufsbild und berufliche Funktionen von Spanischlehrer/innen sind sehr vielfältig. Das Aufgabenspektrum reicht von administrativen und fachlichen Faktoren zu fachdidaktischen und sozialen bzw. pädagogischen Aufgaben.

Subjektiv geprägte Sichtweisen auf Spanischlehrer/innen wurden durch einige empirische Befunde aus der Lehrerforschung ergänzt. Neben typologischen Ergebnissen der biografischen Lehrerforschung wurden einige Studien mit einem individuellen Fokus auf der Basis von qualitativ angelegten Untersuchungen der empirischen Sozialforschung vorgestellt. Dabei kam die Unterschiedlichkeit zahlreicher Aspekte und verschiedener biografischer Ausprägungen einzelner Lehrer/innen und ihrer subjektiven Theorien zum Ausdruck. Eine Gemeinsamkeit etlicher Studien wurde ebenfalls deutlich: Gerade ein selbstreflexives Moment und die Fähigkeit zu kritischer Analyse und Selbsteinschätzung unterstützen erfolgreiches und zufriedenstellendes Lehrerhandeln.

Aufgabe 2.6

? Am Europäischen Fremdsprachenzentrum des Europarats (EFSZ) in Graz wurde das Europäische Sprachenportfolio für Sprachlehrende in Ausbildung (EPOSA) entwickelt (Newby u. a. 2007). Es ist gedacht als Instrument zur Reflexion für angehende Fremdsprachenlehrer/innen und enthält einen Teil für eine persönliche Beschreibung, einen Teil zur Selbstbeurteilung sowie ein Dossier für die Ergebnisse der Selbstbeurteilung, für Nachweise über den eigenen Fortschritt und für Beispiele aus eigenem Unterricht. Legen Sie ein solches Portfolio für sich an.

Literatur

Caspari, Daniela (2003): Fremdsprachenlehrerinnen und Fremdsprachenlehrer. Studien zu ihrem beruflichen Selbstverständnis. Tübingen: Narr. (Giessener Beiträge zur Fremdsprachendidaktik).

Dirks, Una (2000): Wie werden EnglischlehrerInnen professionell? Eine berufsbiographische Untersuchung in den neuen Bundesländern. Münster u. a.: Waxmann.

Grünewald, Andreas (2010): Spanischunterricht in der Bundesrepublik Deutschland. In: Grünewald, Andreas/Küster, Lutz (Hg.): Fachdidaktik Spanisch. Tradition, Innovation, Praxis. Stuttgart: Klett, Kallmeyer, 26–40.

Henrici, Gert/Zöfgen, Ekkehard (Hg.) (1998): Fremdsprachen lehren und lernen. Themenschwerpunkt: Subjektive Theorien von Fremdsprachenlehrern. Koordiniert von Inez de Florio-Hansen. Tübingen: Narr.

Hericks, Uwe (2006): Professionalisierung als Entwicklungsaufgabe – Rekonstruktionen zur Berufseingangsphase von Lehrerinnen und Lehrern. Wiesbaden: Verlag für Sozialwissenschaften.

Krumm, Hans-Jürgen (2007): Der Fremdsprachenlehrer. In: Bausch, Karl-Richard/Christ, Herbert/Krumm, Hans-Jürgen (Hg.): Handbuch Fremdsprachenunterricht. 5. Auflage. Tübingen und Basel: Francke, 352–358.

Leupold, Eynar (2002): Französisch unterrichten: Grundlagen, Methoden, Anregungen. Seelze-Velber: Kallmeyer.

Lipowsky, Frank (2006): Auf den Lehrer kommt es an. Empirische Evidenzen für Zusammenhänge zwischen Lehrerkompetenzen, Lehrerhandeln und dem Lernen der Schüler. In: Allemann-Ghionda, Cristina/Terhart, Ewald (Hg.): Kompetenzen und Kompetenzentwicklung von Lehrerinnen und Lehrern: Ausbildung und Beruf. Weinheim und Basel: Beltz, 47–70. (Zeitschrift für Pädagogik, 51. Beiheft).

Özkul, Senem (2011): Berufsziel Englischlehrer/in. Berufswahlmotive der Lehramtsstudierenden in Anglistik/Amerikanistik. Berlin u. a.: Langenscheidt.

Reh, Sabine/Schelle, Carla (2006): Biographieforschung in der Schulpädagogik. Aspekte biographisch orientierter Lehrerforschung. In: Krüger, Heinz-Hermann/Marotzki, Winfried (Hg.): Handbuch erziehungswissenschaftliche Biographieforschung. 2. Auflage. Wiesbaden: Verlag für Sozialwissenschaften, 391–411.

Struck, Peter (1994): Neue Lehrer braucht das Land. Ein Plädoyer für eine zeitgemäße Schule. Darmstadt: Wiss. Buchgesellschaft.

Terhart, Ewald u. a. (1994): Berufsbiographien von Lehrern und Lehrerinnen. Frankfurt am Main u. a.: Lang.

Terhart, Ewald (Hg.) (2000): Perspektiven der Lehrerbildung in Deutschland. Abschlussbericht der von der Kultusministerkonferenz eingesetzten Kommission. Weinheim und Basel: Beltz.

Internet

Newby, David u. a. (2007): Europäisches Sprachenportfolio für Sprachlehrende in Ausbildung. Ein Instrument zur Reflexion. Graz: Europäisches Fremdsprachenzentrum/Europarat. http://archive.ecml.at/mtp2/publications/C3_Epostl_D_internet.pdf.

Methoden des Spanischunterrichts

In dieser Einheit erfolgt ein Überblick über die Methoden des modernen Fremdsprachenunterrichts. Ausgehend von einer Definition des Begriffs ‚Methode' werden verschiedene Methoden, die den Fremdsprachenunterricht seit etwa 1880 geprägt haben, vorgestellt und ihre jeweiligen Charakteristika analysiert. Dabei lernen Sie die einzelnen Methoden im Zusammenhang mit konkreten Beispielen kennen. Darüber hinaus werden Bezüge zum Spanischunterricht heute hergestellt.

Überblick

3.1 | Begriff ‚Methode‘

Unschärfe des
Methodenbegriffs

Der Begriff ‚Methode‘ zeichnet sich insgesamt durch eine hohe begriffliche Unschärfe aus. Im Alltagsgespräch könnte damit das grundlegende didaktische Prinzip gemeint sein, an dem der Spanischunterricht ausgerichtet ist, es könnten aber auch einzelne Lehrtechniken und Lehrverfahren beispielsweise in Bezug auf die Überprüfung von Vokabelkenntnissen gemeint sein oder pädagogische Entscheidungen, um Lernende zu disziplinieren und ihre Aufmerksamkeit zu steuern. Methode verweist auf Begriffe wie Unterrichtsmethode, Lehrtechnik, Lehrverfahren, Unterrichtsgestaltung, Unterrichtsverlauf oder auch Lerntechnik und Lernverfahren.

Die angewendeten Methoden können somit aus Sicht der Lehrenden und auch aus Sicht der Lernenden betrachtet werden. Methoden der Lernenden könnten sich darauf beziehen, einen Text zu interpretieren oder ein Wörterbuch zu benutzen. Darüber hinaus könnten Methoden auch auf einer Metaebene angesiedelt und auf die Strukturierung und Planung des eigenen Lernprozesses bezogen sein. Aus der Sicht der Lehrenden könnte Methode die grundlegende Strukturierung des Unterrichts meinen und damit auf Unterrichtsmethoden wie Frontalunterricht, Gruppenarbeit und Einzelarbeit verweisen, aber auch Konzepte wie Offenen Unterricht, Projektunterricht und lehrerzentrierten Unterricht umfassen.

Methode als Weg

Der Ursprung des Begriffs liegt im altgriechischen Wort ‚methodos‘, womit der Weg zur Erreichung eines bestimmten Orts bzw. Ziels gemeint ist.

> In der Methodenlehre werden diejenigen Ansätze, Verfahren und wiederholbaren Handlungsmuster zusammengefasst, die geeignet sind, das unterrichtspraktische Handeln des Lehrers zu leiten, das sich auf den auswählend gliedernden und stufenden Umgang mit verschiedenen Arten von Lehrgegenständen in der sprachlichen Interaktion mit Schülern bezieht und das Ziel verfolgt, bestimmte Lerninhalte möglichst anwendungsbereit und dauerhaft zu vermitteln […].
>
> (Neuner 2007: 225)

Lehr-Lern-Verfahren

Wenn Spanischunterricht nun als gemeinsamer Weg von Lehrenden und Lernenden hin zu einem Lernziel, nämlich zu den kommunikativen Kompetenzen im Spanischen, verstanden wird, dann meint der Begriff ‚Methode‘ – oder modern ausgedrückt: Lehr-Lern-Verfahren – die Regelung und Strukturierung eben dieses Lernwegs der Lehrenden mit den Lernenden, um die gesetzten Lernziele über ausgewählte Lerninhalte zu erreichen. Ausgehend von diesem Verständnis wird der Begriff ‚Methode‘ als umfassendes didaktisches Prinzip zur Gestaltung des Spanischunterrichts verstanden.

Definition

Methode meint die Gesamtheit der Lehr-Lern-Verfahren, die den Spanischunterricht strukturieren und gestalten. Dazu gehören Schwerpunktsetzungen im Blick auf bestimmte Inhalte, Vorgehensweisen, Medien, Zielsetzungen oder Spracherwerbstheorien.

Wenn in den Kapitelüberschriften in dieser Einheit verschiedene Methoden von der Grammatik-Übersetzungs-Methode bis zur kommunikativen Didaktik Erwähnung finden, könnte dies den Eindruck erwecken, dass die Geschichte der Methoden des Fremdsprachenunterrichts linear verlaufen sei. Dem ist jedoch nicht so. Einzelne Methoden lassen sich nur grob bestimmten Zeiträumen zuordnen. Sie folgen nicht aufeinander und lösen einander ab, sondern bestanden und bestehen teilweise auch nebeneinander. Die Methoden des Fremdsprachenunterrichts waren und sind grundlegend in einen allgemeinen gesellschaftlichen und bildungspolitischen Wandel eingebunden.

Die Grammatik-Übersetzungs-Methode

|3.2

Die Methoden des neusprachlichen Unterrichts, d. h. des Unterrichts der modernen und damit der lebenden Fremdsprachen, hängen eng mit der Etablierung der Fremdsprachen als Schulfächer zusammen. Englisch und Französisch werden in Deutschland ab der zweiten Hälfte des 19. Jahrhunderts an der Höheren Schule unterrichtet. Spanisch wird vereinzelt unterrichtet an Handels- und Kaufmannsschulen sowie an Realschulen und Realgymnasien (Grünewald 2009: 26 f.). Bis dahin sind Latein und Altgriechisch unumstrittener Bestandteil der Bildung. Dementsprechend orientiert sich die Vermittlung der neueren Sprachen an den Vermittlungsmethoden der alten Sprachen, so dass es im Fremdsprachenunterricht dieser Zeit primär um sprachliche Strukturen, um Kenntnis der Grammatikregeln und der Wörter geht, jedoch nicht um Kommunikation. Die Beherrschung der Fremdsprache wird durch Übersetzung von Texten nachgewiesen. Der Fremdsprachenunterricht baut auf der lateinischen Schulgrammatik und auf der geschriebenen, literarisch geformten Sprache auf. Lernende, die Spanischunterricht nach dieser Methode durchlaufen, sind nach einigen Jahren in der Lage, Texte von Cervantes oder Neruda zu lesen und zu übersetzen, sie können jedoch kaum einen *café con leche* bestellen oder sich in Spanien über das Wetter unterhalten. Sprachbeherrschung, wie sie sich die Vertreter der Grammatik-Übersetzungs-Methode vorstellen, besteht in metasprachlichem Wissen, d. h. in Wissen über die Sprache, jedoch nicht in Kenntnissen zur Anwendung der Sprache. Das Sprachenlernen steht im Dienst einer formalen Schulung des Geistes und einer Erziehung zu ordnendem Denken. Diese Vorstellung von Bildung bleibt damit auch Privileg der höheren Bildung und somit einer Elite vorbehalten.

Die Charakteristika eines Spanischunterrichts in diesem Sinne werden in dem Lehrwerk „Weltsprache Spanisch" exemplarisch deutlich. Hier finden sich eine Einführung in die Phonetik des Spanischen, die konsequente Nutzung der Lautschrift, die kognitivierende Erklärung der Grammatik auf Deutsch sowie zahlreiche Übersetzungsaufgaben zu den Lehrwerktexten (Lepiorz 1984).

Neben der Übersetzung eines spanischen Auszugs aus dem *Don Quijote* von Cervantes (Lepiorz 1984: 232 f.) ins Deutsche findet sich ebenfalls ein

Kenntnis der Grammatikregeln und Übersetzung von Texten

fingierter Brief des Jungen Alfred an seine Eltern, der ins Spanische zu übersetzen ist:

Text 3.1

Aufgabe 98:
ÜBERSETZUNGSÜBUNG:
Ein Stierkampf in Granada (Fortsetzung)
Als der Matador mit langsamen Schritten sich dem Stier näherte, wurde das
Publikum plötzlich ruhig. Er hielt das rote Tuch mit dem Degen zusammen
in der rechten Hand und suchte die Aufmerksamkeit des Tieres auf sich zu
lenken. Nur noch zwei Meter trennten ihn von dem Stier, als dieser ihn angriff.
Eine leichte Bewegung mit dem Tuch, und der Stier schien ins Leere zu rennen.
(Lepiorz 1984: 231)

Symptomatisch für das Verständnis der Grammatik-Übersetzungs-Methode
ist auch das Vorwort, das dem Lehr- und Übungsbuch „Weltsprache Spanisch"
(Lepiorz 1984) vorangestellt ist. Es fasst die Besonderheiten dieser Methode
zusammen:

Text 3.2

Vorwort

„Weltsprache Spanisch" will die Kenntnisse vermitteln, die zum Verständnis
und zum mündlichen und schriftlichen Gebrauch des Spanischen notwendig
sind. Die Lesestücke, die vielfach zeitgenössischen Schriftstellern entnommen
sind, und die Dialoge aus dem Alltag sollen zugleich ein Bild des spanischen
Lebens von heute zeichnen. In Verbindung mit den Erklärungen der Grammatik und mit reichem Übungsmaterial führt das Lehrbuch den Lernenden so
weit, dass er selbstständig und ohne weitere Hilfsmittel als ein Wörterbuch spanische Bücher und Zeitschriften lesen und übersetzen und einfachere Schrift-
sätze anfertigen kann.
(Lepiorz 1984: 5)

Aufgabe 3.1

? Welche Zielsetzungen werden mit diesem Lehr- und Übungsbuch verfolgt und welche
Bedeutung hat Grammatik in diesem Fremdsprachenunterricht? Fassen Sie die Charakteristika dieses Verständnisses von Fremdsprachenunterricht zusammen.

Einfluss der Gram-
matik-Übersetzungs-
Methode auf den
Spanischunterricht
der Gegenwart

Die Grammatik-Übersetzungs-Methode prägt nicht nur die Anfänge des
Unterrichts der neueren Sprachen im 19. Jahrhundert, sondern wird bis weit in
die Mitte des 20. Jahrhunderts praktiziert. Der Fokus auf Grammatik, Vokabular, Übersetzung und Lektüre literarischer Texte im Zeichen eines klassischen
Bildungsbegriffs fügt sich gut ein in Traditionen des deutschen Gymnasiums.
Einige Charakteristika dieser Methode finden sich auch im Spanischunterricht
zu Beginn des 21. Jahrhunderts. Der Rückgriff auf die Terminologie der lateinischen Schulgrammatik mit Begriffen wie Substantiv, Adjektiv, Gerundium
und Konjugation bildet weiterhin die Basis der Lernergrammatiken, die im
Spanischunterricht heute benutzt werden. Die Übersetzung literarischer Texte
wird heute wohl kaum in der gleichen Intensität wie damals praktiziert, doch

finden sich immer wieder Übersetzungen kurzer Texte in zentralen Abschlussprüfungen, z. B. im bayrischen Zentralabitur, oder auch in Klausuren wieder. Der literarische Kanon des Spanischunterrichts heute weicht wohl von dem Kanon ab, der in der Grammatik-Übersetzungs-Methode dominierte, doch ist die Lektüre bestimmter „Klassiker" des Spanischunterrichts wie Cervantes, Neruda und García Lorca auch auf Einflüsse dieser Methode und des darin liegenden Bildungsbegriffs zurückzuführen.

Die Direkte Methode

3.3

Im Lauf der Etablierung der neueren Sprachen im Schulwesen entsteht ein neues Selbstverständnis zur Vermittlung der lebenden Fremdsprachen vor allem bei den Anhängern der neusprachlichen Reformbewegung. „Der Sprachunterricht muß umkehren." So betitelt Wilhelm Viëtor 1882 sein Plädoyer für eine Neuorientierung und andere Schwerpunktsetzung in den Methoden der modernen Sprachen, die als lebende Fremdsprachen und somit als Kommunikationsmittel genutzt und damit gesprochen werden sollen. Die gesprochene Sprache und der natürliche Spracherwerb haben für ihn Vorrang vor Grammatik und Übersetzung (Schröder 1984).

neusprachliche Reformbewegung

Die Direkte Methode wird auch als Induktive Methode bzw. Natürliche Methode bezeichnet. Vertreter eines *direct approach* fordern, dass der Fremdsprachenunterricht in der Fremdsprache selbst durchgeführt wird, und grenzen sich damit deutlich von dem Unterricht der alten Sprachen Latein und Griechisch ab.

Ein bekannter Vertreter dieses Ansatzes ist im amerikanischen Raum der aus dem Schwarzwald stammende Maximilian Berlitz, der ebenfalls die Vermittlung der Umgangssprache und die Kommunikation in den Mittelpunkt seines Konzepts stellt. Ursprünglich unterrichtet er in seiner Sprachenschule nach der Grammatik-Übersetzungs-Methode. Ausgelöst durch unglückliche Umstände, nämlich die Einstellung eines jungen Franzosen ohne jegliche Englischkenntnisse als Französischlehrer und eine eigene heftige Erkrankung zur gleichen Zeit, entdeckt Berlitz die Möglichkeiten der Direkten Methode. Der neu eingestellte Französischlehrer Nicholas Joly unterrichtet seine Lerngruppen ohne Rückgriff auf Englisch sowie durch direkte Kommunikation und erzielt damit weit bessere Erfolge als Berlitz mit der Grammatik-Übersetzungs-Methode. Berlitz erkennt das Potenzial nach seiner Genesung: Sechs Wochen später sind die Lernenden in der Lage, mit ihrem Lehrer Joly in entspannter Atmosphäre zu kommunizieren. Berlitz übernimmt daraufhin die innovative Methode und baut sie aus.

Maximilian Berlitz

Zentrale Charakteristika sind die Arbeit mit alltagspraktischem Wortschatz und mit Grammatik in simulierten realen Kommunikationssituationen. Der Fokus liegt auf dem Sprechen und Lernen ausschließlich in der Zielsprache,

Alltagskommunikation

wobei gerade die mündlichen Fertigkeiten im Vordergrund stehen und Lesen und Schreiben als Ergänzung verstanden werden.

total immersion

Dieses Prinzip vertreten die Berlitz Sprachschulen bis heute. Die Lehrkräfte sind zwingend Muttersprachler, die zum Teil keine Sprachkenntnisse der Erstsprachen ihrer Schülerinnen und Schüler haben. Der Unterricht wird immer in der jeweiligen Zielsprache durchgeführt, ein Rückgriff auf eine grammatische Metasprache wie die der lateinischen Grammatik findet nicht statt. Berlitz Schulen gibt es weltweit. Seit den 1950er Jahren geht es um die Vermittlung von Fremdsprachen vor allem an Geschäftsleute, die fremdsprachliche Kompetenzen aus beruflichen Gründen benötigen. Damit geht der Wechsel von konventionellen Klassengrößen hin zu kleinen, privaten Lerngruppen einher, in denen vor allem eine hohe Intensität den Lernprozess auf der Basis einer *total immersion* dominiert. Die Kurse dauern in der Regel nur wenige Wochen und basieren auf einem mehrstündigen Tagesprogramm.

Einschnitt in der Fremdsprachenvermittlung

Die Direkte Methode bedeutet einen wesentlichen Einschnitt in der Vermittlung fremder Sprachen. Die Abkehr von metasprachlichem Wissen, von Grammatik und Übersetzung und der Fokus auf aktive Kommunikation in der gesprochenen Alltagssprache führen zu einem qualitativ grundlegend anderen Fremdsprachenunterricht. Die Lektüre klassischer literarischer Texte z. B. von Lope de Vega oder Calderón de la Barca kommt nicht mehr vor, stattdessen beschäftigen sich die Lernenden jetzt mit Alltagskommunikation und landeskundlichem Wissen. Im Vordergrund stehen Alltagsgespräche wie Einkaufssituationen, Orientierung in fremder Umgebung oder Knüpfen neuer Kontakte.

Einfluss der Direkten Methode auf den Spanischunterricht der Gegenwart

Gerade dieser Fokus auf die alltagssprachliche Kommunikation, die Einsprachigkeit und damit der direkte Zugang zur Zielkultur prägen den Spanischunterricht bis heute. Während diese Charakteristika beispielsweise in den Berlitz Sprachschulen konsequent und absolut verstanden werden, bilden sie im Spanischunterricht in Deutschland zwar eine Grundorientierung, jedoch sind Abweichungen möglich. So sollten Lehrkräfte in der Regel die Erstsprache ihrer Schülerinnen und Schüler verstehen, d. h. ein Spanischlehrer in Deutschland spricht Deutsch genau wie seine Lerngruppe (von Minderheitenangehörigen einmal abgesehen). Dies ermöglicht den Rückgriff auf die gemeinsame Erstsprache, um beispielsweise als schwierig empfundene grammatische Regeln zu erklären oder auch Rückfragen bei Unverständnis oder Missverständnis zuzulassen.

Aufgabe 3.2

? Das Prinzip der totalen Immersion wird in den Berlitz Sprachschulen konsequent umgesetzt, hat sich im schulischen Fremdsprachenunterricht in Deutschland jedoch nicht in dieser Form etablieren können. Warum nicht?

Die Audiolinguale Methode |3.4

Der Fremdsprachenunterricht verändert sich weiter ausgehend von Neuansätzen in der Linguistik und der Lernpsychologie der 1930er bis 1950er Jahre: Auf der Basis des Strukturalismus und des Behaviorismus kommt die Audiolinguale Methode auf. Diese vor allem in den USA entwickelte Lehr-Lern-Methode stammt aus der Ausbildung von Dolmetschern der US-Armee.

Der Strukturalismus ist eine in verschiedenen wissenschaftlichen Disziplinen angewandte Theorie, die Systeme und ihre Bestandteile analysiert. Die strukturalistische Analyse wird vor allem in den 1960er Jahren u. a. in der Literaturwissenschaft, Linguistik oder Psychoanalyse praktiziert. *Strukturalismus*

Den Ausgangspunkt bildet Ferdinand de Saussure mit seinem Verständnis von Sprache als strukturiertes Zeichensystem. Er unterscheidet zwischen *langue* (Sprache als System) und *parole* (Sprache als Sprechakt). Eine *langue* ist ein System einzelner Elemente und ihrer Werte (*valeur*), deren Funktion durch Differenz zu anderen Elementen bedeutsam wird. Insgesamt konzentriert sich de Saussure auf Sprache als synchrones System und betrachtet sie nicht in diachronischer Perspektive. Auch im amerikanischen Strukturalismus (Bloomfield) geht es um Sprache als synchrones System. Gegenstand der Analyse ist wiederum die gesprochene Sprache. Ausgehend von einer Analyse eines Korpus von Äußerungen wird die Grammatik einer Sprache konstruiert, ohne die Bedeutungen der Äußerungen zu beachten. Ziel ist die Segmentierung und Klassifikation dieser Äußerungen, um daraus eine strukturelle Beschreibung der grammatischen Formen zu entwickeln. Im Strukturalismus in der Sprachwissenschaft geht es nicht darum, Sprache zu verstehen, sondern die ihr zu Grunde liegenden Regeln. *Ferdinand de Saussure*

Insgesamt orientiert sich der Strukturalismus somit nicht mehr an der lateinischen Grammatik, sondern analysiert jede Sprache nach den ihr eigenen Strukturen. Dies erfolgt auf der Basis einer Analyse der gesprochenen Sprache und nicht der geschriebenen Sprache. Die strukturalistische Sprachanalyse untersucht eine Sprache nach ihren charakteristischen Gegebenheiten streng synchronisch und deskriptiv. *Strukturalistische Sprachanalyse*

Die Audiolinguale Methode ist auch vom Behaviorismus stark geprägt. In der Lernpsychologie wird in dieser Zeit ein behavioristisches Menschenbild vertreten. Im Anschluss an Untersuchungen von Skinner und Pawlow steht lediglich das beobachtbare Verhalten im Mittelpunkt, mentale Prozesse im Gehirn gelten als nicht untersuchbar. Das Gehirn wird als *black box* bezeichnet, Verhalten wird nicht als aktiver, selbst konstruierter und selbstgesteuerter Prozess, sondern als von außen konditioniert verstanden. Der Mensch, menschliches Verhalten und auch Lernen funktionieren nach einem Reiz-Reaktions-Schema (*stimulus – response*). Nach diesem Muster wird auch Spracherwerb gesehen: Analog zu dem Pawlow'schen Hund, dessen Speichelfluss nach entsprechender Konditionierung nicht mehr nur durch eine Wurst, *Behaviorismus* sondern ein gleichzeitig zum Füttern klingelndes Glöckchen ausgelöst wird, stuft man den Spracherwerb als Verhaltenskonditionierung ein. Auf wiederholten sprachlichen Input in Gestalt von *Pattern drill*-Übungen antwortet der Mensch mit sprachlichen Reaktionen. Man betrachtet den Lernprozess *Pattern drill* als linear und eindimensional, durch Habitualisierung und Wiederholung in *Pattern drill*-Übungen soll eine daraus automatisch resultierende Beherrschung der jeweiligen fremdsprachlichen Strukturen erreicht werden.

Einsprachigkeit   Ausgehend von diesen Vorstellungen wird in der Bundesrepublik Deutschland in den 1960er Jahren Englischunterricht für alle eingefordert und auch in der Hauptschule eingeführt. Während der Französischunterricht durch die politische Annäherung Deutschlands an Frankreich massive Unterstützung findet, bleibt der Spanischunterricht ohne vergleichbare institutionelle Rahmenbedingungen deutlich dahinter zurück. Spanisch wird darüber hinaus als Sprache der Diktatur Francos nachrangig behandelt (Grünewald 2009: 28). Charakteristisch für den Fremdsprachenunterricht dieser Zeit sind wiederum der Fokus auf die Alltagskommunikation, landeskundliches Alltagswissen und der Primat des Mündlichen. Die Einsprachigkeit des Unterrichts ist ebenso von Bedeutung wie die situative Einbettung von Kommunikationssituationen. Darüber hinaus werden die vier Fertigkeiten Hören – Lesen – Sprechen – Schreiben in dieser Reihenfolge vermittelt, um dem natürlichen Spracherwerb Rechnung zu tragen. Die Einübung von Sprachmustern erfolgt durch Imitation und Wiederholung in *Pattern drill*-Übungen. Insgesamt bildet auch die Benutzung von Tonbandgeräten ein zentrales Charakteristikum dieser Methode.

Kritik   Diese Konzeption des Spracherwerbs erfährt analog zur Kritik am Behaviorismus zahlreiche Infragestellungen. In kognitionsorientierten Lernmodellen werden demgegenüber die Eigenständigkeit und die selbstständige Steuerung von Lernprozessen unterstrichen. Dabei stehen bewusste Kognitionen der Lernenden im Mittelpunkt, die selbstständigkeitsorientierte Lernformen stärker unterstützen.

Einfluss der Audiolingualen Methode auf den Spanischunterricht der Gegenwart   Dennoch finden sich aus dieser Methode einige Umsetzungen, die bis heute im Spanischunterricht realisiert werden. Wenn auch der Behaviorismus und der Strukturalismus keine prägenden Ansätze mehr sind, werden einige Vorgehensweisen aus der Audiolingualen Methode weiterhin praktiziert. Hierzu gehören die Einsprachigkeit des Unterrichts, die Orientierung an Alltag und Kommunikation sowie die Vermittlung der vier Fertigkeiten Hören, Lesen, Sprechen und Schreiben in dieser Reihenfolge. *Pattern drill*-Übungen haben den Spanischunterricht lange Zeit geprägt. Gerade Vorstellungen zur Bedeutung von Wiederholung und Übung für den Spracherwerb führten zur Beibehaltung wiederholender Übungsmuster nach immer gleichen Schemata weit über die Audiolinguale Methode hinaus. Übungen nach für Lehrkräfte leicht überschaubaren Frage-Antwort-Mustern tragen zudem dem Bedürfnis nach Transparenz der Überprüfbarkeit von Leistungen

Rechnung. Dementsprechend finden sich lange Zeit Übungen wie die folgende:

| Text 3.3

7. Ha llegado un autobús con muchos turistas.

¿Es ésta su maleta, señor? – Si, es mi maleta.

¿Son éstas sus maletas, señor?

¿Es ésta nuestra maleta, papá?

¿Es ésta vuestra bolsa?

¿No es ésta mi bolsa, mamá?

¿No es ésta la maleta de su marido?

¿No es éste su marido, señora?   (Halm u. a. 1973: 58)

Diese Übung zielt auf die Einübung bestimmter Frage- und Antwortstrukturen, die in ähnlicher Form mehrfach wiederholt werden. Aktuelle Übungsmuster sind demgegenüber weniger eindimensional angelegt, nutzen eine größere Breite sprachlicher Redemittel und imitieren mehr authentische Kommunikationssituationen. Dennoch wird auf das Prinzip der Wiederholung nicht grundlegend verzichtet.

| Aufgabe 3.3

? Überlegen Sie, warum die oben angeführte *Pattern drill*-Übung zur Zuordnung von Koffern und Taschen nicht mehr in dieser Form im Spanischunterricht heute Verwendung findet. Welche Argumente sprechen dagegen? Entwickeln Sie eine Übung unter Rückgriff auf die aufgezeigte Gesprächssituation vor einem Reisebus, die diese Nachteile konstruktiv umsetzt und weiterentwickelt.

Die Vermittelnde Methode

| **3.5**

Verknüpfung von
drei Methoden

In den 1950er Jahren gibt es Bestrebungen, ein traditionelles Verständnis des Fremdsprachenunterrichts mit deutlicher Orientierung an Bildungsinhalten und Lernzielen mit audiolingualen Konzepten zu verbinden. Diese theoretischen Überlegungen zielen auf die Verknüpfung der jeweiligen Vorteile der Grammatik-Übersetzungs-Methode, der Direkten Methode und der Audiolingualen Methode. Diese Methoden sind in ihrer jeweiligen Reinform mit etlichen Nachteilen behaftet. Die Grammatik-Übersetzungs-Methode fokussiert auf Kenntnisse der lateinischen Grammatik, Lektüre literarischer Texte und deren Übersetzung, vernachlässigt jedoch grundlegend die Vermittlung kommunikativer Kompetenzen. Die Direkte Methode und die Audiolinguale Methode hingegen stellen die Alltagskommunikation, Einsprachigkeit und die vier sprachlichen Fertigkeiten in den Mittelpunkt ohne expliziten Rückgriff auf Grammatik oder Literatur. Eine Verbindung dieser drei Methoden wirkt somit vielversprechend, doch ist die Praxis des Fremdsprachenunterrichts lange Jahre vor allem durch die Grammatik-Übersetzungs-Methode bestimmt.

Charakteristika der Vermittelnden Methode

Charakteristisch für die Vermittelnde Methode sind insgesamt die Orientierung an Inhalten und Zielen der höheren Bildung, d.h. die Auseinandersetzung mit bleibenden Werten und Zeugnissen der Zielkultur, die grundlegende Aktivierung der Schülerinnen und Schüler sowie die Orientierung am Prinzip der Einsprachigkeit außer bei der Erklärung von grammatischen und semantischen Fragen oder bei der Diskussion über abstrakte Gedankengänge. Weiterhin werden neue Wörter in dem jeweiligen Kontext erklärt und gelernt, die Grammatikarbeit ist durch Induktion geprägt und wird in zyklischer Progression vermittelt. Übungen zum mündlichen Sprachgebrauch werden auf der Basis lebendiger und authentischer Sprechsituationen entwickelt, Übersetzungsübungen kommen in Maßen zum Tragen.

Einfluss der Vermittelnden Methode auf den Spanischunterricht der Gegenwart

Insgesamt finden sich in der Vermittelnden Methode zahlreiche sinnvolle Ansätze, die auch im Spanischunterricht heute umgesetzt werden. Die Kombination der Charakteristika verschiedener Methoden ermöglicht prinzipiell einen von Vielfalt und Abwechslung geprägten Spanischunterricht, der jedoch heute weit stärker durch andere Aspekte – Kompetenzorientierung, Bildungsstandards oder Aufgabenorientierung – geprägt ist.

3.6 | Die Audiovisuelle Methode

CREDIF

Die Audiovisuelle Methode ist eine Weiterentwicklung der Audiolingualen Methode in den 1950er und 1960er Jahren. Diese Weiterentwicklung erfolgt mit der Audio-visuell-global-strukturalen Methode (Guberina 1965), die in Frankreich vom CREDIF, dem *Centre de Recherche et d'Etudes pour la Diffusion du Français*, entwickelt und in den USA ausformuliert wird. Hier wird gerade das visuelle Moment besonders für den Anfangsunterricht betont.

Medien

Ein Charakteristikum dieser Methode ist der Einsatz zahlreicher Medien. Basis ist die Neu- und Weiterentwicklung technischer Medien in der Mitte des 20. Jahrhunderts. Dazu gehören im visuellen Bereich Diaprojektoren, Overheadprojektoren und Videorecorder und auditive Medien wie das Sprachlabor, Tonbandgeräte und Kassettenrecorder. Sprache wird in Kontexten, Situationen und Dialogen vermittelt. Dabei ist ein rigider Ausschluss der Erstsprache sowie kognitiver Elemente charakteristisch für die Audiovisuelle Methode. Die Akzente liegen auf authentischen Sprechweisen und vielfältigen Übungen, beispielsweise Substitutions- und Einsetzübungen, sowie auf einer genauen Phaseneinteilung des Unterrichts.

Spanischlehrwerk „Vida y Diálogos de España"

Visuelle Impulse werden als eindeutig verbalisierbar erachtet und dementsprechend bestimmte Zeichnungen mit spanischen Sätzen korreliert. Das Bild gilt z.B. in dem Spanischlehrwerk „Vida y Diálogos de España" als Impuls, der bei den Betrachtern sprachliche Reaktionen auslösen soll. Daher besteht das gesamte Lehrwerk ausschließlich aus visuellen Impulsen in Form gezeichneter Bilder (Rojo Sastre/Rivenc/Ferrer 1976). Der Beginn der *Unidad didáctica 3* mit dem Titel *Calle de Alcalá* sieht folgendermaßen aus:

Unidad didáctica 3 | Text 3.4

DIÁLOGO

CALLE DE ALCALÁ

(Rojo Sastre/Rivenc/Ferrer 1976: 16)

? Jedes der Bilder wird als Impuls verstanden, um eine sprachliche Reaktion auszulösen (stimulus – response). Formulieren Sie zu jedem Bild eine sprachliche Äußerung. Was stellen Sie dabei an sich fest? Beschreiben Sie Besonderheiten der Audiovisuellen Methode. | Aufgabe 3.4

Damit wird der Weg frei für neue Ziele und Inhalte des Fremdsprachenunterrichts. Wenn Sprache vor allem als Mittel zur Kommunikation betrachtet wird, dann geht es im Sprachunterricht darum, dass Lernende möglichst schnell das wichtigste, weil am häufigsten auftretende Vokabular sowie zentrale grammatische Strukturen beherrschen sollen, um Kontakte mit Sprechern der Fremdsprache kommunikativ zu bewältigen. Dabei wird die erfolgreiche Kommunikation für wichtiger erachtet als die Orientierung an komplexen sprachlichen Strukturen, die in der Praxis nicht benutzt werden können, weil der Lerner sie noch nicht gut genug beherrscht.

Insgesamt ist auch diese Methode von einem technizistischen, mechanistischen Verständnis von Spracherwerb gekennzeichnet. Symptomatisch ist der Einsatz eines Sprachlabors, d. h. eines Mediums, das Lernende in einen Dialog mit Hörmaterial auf Kassetten treten lässt, in dem die bereits genannten *Pattern drill*-Übungen permanent wiederholt werden können und das der Lehrkraft die individuelle Überprüfung der einzelnen Lernenden ermöglicht. Kommunikation wird hier mit Technik simuliert, echte Kommunikation zwischen zwei einander gegenüberstehenden Menschen erscheint demgegenüber nachrangig.

[margin: Sprachlabor]

Nicht nur die Durchführung einer Spanischstunde in einem solchen Medium ist bezeichnend, sondern bereits die Bezeichnung des Sprachlabors als Sprach*labor*. Der Begriff ‚Labor‘ macht das Menschenbild und Lernerbild der Zeit deutlich. Analog zu anderen Laboren der Biologie oder Chemie wird Fortschritt – in diesem Fall: Lernfortschritt – als durch technische Unterstützung garantiert verstanden und weniger durch die eigenständige und kreative Gestaltung des Lernprozesses durch die Lernenden selbst. An dieser Stelle setzt auch die Kritik an der Audiovisuellen Methode an: Der Lehrer sei zum Medientechniker degradiert, der konsequente Ausschluss von Kognition und Kreativität der Lernenden sei wenig hilfreich und das Lehrwerk sei vor allem durch eine Sinnentleerung der Lehrbuchdialoge sowie durch indirekte Orientierung an Grammatik charakterisiert. Insgesamt wurde diese Methode in ihrer Reinform kaum so praktiziert.

[margin: Kritik]

Sprachlabore und *Pattern drill*-Übungen finden sich im Spanischunterricht heute wohl nicht mehr, ebenso wenig die kritiklose Orientierung an Technik und sinnentleerten Dialogen. Dennoch lassen sich einige Spuren der Audiovisuellen Methode auch heute noch finden. Hierzu gehört das aktive Einbeziehen von aktuellen Medien in den Unterricht. Waren es in den 1960er Jahren das Sprachlabor und das Tonbandgerät, sind es zu Beginn des 21. Jahrhunderts Computer, Internet, DVD und CD. Lediglich der Overheadprojektor hat die Jahrzehnte überdauert. Darüber hinaus gilt wohl einer der oben angeführten Kritikpunkte an der Audiovisuellen Methode auch für den Spanischunterricht der Gegenwart. Auch heute werden Lehrwerke wegen der heimlichen Orientierung an Grammatik in der Lehrwerkprogression und den daraus resultierenden oberflächlichen Lehrwerktexten kritisiert.

[margin: Einfluss der Audiovisuellen Methode auf den Spanischunterricht der Gegenwart]

Kommunikative Didaktik

|3.7

Eine grundlegende Erneuerung findet in den 1970er Jahren mit der kommunikativen Didaktik statt, die den Spanischunterricht bis heute wesentlich prägt. Zentral ist die Betonung der kommunikativen Kompetenz als übergeordnetes Lernziel des Fremdsprachenunterrichts:

kommunikative
Kompetenz

> We have to account for the fact that a normal child acquires knowledge of sentences not only as grammatical but also as appropriate. He or she acquires competence as to when to speak, when not, and as to what to talk about to whom, when, where in what manner. In short, a child becomes able to accomplish a repertoire of speech acts, to take part in speech events and to evaluate the accomplishment by others. (Hymes 1972: 270)

> Kommunikative Kompetenz bedeutet [nicht] das Erreichen bestimmter Normen, sondern die Fähigkeit, sich ohne Ängste und Komplexe mit sprachlichen Mitteln, die man durchschaut und in ihren Wirkungen abschätzen gelernt hat, zu verständigen und kommunikative Absichten auch dann zu durchschauen, wenn sie in einem Code ausgesprochen werden, den man selbst nicht beherrscht und der nur partiell im eigenen Idiolekt vorhanden ist.   (Piepho 1974: 9 f.)

Kommunikation und kommunikative Kompetenz werden hier nicht gleichgesetzt mit sprachlicher Korrektheit und sicherer Anwendung von grammatischen Strukturen, Wortschatz oder Syntax. Fehler wie eine falsche Pluralbildung oder die falsche Konjugation einer Verbform werden für das Verständnis als nachrangig betrachtet. Weit wichtiger ist hier die angemessene sprachliche Kommunikation je nach Situation und Gesprächspartnern. Ausgehend von linguistischen und sprachphilosophischen Diskursen zur Sprechakttheorie in den USA werden Überlegungen für den Fremdsprachenunterricht formuliert. Dabei erscheint die situative Angemessenheit der Kommunikation, beispielsweise die richtige Wortwahl gegenüber einer alten Dame in einem Café, gegenüber einem Jugendlichen auf dem Schulhof oder gegenüber dem eigenen Vorgesetzten, weit wichtiger als sprachliche Fehler, die das Verständnis nicht beeinträchtigen.

Angemessenheit der
Kommunikation

Parallel dazu vollzieht sich eine weitere Schwerpunktverlagerung. Nachdem zuvor primär die Vermittlung des Lernstoffs aus der Sicht der Lehrkräfte im Mittelpunkt stand und den Ausgangspunkt didaktischer Überlegungen bildete, geht man nun eher von den Lernenden und ihren Lernprozessen aus. Lernende werden verstärkt als Subjekte des Lernprozesses betrachtet. Zielgruppenspezifische Bedürfnisse von Lernenden hinsichtlich des Gebrauchs der Fremdsprache werden vermehrt in den Mittelpunkt gerückt, so dass gerade Alltagskommunikation und Themenfelder, die Jugendliche interessieren könnten, auch in Lehrwerken häufiger zur Sprache kommen (Neuner 2003: 227 ff.).

Lernende als
Subjekte des Lernprozesses

Der Englischdidaktiker Hans-Eberhard Piepho ist einer der wesentlichen Vertreter der kommunikativen Didaktik. Er fasst sein Verständnis von Fremdsprachenunterricht u. a. folgendermaßen zusammen:

<table>
<tr><td>Text 3.5</td><td>

2. Lernzielbestimmungen

2.1. allgemeine Bedingungen der fachlichen Lernziele

Das Erlernen des Englischen als Zweitsprache ist der Erwerb einer Kommunikationssprache. Geläufigkeit und Angemessenheit sind wesentlichere Kriterien als die grammatische Korrektheit und eine phonologisch-artikulatorische Elaboriertheit. Unter diesen Gesichtspunkten kann Englisch nicht (wie im herkömmlichen Verständnis) als erste Fremdsprache propädeutisch auf das Lernen weiterer Sprachen oder eine bestimmte Schullaufbahn gesehen werden. Obwohl im Einflussbereich des Europarates und als internationaler Trend festzustellen ist, die Zweitsprache bereits auf der Primarstufe zu lehren, erscheint es erst dann als realistisch, vom Frühbeginn als dem Regelfall auszugehen, wenn die Ausbildungssituation der Lehrer und der Stand der Planung die Voraussetzungen hierzu bieten. Dies sollte angestrebt werden. Zunächst wird mit dem Beginn des Englischunterrichts im fünften Jahrgang gerechnet, und die Lernziele und Methoden werden entsprechend gewählt.

Richtziel des Englischunterrichts in der Sekundarstufe I ist, den Schüler in die Lage zu versetzen und sprachlich dafür auszustatten, in bestimmten Situationen auf bestimmte Informationen und Inhalte rollenspezifisch angemessen kommunikativ zu reagieren. Dem Primat der Sprachtüchtigkeit stehen stützend und erweiternd die Informationsaufnahme und -verarbeitung (die Lese- und Verstehensfähigkeit; eine nach Eignung gestufte schriftliche Ausdrucksfähigkeit; kognitives Verständnis grammatischer Formen, Beziehungen und Bedeutungsweisen) zur Seite.

Angebote, Methoden und Arbeitsformen richten sich sowohl nach lehrgangsspezifischen Kriterien wie in zunehmendem Maße nach Neigungen der Schüler und übergeordneten pädagogischen Absichten, z. B. der Erziehung zum Selbstlernen, zur freien Wahl des Instruktionsmediums, zum planvollen und bewussten Arbeiten, zu emanzipierter und informierter Distanz gegenüber dem schulischen Angebot. Der Englischunterricht in den Klassen 5 und 6 muss in diesen Perspektiven seine Aufgaben und Ziele definieren.

(Piepho 1973: 22 f.)

</td></tr>
</table>

<table>
<tr><td>Aufgabe 3.5</td><td>

? Fassen Sie die Position Hans-Eberhard Piephos zusammen und vergleichen Sie sie jeweils mit den Prinzipien der Grammatik-Übersetzungs-Methode, der Direkten Methode und der Audiovisuellen Methode. Welche Gemeinsamkeiten und welche Unterschiede stellen Sie fest?

</td></tr>
</table>

Die Orientierung der kommunikativen Didaktik an kommunikativer Kompetenz in authentischen Alltagssituationen sowie an Angemessenheit der Kommunikation prägt den Fremdsprachenunterricht bis heute. „Oberstes Richtziel ist die kommunikative Kompetenz." Aussagen wie diese, die von der kommunikativen Didaktik geprägt sind, finden sich in zahlreichen Lehrplänen und Rahmenrichtlinien einzelner Bundesländer.

Im Bremer Bildungsplan für das Gymnasium wird beispielsweise Folgendes formuliert: „Der Bildungsplan Französisch/Spanisch als zweite Fremdsprache ab Jahrgang 6 des Gymnasiums hat als Richtziel die systematische Entwicklung und Förderung der kommunikativen Kompetenz und interkulturellen Handlungsfähigkeit der Schülerinnen und Schüler in praktischen Anwendungsbezügen." (Freie Hansestadt Bremen 2006: 5)

kommunikative Kompetenz im Lehrplan

Der Lehrplan für das Gymnasium in Bayern sieht Ähnliches vor:

bayrischer Lehrplan

| Text 3.6

> Ziele und Inhalte
> Interkulturelle Kommunikations- und Handlungskompetenz auf der Grundlage sicherer sprachlicher Fertigkeiten und fundierter Kenntnisse sowie der Akzeptanz anderer Lebensweisen und Kulturen sind die übergeordneten Lernziele in den modernen Fremdsprachen. Darauf beziehen sich die folgenden Lernbereiche, die im Unterricht miteinander verknüpft sind:
>
> Lernbereich *Sprache*: Kommunikation
> Die Schüler sollen differenzierte kommunikative Fertigkeiten in der mündlichen und schriftlichen Sprachanwendung erwerben. Dies erfordert kontinuierlichen und systematischen Wortschatzerwerb, gründliche Ausspracheschulung und solide Grammatikarbeit. Die sprachlichen Mittel sind dabei kein Selbstzweck, sondern Grundlage für den selbständigen und korrekten Gebrauch der Fremdsprache; sie müssen in immer neuen Anwendungssituationen gefestigt und wiederholt werden.
> (Bayerisches Staatsministerium für Unterricht und Kultus 2004)

Spanischunterricht wird heute erteilt mit der Zielsetzung, die Lernenden auf Kommunikation in spanischer Sprache vorzubereiten. Dabei gilt die Orientierung an Angemessenheit der Kommunikation, was in den oben angeführten Auszügen aus curricularen Texten erkennbar ist, sie wird jedoch in der Praxis des gymnasialen Spanischunterrichts eher weniger umgesetzt. Nach wie vor werden Fehler in Orthografie und Grammatik stärker wahrgenommen und z. B. in Klausuren sanktioniert als Fehler der Angemessenheit und Authentizität in der Kommunikation. Dies hängt wohl auch damit zusammen, dass ein fehlendes Plural-s einfacher zu diagnostizieren und als Fehler zu zählen ist als eine tendenziell zu höfliche oder zu unhöfliche Wortwahl in einem fingierten Brief in einer Klassenarbeit.

Einfluss der kommunikativen Didaktik auf den Spanischunterricht der Gegenwart

Grundsätzlich bleibt das Prinzip der kommunikativen Kompetenz jedoch unumstritten und es finden sich wohl auch weitere Charakteristika der kommunikativen Didaktik bis heute. Dazu gehört auch die Kritik an einem heimlichen Lehrplan, der die Strukturierung eines Spanischkurses an grammati-

kommunikative Kompetenz als Basis

schen Themen bedeutet und diese den „echten" Inhalten, nämlich Situationen und Themen, vorordnet.

Die kommunikative Didaktik bildet die Grundlage des modernen Spanischunterrichts seit den 1970er Jahren. Danach hat es keine weitere eigenständige Methode gegeben. Weiterentwicklungen basieren im Grunde auf der kommunikativen Didaktik, ohne sie grundlegend in Frage zu stellen, und bedeuten ein Additum zu dieser Methode.

Zusammenfassung

> Gegenstand dieser Einheit waren die großen Methoden, die den Fremdsprachenunterricht seit Mitte des 19. Jahrhunderts geprägt haben. Dabei wurde deutlich, welche Charakteristika die jeweiligen Methoden aufweisen und wie sie ineinander verquickt sind. Die hier aufgeführte grobe, zeitlich gegliederte Reihenfolge bildet eine erste Orientierung. Die Grammatik-Übersetzungs-Methode und die Direkte Methode stehen einander gegenüber und präzisieren grundlegende Gegensätze des Zugangs zur Fremdsprache. Die Audiolinguale und die Audiovisuelle Methode bilden eine Einheit in ihrer Bezugnahme auf den Einsatz von Medien, auf die Arbeit mit *Pattern drill*-Übungen sowie auf Entwicklungen in anderen wissenschaftlichen Disziplinen wie beispielsweise den Strukturalismus. Die in den 1970er Jahren entwickelte kommunikative Didaktik bildet die letzte der großen Methoden, die bis heute die zentrale Grundlage des Spanischunterrichts ist – wenn auch mit Weiterentwicklungen.

Aufgabe 3.6

? Analysieren Sie die folgenden Äußerungen einiger Spanischlehrerinnen und -lehrer. Worauf legen die einzelnen Personen jeweils Wert? Welcher der oben genannten Methoden des Spanischunterrichts sind sie jeweils zuzuordnen?

Aussagen von Spanischlehrerinnen und -lehrern

„Das wichtigste im Spanischunterricht ist für mich, dass meine Schülerinnen und Schüler miteinander reden. Hauptsache in der Fremdsprache, ob sie dabei Fehler machen oder nicht, ist mir völlig egal."

„Schüler sollen Spanisch lernen, d.h. korrekte Aussprache, korrekte Anwendung des Wortschatzes und der Grammatik. Fehler korrigiere ich sofort."

„Übersetzung nimmt in meinem Unterricht einen wichtigen Stellenwert ein. Erst durch genaue Übersetzung in die Muttersprache können die wahren Feinheiten der Fremdsprache erkannt werden."

„Für mich spielt Wiederholung eine wichtige Rolle. Erst wenn Schülerinnen und Schüler 25 Mal verschiedene Daten geübt haben, beherrschen sie die spanischen Zahlen."

„Meine Schüler sollen am Ende ihrer Schulzeit Spanisch als Sprache der Literatur und Philosophie kennengelernt haben. Cervantes und Lope de Vega, Neruda und Ortega y Gasset sollen sie lesen und schätzen lernen."

„Ein systematischer oder ein pragmatischer Zugang zur Sprache? Ich stehe auf Letzteres: Was nützt mir das System der Sprache, wenn ich nicht weiß, in welchen Situationen und unter welchen Umständen ich wie zu wem, wann, was sagen kann?"

„Unterschiede zwischen Deutschland und Spanien müssen beachtet werden. Mir geht es um mehr als nur um *almuerzo* und Mittagessen, *pan integral* und Vollkornbrot. Auch Unterschiede in der Anwendung der Sprache in bestimmten Situationen je nach individueller Einschätzung sollen mit bedacht werden."

Literatur

Grünewald, Andreas (2009): Spanischunterricht in der Bundesrepublik Deutschland. In: Grünewald, Andreas/Küster, Lutz (Hg.): Fachdidaktik Spanisch. Tradition, Innovation, Praxis. Stuttgart und Seelze: Klett, Kallmeyer, 26–40.

Guberina, Pierre (1965): La méthode audio-visuelle-structuro-globale. In: Revue de phonétique appliquée 4: 35–44.

Halm, Wolfgang/Abeijón, Alfonso/Stürckow, Máximo (1973): Spanisch für Sie. Ein moderner Sprachkurs für Erwachsene. Band 1. München: Hueber.

Hymes, Dell H. (1972): On communicative competence. In: Pride, John B./Holmes, Janet (Hg.): Sociolinguistics. London: Penguin, 269–293.

Lepiorz, Gerhard (1984): Weltsprache Spanisch. Lehr- und Übungsbuch. 14. Auflage. München: Hueber.

Neuner, Gerhard (2007): Vermittlungsmethoden: Historischer Überblick. In: Bausch, Karl-Richard/Christ, Herbert/Krumm, Hans-Jürgen (Hg.): Handbuch Fremdsprachenunterricht. 5. Auflage. Tübingen und Basel: Francke, 225–234.

Piepho, Hans-Eberhard (1973): Moderne Unterrichtsgestaltung. Stundenvorbereitung Englisch für die Klassen 5–10. 30 Beispiele. Limburg: Frankonius.

Piepho, Hans-Eberhard (1974): Kommunikative Kompetenz als übergeordnetes Lernziel im Englischunterricht. Limburg: Frankonius.

Rojo Sastre, Antonio José/Rivenc, Paul/Ferrer, Adán (1976): Vida y Diálogos de España. Primer grado. Libro de imágenes. Paris: Didier.

Schröder, Konrad (Hg.) (1984): Wilhelm Viëtor: „Der Sprachunterricht muss umkehren". Ein Pamphlet aus dem 19. Jahrhundert neu gelesen. München: Hueber.

Internet

Bayerisches Staatsministerium für Unterricht und Kultus (2004): Lehrplan für das Gymnasium in Bayern. Fachprofile Moderne Fremdsprachen. http://www.isb-gym8-lehrplan. de/contentserv/3.1.neu/g8.de/index.php?StoryID=26366.

Freie Hansestadt Bremen. Der Senator für Bildung und Wissenschaft (Hg.) (2006): Französisch/Spanisch als zweite Fremdsprache. Bildungsplan für das Gymnasium. Jahrgangsstufe 6–10. Bremen. http://www.lis.bremen.de/sixcms/media.php/13/06-12-06_franz-spa_gy_2._Fremdspr.pdf.

Alternative Methoden und neuere Entwicklungen

Diese Einheit präsentiert Ihnen einen Überblick über alternative Methoden und aktuelle Entwicklungen in der Spanischdidaktik. Sie erfahren Grundzüge alternativer Methoden, die sich in der schulischen Praxis jedoch kaum durchgesetzt haben. Anschließend werden Ihnen drei Strömungen der Spanischdidaktik vorgestellt, die verschiedene Bereiche des Spanischunterrichts anvisieren, jedoch anders als die großen Methoden keinen umfassenden Wahrheitsanspruch für sich einnehmen. Ergänzend zur kommunikativen Didaktik lernen Sie die interkulturelle Didaktik und die Mehrsprachigkeitsdidaktik, Kognitionsorientierung sowie die Integration neuer Medien und *E-Learning* kennen.

Überblick

4.1 | Alternative Methoden

Neben den großen Methoden, die in der vorangegangenen Einheit dargestellt sind, werden seit den 1970er Jahren verschiedene alternative Methoden entwickelt, die kaum Eingang in den schulischen Fremdsprachenunterricht gefunden haben. Sie basieren zum Teil auf ideologischen und esoterischen Überzeugungen oder gründen sich auf neurophysiologische oder tiefenpsychologische Positionen. Hierzu gehören u. a. die Suggestopädie und *Superlearning, Total Physical Response, Community Language Learning, Humanistic Approach* und *Natural Approach* oder auch die *Psychodramaturgie linguistique* (vgl. Ortner 2007).

Suggestopädie

Die von dem Bulgaren Georgi Lozanov begründete Suggestopädie bezieht explizit suggestive Elemente in den Fremdsprachenunterricht mit ein. Charakteristisch sind Suggestion und Desuggestion, Tiefenentspannung der infantilisierten Lernenden sowie die Verbindung von Sprache und Musik im Lernkonzert. Suggestion meint dabei, die Lernenden in den Zustand einer positiven Entspannung zu versetzen und dadurch eine positive Lernatmosphäre aufzubauen. Desuggestion bedeutet den Abbau von Lernbarrieren und die Überwindung von Ängsten. Lernende meist in der Erwachsenenbildung nehmen eine fiktive Identität für den Sprachkurs an, der durch angenehme Lernatmosphäre, Musik, Rollenspiele, Singen, Tanzen und Malen gekennzeichnet ist. Verweise auf spektakuläre und damit unseriös wirkende Lern- und Behaltensleistungen (z. B. 500 Vokabeln in 45 Minuten lernen) führen zu internationaler Aufmerksamkeit und zu kritischer Infragestellung dieser Methode, gleichzeitig jedoch auch zu etlichen Nachahmern, von denen das

Superlearning

bekannteste Beispiel das *Superlearning* (Ostrander/Schroeder) ist. Darüber hinaus operieren etliche Angebote zum Selbstlernen von Fremdsprachen auf dieser Basis. Wissenschaftliche Kritik an der Suggestopädie gründet sich auf die Nichtbeachtung bewährter fremdsprachendidaktischer Vorstellungen und auf die unseriöse empirische Begründung der spektakulären Lernerfolge, die durch weitere empirische Untersuchungen mit moderateren Ergebnissen modifiziert werden.

Total Physical Response

Die Bezeichnung der Methode *Total Physical Response* (Asher) beschreibt ihr zentrales Charakteristikum: Lernende „antworten" auf sprachliche Aufforderungen der Lehrkraft durch physische Reaktionen. Im Zentrum dieser Methode stehen Imperative der Lehrenden und Reaktionen der Lernenden, die zunächst nicht zu sprachlichen Reaktionen aufgefordert werden. Die Aufforderung einer Lehrerin – beispielsweise: *Abre la puerta. Cierra tu libro. Escribe tu nombre en la pizarra.* – wird durch entsprechende Ausführungen „beantwortet". Gleichsam wie beim kindlichen Erstspracherwerb sollen und dürfen die Lernenden erst dann verbal reagieren, wenn sie sich dafür bereit fühlen.

Community Language Learning

Community Language Learning (Curran) basiert auf Lernen in einem Sitzkreis in Kleingruppen, deren Teilnehmer miteinander kommunizieren und insbesondere spontane ichbezogene Aussagen machen sollen. Die Lehrkraft steht außerhalb des Sitzkreises und kann leise nach fehlenden Redemitteln befragt werden. Das Kreisgespräch wird aufgezeichnet und dient als Grundlage für eine metasprachliche Analyse. Die Lehrkraft transkribiert das Gespräch und bespricht Fehler in einer darauffolgenden Grammatikstunde in der Muttersprache. Mit fortschreitendem Niveau sollen die Lernenden mehr und mehr eigenständig sprachlich handeln, so dass sich das *counselor-client*-Verhältnis zwischen Lehrkraft und Lernenden zunehmend selbst aufhebt.

Humanistic Approach und *Natural Approach* entstehen in den USA im Zuge der 1968er Studentenbewegung. An die Stelle eines methodisch erstarrten, kognitiv ausgerichteten Fremdsprachenunterrichts sollen Freude an der Sprache, eine gute Lernatmosphäre und ein konstruktives Lehrer-Schüler-Verhältnis treten. In diesem ganzheitlichen Unterricht sollen authentische fremdsprachliche Kommunikation, die Äußerung von Gefühlen und echte Interaktion im Mittelpunkt stehen. Dieser Zugang wird u. a. auch lernpsychologisch begründet mit Theorien, denen zufolge die linke Gehirnhälfte logisch-abstraktes Denken und die rechte Gehirnhälfte ganzheitlich-affektives Denken repräsentieren. Beide Seiten sollen im Fremdsprachenunterricht zum Tragen kommen, so dass die Kompetenzen beider Gehirnhälften genutzt werden.

Humanistic Approach
Natural Approach

In Frankreich wird der *Humanistic Approach* weiterentwickelt zur *Psychodramaturgie linguistique* (Dufeu). Insbesondere im Bereich der Erwachsenenbildung werden gestaltpsychologische und tiefenpsychologische Elemente integriert. In einem solchen Sprachkurs kommen zahlreiche Aspekte eines tiefenpsychologischen *workshops* zum Tragen, so u. a. die Nutzung pränataler Erfahrungen von Geborgenheit für ein vertrauensvolles Fremdsprachenlernen.

Psychodramaturgie linguistique

Die genannten alternativen Methoden sind durch umfassende ideologische Begründungen und durch spezifische methodische Umsetzungen gekennzeichnet. Sie alle visieren ein Aufbrechen methodisch-didaktischer Umsetzungen des institutionalisierten Fremdsprachenunterrichts an und damit höhere Erfolge des Fremdsprachenlernprozesses. Infolge absolut formulierter Überzeugungen, z. B. aus der Tiefenpsychologie, und daraus resultierender starrer Umsetzungen in der Gestaltung des Unterrichts konnten sie sich im schulischen Fremdsprachenunterricht nicht durchsetzen.

Gleichzeitig können aus den genannten Methoden Impulse für den Fremdsprachenunterricht aufgenommen werden und diesen bereichern. Dazu gehören die verstärkte Berücksichtigung individueller Lernerbedürfnisse und der Motivation der Lernenden, der Bezug auf ganzheitliche und emotionale Elemente im Unterricht, die Reduktion der Dominanz der Lehrkraft in einem lehrerzentrierten Unterricht oder auch die Nutzung kreativer Verfahren für den Unterricht.

Impulse für den Fremdsprachenunterricht

4.2 | Aktuelle Entwicklungen der Spanischdidaktik

Seit dem Ende der großen Methoden und der bis heute bestehenden Orientierung an der in den 1970er Jahren begründeten kommunikativen Didaktik gibt es Weiterentwicklungen, die neue Akzente in Bezug auf ein grundsätzliches Verständnis des Spanischunterrichts setzen und damit eine Ergänzung zu einem auf Kommunikation zielenden Spanischunterricht bilden. Die einzelnen Richtungen visieren jeweils unabhängig voneinander unterschiedliche Bereiche des Spanischunterrichts an.

Insgesamt lassen sich folgende Entwicklungen grob nachzeichnen:

► Berücksichtigung von Interkulturalität, Mehrsprachigkeit und Mehrkulturalität
► Fokussierung von Kognition, Lernerautonomie, Lernerstrategien und Konstruktivismus
► Einbeziehung neuer Technologien und der Möglichkeiten des *E-Learning*
► Orientierung am *enfoque por tareas* bzw. an Aufgabenorientierung (siehe dazu ausführlich Einheit 5, S. 81 ff.)

4.2.1 | Interkulturelle Didaktik und Mehrsprachigkeitsdidaktik

interkulturelle
Didaktik

In den 1990er Jahren etabliert sich die interkulturelle Didaktik auf der Basis verschiedener Diskurse zu interkulturellem Lernen und zu interkultureller Kommunikation. Damit einher geht ein veränderter Fokus auf Inhalte und Zielsetzungen des Spanischunterrichts (vgl. auch Einheit 11, S. 171 ff.). Geht es in der kommunikativen Didaktik noch um kommunikative Kompetenz, wird dies nunmehr erweitert auf interkulturelle und kommunikative Kompetenz. Das Ideal des *near native speaker* im Spanischunterricht kommunikativer Prägung wird modifiziert zum *intercultural speaker*. Auch der Begriff der Kompetenz selbst erfährt eine Verschiebung: Zu Zeiten der kommunikativen Kompetenz unterscheidet man noch stärker zwischen Kompetenz und Performanz (vgl. de Saussure, Chomsky), d. h. zwischen Kompetenz als Wissen über die Sprache und Performanz als Handeln in der Sprache (Wissen und Können). Aktuelle Diskurse streben an, diese Spaltung aufzuheben, Wissen als eine der Voraussetzungen von Können zu begreifen und im Spanischunterricht weit mehr das Können als das Wissen in den Mittelpunkt zu stellen.

Die interkulturelle Didaktik basiert auf verschiedenen interkulturellen Diskursen, die grob eine Entwicklung von Multikulturalität über Interkulturalität zu Transkulturalität erfahren (vgl. Einheit 11, S. 174 ff.).

Insgesamt ist es das Verdienst der interkulturellen Didaktik, kulturspezifische Kommunikationsformen in den Blickpunkt der Aufmerksamkeit gerückt zu haben. Während die kommunikative Didaktik gerade die Angemessenheit und Situationsbezogenheit von Kommunikation an sich thematisiert, berücksichtigt die interkulturelle Didaktik darüber hinaus auch unterschiedliche

Kommunikationsstile zwischen Gesprächspartnern mit verschiedenem kulturellem Hintergrund. Dies wird beispielsweise auch in der Formulierung der Zielsetzungen des Spanischunterrichts in Bayern deutlich, die interkulturelle Kommunikations- und Handlungskompetenz erwähnen (vgl. Einheit 3, S. 45).

a) La cortesía	Text 4.1

El concepto de „cortesía" es relativo, ya que depende del país. Lea este cuestionario y decida en cada caso si usted lo haría o si en su país le parece normal hacerlo.

	yo	en mi país
– preguntarle a alguien en una fiesta cuánto gana	☐	☐
– preguntarle a una persona nueva en su empresa si está casada	☐	☐
– hablar con desconocidos mientras está esperando el autobús	☐	☐
– llegar a una fiesta media hora más tarde	☐	☐
– pedir a sus invitados que fumen en el balcón	☐	☐
– abrir un regalo inmediatamente	☐	☐
– ofrecer a los demás bombones o champán que le han regalado	☐	☐
– insistir varias veces para que sus invitados coman un poco más	☐	☐

b) En grupos de 4. Comparen las respuestas.
¿Coinciden en muchos casos? ¿En cuáles hay mucha diferencia? Según el resultado, ¿creen que se puede hablar de comportamientos típicos de su país?

c) ¿Qué piensa que van a decir algunos hispanohablantes sobre estos temas?

(Görrissen 2006: 64)

? Lesen Sie den Ausschnitt aus dem Lehrwerk *Caminos plus*. Welche Charakteristika stellen Sie am Beispiel der Gestaltung dieses Textes im Blick auf die kommunikative Didaktik und die interkulturelle Didaktik fest?

Aufgabe 4.1

Neben der interkulturellen Didaktik, die zunächst zwei verschiedene Kulturen im Blick hat, entfaltet sich die Didaktik der Mehrsprachigkeit und Mehrkulturalität mit einem Fokus auf mehr als zwei Kulturen.

Mehrsprachigkeits-
didaktik

Die Entwicklung der Mehrsprachigkeitsdidaktik erfolgt gerade im Bereich der Didaktik der romanischen Sprachen. Ausgangsüberlegung sind enge Parallelen zwischen den romanischen Sprachen, die zu einem Lernen mehrerer (romanischer) Sprachen und für ein interlinguistisches Verständnis genutzt werden sollen (Meißner/Reinfried 1998). Dies bedeutet auch, verschiedene intralinguistische Transfers anzuvisieren: Transfer aus der Ausgangssprache (L1), der Brückensprache (L2, L3) und der Zielsprache (L3, L4, L5) sowie schließlich kognitiven didaktischen Transfer über den eigenen Lernprozess. Eine besondere Bedeutung kommt hierbei der Brückensprache zu, die zur Überbrückung zwischen Ausgangs- und Zielsprache fungiert.

Französisch als
Brückensprache

Aus sprachpolitischen und linguistischen Gründen wird häufig das Französische als Brückensprache für die romanischen Sprachen favorisiert, obwohl im Grunde auch andere romanische Sprachen die Funktion einer Brückensprache erfüllen könnten. Die Mehrsprachigkeitsdidaktik zielt nicht auf aktive und umfassende Beherrschung zahlreicher Fremdsprachen, sondern eher auf breite passive, auf einer Brückensprache basierende Sprachkenntnisse in weiteren Sprachen, die je nach Bedarf vertieft und aktiviert werden können. Da Spanisch in der Regel als dritte Fremdsprache in Deutschland unterrichtet wird, bietet es sich an, auf Vorkenntnisse der Lernenden im Französischen zurückzugreifen und diese im Sinne der Mehrsprachigkeit aktiv einzubinden.

EuroComRom
🖰

Eine Möglichkeit für deutschsprachige Lehrende und Lernende, sich mit Mehrsprachigkeit vertraut zu machen, wird mit dem Projekt EuroComRom (www.eurocomresearch.net) anvisiert. Das Ziel besteht nicht in einer *near native*-Kompetenz, sondern es geht um die Entwicklung rezeptiver Mehrsprachigkeit, um rezeptive (Lese-)Kompetenz sowie um die kognitive Nutzung von Verwandtschaftsbeziehungen zwischen Sprachen. In diesem Zusammenhang sollen bestimmte Strategien zur Nutzung der Parallelen zwischen den romanischen Sprachen entwickelt bzw. bewusst gemacht werden.

Interferenz

Durch diese mehrsprachigkeitsdidaktische Perspektive werden die Parallelen zwischen romanischen Sprachen zur Erleichterung des Sprachlernprozesses fruchtbar gemacht. Parallelen bestehen nicht nur im Wortschatz, sondern auch in grammatischen und syntaktischen Strukturen. Diese Vorteile bedeuten jedoch auch Nachteile, insofern als sie auch Interferenzen nach sich ziehen. Interferenzen bezeichnen Fehler, die Lernende eng verwandter Fremdsprachen machen, weil sie aufgrund der Nähe der beiden Sprachen falsche Schlussfolgerungen aus dem sprachlichen Phänomen einer Fremdsprache auf sprachliche Phänomene der anderen Fremdsprache ziehen, wie das folgende Beispiel verdeutlicht. Die Nähe zwischen dem französischen *subjonctif* und dem spanischen *subjuntivo* erleichtert einen grundsätzlichen Zugang zu einem Konjunktiv, der in dieser Form und mit diesen Funktionen im Deutschen so nicht existiert. Gleichzeitig gilt es jedoch auch, Nuancen zwischen dem Spanischen und dem Französischen zu beachten. So heißt es im Französischen beispielsweise: *J'espère qu'il va faire beau demain.* Im Spanischen fordert das Verb *esperar* jedoch den *subjuntivo*: *Espero que haga buen tiempo mañana.*

Förderung der
Mehrsprachigkeit in
Europa

Dieser Ansatz zielt insgesamt primär auf sprachdidaktische Überlegungen und impliziert bildungspolitische Aspekte. Anvisiert wird vor allem, Parallelen zwischen romanischen Sprachen zu nutzen und daraus mindestens passive Sprachkenntnisse zu fördern. Die genannte Lesekompetenz wird hier eher so verstanden, dass z. B. Lerner des Spanischen Texte in anderen romanischen Sprachen lesen können. Damit steht die Mehrsprachigkeitsdidaktik im Dienst sprachenpolitischer Bestrebungen des Europarats zur Förderung der Mehrsprachigkeit der Bürger der europäischen Union. Anstelle der Dominanz des Englischen als *lingua franca* und einzige Verkehrssprache Europas besteht die sprachenpolitische Zielsetzung darin, dass alle Bürger der EU in mindestens zwei Fremdsprachen neben der eigenen Erstsprache kommunizieren können sollten. Diese Förderung der Mehrsprachigkeit unterstützt damit Bestrebungen, die romanischen Sprachen (u. a. auch) als Schulfremdsprachen weiter zu stützen und auszubauen und damit einen Gegenpol zur Dominanz des Englischen zu bilden.

Für den Spanischunterricht übernimmt man aus diesen Überlegungen eine bewusste Einbeziehung anderer Sprachen zur Erleichterung des Spanischlernens. Dies wird vor allem auf der Ebene des Wortschatzes umgesetzt, insofern als Verweise in Vokabelverzeichnissen der Lehrwerke auf parallele Wörter in anderen Sprachen aufgenommen werden. Dabei wird oft auch Bezug genommen auf Sprachen, die üblicherweise vor Spanisch gelernt werden, so u. a. Englisch, Französisch und Latein, aber auch auf andere (romanische) Sprachen mit offensichtlichen Beispielen: *le téléphone, el teléfono, the telephone, …*

> Parallelen im Wortschatz

? Besuchen Sie die Internetseite des Eurocom-Projekts www.eurocomresearch.net und konzentrieren Sie sich dabei besonders auf die Programme zum Eurocom Online Training. Absolvieren Sie exemplarisch die Bearbeitung eines Textes mit Kontrollfragen einer Sprache Ihrer Wahl.

Wie kamen Sie mit der Aufgabenstellung und dem Text zurecht? Analysieren Sie Stärken und Schwächen dieses mehrsprachigkeitsdidaktischen Ansatzes ausgehend von Ihren eigenen Erfahrungen.

> Aufgabe 4.2

Kognitionsorientierung

> 4.2.2

Der bewusste Einbezug der Kognitionsorientierung stellt eine weitere Entwicklung der Fremdsprachendidaktik dar. Im Zuge der kognitiven Wende manifestiert sich ein grundlegender Paradigmenwechsel in der Erziehungswissenschaft, der Psychologie und damit auch in den Fachdidaktiken. Lernen wird insgesamt nicht mehr wie im Behaviorismus als vom Lehrer gesteuerter Prozess nach einem mechanischen Stimulus-Response-Prinzip verstanden, sondern als vom Lerner selbst verantworteter autonomer Prozess. In diesem Zusammenhang stehen verschiedene fremdsprachendidaktische Konzepte und Impulse, die die Bewusstheit der Lernenden in den Mittelpunkt stellen: Lernerautonomie, *language awareness*, Lernen lernen oder auch Lern(er)strategien.

> Kognitionsorientierung

Erste Anfänge der Lernerautonomie finden sich bereits in den 1970er Jahren. In den 1990er Jahren und nach der Jahrtausendwende erfährt das Konzept einen enormen Aufschwung. Damit gehen auch Bedeutungsverschiebungen und -erweiterungen einher: Die ursprünglich politische Bedeutung von Lernerautonomie als Fähigkeit des Lernenden, seine eigenen Lernprozesse selbstverantwortlich zu steuern (vgl. Holec 1980: 1), wird ergänzt um Vorstellungen von Autonomie als Neustrukturierung von Lernbedingungen und

> Lernerautonomie

Ablehnung traditioneller Lernstrukturen, d.h. Lernerautonomie wird mehr und mehr verstanden als selbstverständlicher Bestandteil des Fremdsprachenunterrichts. Das Konzept wird darüber hinaus auf Vorstellungen eines guten, nämlich autonomen Fremdsprachenlerners bezogen. Neben strukturellen, sozialen und gesellschaftspolitischen Dimensionen umfasst Lernerautonomie auch psychologische und individuelle Dimensionen. Dies bedeutet auch einen Fokus auf Lernmethoden und Lerntechniken. Darüber hinaus ergibt sich seit den 1990er Jahren eine weitere Bedeutungserweiterung: Lernerautonomie wird nicht allein verstanden als völlige Unabhängigkeit eines isolierten und für sich lebenden Individuums, sondern kann sich nur unter Bezugnahme auf andere Menschen realisieren. Autonomie verweist somit auch auf Interdependenzen innerhalb einer Gemeinschaft. Das Bewusstsein, autonom zu sein, resultiert damit auch aus der Möglichkeit und Fähigkeit, sich selbst als verantwortlich für eigene Entscheidungen im Miteinander mit

Autonomie als
Interdependenz Anderen zu sehen. Autonomie wird damit nicht als Unabhängigkeit, sondern als Interdependenz verstanden. Das Konzept verweist damit nicht allein auf die Lernenden, sondern auf die Komplexität von Lernenden und Lehrenden, Lernprozessen und Lernprodukten sowie auf Lernsituationen. Die Fähigkeit der Kontrolle über eigene Lernprozesse impliziert dabei komplexe Mechanismen der *self-direction*, *other-direction* und *inner-direction*, da Lernen als innerer individueller Prozess gesehen wird, der gleichzeitig in einem sozialen Kontext erfolgt. Autonomie bedeutet ebenfalls metalinguistisches Bewusstsein und Bewusstsein der eigenen Lernprozesse im Sinne von *learning awareness*, was den Lernenden ermöglicht, ihr eigenes Lernen verantwortlich zu steuern. Lernerautonomie wird darüber hinaus in Beziehung zu Lernbereitschaft und zu Prozessen der Autonomisierung definiert. Grundlagen finden sich in der psychologischen Relation zwischen dem Lerner, dem Lernobjekt und dem Lernprozess (Martinez 2008).

Somit lässt sich Lernerautonomie (LA) folgendermaßen zusammenfassen:

Text 4.2
- LA umfasst die Fähigkeit, die Kontrolle über den eigenen Fremdsprachenlernprozess auszuüben. Diese Kontrollfähigkeit ist vom Grad der Sprach(lern)bewusstheit abhängig und setzt sich aus mehreren Kontrollebenen zusammen, welche in einer Wechselbeziehung stehen: die Kontrolle über die Lernprozesse (einschließlich der Kontrolle über sprachlichen und didaktischen Transfer), über die Lernorganisation, die Lernressourcen und die Lerninhalte, über die Motivation sowie die Kontrolle über die Lernumgebung. Die Kontrolle über die Lernprozesse spielt dabei eine grundlegende Rolle.
- LA hat sich vom Kernbegriff insofern weiterentwickelt, als LA eine weitestmögliche Kontrolle über kognitive Lernprozesse betont (Aufmerksamkeit, Reflexion, metakognitives Wissen), welche mit neueren Erkenntnissen in der Fremdsprachenforschung sowie der Zweitsprachenerwerbsforschung einhergehen. Diese Weiterentwicklung verbindet sich mit einem konstruktivistisch

orientierten Verständnis von Sprachen und Sprachenlernen, das Sprachen als ein dynamisches Konstrukt und Sprachenlernen als einen sinnstiftenden Prozess der Sprachdatenverarbeitung modelliert, bei dem neue Sprach- und Lerndaten mit bereits vorhandenem Wissen verknüpft und (re)organisiert werden.

– LA-Definitionen haben zu unterschiedlichen Versionen von LA geführt, die je nach Kontext unterschiedliche Schwerpunktsetzungen bilden können. Demzufolge umfasst ein Großkonzept von LA folgende Dimensionen:
  – eine (kritisch-)politische, eine technische und psychologische Dimension,
  – eine individuelle und soziale Dimension,
  – eine kognitive und affektive Dimension,
  – eine produktorientierte und prozessorientierte Dimension.

(Martinez 2008: 304 f.)

Das Konzept der Lernerautonomie verweist auch auf bestimmte Bezugswissenschaften, so u. a. auf die kognitive Psychologie, die die Fähigkeit des Wahrnehmens, Lernens, Denkens und Urteilens bearbeitet. Der Mensch gilt als autonom, insofern als die Verarbeitung von Informationen mit Hilfe von Strategien und Wissensspeicher, in Abhängigkeit von Umweltreizen und eigenem Wissen erfolgt. Daraus resultiert, dass zu vermittelnde Inhalte an bereits vorhandenes Wissen anknüpfen sollten. Hier finden sich zahlreiche Parallelen zu sozialkonstruktivistischen und radikalkonstruktivistischen Positionen (siehe unten). Insgesamt gilt, dass ein an Lernerautonomie orientierter Fremdsprachenunterricht keine Selbstverständlichkeit ist und Autonomie fördernde authentische Lernsituationen erst bereitgestellt werden müssen. Dies führt auch zu einer Veränderung der Rolle der Spanischlehrer/innen als Lernbegleiter und Berater des Lernprozesses.

kognitive Psychologie

Konstruktivismus

Lernerautonomie bedeutet für den Spanischunterricht konkret verschiedene methodische Umsetzungen, so beispielsweise die Förderung von Gruppenarbeit und Projektunterricht. Die Bewertung erfolgt prozessorientiert, visiert vor allem Lernfortschritte an und umfasst Selbsteinschätzungen der Lernenden. Lernerautonomie setzt die intrinsische Motivation der Lernenden voraus, d. h. dass Lernende mit Interesse an der Sache oder dem Thema weit eher verantwortlich und autonom arbeiten können als Lernende ohne diese Einstellung, und steht in engem Zusammenhang mit Autonomie fördernden Methoden wie dem Einsatz von Lernstrategien und Lerntechniken. Darüber hinaus können ebenfalls umfangreiche verantwortungsvolle Aufgaben an die Lernenden übertragen werden, so u. a. im Konzept Lernen durch Lehren. Hinzu kommen Aspekte von *language awareness* und Sprachreflexion.

Charakteristika der Lernerautonomie

? Vergleichen Sie die geschilderten Ausführungen zur Lernerautonomie mit eigenen Unterrichtserfahrungen. Welche Parallelen, welche Unterschiede stellen Sie fest? Welchen Stellenwert soll Lernerautonomie in Ihrem eigenen zukünftigen Spanischunterricht einnehmen? Begründen Sie ihre Position.

Aufgabe 4.3

language awareness

Das in Großbritannien entstandene Konzept der *language awareness* fokussiert einen anderen vernachlässigten Aspekt der kommunikativen Didaktik, nämlich das Nachdenken über Sprache. Nach einer zu starken Orientierung an instrumenteller Sprachkompetenz zur mündlichen Kommunikation kommt jetzt die Seite der Kognition in Lernzielen, Übungsformen und Inhalten, Sprach- und Sprachlernvergleichen stärker zum Tragen. Damit stehen die Lernenden und ihr Lernprozess mehr im Mittelpunkt.

Lehr-/Lernkonzept

Language awareness umfasst ein integratives Lehr-/Lernkonzept. Im affektiven Bereich geht es um Sprachsensibilisierung und um die Förderung von Neugierde auf die Sprache, im sozialen Bereich werden Sprachverhalten in verschiedenen sozialen Kontexten, sprachliche und soziale Toleranz gegenüber Minderheiten oder auch Unterschiede in sozialen Beziehungen der Kommunikation anvisiert. Im politischen Bereich wird ein herrschaftskritischer Fokus zum Umgang mit Sprache und Texten beispielsweise in der Werbung verfolgt. Eine kognitive Komponente zielt auf das Erkennen sprachlicher Regeln und Normen, auf sprachliche Variation und Korrektheit. Auch die Bedeutung von Fehlern im Lernprozess wird bewusst reflektiert (Gnutzmann 1997).

Lernerstrategien, Lerntechniken, Arbeitstechniken

Lern(er)strategien, Lerntechniken und Arbeitstechniken werden in der Fremdsprachendidaktik verstärkt seit den 1990er Jahren (O'Malley/Chamot 1990) diskutiert und kommen auch im Spanischunterricht immer mehr zum Tragen. Terminologische Unterscheidungen sind relativ unscharf, insgesamt gilt jedoch, dass Lernstrategien eher abstraktere Umsetzungen, Lerntechniken eher konkretere Umsetzungen bezeichnen. Eine Lernstrategie zum Lesen eines spanischen Textes besteht beispielsweise darin, sich beim Lesen auf zentrale Aussagen zu konzentrieren, diese in Stichworten zu exzerpieren und unbekannte Wörter zunächst zu vernachlässigen. Eine Lerntechnik zum Lesen dieses gleichen Textes wäre z. B. das Unterstreichen wichtiger Passagen beim Lesen und das Markieren von Fragezeichen oder anderer Zeichen am Rand des Textes. Strategien lassen sich insgesamt nach dem Grad ihrer Bewusstheit (kognitive Strategien – metakognitive Strategien), nach ihrer Funktion (Lesestrategien, Lernstrategien, Kommunikationsstrategien, Kompensationsstrategien) oder auch nach dem Grad ihrer Abhängigkeit von Lerninhalten strukturieren (vgl. Einheit 8, S. 131 ff.).

Mit Lernstrategien werden etliche Vorteile verbunden: Die Förderung autonomer Lernprozesse unterstützt Lernerfolg und Nachhaltigkeit beim Lernen, Bewusstmachungsprozesse tragen zu Lernerfolg bei, metakognitive Strategien erweisen sich gegenüber kognitiven Strategien als das Lernen stärker fördernd und unterstützend.

Begründungen für die vermehrte Einbeziehung von Lernstrategien liegen in deren Schlüsselrolle für erfolgreiches Lernen sowie in der Stärkung der Position und Verantwortung des Lerners für seinen eigenen Lernprozess. Lebenslanges Lernen wird in Europa als nötig und charakteristisch für moderne Gesellschaften erachtet. Hierauf kann der Lerner durch die Bezugnahme auf Lernstrategien vorbereitet werden.

| Text 4.3

Probiere das Arbeiten mit einer **Lernkartei** aus. Auf die Vorderseite der **Karteikarten** schreibst du das **spanische Wort**, auf die Rückseite die **deutsche Bedeutung**. Auf beiden Seiten kannst du einen passenden Beispielsatz ergänzen, damit du die Vokabel in einem Zusammenhang siehst.

Im **ersten Fach** der Lernkartei sammelst du alle Karten. Wenn du die richtige Übersetzung eines Wortes beherrschst, kommt die Karte ins zweite Fach. Ansonsten bleibt sie im ersten Fach.

Die Wörter aus dem ersten Fach wiederholst du täglich. Die Vokabeln aus dem **zweiten Fach** solltest du regelmäßig wiederholen. Wenn du sie richtig übersetzt, kommen sie ins nächste Fach. Im anderen Fall landen sie wieder im ersten Fach und werden am nächsten Tag wiederholt. Du kannst die Lernkartei auch gut mit anderen zusammen verwenden.

(Martos Villa 2006: 157)

| Aufgabe 4.4

? Lesen Sie die hier angegebenen Tipps zum Vokabelnlernen und vergleichen Sie sie mit anderen Ihnen bekannten Arbeitstechniken bzw. Lernstrategien. Was fällt Ihnen auf? Welchen Stellenwert sollten Lernstrategien in Ihrem eigenen Spanischunterricht einnehmen? Formulieren Sie eine begründete Stellungnahme.

Eine theoretische Begründung für kognitionsorientierte Unterrichtsformen liefert der Konstruktivismus. Dieser Ansatz bezeichnet lerntheoretische und erkenntnistheoretische Positionen, die insgesamt vom Konstruktcharakter der Wirklichkeit ausgehen und die Lernen, Verstehen und Erkennen als Konstruktionsprozesse begreifen. In der Fremdsprachendidaktik unterscheidet man vor allem zwischen informationstheoretischem, gemäßigtem Konstruktivismus und erkenntnistheoretischem, radikalem Konstruktivismus. Im fremdsprachendidaktischen Diskurs erfolgt eine verstärkte Rezeption konstruktivistischer Positionen seit den 1990er Jahren.

Konstruktivismus

Im gemäßigten Konstruktivismus (Wolff 2002) wird Lernen als selbstgesteuerter, autonomer, selbstverantwortlicher Konstruktionsprozess verstanden. Dies bedeutet eine Abkehr vom Instruktivismus und ein Votum für konstruktivistische Lerngestaltung, d. h. die Schaffung einer Lernumgebung mit komplexen Unterrichtsinhalten, authentischem Lebensbezug und Lernmaterialien, Rückgriff auf metakognitive Elemente, d. h. Lernerstrategien, Lern- und Arbeitstechniken, auf Projektunterricht und kooperatives Lernen. Insgesamt wird hier eine theoretische Grundlage für Ansätze offenen Unterrichts seit der Reformpädagogik der 1920er Jahre gelegt. Fremdsprachlicher Unterricht wird damit qualifiziert durch Arbeit in Kleingruppen, Publikation der Lernergebnisse im Klassenzimmer, Gruppenarbeit, Bereitstellung zahlreicher Materialien, Führen eines Lernertagebuchs, konsequente Einsprachigkeit und Nutzung der Fremdsprache als Arbeitssprache, gemeinsame Evaluation in der Fremdsprache sowie Authentizität der Interaktion. Konstitutiv ist dabei auch die Unterscheidung zwischen Lehrbarkeit und Lernbarkeit von Wissen und Fertigkeiten. Dahinter steht die verbreitete Erfahrung, dass Lehrende zwar

gemäßigter Konstruktivismus

Wissen und Fertigkeiten im Fremdsprachenunterricht vermitteln, Lernende diese jedoch nicht in gleichem Maße aufnehmen und umsetzen.

Kritik

Diese Abkehr vom Instruktionsparadigma entspricht aktuellen Forschungsdiskursen, die selbst gestaltete Lernprozesse als fruchtbarer und nachhaltiger einstufen als passive und durch Instruktion gesteuerte Lernprozesse. Daneben wird jedoch auch Kritik am gemäßigten Konstruktivismus formuliert. So wird eine völlige Abkehr vom Instruktivismus in theoretischen Diskursen in Frage gestellt und auch die Praxis des Fremdsprachenunterrichts erweist sich immer wieder als resistent gegenüber offenen Verfahren.

Grundsätzlich wird im gemäßigten Konstruktivismus eine Übereinstimmung zwischen einer ontologisch gegebenen Realität und ihrer prinzipiellen Erkennbarkeit postuliert, wenn auch die Wahrnehmung infolge der Unvollkommenheit menschlicher Sinnesorgane defizitär sei. An diesem Punkt besteht ein grundlegender Unterschied zum radikalen Konstruktivismus, der von einer prinzipiellen Unvereinbarkeit von Realität und der durch Menschen erkennbaren Wirklichkeit ausgeht.

radikaler
Konstruktivismus

Ursprünge des radikalen Konstruktivismus liegen in Forschungen der Biologen und Neurowissenschaftler Francisco Varela und Humberto Maturana in den 1980er Jahren. Der Begriff geht auf den Philosophen und Psychologen Ernst von Glasersfeld zurück.

Der radikale Konstruktivismus (Wendt 2002) wird in der Fremdsprachendidaktik seit Mitte der 1990er Jahre intensiv rezipiert und diskutiert. Dabei stehen vor allem erkenntnistheoretische Fragen im Vordergrund, konkrete Umsetzungen für die Praxis des Fremdsprachenunterrichts werden erst an zweiter Stelle reflektiert.

erkenntnis-
theoretische
Perspektive

Ausgangspunkt radikalkonstruktivistischer Überlegungen ist die Unterscheidung von Realität und Wirklichkeit, d. h. von physischer Welt und subjektiv mentaler Welt. Die Realität sei dabei infolge der Selbstreferenzialität des Gehirns nicht erkennbar. Das Subjekt konstruiere sich subjektive Wirklichkeiten, die durch Kommunikation bzw. Viabilisierung zu interindividuellen oder sozialen werden können. Aus der Konstruktivität von Wahrnehmen und Erkennen resultiere, Realität als Anlass von Wahrnehmung zu betrachten (Wendt 2002: 9 ff.).

Lernen als Konstruktion

Insgesamt ergeben sich im radikalen Konstruktivismus bestimmte Vorstellungen zu Lernen und Konstruktion: Lernen bedeutet die Konstruktion und Viabilisierung von Hypothesen (Wendt 2002: 13) und führt zu einem Verständnis von Fremdsprachenunterricht, der von Handlungsorientierung, Lernerzentrierung, prozessbezogener Bewusstmachung und ganzheitlicher Spracherfahrung gekennzeichnet ist.

Kritik

Die Sichtweise des radikalen Konstruktivismus hat massive Kritik hervorgerufen (z. B. Reinfried 1999). Diese Kritik fokussiert die semantische Geschlossenheit des Gehirns, die daraus resultierende Subjekt-Objekt-Spaltung und grundsätzliche Unmöglichkeit des Subjekts, Welt zu erkennen. Dies zielt auch auf die sich daraus ergebende Konsequenz für das konstruktivistische Subjekt (ihm wäre es unmöglich, ethisch verantwortlich zu handeln), auf den damit einhergehenden Wahrheitsbegriff sowie auf die Unterscheidung zwischen Wirklichkeit und Realität. Gerade auch der Solipsismusvorwurf, d. h. die subjektivistische Geschlossenheit des Einzelnen, wird immer wieder erhoben (Bredella 2002: 110 ff.). Darüber hinaus zielt die Kritik auch auf den hoch theoretischen und abstrakten Charakter radikalkonstruktivistischer Überlegungen und auf ihre mangelnde Umsetzbarkeit für den Fremdsprachenunterricht.

Die grundlegende Differenz zwischen instruktivistischen und konstruktivistischen Positionen liegt in unterschiedlichen Vorstellungen möglicher Zugänge zu einer ontologisch vorgegebenen und jenseits subjektiver Wahrnehmungen stehenden Wirklichkeit und damit in der Frage nach Wahrheit. Ein erkenntnistheoretischer Skeptizismus auf Seiten des radikalen Konstruktivismus verhindert damit jeglichen Zugang zu dem jenseits subjektivistischer Wahrnehmungen stehenden Sein. Eine instruktivistische Sichtweise auf Welt, Wirklichkeit und Wahrheit legt auf vermeintlich objektive Zugänge zu einer objektiven Wahrheit und Wirklichkeit fest und negiert subjektive bzw. intersubjektive Faktoren. *(Instruktivismus und Konstruktivismus)*

Beispielhaft wird die konstruktivistische Fokussierung eines eigenständigen Lernprozesses in konkreten methodischen Verfahren des offenen Unterrichts umgesetzt, so u. a. in der aus den 1970er Jahren stammenden *simulation globale*, im Konzept Lernen durch Lehren oder auch im Stationenlernen. In einer *simulation globale* wird eine komplexe Rahmensituation simuliert und mit einzelnen Aufgaben bzw. Handlungssträngen bestückt, die die Lernenden jeweils sprachlich bewältigen müssen. Lernen durch Lehren besagt, dass Lernende jeweils einzelne Lehraufgaben des Lehrenden übernehmen müssen und Unterrichtsphasen eigenständig und nach vorheriger Anleitung durch die Lehrkraft steuern. Das Stationenlernen ist eine Adaptation des Zirkeltrainings aus dem Sportunterricht, wobei Lernende eigenständig etliche Stationen im Unterricht selbstständig bearbeiten und dabei u. U. auch die Reihenfolge der Bearbeitung selbst festlegen. In all diesen Formen tritt die Lehrkraft von einer zentralen, steuernden Position zurück und nimmt eine lernberatende Funktion wahr. *(simulation globale / Lernen durch Lehren / Stationenlernen)*

? Vergleichen Sie konstruktivistische und instruktivistische Vorstellungen von Spanischunterricht. Welche Charakteristika, Vor- und Nachteile stellen Sie jeweils fest? Vervollständigen Sie die folgende Tabelle: | Aufgabe 4.5

	Instruktivismus	Konstruktivismus
Charakteristika	–	–
	–	–
Vorteile	–	–
	–	–
Nachteile	–	–
	–	–

4.2.3 | Neue Medien und *E-Learning*

Computer und
Internet

Die Einbeziehung neuer Medien, d. h. des Computers und des Internets, bildet eine weitere neue Entwicklung des Spanischunterrichts. Nach ersten euphorischen Anfängen der Integration des Computers in den Fremdsprachenunterricht in den 1990er Jahren, in denen dieses Medium beinahe den Lehrer ersetzen zu können schien (vgl. Begriffe wie *computer based language learning*), wird seine Bedeutung heute realistischer eingeschätzt. Der Computer gilt als ein Medium neben anderen, man spricht von *computer assisted language learning* (CALL) und es werden neue Möglichkeiten zur Integration von Computer und Internet in den Fremdsprachenunterricht diskutiert (Münchow 2004).

*computer assisted
language learning*

Computerprogramme
im Unterricht

Computer können mit Hilfe verschiedener Programme in den Unterricht eingebunden werden. Dazu gehören u. a. Übungsprogramme, die in der Regel dem didaktisch-methodischen Vorgehen von Übungen in Lehrwerken entsprechen und einem behavioristischen Lernkonzept folgen, Simulationen, die innerhalb eines simulierten Handlungsrahmens die Lösung einer Aufgabe erfordern, digitalisierte Lexika und Enzyklopädien, die flexibler aktualisierbar sind als gedruckte Versionen und Lernenden u. U. einfacher zugänglich sind, Lehrwerk begleitende didaktische Lernsoftware, die von den Verlagen genau auf ein Lehrwerk abgestimmt und als Ergänzung zum Lehrwerk konzipiert ist, sowie schließlich spielerische Lernsoftware (Edutainment), die durch Betonung des spielerischen Elements die motivationsfördernde Seite des Lernprozesses unterstützen will (Grünewald 2009: 180 ff.).

Internet im
Spanischunterricht

Neben der Arbeit mit den genannten Programmen eröffnet der Computer auch Zugang zum Internet. Das Internet bietet Möglichkeiten zur Nutzung fremdsprachlicher Authentizität im Klassenzimmer oder zu Hause, es eröffnet die Überbrückung von zeitlicher und räumlicher Distanz, direkte und authentische Kommunikation mit Muttersprachlern, landeskundliche Tagesaktualität und stellt damit einen Erprobungsraum für interkulturelles Lernen und fremdsprachliche Kommunikation dar. Dies kann u. a. durch die Auseinandersetzung mit prinzipiell zahllosen Internetseiten erfolgen oder auch durch verschiedene Formen der Kommunikation, seien es E-Mails, Chatrooms, Newsgroups und Foren.

Internetrecherche

Recherchen im Internet bieten authentische und aktuelle Informationen z. B. landeskundlicher Art, sie eröffnen darüber hinaus jegliche Form der thematischen Recherche und können im Unterricht frei oder auch gesteuert eingesetzt werden. Hierzu zählen Webquests, d. h. aufgabenorientierte Rechercheprojekte, die beispielsweise die Planung einer (virtuellen) Reise zum Gegenstand haben. Internetrecherchen bilden mehr und mehr integralen Bestandteil von Lehrwerken und umfassen z. B. die Suche nach ergänzenden Informationen im Netz. Dabei sind zum Teil vereinfachte und didaktisierte Internetseiten direkt in die Lehrwerke integriert.

Unabhängig davon, dass Computer und Internet einen selbstverständlichen Teil des Lebens in der Informationsgesellschaft bilden und allein aus diesem Grund keinesfalls aus der Unterrichtswirklichkeit ausgeblendet werden können, bieten sich weitere Gründe für ihre Integration in den Spanischunterricht. So bedeutet das Internet ein Fenster zur Welt und zu anderen Kulturen, die eigenständige Recherche und Lektüre von Internetseiten unterstützt authentische Leseprozesse (*skimming* und *scanning*) (vgl. Einheit 12; S. 200). Insgesamt zeichnet sich der Umgang mit Computer und Internet durch die Förderung selbstgesteuerter Lernprozesse, durch Interaktion und Interaktivität sowie durch die Adaptation an individuelle Lernprozesse aus. Damit einher gehen die Motivierung der Lernenden und die Förderung von Medienkompetenz. Computer und Internet sind flexible Medien, die mehr Adaptationen bieten als andere Medien, die nicht so schnell reagieren können (Grünewald 2009: 176 ff.).

Neben der Integration des Computers und des Internets in den schulischen Spanischunterricht bietet sich *E-Learning* als alternatives Angebot zu einem kursartigen Spanischunterricht an. *E-Learning* bezeichnet eine Form des Lernens, die primär über Distanz zwischen Lehrenden und Lernenden mit der Hilfe von *E-Learning*-Kursen durch Computer organisiert wird. Die Lernenden sind nicht mehr zeitlich und räumlich festgelegt. Die Kombination eigenständiger und individueller *E-Learning*-Phasen mit Präsenzformen des Lernens wird als *blended learning* bezeichnet.

Begründungen zur Nutzung von Computer und Internet

E-Learning

blended learning

Nach einem kurzen Überblick über alternative Methoden, die im schulischen Spanischunterricht kaum praktiziert werden, haben Sie in dieser Einheit vor allem große neuere Tendenzen der letzten Jahre kennengelernt und damit Entwicklungen, die den Spanischunterricht heute erheblich beeinflussen.

Die interkulturelle Didaktik und die Didaktik der Mehrsprachigkeit, Kognitionsorientierung, neue Medien und *E-Learning* bilden eine Ergänzung zur kommunikativen Didaktik, der letzten der großen Methoden, die bis heute eine Basis des Fremdsprachenunterrichts darstellt. In aktuellen fremdsprachendidaktischen Diskursen wird versucht, interkulturelles Lernen und Perspektiven der Mehrsprachigkeit, d.h. der lebensweltlichen Mehrsprachigkeit und der Interkomprehension zwischen den romanischen Sprachen, sowie einen kognitiven Zugang zum Fremdsprachenlernen in Form von Lernerautonomie, *language awareness* oder auch Lern(er)strategien und schließlich die Nutzung von Internet und Computer in den Spanischunterricht heute zu integrieren und damit eine Ergänzung und Weiterentwicklung zur kommunikativen Didaktik in der Unterrichtspraxis zu verankern.

Zusammenfassung

? In wenigen Tagen wird eine Fachkonferenz Spanisch an Ihrer Schule stattfinden. Sie haben die Aufgabe, Ihren Kolleg/innen in dieser Sitzung neuere fremdsprachendidaktische Entwicklungen vorzustellen. Bereiten Sie einen Vortrag von 5 Minuten vor. Fassen Sie dabei das Wesentliche zusammen und stellen Sie auch Ihre eigene Position dar.

Aufgabe 4.6

Literatur

Bredella, Lothar (2002): Die Entwertung der Welt und der Sprache in der radikal-konstruktivistischen Fremdsprachendidaktik. In: Zeitschrift für Fremdsprachenforschung 13 (2): 109–129.

Gnutzmann, Claus (1997): Language Awareness. Geschichte, Grundlagen, Anwendungen. In: Praxis des Neusprachlichen Unterrichts 44/3: 227–236.

Görrissen, Margarita/Häuptle-Barceló, Marianne/Sánchez Benito, Juana (2006): Caminos plus 2. Lehrbuch. Stuttgart: Klett.

Grünewald, Andreas (2009): Aspekte des Medieneinsatzes. In: Grünewald, Andreas/Küster, Lutz (Hg.): Fachdidaktik Spanisch. Tradition, Innovation, Praxis. Stuttgart: Klett, 146–184.

Holec, Henri (1980): Autonomie et apprentissage des langues étrangères. Strasbourg.

Martinez, Hélène (2008): Lernerautonomie und Sprachenlernverständnis. Eine qualitative Untersuchung bei zukünftigen Lehrerinnen und Lehrern romanischer Sprachen. Tübingen: Narr. (Giessener Beiträge zur Fremdsprachendidaktik).

Martos Villa, Pilar u. a. (2006): ¿Qué pasa? Band 1. Für Klasse 6 und 7 an Gymnasien und Gesamtschulen. Braunschweig: Diesterweg.

Meißner, Franz-Joseph/Reinfried, Marcus (1998): Mehrsprachigkeitsdidaktik. Konzepte, Analysen, Lehrerfahrungen mit romanischen Fremdsprachen. Tübingen: Narr.

Münchow, Sabine (Hg.) (2004): Computer, Internet & Co. im Französisch-Unterricht. Berlin: Cornelsen.

O'Malley, J. Michael/Chamot, Anna (1990): Language Learning Strategies. Cambridge: Cambridge University Press.

Ortner, Brigitte (2007): Alternative Methoden. In: Bausch, Karl-Richard/Christ, Herbert/Krumm, Hans-Jürgen (Hg.): Handbuch Fremdsprachenunterricht. 5. Auflage. Tübingen und Basel: Francke, 234–238.

Reinfried, Marcus (1999): Der Radikale Konstruktivismus: eine sinnvolle Basistheorie für die Fremdsprachendidaktik? In: Fremdsprachen Lehren und Lernen 28: 162–180.

Wendt, Michael (2002): Kontext und Konstruktion: Fremdsprachendidaktische Theoriebildung und ihre Implikationen für die Fremdsprachenforschung. In: Zeitschrift für Fremdsprachenforschung, 13 (1): 1–62.

Wolff, Dieter (2002): Instruktivismus vs. Konstruktivismus: 20 Thesen zur Lernbarkeit und Lehrbarkeit von Sprachen. In: Bach, Gerhard/Viebrock, Britta (Hg.): Die Aneignung fremder Sprachen. Frankfurt am Main u. a.: Lang, 19–24. (Kolloquium Fremdsprachenunterricht, Bd. 10).

Lehrpläne, Curricula und Bildungsstandards

In dieser Einheit erfahren Sie, wie Spanischunterricht konzeptionell modelliert und von staatlicher Seite gesteuert werden kann. Dabei haben sich die Einflussparameter in den vergangenen Jahrzehnten immer wieder verschoben: von Strukturierungen durch Lehrpläne (und damit vor allem Inhalte und Methoden des Spanischunterrichts) und Curricula (d. h. primär Zielsetzungen und Lernziele) hin zu Bildungsstandards und Kompetenzen der Lernenden. Die gegenwärtige Verlagerung von Input zu Outcome, von den Inhalten zu den Lernenden spiegelt sich in der Bezugnahme auf den Gemeinsamen europäischen Referenzrahmen für Sprachen sowie in Kompetenz- und Aufgabenorientierung im Spanischunterricht.

Überblick

65

5.1 | Lehrpläne, Curricula und Rahmenrichtlinien

Einflussnahme durch Kultusministerien

Auf die Gestaltung und Durchführung des Spanischunterrichts wird auch von staatlicher Seite Einfluss ausgeübt. Dabei geht es den Kultusministerien der einzelnen Bundesländer in ihren bildungs- und schulsprachenpolitischen Entscheidungen insgesamt um Regulierung, Evaluation und Qualitätssicherung sowie um Vereinheitlichung und Vergleichbarkeit oder um die konzeptionelle Ausrichtung des Spanischunterrichts. Konzeptionen, Inhalte, methodische Umsetzungen sowie Zielsetzungen und Abschlussprüfungen werden durch curriculare Vorgaben, durch Lehrpläne und Rahmenrichtlinien gesteuert.

An den einzelnen Begriffen – Lehrplan, Curriculum, Richtlinien, Rahmenplan – wird ein unterschiedliches Verständnis von Einflussnahme auf den Spanischunterricht deutlich, was nicht zuletzt auch im Zusammenhang mit fachdidaktischen Tendenzen der Zeit steht. Dennoch gibt es zahlreiche Überschneidungen, die eine genaue terminologische Abgrenzung der Begriffe erschweren.

Lehrplan

Der Lehrplan eines Bundeslandes sieht Angaben zu Begründungen und Zielsetzungen, zu Inhalten und Themen sowie zu methodischen Umsetzungen des Spanischunterrichts vor. Dabei wird in der Regel nach Schularten, Jahrgangsstufen und Sprachenfolge, d. h. Spanisch als erster, zweiter oder dritter Fremdsprache, unterschieden. Ein Lehrplan dient zur Orientierung für die Gestaltung und Durchführung des Spanischunterrichts, als Legitimation und Absicherung für die ausgewählten Inhalte und angewandten Methoden oder auch als Rahmen zur Normierung von Unterricht.

heimlicher Lehrplan

Lehrpläne können dabei als sinnvoller Halt oder als einschränkendes Korsett erfahren werden, doch zeigt die Praxis, dass Lehrkräfte selten Lehrpläne wirklich lesen und sich direkt danach richten. Im Spanischunterricht der Spracherwerbsphase bildet das Lehrwerk ein faktisches Abbild des Lehrplans und wirkt geradezu als „heimlicher Lehrplan". Im Oberstufenunterricht sind Rahmenthemen aufgeführt, die einzelnen Lehrkräften ein breites Feld an Themen eröffnen. Insgesamt bleiben ihnen zahlreiche Gestaltungsräume und Entscheidungen überlassen.

hessischer Lehrplan

So sieht das Hessische Kultusministerium für den Lehrplan Spanisch G8 (2010), hier exemplarisch für die Qualifikationsphase Q1 das Thema „España – evolución histórica y actual frente a la globalisación", verbindliche und fakultative Unterrichtsinhalte bzw. Aufgaben vor. Sie werden durch eher allgemeine Stichworte konkretisiert, die ein breites Spektrum möglicher Unterrichtsinhalte abdecken.

Die Kombination von verbindlichen und fakultativen Unterrichtsinhalten eröffnet Lehrer/innen die Möglichkeit, selbstverantwortlich bestimmte Inhalte auszuwählen und damit eigene Schwerpunkte zu setzen.

Verbindliche Unterrichtsinhalte/ Aufgaben:	Stichworte (zur Auswahl):	|Text 5.1
España – evolución histórica y actual frente a la globalización (Spanien – historische und aktuelle Entwicklung angesichts der Globalisierung)	Regionalismo y centralismo en España Comunidades autónomas Emigración, Asilo, Refugio politico Problemas económicos	
España: entre dictadura y democracia (Spanien zwischen Diktatur und Demokratie)	Aspectos históricos y actuales: República – Guerra Civil – Dictadura – Monarquía constitucional – Democracia	
	Individuo, familia, grupo social Feminismo – machismo	
Fakultative Unterrichtsinhalte/ Aufgaben: **Españoles en el mundo europeo** (Spanier in Europa)	España y la Unión Europea Emigración/Inmigración española y re-inmigración Recursos naturales, ecología, economía	
Latinoamericanos en el mundo de América y en Europa (Lateinamerikaner in Amerika und Europa)	Condiciones políticas y económicas, cambios, los ilegales, el idioma español en EE. UU., riquezas y marginación	

(Hessisches Kultusministerium 2010: 40)

Neben der Steuerung des Spanischunterrichts durch die Festlegung bestimmter Unterrichtsinhalte wird Unterricht auch durch die Festlegung von Zielsetzungen strukturiert, wie der historische Rückblick auf curriculare Texte verdeutlicht.

Nach jahrelanger Dominanz von Lehrplänen mit vorwiegend inhaltlicher Ausrichtung zielt die Curriculumtheorie der 1960er Jahre (Saul B. Robinsohn) auf die Befähigung der Lernenden zur Bewältigung von Lebenssituationen. Somit stehen nicht die Unterrichtsinhalte, sondern die zu erwerbenden Qualifikationen der Lernenden im Mittelpunkt. Dabei wird genau beschrieben, was der Einzelne können muss, um ein bestimmtes Ziel zu erreichen. Ein Curriculum führt somit vor allem operationalisierbare, d. h. konkret überprüfbare Lernziele zu entsprechenden Inhalten, ihre Anordnung und Überprüfung auf. Die Zielsetzungen werden unterteilt in Richtziele, Grobziele und Feinziele oder auch in affektive, kognitive und psychomotorische Lernziele. Anstelle einer kritisierten vermeintlichen Beliebigkeit von Bildungsinhalten soll Bildung nun primär zur konkreten Vorbereitung auf zu bewältigende Lebenssitu-

Curriculumtheorie

Lernziel

ationen dienen, auf die mit genau bestimmten *skills*/Fertigkeiten, Fähigkeiten, Kenntnissen und Haltungen hingearbeitet wird.

offene Curricula

Diese genaue Form der Präzisierung der Lernziele und Inhalte kommt jedoch schnell an ihre Grenzen, insofern als Lebenswirklichkeiten weit komplexer und vielfältiger sind, so dass eine genaue Vorhersagbarkeit und damit Planbarkeit einzelner Lernziele und dazugehöriger sprachlicher Strukturen kaum umgesetzt werden kann. Dies führt zur Einführung „offener Curricula" in den 1970er Jahren.

Bayerisches
Kultusministerium:
Lehrplan

Curriculare Texte zum Spanischunterricht zeichnen sich vor allem dadurch aus, dass Lernziele explizit aufgeführt sind. Dies wird auch am bayerischen Lehrplan von 1992 deutlich.

Für die Jahrgangsstufe 9 werden Zielsetzungen genau beschrieben:

Text 5.2

> Im Verlauf des 1. Lernjahres sollen die Schüler zu mündlicher und schriftlicher Verständigung auf einfachem Niveau befähigt werden. Sie sollen Äußerungen und Texte zu Sachverhalten aus dem Bereich des Alltagslebens und der weiteren behandelten Themen verstehen und sich mündlich und schriftlich angemessen dazu äußern können. Dazu erlernen sie einen Grundwortschatz, wichtige grammatische Strukturen und Regeln und erwerben die Fähigkeit, die sprachlichen Mittel richtig anzuwenden.
>
> Von Anfang an werden Hörverstehen und Aussprache intensiv geschult, und die Schüler sollen lernen, sich selbständig auszudrücken.
>
> Entsprechend der Struktur der spanischen Sprache und aufbauend auf Vorkenntnissen, die sie beim Erlernen anderer Fremdsprachen erworben haben, sollen sich die Schüler mit sprachlichen Gesetzmäßigkeiten auseinandersetzen und dadurch bewußt die Vorteile systematischen Lernens nützen.
>
> (Bayerisches Staatsministerium 1992: 250)

Anschließend werden die Inhalte, d. h. Lautlehre, Wortschatz und grammatische Strukturen, detailliert aufgelistet und präzise vorgegeben. Dies wird ergänzt durch Aussagen zur Sprachbetrachtung, zu den zu lesenden Texten sowie zur Landeskunde.

Gerade derartige detaillierte Vorgaben einzelner grammatischer Strukturen, die auch sehr konkrete Auflistungen von Adjektiven oder Verbformen beinhalten, lassen sich in einem kommunikativ angelegten Spanischunterricht nicht im Vorhinein genau festlegen. Daher wird darauf verzichtet, eine genaue Reihenfolge der zu lernenden Inhalte festzulegen und lediglich gefordert, dies innerhalb einer bestimmten Jahrgangsstufe zu vermitteln.

Lehrplan Spanisch
Nordrhein-Westfalen

Lehrpläne der folgenden Jahre geben weit offener Hinweise auf Gestaltungsmöglichkeiten und Rahmenbedingungen des Spanischunterrichts und gehen nicht auf sprachliche Strukturen im Detail ein. So beschreibt der Lehrplan Spanisch für die gymnasiale Oberstufe des Landes Nordrhein-Westfalen (1999) Aufgaben und Ziele des Fachs, Bereiche, Themen und Gegenstände sowie Unterrichtsgestaltung und Lernorganisation und geht auch auf die

Lernerfolgsüberprüfung und die Abiturprüfung ein. Ausgangspunkt ist ein auf kommunikative und interkulturelle Kompetenz zielender Spanischunterricht. In einem Anhang werden die Kompetenzstufen des Allgemeinen Europäischen Referenzrahmens für das Lehren und Lernen von Sprachen aufgeführt.

Schwerpunkte der Weiterentwicklung des Spanischunterrichts in der Sekundarstufe II zielen darauf, selbstbestimmtes und kooperatives Lernen zu stärken, interkulturelle Lernprozesse zu unterstützen, grenzüberschreitende und authentische Kommunikation herzustellen, aktiven und kreativen Umgang mit Texten zu fördern, Medienkompetenz zu entfalten sowie die eigene Mehrsprachigkeit für weiteres Sprachenlernen zu nutzen (Ministerium für Schule NRW 1999: 42 ff.).

In diesem Lehrplan finden sich Aussagen zur didaktischen Begründung des Spanischunterrichts und zu Bereichen des Fachs:

didaktische Begründung

2.1 Bereiche: Herleitung und didaktische Funktion

|Text 5.3

Die Ausrichtung am Leitziel der **interkulturellen Handlungsfähigkeit**, also des kulturelle Grenzen überschreitenden und verbindenden Sprachhandelns als Grundlage und Zielvorstellung des Spanischunterrichts erfordert es, dass die Schülerinnen und Schüler Handlungsfähigkeit für komplexe Situationen der heutigen Lebenswirklichkeit erwerben. Entsprechend müssen die schulischen Lerngelegenheiten diese Komplexität widerspiegeln und vernetzt angelegt sein. Komplexität ergibt sich im Unterricht dadurch, das Lernziele und Lerninhalte nicht nur jeweils einem Bereich des Faches entstammen, sondern immer aus mehreren Bereichen in komplexen (Lehr- und Lern-)Situationen zusammengeführt werden.

Didaktisches Prinzip des Spanischunterrichts als neueinsetzender Fremdsprache in der gymnasialen Oberstufe, aber auch als fortgeführter Fremdsprache aus der Sekundarstufe I ist das der **integrierten Vermittlung von Sprache, Wissen und Methode**. Insofern verdeutlicht die Einteilung nach Bereichen des Faches nur die unterschiedlichen Facetten/Ebenen des Unterrichts. Sie sind nicht chronologisch oder hierarchisch abzuhandeln, sondern werden in Unterrichtsplanung und -durchführung zu einem komplexen unterrichtlichen Geschehen verknüpft.

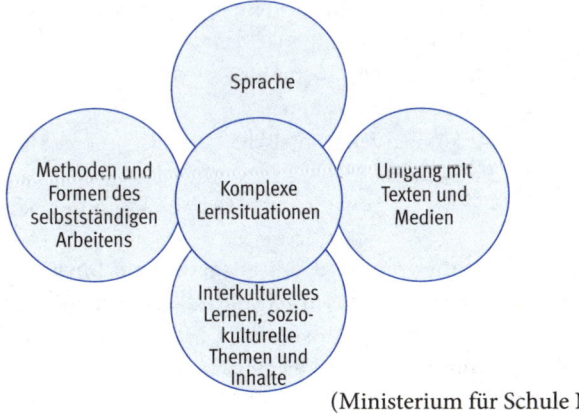

(Ministerium für Schule NRW 1999: 10)

Inhalte und Kompetenzen

Darüber hinaus werden auch die zu erwerbenden Kompetenzen der Lernenden im Zusammenhang mit den Bereichen Sprache, interkulturelles Lernen, Umgang mit Texten und Medien sowie Lern- und Arbeitstechniken thematisiert. Im Folgenden sind exemplarisch die Beschreibungen der Fähigkeiten und Fertigkeiten in Bezug auf Hör- und Leseverstehen aufgeführt:

Text 5.4

	Grundkurs (n)	Leistungskurs (n)
Hörverstehen	Sie können deutlich gesprochener Standardsprache wichtige Informationen entnehmen, wenn sich die Mitteilung auf vertraute Themen bezieht, auf die man üblicherweise am Arbeitsplatz, in der Schule, in der Freizeit, etc. trifft. Gleiches gilt – vorausgesetzt, es wird relativ langsam und deutlich gesprochen – für das Verstehen vieler Radio- und Fernsehprogramme, die über aktuelle Ereignisse berichten oder Themen des persönlichen und/oder beruflichen Interesses ansprechen.	Sie können umfangreichere gesprochene Texte (Referate, Vorträge, Monologe) verstehen und komplexeren argumentativen Zusammenhängen folgen – vorausgesetzt, die Themen sind ihnen einigermaßen vertraut. Die meisten Programme in den Medien werden verstanden, sofern Standardspanisch nicht übermäßig schnell gesprochen wird.
Leseverstehen	Sie haben im Verlauf der gymnasialen Oberstufe mindestens einen längeren narrativen, einige lyrische Texte und einen szenisch/dramatischen Text gelesen.	
	Sie können Artikel und Berichte über aktuelle Ereignisse und Probleme lesen, in denen die Verfasser einen bestimmten Standpunkt vertreten oder eine bestimmte Perspektive einnehmen. Sie können zeitgenössische Prosa lesen.	In den Textvorlagen werden stilistische Besonderheiten wahrgenommen und beim Verstehensprozess berücksichtigt.

(Ministerium für Schule NRW 1999: 18)

In konkreten Beispielsequenzen wird der ausgewogene Blick auf die bereits zuvor genannten Bereiche Sprache, interkulturelles Lernen, soziokulturelle Themen und Inhalte, Umgang mit Texten und Medien sowie Methoden und Formen des selbstständigen Arbeitens erkennbar:

Beispielsequenzen für den Grund- und Leistungskurs Spanisch (n) | Text 5.5
Jahrgang 11 (4 Wochenstunden)

⇒	Sprache	Interkulturelles Lernen, soziokulturelle Themen und Inhalte	Umgang mit Texten und Medien	Methoden und Formen des selbstständigen Arbeitens
K u r s ⇓	Die Entwicklung der Kompetenzen und Fertigkeiten ist obligatorisch und erfolgt über grammatische, lexikalische, textuelle und thematische Progression.	Die Themen und Teilthemen sind exemplarisch und nicht als Kanon zu verstehen. Die Schwerpunktsetzung kann nach Schülerinteresse und Lernstand variieren. Die Prinzipien der Sequenzbildung sind bei der Zusammenstellung und Abfolge des Materials zu beachten (Obligatorik).	Der analytische, produktionsorientierte und kreative Umgang mit Hör-, Seh- und Lesetexten ist obligatorisch und wird progressiv vermittelt mit zunehmend komplexer werdenden Ausgangs- und Zieltexten.	Der Umgang mit Hilfsmitteln wie Lexika, Wörterbücher, *internet*, Grammatiken, Bibliotheken wird in jedem Quartal geübt; selbstständigem Arbeiten ist Vorrang zu geben.
11	– Phonetik/Orthographie – drei Konjugationen – kommunikativ relevante *verbos irregulares* – unpersönliche Verben (*gustar, interesar, doler*....) – Konkordanzen – *imperfecto e indefinido* – *presente del subjuntivo* – grammatische Kleinphänomene (Indefinitpronomina, *gerundio*...) – Grund-, Aufbauwortschatz	Kommunikative Grundsituationen: – Wege erfragen, Restaurantbesuch, sich vorstellen, etwas über andere erfahren, etwas von sich erzählen – Lautsprecherdurchsagen, Wetterbericht, telefonische Mitteilungen verstehen… Der spanischsprachige Kulturraum *testimonios, poemas*, Zeitungstexte, *canciones, publicidad*, (Lehrbuchtexte) Bearbeitung einer Ganzschrift: *„Soñar un crimen"* de Rosana Acquaroni **Sequenz:** Amor y desamor	– dialogische/erzählende/beschreibende (Kurz-)Texte erstellen und verstehen, z. B. Anzeigen wie: *Te vi en las Ramblas; eres rubio y me miraste*… – Kurznotizen nach Telefonaten vom Typ: *Llamó Bernardo, quiere que*… – Texte gliedern – elementare Analysen verfassen – kreative Texte erstellen – Gedichte auswendig lernen, vortragen, selbst erstellen	– Entwicklung von Hör- und Lesestrategien – Erschließung aus dem Kontext, Nutzen von Internationalismen, Vorkenntnisse aus anderen Sprachen – Umgang mit Grammatik und Lexikon – Selbstständige Informationsbeschaffung – Anwenden von Lernstrategien – Vokabeldatei

(Ministerium für Schule NRW 1999: 52)

Lehrpläne spiegeln somit immer wieder auch ihre Zeit und die jeweils dominierenden fremdsprachendidaktischen Diskurse, daneben jedoch auch bildungspolitische Schwerpunkte des jeweiligen Bundeslandes, dem sie entstammen. Insgesamt wird hier von Seiten der Kultusministerien strukturierend auf Inhalte, Methoden, Konzeptionen und Zielsetzungen des Spanischunterrichts eingewirkt.

Aufgabe 5.1|

> **?** Vergleichen Sie die Auszüge aus dem bayerischen Lehrplan (1992) und aus dem Lehrplan in Nordrhein-Westfalen (1999). Wie sind sie jeweils strukturiert und auf welche Aspekte des Spanischunterrichts wird hier von Seiten der Kultusministerien Einfluss genommen? Welche Gemeinsamkeiten und welche Unterschiede stellen Sie fest?

5.2 | Gemeinsamer europäischer Referenzrahmen für Sprachen

Neben diesen staatlichen Einflüssen auf den Spanischunterricht kommt seit der Jahrtausendwende auch ein überstaatlicher Impuls stark zum Tragen: Im Jahr 2001 verabschiedet der Europarat den Gemeinsamen europäischen Referenzrahmen für Sprachen mit dem Ziel der Homogenisierung und Transparenz von Lehrplänen, Curricula, Prüfungen, Qualifikationsnachweisen und Lehrmaterialien für den Fremdsprachenunterricht in Europa. Dieses europäische Dokument ist als Grundlage für die Planung, Gestaltung und Durchführung von Fremdsprachenunterricht gedacht. Es stellt somit keinen Lehrplan dar, sondern den Rahmen zur Einordnung von Sprachenlernen und Sprachunterricht.

Kompetenzniveau   Im Referenzrahmen sind Kenntnisse und Fertigkeiten für kommunikativ erfolgreiches Handeln in einer Fremdsprache sowie kulturelle Kontexte einer Sprache dargestellt. Im Mittelpunkt stehen sechs verschiedene Kompetenzniveaus zur Messung von Lernprozessen in bestimmten Bereichen.

Diese sechs Referenzniveaus sind wie folgt gegliedert:

► Elementare Sprachverwendung/Usuario básico (A1: Acceso, A2: Plataforma)
► Selbstständige Sprachverwendung/Usuario independiente (B1: Umbral, B2: Avanzado)
► Kompetente Sprachverwendung/Usuario competente (C1: Dominio operativo eficaz, C2: Maestría)

Kompetenzstufen und Kompetenzbereiche   Hier geht es also darum, objektive Kriterien zur Einordnung sprachlicher Kompetenzen bereitzustellen, um auf dieser Basis eine Vergleichbarkeit von Abschlüssen und Qualifikationsnachweisen zu ermöglichen. Neben einer taxonomischen Strukturierung der Kompetenzstufen unterscheidet der Referenzrahmen auch Kompetenzbereiche, d.h. allgemeine Kompetenzen und kommunikative Sprachkompetenzen. Zu den allgemeinen Kompetenzen werden deklaratives Wissen (*saber*), Fertigkeiten und prozedurales Wissen (*saber hacer*), persönlichkeitsbezogene Kompetenz (*saber ser*) und Lernfähigkeit (*saber aprender*) (Europarat 2001: 103 ff.) gerechnet.

> Kommunikative Sprachkompetenzen. Zur Umsetzung ihrer kommunikativen Absichten setzen Sprachverwendende/Lernende sowohl [...] ihre allgemeinen Fähigkeiten (*„savoir"*, *„savoir-faire"*, *„savoir-être"*, *„savoir-apprendre"*) als auch eine spezifisch sprachenbezogene Kompetenz (*proficiency*) ein. Die „kommunikative Kompetenz" in diesem engeren Sinne besteht aus folgenden Komponenten: linguistische Kompetenzen, soziolinguistische Kompetenzen, pragmatische Kompetenzen. (Europarat 2001: 109)

kommunikative Sprachkompetenzen

Darüber hinaus werden vier verschiedene kommunikative Sprachaktivitäten getrennt aufgeführt und berücksichtigt: Rezeption, Produktion, Interaktion und Sprachmittlung (jeweils mündlich und/oder schriftlich).

Sprachaktivitäten

Insgesamt wird in diesem Dokument Wert auf eine konstruktive Einschätzung von Fremdsprachenkenntnissen gelegt. Die hier formulierten Kann-Beschreibungen sind, anders als bislang im Schulsystem üblich, positiv und nicht an Defiziten ausgerichtet. Sie unterstreichen Kompetenzen, die bereits erworben wurden, und ermöglichen damit eine die Motivation stützende Rückmeldung für Lernende. Neben diesem auf Vergleichbarkeit ausgerichteten Standard liegen weitere Stärken des Referenzrahmens in der Betonung der Selbstevaluation durch Lernende oder in der Unterstützung (rezeptiver) Mehrsprachigkeit. Da alle modernen Sprachen gleichberechtigt Raum finden, unterstützt der Referenzrahmen darüber hinaus auch die Würdigung von Herkunftssprachen, die bislang im Schulsystem nicht zum Tragen kommen. Insgesamt sind im Referenzrahmen fremdsprachliche Kompetenzen operationalisiert dargestellt.

Charakteristika des Referenzrahmens

Diese Charakteristika werden in der Beschreibung der sechs Referenzniveaus deutlich:

Niveles comunes de referencia: escala global

| Text 5.6

| Usuario competente | C2 | – Es capaz de comprender con facilidad prácticamente todo lo que oye o lee.
– Sabe reconstruir la información y los argumentos procedentes de diversas fuentes, ya sean en lengua hablada o escrita, y presentarlos de manera coherente y resumida.
– Puede expresarse espontáneamente, con gran fluidez y con un grado de precisión que le permite diferenciar pequeños matices de significado incluso en situaciones de mayor complejidad. |
| | C1 | – Es capaz de comprender una amplia variedad de textos extensos y con cierto nivel de exigencia, así como reconocer en ellos sentidos implícitos.
– Sabe expresarse de forma fluida y espontánea sin muestras muy evidentes de esfuerzo para encontrar la expresión adecuada.
– Puede hacer un uso flexible y efectivo del idioma para fines sociales, académicos y profesionales. |

		– Puede producir textos claros, bien estructurados y detallados sobre temas de cierta complejidad, mostrando un uso correcto de los mecanismos de organización, articulación y cohesión del texto.
Usuario independiente	B2	– Es capaz de entender las ideas principales de textos complejos que traten de temas tanto concretos como abstractos, incluso si son de carácter técnico siempre que estén dentro de su campo de especialización. – Puede relacionarse con hablantes nativos con un grado suficiente de fluidez y naturalidad de modo que la comunicación se realice sin esfuerzo por parte de ninguno de los interlocutores. – Puede producir textos claros y detallados sobre temas diversos así como defender un punto de vista sobre temas generales indicando los pros y los contras de las distintas opciones.
	B1	– Es capaz de comprender los puntos principales de textos claros y en lengua estándar si tratan sobre cuestiones que le son conocidas, ya sea en situaciones de trabajo, de estudio o de ocio. – Sabe desenvolverse en la mayor parte de las situaciones que pueden surgir durante un viaje por zonas donde se utiliza la lengua. – Es capaz de producir textos sencillos y coherentes sobre temas que le son familiares o en los que tiene un interés personal. – Puede describir experiencias, acontecimientos, deseos y aspiraciones, así como justificar brevemente sus opiniones o explicar sus planes.
Usuario básico	A2	– Es capaz de comprender frases y expresiones de uso frecuente relacionadas con áreas de experiencia que le son especialmente relevantes (información básica sobre sí mismo y su familia, compras, lugares de interés, ocupaciones, etc.) – Sabe comunicarse a la hora de llevar a cabo tareas simples y cotidianas que no requieran más que intercambios sencillos y directos de información sobre cuestiones que le son conocidas o habituales.
	A1	– Sabe describir en términos sencillos aspectos de su pasado y su entorno así como cuestiones relacionadas con sus necesidades inmediatas. – Es capaz de comprender y utilizar expresiones cotidianas de uso muy frecuente así como frases sencillas destinadas a satisfacer necesidades de tipo inmediato. – Puede presentarse a sí mismo y a otros, pedir y dar información personal básica sobre su domicilio, sus pertenencias y las personas que conoce. – Puede relacionarse de forma elemental siempre que su interlocutor hable despacio y con claridad y esté dispuesto a cooperar.

(Consejo de Europa 2002: 26)

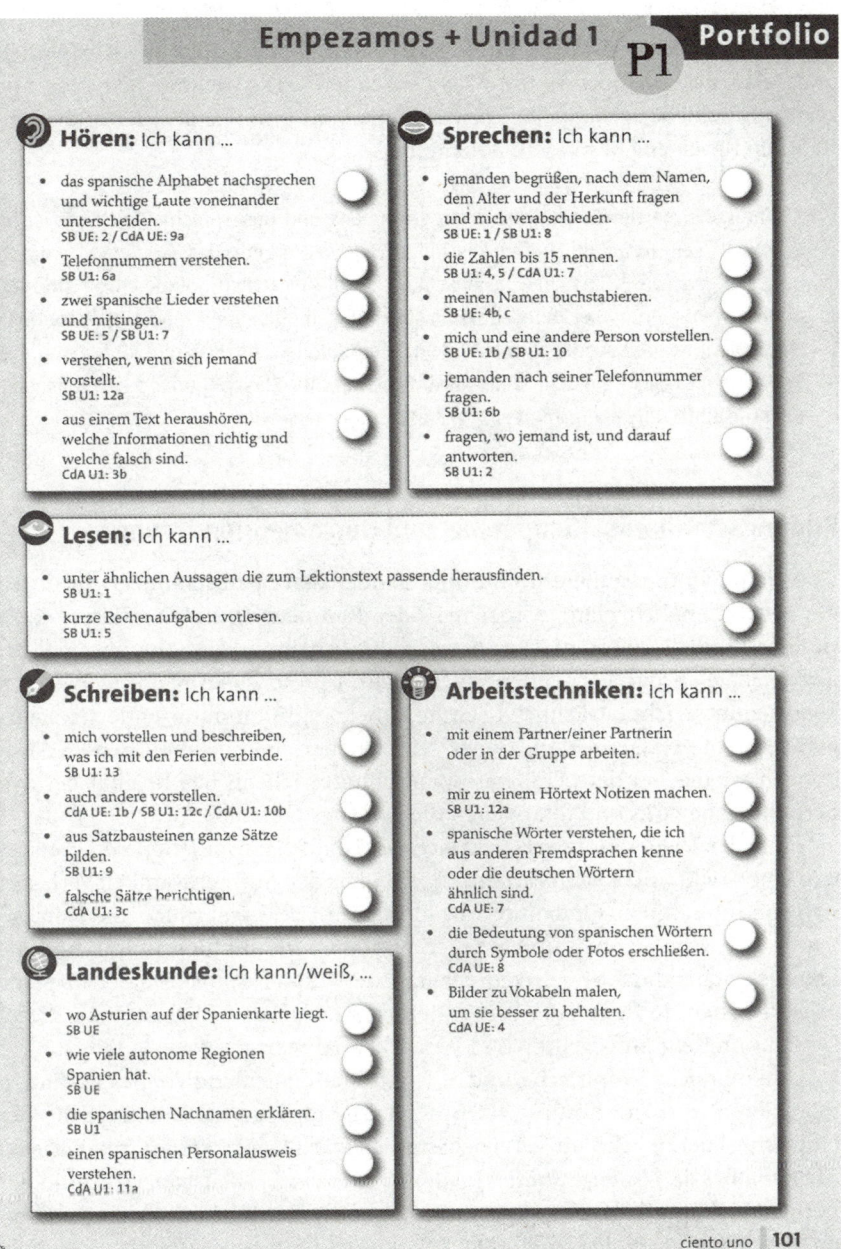

|Text 5.7

Empezamos + Unidad 1 **P1** **Portfolio**

Hören: Ich kann ...

- das spanische Alphabet nachsprechen und wichtige Laute voneinander unterscheiden.
  SB UE: 2 / CdA UE: 9a
- Telefonnummern verstehen.
  SB U1: 6a
- zwei spanische Lieder verstehen und mitsingen.
  SB UE: 5 / SB U1: 7
- verstehen, wenn sich jemand vorstellt.
  SB U1: 12a
- aus einem Text heraushören, welche Informationen richtig und welche falsch sind.
  CdA U1: 3b

Sprechen: Ich kann ...

- jemanden begrüßen, nach dem Namen, dem Alter und der Herkunft fragen und mich verabschieden.
  SB UE: 1 / SB U1: 8
- die Zahlen bis 15 nennen.
  SB U1: 4, 5 / CdA U1: 7
- meinen Namen buchstabieren.
  SB UE: 4b, c
- mich und eine andere Person vorstellen.
  SB UE: 1b / SB U1: 10
- jemanden nach seiner Telefonnummer fragen.
  SB U1: 6b
- fragen, wo jemand ist, und darauf antworten.
  SB U1: 2

Lesen: Ich kann ...

- unter ähnlichen Aussagen die zum Lektionstext passende herausfinden.
  SB U1: 1
- kurze Rechenaufgaben vorlesen.
  SB U1: 5

Schreiben: Ich kann ...

- mich vorstellen und beschreiben, was ich mit den Ferien verbinde.
  SB U1: 13
- auch andere vorstellen.
  CdA UE: 1b / SB U1: 12c / CdA U1: 10b
- aus Satzbausteinen ganze Sätze bilden.
  SB U1: 9
- falsche Sätze berichtigen.
  CdA U1: 3c

Arbeitstechniken: Ich kann ...

- mit einem Partner/einer Partnerin oder in der Gruppe arbeiten.
- mir zu einem Hörtext Notizen machen.
  SB U1: 12a
- spanische Wörter verstehen, die ich aus anderen Fremdsprachen kenne oder die deutschen Wörtern ähnlich sind.
  CdA UE: 7
- die Bedeutung von spanischen Wörtern durch Symbole oder Fotos erschließen.
  CdA UE: 8
- Bilder zu Vokabeln malen, um sie besser zu behalten.
  CdA UE: 4

Landeskunde: Ich kann/weiß, ...

- wo Asturien auf der Spanienkarte liegt.
  SB UE
- wie viele autonome Regionen Spanien hat.
  SB UE
- die spanischen Nachnamen erklären.
  SB U1
- einen spanischen Personalausweis verstehen.
  CdA U1: 11a

ciento uno **101**

(Gebhard 2007: 101)

Eine konkrete Umsetzung der Überlegungen des Referenzrahmens findet sich im Europäischen Sprachenportfolio, das aus dem Sprachen-Pass, der Sprachen-Biografie und dem Dossier besteht. Der Sprachen-Pass dient zur

Dokumentation bereits erreichter Kompetenzen (Hörverstehen, Leseverstehen, mündlicher Sprachgebrauch, schriftliche Textproduktion, Korrektheit und Ausdrucksvermögen), die vom Lernenden verfasste Sprachen-Biografie zeigt individuelle sprachliche Entwicklungen auf und das Dossier bildet den Rahmen für eigene besondere Arbeiten.

Aufgabe 5.2

> **?** Eine konkrete Umsetzung des Referenzrahmens und des Sprachenportfolios ist im Lehrwerk *¿Qué pasa?* durch den Abschnitt *Portfolio* am Ende des *Cuaderno de activi-dades* gegeben. Die Kästchen im Anschluss an die einzelnen Kompetenzen sind mit Ampelfarben – grün: Das kann ich schon sehr gut; gelb: Da habe ich noch ein paar Unsicherheiten; rot: Das werde ich noch üben. – auszufüllen. Analysieren Sie Stärken und Schwächen dieses Selbsteinschätzungsbogens, der für Klasse 6 oder 7 an Gymnasien oder Gesamtschulen konzipiert ist (vgl. dazu den Text 5.7 auf S. 75).

5.3 | Bildungsstandards, Kompetenz- und Outcomeorientierung

Von Input zu Outcome

Über Jahrzehnte regulieren die Bundesländer den Spanischunterricht durch die genannten Lehrpläne, Curricula oder Rahmenrichtlinien. Dabei setzen sie ihre Einflussnahme mal im Bereich der Inhalte und Methoden, mal bei den Lernzielen der Lernenden an. Inwieweit diese Dokumente jedoch den Spanischunterricht tatsächlich beeinflussen, kann mit inputorientierten Lehrplänen nicht erfasst werden. Daher setzen neuere bildungspolitische Bestrebungen wieder bei dem ein, was Spanischunterricht in der Realität bei den Lernenden bewirkt und fokussieren die Seite des Outcome.

Evaluation

Ende der 1990er Jahre verstärkt sich ein Trend zur Evaluation von konkretem Unterricht und seinen Erfolgen. Der Fokus der Aufmerksamkeit verlagert sich von Input hin zu Outcome, d.h. auf Kenntnisse, Lernerfolge und Kompetenzen der Schülerinnen und Schüler. Nachdem die Bildungspolitik und die Fremdsprachendidaktik jahrzehntelang ihre Aufmerksamkeit auf Lehrpläne gelenkt haben, in denen die Lernenden eher ausgespart blieben, wird dieses Defizit nunmehr aufgegriffen und verstärkt analysiert.

Schulvergleichs-studien

Umfangreiche empirische und z.T. internationale Schulvergleichsstudien fokussieren jetzt die Kompetenzen der Lernenden und damit die Seite des Outcome. Hierzu gehören Vergleichsstudien wie TIMMS (*Third International Mathematics and Science Study*), LAU (Aspekte der Lernausgangslage und der Lernentwicklung), IGLU (Internationale Grundschul-Lese-Untersuchung) und vor allem PISA (*Programme for International Student Assessment*). Gerade die Ergebnisse der PISA-Studie rütteln die Republik auf und führen zu grundlegendem Umdenken.

Bildungsstandards für die 1. Fremdsprache

Als Konsequenz auf den PISA-Schock reagiert die Bildungspolitik auf die großen Defizite der Lernenden in Deutschland. In der Folge der Klieme-Expertise (Klieme u.a. 2003) verabschiedet die Kultusministerkonferenz im

Dezember 2003 Bildungsstandards für die erste Fremdsprache (Englisch/Französisch) für den Mittleren Schulabschluss (Jahrgangsstufe 10) und im Oktober 2004 für den Hauptschulabschluss (Jahrgangsstufe 9). Die Bildungsstandards bilden im Sinne von Regelstandards verbindliche Vorgaben für die beiden Bildungsabschlüsse. Wenn die Bildungsstandards auch nicht für die zweite und dritte Fremdsprache und damit eben auch nicht explizit für den Spanischunterricht formuliert sind, wirken sie sich dennoch auch hier aus.

In der Diskussion um die Bildungsstandards werden Mindeststandards und Regelstandards voneinander unterschieden. Mindeststandards gelten als das Minimum, das jeder Schüler und jede Schülerin erreichen kann und sollte. Von staatlicher Seite geht damit die Verpflichtung einher, allen Lernenden im Schulsystem das Erreichen dieser Mindeststandards zu garantieren. Regelstandards gelten demgegenüber als die Standards, die der Durchschnitt der Lernenden erreichen sollte, die jedoch nicht alle Lernenden erreichen können. Die Kultusministerkonferenz hat sich nach einer kontroversen Diskussion zu den Mindest- und Regelstandards für die Verabschiedung von Regelstandards entschieden.

Mindeststandards

Regelstandards

Bildungsstandards formulieren Anforderungen an das Lehren und Lernen in der Schule. Sie benennen Ziele für die pädagogische Arbeit, ausgedrückt als erwünschte Lernergebnisse der Schülerinnen und Schüler. Damit konkretisieren Standards den Bildungsauftrag, den allgemein bildende Schulen zu erfüllen haben.

Bildungsstandards [...] greifen allgemeine Bildungsziele auf. Sie benennen Kompetenzen, welche die Schule ihren Schülerinnen und Schülern vermitteln muss, damit bestimmte zentrale Bildungsziele erreicht werden. Die Bildungsstandards legen fest, welche Kompetenzen die Kinder oder Jugendlichen bis zu einer bestimmten Jahrgangsstufe erworben haben sollen. Die Kompetenzen werden so konkret beschrieben, dass sie in Aufgabenstellungen umgesetzt und prinzipiell mit Hilfe von Testverfahren erfasst werden können. (Klieme u. a. 2003: 19)

Definition

Dabei knüpft die Diskussion an einen breit gefassten Kompetenzbegriff an:

Kompetenzen sind die bei Individuen verfügbaren oder durch sie erlernbaren kognitiven Fähigkeiten und Fertigkeiten, um bestimmte Probleme zu lösen, sowie die damit verbundenen motivationalen, volitionalen und sozialen Bereitschaften und Fähigkeiten, um die Problemlösungen in variablen Situationen erfolgreich und verantwortungsvoll nutzen zu können. (Weinert 2001: 27 ff.)

Definition

Diesem Verständnis zufolge bedeutet Kompetenz weit mehr als nur „träges" Wissen und schließt die Umsetzung von Wissen, Können und Einstellungen zur Lösung von „Aufgaben" und „Problemen" mit ein:

> Kompetenz kann nur leistungsbezogen erfasst und gemessen werden. Kompetenz stellt die Verbindung zwischen Wissen und Können her und ist als Befähigung zur Bewältigung von Situationen bzw. von Aufgaben zu sehen. Jede Illustration oder Operationalisierung einer Kompetenz muss sich daher auf konkrete Anforderungssituationen beziehen. (Klieme u. a. 2003: 73)

IQB Die Implementierung der Bildungsstandards wird durch das Institut für Qualitätsentwicklung im Bildungswesen (IQB) verantwortet. Das von der Kultusministerkonferenz 2004 ins Leben gerufene IQB ist an der Humboldt-Universität zu Berlin angesiedelt und ist für die Normierung, Entwicklung und Überprüfung der Bildungsstandards zentral zuständig. Die Erstellung von Testaufgaben sowie die Evaluation der Bildungsstandards beziehen sich auf die Fächer Deutsch, Mathematik und Naturwissenschaften, Englisch und Französisch. Für den Französischunterricht werden hier kompetenzorientierte Lernaufgaben (Tesch/Leupold/Köller 2008) und in Kooperation mit dem CIEP (*Centre International d'Études Pédagogiques*) Testaufgaben zur Überprüfung der Bildungsstandards entwickelt. Der Spanischunterricht ist nicht Bestandteil der Aufgaben des IQB, doch wirken sich die Überlegungen für die erste Fremdsprache auch auf den Unterricht weiterer Fremdsprachen aus (vgl. Meißner/Tesch 2010).

Aufgabe 5.3

> **?** Welche Begründungen werden für neuere bildungspolitische Entwicklungen formuliert und welche Zielsetzungen mit der Einführung der Bildungsstandards verfolgt? Nehmen Sie begründet dazu Stellung.

kompetenzorientierte Aufgabe Die konkrete Umsetzung der Bildungsstandards in kompetenzorientierten Aufgaben kann folgendermaßen aussehen, hier ein Beispiel zum Hörverstehen:

Text 5.8

Tareas (durante escucha) (M2)
1. Höre dir den Text zunächst zweimal an und versuche, den Inhalt möglichst genau zu verstehen.
2. Gib den Inhalt des Textes möglichst vollständig in deutscher Sprache wieder.
3. Resumid, por escrito, el contenido lo más completo posible.

(Vences/Meißner 2010: 175)

Alternativ zu dieser offen angelegten Aufgabe könnte das Hörverstehen auch mit Hilfe einer Multiple-Choice-Aufgabe geübt und überprüft werden.

Text 5.9

Wie schätzt Jesús Francisco seinen Lehrer ein? (Unterstreiche die zutreffende Form.)
– muy bueno – malo – injusto – moderno – muy tradicional

Was hat der Lehrer oft gemacht und in welcher Form? Achte auf die Gesten, die Jesús Francisco macht. Was trifft zu? (Unterstreiche die richtige Form.) El profesor…

- ... pegaba duro.
- ... tiraba de las orejas.
- ... daba buenas notas.
- ... llamaba la atención a los alumnos.
- ... escribía a los padres.

(Vences/Meißner 2010: 181)

Der Zugang zu dem Hörtext wird durch eine Hörverstehensaufgabe umgesetzt, in der durch den *multiple-choice*-Test eine strikte Trennung verschiedener Fertigkeiten gewährleistet ist, so dass hier allein das Hörverstehen überprüft werden kann.

multiple-choice-Test

Insgesamt führen die Bildungsstandards zu einer Strukturierung des Spanischunterrichts, in der staatliche Vorgaben vor allem bei den zu erreichenden Kompetenzen der Lernenden ansetzen. Dieser Fokus wird auch in der Gestaltung und Schwerpunktsetzung von Lehrplänen deutlich. So werden im hessischen Lehrplan für den gymnasialen Bildungsgang der Jahrgangsstufen 5 bis 12 (2010) neben ausführlich dargestellten verbindlichen und fakultativen Unterrichtsinhalten Kompetenzen aufgeführt, die Schülerinnen und Schüler im Spanischunterricht erwerben sollen:

Kompetenzorientierung im hessischen Lehrplan

Bildungsgang Gymnasium   **Unterrichtsfach Spanisch**

|Text 5.10

4 Abschlussprofil am Ende der Qualifikationsphase

4.1 Spanisch – Grundkurs

Kategorien   Anforderungsbereiche bzw. zu erreichende Standards

1. Kommunikative Kompetenzen

Hören   Die Schülerinnen und Schüler können die Hauptgedanken eines Hörtextes erfassen (max. 4').

Durch die Kombination von Höreindrücken mit einer bildgestützten Information erfassen sie

- die manifeste Information eines bei gemäßigtem Sprechtempo in der Standardsprache dargebotenen Textes (vermittelt durch Tonband oder CD).

Lesen   Die Schülerinnen und Schüler sind in der Lage, Texte im Zusammenhang zu verstehen, die einen vorwiegend bekannten Wortschatz enthalten.

Sie erfassen

- die Hauptinhalte der Texte (mit Hilfe aufgabenorientierter Anleitungen),
- die manifeste Information authentischer Texte (mit Hilfe aufgabenorientierter Anleitungen).

Sie differenzieren

- Standpunkte und Einstellungen in thematisch bekannten Zusammenhängen.

Sprechen	Die Schülerinnen und Schüler können

    – alltägliche Situationen bewältigen;

    – sich aktiv an Gesprächen beteiligen (im Alltag und in ihnen vertrauten thematischen Zusammenhängen);

    – persönliche Sachverhalte darstellen;

    – zu aktuellen, ihnen bedeutsam erscheinenden Themen eine eigene Position vertreten;

    – Informationen und Meinungen austauschen;

    – über eigene Gefühle sprechen und auf Gefühlsäußerungen anderer angemessen reagieren;

    – zu einem Thema aus ihrem Interessen-/Aufgabengebiet zusammenhängende Ausführungen machen (z. B. auch im Rahmen einer Präsentation).

Schreiben   Die Schülerinnen und Schüler können

    – sich zu ihnen vertrauten oder sie persönlich interessierenden Themen schriftlich äußern;

    – visuelle Informationen erfassen, analysieren und bewerten;

    – umfangreichere Texte zusammenfassen (Resümee);

    – zusammenhängende Texte auf Grund von Arbeitsanweisungen verfassen und hierbei Strukturierungsprinzipien beachten (z. B. Brief, Bericht, Referat);

    – Lektüre- und Arbeitsergebnisse in geeigneter Form darstellen und gestalten (z. B. für eine Präsentation oder eine Stellungnahme nutzen);

    – kreativ mit Textvorlagen umgehen und selbstständig weiterführende Texte verfassen (auch über persönliche Erfahrungen).

Sprach-   Die Schülerinnen und Schüler können

mittlung   – in zwei- oder mehrsprachigen Situationen mündlich vermitteln (vorwiegend Alltagssituationen);

    – deutsche und spanische Texte (in der Regel unter Nutzung von Hilfsmitteln) schriftlich wiedergeben und in der jeweils anderen Sprache übermitteln (keine vollständige Übersetzung).

(Hessisches Kultusministerium 2010: 48)

Nach den kommunikativen Kompetenzen sind weitere Kompetenzen aufgeführt: die Beherrschung der sprachlichen Mittel, d. h. Phonetik, Lexik und Grammatik, Kompetenzen zum Umgang mit Texten, soziokulturelle Kompetenzen, d. h. interkulturelle Fertigkeiten und soziolinguistische Angemessenheit. Methodenkompetenzen, d. h. Medienkompetenz und Präsentation sowie Lern- und Arbeitstechniken und Methoden der Textanalyse und -interpretation schließen die Ausführungen ab (Hessisches Kultusministerium 2010: 49 f.).

|Aufgabe 5.4

? Wie sind die Kompetenzformulierungen gestaltet, wie nicht? Analysieren Sie Vor- und Nachteile dieser Schwerpunktsetzung innerhalb des Lehrplans und überlegen Sie, welche Konsequenzen sich durch den Fokus auf Kompetenzen für den Spanischunterricht ergeben.

Einen Schwerpunkt dieses Dokuments bilden vor allem die Kompetenzen, die die Schülerinnen und Schüler durch den Spanischunterricht erreichen sollen. Dabei werden umfassende Kompetenzen in verschiedenen Bereichen benannt. Charakteristisch für diese Schwerpunktsetzung ist dabei, dass die Inhalte, an denen die Kompetenzen erworben werden sollen, in den Hintergrund geraten und zum Teil beliebig zu sein scheinen. Darüber hinaus ergeben sich auch Schwierigkeiten, die Bildungsstandards mit ihrem Schwerpunkt auf funktionalen, pragmatischen Kompetenzen mit dem Bildungsbegriff und der Bildungstheorie zusammenzudenken. Bildungsprozesse, die eine individuelle Entwicklung oder die Auseinandersetzung mit ethischen Fragen nahelegen, erschließen sich den Bildungsstandards und der Kompetenzorientierung weit schwerer als beispielsweise die meisten der im hessischen Lehrplan von 2010 genannten Kompetenzen (siehe oben).

Kompetenzorientierung und Bildung

Aufgabenorientierung – *enfoque por tareas* |5.4

Durch die Impulse des Gemeinsamen europäischen Referenzrahmens für Sprachen und die Diskussionen über die Bildungsstandards ist ein Konzept verstärkt in den Mittelpunkt der Aufmerksamkeit gerückt, dessen Anfänge in den 1980er Jahren liegen: *task based language learning.* Ansätze aufgabenorientierten Fremdsprachenlernens zielen darauf, vor allem den konkreten und persönlichen Lebensbezug beim Lernen einer Fremdsprache herzustellen. Dabei soll der Fremdsprachenunterricht nicht auf der Basis künstlicher Situationen durchgeführt werden, sondern authentische Aufgaben, bei denen die Schülerinnen und Schüler als sie selbst agieren, sollen bearbeitet und gelöst werden.

task based language learning

> Eine *task* nennt den Zweck und das erwartete Ergebnis einer Aktivität, sie legt den Schwerpunkt auf die Bedeutung dessen, was gesagt wird und nicht auf die Verwendung einer bestimmten Form (z.B. die Anwendung einer grammatischen Struktur) und sie versucht, die Sprache so zu verwenden, wie sie im Alltag vorkommen könnte (*real or authentic language use*) (Müller-Hartmann 2005: 3).

Das hier genannte Verständnis von „Aufgabe" unterscheidet sich deutlich von einem bislang üblichen Aufgabenbegriff im Fremdsprachenunterricht, d.h. eine solche *task* ist nicht gleichzusetzen mit der Struktur üblicher Hausaufgaben oder Übungen bzw. *ejercicios*, in denen beispielsweise Verbformen in vor-

Aufgabe

gegebene Lücken eingesetzt werden sollen. Aufgaben dienen der Aushandlung von Bedeutung und zielen auf flüssige Sprachproduktion, sprachliche Richtigkeit und sprachliche Komplexität von Lerneräußerungen (*fluency, accuracy, complexity*). Somit sind individuelle und vielfältige Lösungswege zur Bewältigung einer Aufgabe, der Bezug zu authentischen Situationen und Rahmenbedingungen oder auch umfangreiche Teilaspekte wie z. B. funktionale oder formalsprachliche Aspekte charakteristisch. Eine Aufgabe kann damit auf den Klassenraum oder auch auf echte Nutzung von Sprache und Kommunikation außerhalb des Klassenraums bezogen sein. Aufgaben sind vor allem inhaltsbezogen, sollten jedoch auch formale Aspekte der Sprache berücksichtigen. Daneben sollte ein Bezug zu Bildung hergestellt sein (Tesch 2010).

Bezug zu Bildung

1. Bildungsrelevante Aufgaben haben Bedeutung für die Alltagswelt der Schüler (also die unmittelbare Gegenwart) und für ihre vermutliche Zukunft. Darüber hinaus haben sie exemplarische Bedeutung, d. h. sie dienen der Klärung allgemeiner Zusammenhänge.
2. Bildungsrelevante Aufgaben fördern die Teilhabe an einer Kultur, die zunehmend mehrsprachig orientiert ist. (Weskamp 2004: 168)

Dieses Verständnis der Aufgabenorientierung findet sich auch in dem Konzept der Lernaufgabe im Rahmen der Diskussion zu den Bildungsstandards wieder. Wenn auch kein detaillierter Konsens über die Lernaufgabe besteht, so bestehen jedoch etliche Übereinstimmungen.

Aufgaben sind charakterisiert durch

► lebensweltlichen Bezug, d. h. die außerschulische Realität wird zum Rahmen und Inhalt einer Aufgabe, was zugleich eine Abkehr von der Pseudo-Authentizität der Übungen der kommunikativen Didaktik bedeutet;
► Handlungsorientierung, d. h. die Bewältigung einer Aufgabe zielt auf konkrete Umsetzungen möglichst mit authentischem Bezug innerhalb des Klassenraums (*pedagogical task*) oder mit Bezügen über den Klassenraum hinaus (*real world task, target task*);
► Komplexität, d. h. es gibt eine Rahmenaufgabe und verschiedene Teilaufgaben, die zur Bewältigung der Rahmenaufgabe hinführen;
► Outcomeorientierung, d. h. Aufgaben zielen auf ein konkretes Ergebnis und auf die Kompetenzen, die die Schülerinnen und Schüler durch ihre Bearbeitung erreichen sollen;
► Transparenz, d. h. die Eigenständigkeit in der Durchführung der Aufgabe durch Lernende wird durch die Darstellung der Rahmenbedingungen und die einzelnen Aufgabenstellungen gewährleistet;
► Inhaltsorientierung, d. h. im Vordergrund der Aufgabe stehen Themen und Inhalte, jedoch keine formalen oder metasprachlichen Perspektiven (Bedeutung steht über der Form);
► Problemorientierung, d. h. Aufgaben zielen auf die Bearbeitung, Bewältigung oder Lösung von Problemen, die so weit als möglich „real" sein sollen;

➤ Lernerorientierung, d. h. im Zentrum der Aufgabe stehen zunächst die Lernenden, ihre individuellen und vielfältigen Lösungswege, Umgangsweisen mit der Aufgabenstellung und Antworten auf die *task*;

➤ Offenheit, d. h. Prinzipien des offenen Unterrichts oder konstruktivistischer Lerngestaltungen führen zu einem veränderten Verhältnis zwischen Lehrenden und Lernenden, Lehrende agieren als Lernbegleiter und Lernberater.

Während ein auf Übungen basierender Spanischunterricht die sprachliche Form in den Mittelpunkt rückt und die Schülerinnen und Schüler als Lerner betrachtet, stehen im aufgabenorientierten Spanischunterricht die Bedeutung und Funktion der Sprache im Zentrum und die Schülerinnen und Schüler werden als Sprachanwender gesehen.

Übung versus Aufgabe

Spanischunterricht in Deutschland wird derzeit nicht strukturell durch Aufgabenorientierung modelliert, jedoch könnte dieser Ansatz sich in den nächsten Jahren als weiterführend erweisen. Eine konkrete Umsetzung findet sich bislang vereinzelt in Lehrwerken (z. B. Benetti u. a. 2005), jedoch wird sie in der Praxis noch nicht als durchgehendes Prinzip deutlich. Der Ansatz des *enfoque por tareas* wird in Spanien im Bereich des *Español Lengua Extranjera* vertreten (Zanón 1990).

? Vergleichen Sie Überlegungen zur Aufgabenorientierung mit den in Einheit 4 genannten neueren Tendenzen innerhalb der Spanischdidaktik. Zu welchen Konzepten und Ansätzen finden sich Anknüpfungspunkte? Bitte listen Sie Gemeinsamkeiten und Unterschiede auf.

Aufgabe 5.5

Gegenstand dieser Einheit waren Curricula, Lehrpläne und Bildungsstandards, mit denen die Bildungspolitik Einfluss auf den Spanischunterricht nimmt. Dabei wird an verschiedenen Parametern angesetzt: Lehrpläne zielen vor allem auf Inhalte und methodische Umsetzungen, Curricula setzen eher an den zu erreichenden Lernzielen der Lernenden an. Im Zuge aktueller Entwicklungen in der Folge der PISA-Studie und des Gemeinsamen europäischen Referenzrahmens für Sprachen werden die Lernenden sowie die Seite des Outcome verstärkt fokussiert. Mit den Bildungsstandards hat die Kultusministerkonferenz gemeinsame Standards für zu erreichende Kompetenzen aller Lernender festgelegt und damit ein Instrument zur Erhöhung der Vergleichbarkeit von Unterricht geschaffen. Diese Standards sollen sich in Kompetenzen konkretisieren und am Beispiel konkreter Aufgaben anvisiert werden.

Zusammenfassung

? Von staatlicher Seite wird durch verschiedene bildungspolitische Impulse immer wieder Einfluss auf die Gestaltung des Spanischunterrichts ausgeübt. Welche Vor- und Nachteile sind mit einer solchen Einflussnahme der Politik verbunden? Welche der Argumente sind für Sie selbst ausschlaggebend?

Aufgabe 5.6

Literatur

Bayerisches Staatsministerium für Unterricht und Kultus (1992): Lehrplan für das bayerische Gymnasium. Fachlehrplan für Spanisch. In: Amtsblatt des Bayerischen Staatsministeriums für Unterricht und Kultus, Teil I. Sondernummer 4. München, 29. Januar 1992.

Gebhard, Friede u. a. (2007): ¿Qué pasa? Cuaderno de actividades 1. Frankfurt: Diesterweg.

Europarat (2001): Gemeinsamer europäischer Referenzrahmen für Sprachen: lernen, lehren, beurteilen. Berlin u. a.: Langenscheidt.

Meißner, Franz-Joseph/Tesch, Bernd (Hg.) (2010): Spanisch kompetenzorientiert unterrichten. Seelze: Klett, Kallmeyer.

Ministerium für Schule und Weiterbildung, Wissenschaft und Forschung des Landes Nordrhein-Westfalen (Hg.) (1999): Sekundarstufe II, Gymnasium/Gesamtschule. Richtlinien und Lehrpläne. Spanisch. In: Schriftenreihe Schule in NRW, Nr. 4707. Frechen: Ritterbach.

Müller-Hartmann, Andreas (2005): Ein Themenheft zum aufgabenorientierten Fremdsprachenlernen? Weshalb es wahrscheinlich eine sehr gute Idee ist, sich mit diesem Ansatz auseinander zu setzen. In: PRAXIS Fremdsprachenunterricht 4: 3–6.

Tesch, Bernd/Leupold, Eynar/Köller, Olaf (Hg.) (2008): Bildungsstandards Französisch: konkret. Sekundarstufe I: Grundlagen, Aufgabenbeispiele und Unterrichtsanregungen. Berlin: Cornelsen Scriptor.

Tesch, Bernd (2010): Aufgabenorientierung: Übungsaufgaben, Text- und Lernaufgaben. In: Meißner, Franz-Joseph/Tesch, Bernd (Hg.): Spanisch kompetenzorientiert unterrichten. Seelze: Klett, Kallmeyer, 57–69.

Vences, Ursula/Meißner, Franz-Joseph (2010): Kompetenzaufgabe zum Schwerpunkt Hörverstehen: El mundo de los alumnos ayer y hoy en día. In: Meißner, Franz-Joseph/Tesch, Bernd (Hg.): Spanisch kompetenzorientiert unterrichten. Seelze: Klett, Kallmeyer, 172–183.

Weinert, Franz E. (2001): Vergleichende Leistungsmessung in Schulen – eine umstrittene Selbstverständlichkeit. In: ders. (Hg.): Leistungsmessungen in Schulen. Weinheim und Basel: Beltz, 17–31.

Weskamp, Ralf (2004): Aufgaben im Fremdsprachenunterricht. In: PRAXIS Fremdsprachenunterricht 4: 162–170.

Zanón, Javier (1990): Los enfoques por tareas para la enseñanza de lenguas extranjeras. In: CABLE. Revista de didáctica del español como lengua extranjera 5: 19–28.

Internet

Hessisches Kultusministerium (2010): Lehrplan Spanisch. Gymnasialer Bildungsgang. Jahrgangsstufen 6G bis 9G und gymnasiale Oberstufe. http://www.hessen.de/irj/HKM_Internet?cid=ac9f301df54d1fbfab83dd3a6449af60.

Klieme, Eckhardt u. a. (2003): Zur Entwicklung nationaler Bildungsstandards. Eine Expertise. Hg. v. Bundesministerium für Bildung und Forschung (BMBF). Bonn, Berlin. http://www.bmbf.de/pub/zur_entwicklung_nationaler_bildungsstandards.pdf.

Kultusministerkonferenz (2003): Bildungsstandards für die erste Fremdsprache (Englisch/ Französisch) für den mittleren Schulabschluss. Beschluss vom 4. 12. 2003. http://www. kmk.org/schul/Bildungsstandards/1.Fremdsprache_MSA_BS_04-12-2003.pdf.

Consejo de Europa (2002): Marco común europeo de referencia para las lenguas: aprendizaje, enseñanza, evaluación. Madrid: Ministerio de Educación, Cultura y Deporte. http:// cvc.cervantes.es/ensenanza/biblioteca_ele/marco/cvc_mer.pdf.

Bilinguales Lernen

Neben dem herkömmlichen Fremdsprachenunterricht gibt es Konzepte, die auf bilinguales Lernen abzielen und sprachbezogenes mit inhaltsbezogenem Lernen kombinieren. In dieser Einheit werden daher Ansätze vorgestellt, die im Bereich des schulischen Fremdsprachenlernens bilinguale Aspekte anvisieren. Im Mittelpunkt stehen zunächst bilinguale Ansätze in Hispanoamerika. In Deutschland ereignet sich bilinguales Lernen vor allem im bilingualen Sachfachunterricht, in dem ein Sachfach wie beispielsweise Geschichte oder Erdkunde in der Fremdsprache unterrichtet wird. Darüber hinaus kommt exemplarisch die Staatliche Europa-Schule Berlin zur Sprache, in der das bilinguale Prinzip das gesamte Schulkonzept prägt.

Überblick

6.1 | Individuelle und gesellschaftliche Zwei- und Mehrsprachigkeit

Beispiele für
Zweisprachigkeit

Begriffe wie bilinguale Kompetenzen, Bilingualismus und Bilingualität verweisen insgesamt auf Zweisprachigkeit, bedürfen jedoch einer genaueren Definition. Zweisprachig ist ein Kleinkind, das zu Hause mit seiner Mutter Deutsch und mit seinem Vater Spanisch spricht, ebenso wie ein Kind türkischer Minderheitenangehöriger, das zu Hause mit der Familie Türkisch und in der Schule Deutsch spricht. Eine Frau, die in Barcelona lebt und Spanisch ebenso wie Katalanisch spricht, gilt ebenfalls als zweisprachig, genauso auch ein Mann, der in Peru spanischsprachige Zeitungen liest und Spanisch als Behördensprache nutzt, in der eigenen Familie jedoch Quechua spricht. Eine Lehrerin, die Deutsch als Erstsprache spricht, in der Schule jedoch Spanisch unterrichtet und diese Sprache als Fremdsprache gelernt hat, ist ebenso zweisprachig wie ein spanischer Wissenschaftler, der internationale Fachliteratur auf Englisch liest. Diese Beispiele zeigen ganz unterschiedliche Formen der Zweisprachigkeit auf, die jeweils abhängig sind vom Grad der Beherrschung der jeweiligen Sprachen, von den Nutzungsbereichen oder den Gesprächspartnern. Darüber hinaus sind individuelle und gesellschaftliche Zweisprachigkeit zu unterscheiden.

Definition

> Bilingualismus ist die Fähigkeit, zwei Sprachen auf im Idealfall annähernd gleichem Niveau zu sprechen. Multilingualismus/Plurilingualismus bezeichnet analog dazu die Fähigkeit, mehr als zwei Sprachen zu sprechen. Gesellschaftliche Formen der Zwei-/Mehrsprachigkeit, d. h. Bi-/Multi-/Plurilingualismus einer gesamten Gesellschaft bzw. Nation, werden von individuellen Formen der Zwei-/Mehrsprachigkeit, d. h. Bi-/Multi-/Plurilingualismus einzelner Menschen in einer mehrheitlich einsprachigen Gesellschaft, unterschieden.

Bilingualismus in
hispanophonen
Staaten

Unabhängig davon, dass in vielen, wenn nicht allen Staaten der Welt infolge von Migration und Globalisierung mehr als eine Sprache gesprochen wird, gibt es in einigen Nationen mehr als eine Sprache. Für das Spanische gilt dies zum Beispiel für folgende Staaten: Bilingualismus besteht in Spanien (*castellano, catalán/valenciano, gallego, vasco*), in Bolivien (Spanisch, Quechua, Aymara, Guaraní und weitere indigene Sprachen), in Mexiko (Spanisch und 63 anerkannte indigene Sprachen, darunter Nahuatl und Mayathan), in Peru (Spanisch, Quechua, Aymara und 41 weitere Sprachen) (López/Küper 1999) oder auch in Äquatorialguinea (Spanisch, Französisch, Fang und andere Sprachen). Spanisch hat in den einzelnen Staaten jeweils den Status der Amtssprache. Darüber hinaus wird Spanisch in einigen US-Amerikanischen Staaten gesprochen, so z. B. in Kalifornien, New Mexico, Texas oder Florida.

Aufgabe 6.1 |

? Inwiefern kann Spanisch länderübergreifend Identität stiften? Recherchieren Sie im Internet über die Relevanz der *Hispanidad* für die spanischsprachigen Nationen.

Neben gesellschaftlicher Zweisprachigkeit sind auch individuelle Formen der Zweisprachigkeit zu betrachten. Die auf Einzelne bezogenen unterschiedlichen Formen werden in simultane oder primäre Zweisprachigkeit sowie in sukzessive oder sekundäre Zweisprachigkeit unterschieden. Erstere verweist auf den gleichzeitigen Erwerb von zwei oder mehreren Sprachen, z. B. Zweisprachigkeit im Zusammenhang mit lebensweltlicher Mehrsprachigkeit, und Letztere bezieht sich auf eine später erworbene Zweisprachigkeit, z. B. durch schulischen Fremdsprachenunterricht. Eine weitere grundsätzliche Unterscheidung bezieht sich auf additiven und subtraktiven Bilingualismus.

individuelle Zweisprachigkeit

Additiver Bilingualismus bezieht sich auf eine gleichgewichtige und positive Berücksichtigung beider Sprachen und Kulturen für die Entwicklung eines bilingualen Kindes. Subtraktiver Bilingualismus geht von dem gegenteiligen Fall aus, in dem eine der beiden Sprachen bzw. Kulturen als minderwertig gegenüber der anderen Sprache bzw. Kultur erachtet und in der Folge nicht gefördert wird.

Definition

Darüber hinaus unterscheidet man Formen eines ausgewogenen bzw. symmetrischen Bilingualismus, in dem zwei Sprachen in gleicher Weise beherrscht werden, von Formen eines unausgewogenen bzw. asymmetrischen Bilingualismus, in dem eine der beiden Sprachen besser beherrscht wird als die andere Sprache. Wenn Menschen zwei Sprachen nur sehr defizitär beherrschen, d. h. nur sehr wenige alltagssprachliche Kommunikationsstrukturen anwenden, spricht man von Semilingualismus bzw. doppelter Halbsprachigkeit. Eine symmetrische Zweisprachigkeit wird wohl nur sehr selten vorliegen und kann als Ideal bezeichnet werden. Weitaus häufiger wird Zweisprachigkeit unausgewogen vorkommen, d. h. in unterschiedlicher Perfektion beider Sprachen und je nach individueller Erfahrung der Sprecher in verschiedenen funktionalen Zusammenhängen.

symmetrischer und asymmetrischer Bilingualismus

Semilingualismus

Zur genaueren Beschreibung und Erklärung unterschiedlicher Formen des Bilingualismus entwickelte Jim Cummins die Interdependenz- bzw. Schwellenniveauhypothese und führte die Begriffe BICS und CALP ein. *Basic Interpersonal Communicative Skills* (BICS) beschreiben mündliche sprachliche Äußerungen im direkten persönlichen Gespräch, die vor allem im Bereich alltagssprachlicher Kommunikation dominieren. *Cognitive Academic Language Proficiency* (CALP) bezieht sich eher auf den Bereich der Schriftsprache und auf komplexere „akademische" Sprachfertigkeiten. Während eine altersangemessene mündliche Kommunikationsfähigkeit in Alltagsgesprächen (BICS) schnell erreichbar sei, geht Cummins von fünf bis sieben Jahren Lernzeit für das Erreichen der weit komplexeren sprachbezogenen kognitiven Fertigkeiten (CALP) aus (Cummins 1982).

Interdependenz-hypothese

BICS

CALP

Diese Unterscheidung unterstützt Analysen zur Begründung unterschiedlicher bilingualer Kompetenzen von Migrantenkindern bzw. Minoritätenkindern und Majoritätenkindern, d. h. beispielsweise von Kindern eth-

Bilingualismus von Migrantenkindern

nischer Minderheiten in Bolivien, die Aymara und Spanisch sprechen, und Diplomatenkindern mit bilingualen Kompetenzen in Spanisch, Englisch und Französisch. Niedrige sprachliche Kompetenzen bei indigenen Kindern mit gesellschaftlicher Benachteiligung werden u. a. auf die Rahmenbedingungen der Submersion zurückgeführt.

Definition

> Submersion bezeichnet das Untertauchen in eine andere Sprache bei gleichzeitiger Vernachlässigung der Erstsprache (L1). Wenn die Erstsprache in der Familie oder der umgebenden Gesellschaft – u. a. wegen ihres geringen sprachlichen Prestiges – nicht weiter gestützt und gefördert wird, führt dies zur Unterdrückung der Erstsprache und häufig zu Misserfolgen in beiden Sprachen (L1 und L2) sowie in anderen schulischen Zusammenhängen.

Interdependenz-hypothese

Der Interdependenz- bzw. Schwellenniveauhypothese zufolge haben die Kompetenzen in beiden Sprachen Einfluss auf die kognitive Entwicklung der Kinder. Dabei geht es um die wechselseitige Abhängigkeit zwischen den verschiedenen Kenntnissen in der Erstsprache und Zweitsprache. So geht Cummins davon aus, dass das Niveau in der Erstsprache Einfluss habe auf das möglicherweise zu erreichende Niveau in der Zweitsprache. Wenn die Erstsprache bereits auf einem hohen Niveau entwickelt sei, könne eine hohe Kompetenz in der Zweitsprache aufgebaut werden, ohne die Erstsprache zu beeinträchtigen. Bei einer niedrigen erstsprachlichen Kompetenz werde der intensive Aufbau der Zweitsprache zu einer Beeinträchtigung der Erstsprache führen und dies werde sich wiederum negativ auf den Aufbau der Zweitsprache auswirken (Cummins 1982).

6.2 | Bilinguale Programme in Hispanoamerika

Sprachenpolitik in Kanada

Staaten, die von Bilingualismus geprägt sind, müssen sich grundlegend Gedanken machen, wie sie mit dieser Zweisprachigkeit umgehen und inwieweit das Lernen und Beherrschen von zwei oder mehreren Sprachen für alle Bürger notwendig und verpflichtend ist. Kanada ist einer der ersten Staaten mit einer Bildungs- und Sprachenpolitik, die Bilingualismus berücksichtigt. So wurde bereits in den 1960er Jahren ein bilinguales Konzept in Kanada entwickelt, um der anglophonen Mehrheit in Québec Französisch zu vermitteln. Dazu wird das Prinzip der Immersion, d. h. des Eintauchens in die zweite Sprache, verwendet.

Definition

> Immersion basiert auf der Überlegung, dass eine Zweitsprache besser in einer authentischen, natürlichen Lernsituation erworben wird als im gesteuerten Fremdsprachenunterricht. Lernende sollen in schulischen Lehr-/Lernsituationen in die zweite Sprache eintauchen, permanent von ihr umgeben sein und sich in ihr sprachlich bewegen. Dies führt dazu, die Zweitsprache als Unterrichtssprache zu verwenden. Anders als bei der Submersion wird die Erstsprache in diesem Konzept nicht vernachlässigt.

Auch Spanien und zahlreiche hispanoamerikanische Staaten sind von Zweisprachigkeit geprägt, wobei jedoch grundlegende Unterschiede im Blick auf
den Status der Sprachen sowie politische und sprachenpolitische Rahmenbedingungen bestehen.

In den Staaten Hispanoamerikas gibt es bis heute infolge der Koloniali-
sierung durch Spanien verschiedene Formen gesellschaftlicher Mehrsprachigkeit. Charakteristisch ist die Dominanz des *castellano* als Amtssprache
und die Marginalisierung aller anderen Sprachen, die eher im Privaten und
in ländlichen Gebieten gesprochen werden. Die Hierarchien im Sprachenprestige gehen einher mit gesellschaftlichen Ausgrenzungen sowie unterschiedlichen Möglichkeiten des Zugangs zu Bildung und Beruf. Die politische Anerkennung indigener Sprachen verläuft in den einzelnen Staaten
unterschiedlich, doch lassen sich einige parallele Strukturen erkennen. Nach
mehreren Jahrhunderten der völligen Ausgrenzung indigener Sprachen sowie
der sprachlichen und kulturellen Homogenisierung durch das Spanische entwickelt sich im 20. Jahrhundert allmählich ein Bewusstsein für die Relevanz
dieser Sprachen, für die Zusammenhänge zwischen Identität und Sprache
sowie für die aktive Unterstützung von Mehrsprachigkeit in der schulischen
Erziehung. In den 1990er Jahren erkennen z. B. die Andenländer Bolivien,
Ecuador und Peru Multiethnizität und Multikulturalität in ihren Verfassun-
gen an und gestehen den indigenen Sprachen neben dem Spanischen den
offiziellen Status einer Amts- und Unterrichtssprache zu (von Gleich 2008:
345). Infolge eines wachsenden indigenen Selbstbewusstseins und der Grün-
dung indigener Organisationen sowie mit der Unterstützung internationaler
Nichtregierungsorganisationen, der Kirche oder der Erziehungsministerien
werden sukzessive bilinguale Schulen für die indigene Bevölkerung eingerichtet. Vor allem seit den 1980er Jahren findet die *Educación Intercultural
Bilingüe* (EIB) mehr und mehr Akzeptanz, wenn gleichzeitig auch zahlreiche Probleme bestehen, z. B. in der Ausbildung der Lehrkräfte, der geringen gesellschaftlichen Anerkennung der indigenen Sprachen oder auch in
dem geringen Prozentsatz an indigenen Kindern, die an diesen Programmen
teilnehmen (López/Küper 1999). Die EIB vertritt einen additiven Bilingualismus:

> Por ello, desde lo lingüístico se promueve un bilingüismo aditivo y un desa-
> rrollo paralelo en la lengua vernácula y en la hegemónica y, desde lo cultural,
> se postula la interculturalidad como contraparte indisoluble de la dimensión
> idiomática. A partir de entonces la educación bilingüe cambia su orientación
> transicional por una de mantenimiento y desarrollo de los idiomas indígenas,
> sin que eso suponga renunciar a la necesidad de un idioma común, a la vez que
> modifica su comprensión curricular monocultural para basarse en la necesidad
> de construir una propuesta educativa y una pedagogía que, partiendo de los
> saberes, conocimientos, valores y visiones del mundo particulares de cada pue-

Sprachenpolitik in
Hispanoamerika

blo indígena, tienda puentes y espacios de diálogo entre lo indígena específico y lo criollo envolvente, entre lo subalterno y lo hegemónico, y entre lo local y lo universal. (López/Küper 1999: 4.21)

Innerhalb der Immersionsprogramme gilt es, verschiedene Ansätze hinsichtlich ihrer Ausführlichkeit in der Vermittlung der Zweitsprache und damit ihrer Ausprägung der Immersion zu unterscheiden:

Transicional

Transicional: In diesem Ansatz werden die meisten Fächer zunächst in der Erstsprache der Lernenden unterrichtet. Gleichzeitig wird Unterricht in der dominierenden Nationalsprache Spanisch erteilt. Sobald die Lernenden ausreichende Kenntnisse im Spanischen entwickelt haben, erfolgt der gesamte Unterricht auf Spanisch. Dieses Programm fördert vor allem die Spanischkenntnisse der Lernenden, führt jedoch gleichzeitig zu einer Vernachlässigung der indigenen Sprache.

Mantenimiento

Mantenimiento: Die Zielsetzung dieses Ansatzes besteht vor allem in sprachlicher Ausgewogenheit und in gleichgewichtiger Förderung beider Sprachen. Einige der Fächer werden auf Spanisch, andere z. B. auf Quechua unterrichtet.

Desarrollo

Desarrollo: Dieser Ansatz richtet sich an sprachlich homogene Gruppen mit derselben Erstsprache. Ein Teil der zu erlernenden Inhalte wird in einer anderen Sprache vermittelt mit dem Ziel, auf inhaltlicher Ebene eine Horizonterweiterung zu erreichen. Dieses Vorgehen ist dem in Deutschland üblichen bilingualen Sachfachunterricht (siehe unten) sehr ähnlich.

Die Umsetzung der EIB führt zu verschiedenen Resultaten und Konsequenzen. So ließ sich bislang in einigen Studien Folgendes nachweisen:

► Los alumnos y alumnas indígenas cuya educación es bilingüe, en comparación con sus pares que sólo reciben educación en castellano, tienen mejor rendimiento escolar en general (Bolivia, Guatemala, Paraguay y Perú); desarrollan mayor capacidad para resolver problemas matemáticos (Guatemala y Perú); logran mejores niveles de comprensión lectora incluso en castellano (México y Perú); y desarrollan mayor espontaneidad y seguridad al hablar en esta lengua (Guatemala y Perú).

► Una educación bilingüe contribuye a incrementar el nivel de escolaridad de las niñas (Guatemala y Perú). Se ha observado que la participación de las niñas en la escuela se incrementa y, a la vez, se da mayor atención a aspectos de género en la educación (Ecuador).

► La educación bilingüe logra nivelar a niños y niñas en cuanto a su rendimiento en lenguaje y matemática, así como a los niños y niñas de comunidades alejadas con sus pares que viven en lugares caracterizados por el mayor acceso al castellano (Perú). (López/Küper 1999: 5.1)

Darüber hinaus sind ein steigendes Selbstbewusstsein der Schülerinnen und Schüler, eine Bestätigung der Interdependenzhypothese (Cummins), eine

Dynamisierung der soziokommunikativen Beziehungen innerhalb der Klasse sowie steigendes Interesse und verstärktes Engagement seitens der Eltern an der schulischen Erziehung ihrer Kinder erkennbar (ebd.). Insgesamt führt die EIB zu Innovationen auf pädagogischer und institutioneller Ebene.

Eine Möglichkeit, der Zweisprachigkeit der indigenen Bevölkerung Rechnung zu tragen, besteht in der Gestaltung von Kinderbüchern in Spanisch und in Quechua. Ein Beispiel ist das Kinderbuch *El mundo de Santiago* (Mayer 2002), in dem ein in den peruanischen Anden lebendes Kind im Mittelpunkt steht, dessen Welt, d. h. sein Alltag in der Familie und in der Schule, aus seiner Sicht geschildert wird. Dieses Buch ist zweisprachig gestaltet und eröffnet damit sprachlich und kulturell Perspektiven, die Quechua ebenso wie Spanisch berücksichtigen.

Förderung von Mehrsprachigkeit durch Kinder- und Jugendliteratur

|Text 6.1

Un día, la madrina y su familia cosecharon papas que habían sembrado en la altura. Ese día prepararon una pachamanca a un costado del terreno. Santiago sabía muy bien por qué todo tenía un gusto tan rico. Era el sabor fresco de la nueva cosecha cocinada en esa gran olla de tierra pacha-manca. Por eso comieron con alegría y agradecimiento. La tierra, que habían trabajado juntos, les daba sus buenos frutos.

Huk punchawsi ulyuchiqnin llapa ayllunwan orqopi papa tarpusqankuta aspinku, hinaspas chacrapa waqtampi Pachamankata ruranku. Santiaqoqa yachansi imanasqa kaymiskillana asnasqanta, kay mikuyqa allpapa ukumpi yanusqas.
Llapankus kusisqallaña mikunku llamkasqankupa rurunta.

(Mayer 2002: 42 f.)

Diese Form bilingualen Unterrichts steht in engem Zusammenhang mit den von Steven Krashen in den 1980er Jahren formulierten Theorien zum Zweitspracherwerb. Für sein „Monitor-Modell" (Krashen 1981) ist die Unterscheidung zwischen Lernen und Erwerb grundlegend:

Monitor-Modell

Acquisition meint einen unbewussten Prozess, der dem Spracherwerb von Kleinkindern beim Erwerb der Erstsprache ähnele. Voraussetzung sei natürliche Kommunikation in der Zielsprache, die nicht die Form, sondern die Kommunikation und ihre Inhalte selbst in den Mittelpunkt stelle. *Learning* hingegen basiere auf formaler Instruktion und auf einem bewussten Prozess, an dessen Ende bewusstes Sprach- und Regelwissen, z. B. über die Grammatik der Sprache, stehe. Die Aktivierung und Steuerung dieses Wissens erfolge durch eine Kontrollinstanz des Lerners, d. h. durch den Monitor. *Acquisition* und *Learning* werden dabei als streng voneinander getrennte Prozesse gesehen, Spracherwerb wird dem Lernen vorgeordnet. Insgesamt sind diese Positionen Krashens heute in ihren Grundannahmen sowie in der Konsequenz der strikten Trennung von *Acquisition* und *Learning* jedoch umstritten.

Acquisition

Learning

Charakteristisch für diese Spracherwerbprozesse ist somit auch das Phänomen der Fossilisierung, d. h. der Aufrechterhaltung von „Fehlern", die Ler-

Fossilisierung

nende während ihres Sprachenlernens trotz besseren Wissens und zahlreicher Erklärungen immer wieder machen. Larry Selinker (1972) deutet dies mit der *Interlanguage*-Hypothese, die in der psycholinguistisch ausgerichteten Zweitspracherwerbsforschung eine zentrale Rolle spielt:

Definition

> *Interlanguage* bezeichnet eine Zwischensprache bzw. Lernersprache, d. h. ein individuelles Sprachsystem mit Elementen, die der eigenen Erstsprache sowie der zu erlernenden Zielsprache entstammen sowie mit Elementen, die mit den beiden Sprachen nicht übereinstimmen.

Im Zuge des Sprachenlernens entwickele sich die *Interlanguage* flexibel und dynamisch. Das Lernen einer zweiten Sprache wird dabei als Prozess gesehen, in dem es um das Entwickeln und Testen von Hypothesen über die Zielsprache geht und die eigene Lernersprache der Zielsprache sukzessive angepasst wird. Wenn der Erwerb der Zielsprache scheitert, äußert sich dies in Fossilisierungen, d. h. in einer Stagnation des Spracherwerbs.

Aufgabe 6.2

? Vergleichen Sie Immersion und Submersion. Tun Sie dies am Beispiel möglicher Lernerfahrungen eines Quechua sprechenden Kindes, das mit seinen Eltern in Peru lebt, im Vergleich mit Lernerfahrungen eines kanadischen Kindes in Québec mit Englisch als Erstsprache. Berücksichtigen Sie bei diesem Vergleich das Sprachenprestige, den Stellenwert der jeweiligen Kulturen, die Kompetenzen der Lernenden wie der Lehrenden in den jeweiligen Sprachen, die Vertrautheit mit der jeweiligen Kultur sowie die Förderung der jeweiligen Sprachen im Unterricht.

Erklären Sie mit Hilfe der Interdependenz- bzw. Schwellenniveauhypothese die Ergebnisse und den voraussichtlichen Lernerfolg der beiden Schüler. Nutzen Sie dabei unter Umständen die umfangreiche Darstellung von Wilhelm Grießhaber zu Zweitspracherwerbstheorien im Internet: http://spzwww.uni-muenster.de/~griesha/sla/index.html.

6.3 | Bilingualer Sachfachunterricht in Deutschland

Bilingualismus in Deutschland

In Deutschland gibt es keine vergleichbare, geografisch gebundene sprachliche Minderheit wie in Spanien oder Peru. Sprachen autochthoner Minderheiten wie Dänisch in Schleswig-Holstein oder Sorbisch in Sachsen sind von nur regionaler Bedeutung. Die schulische Förderung von Zweisprachigkeit in Deutschland zielt somit nicht auf die Stützung zweier Staatssprachen, sondern dient vor allem dem Ziel der Verbesserung der (Fremd-)Sprachenkenntnisse insgesamt. Dies wird in bilingualen Zweigen vor allem der Gymnasien oder auch in bilingualen Schulen wie der Staatlichen Europa-Schule Berlin angestrebt.

bilingualer Sachfachunterricht

Bilinguales Lernen wird somit vorwiegend im bilingualen Sachfachunterricht umgesetzt. Dieser Begriff bezieht sich auf den Unterricht eines

Sachfachs, z. B. Erdkunde oder Geschichte, in einer Fremdsprache, d. h. meist Englisch oder Französisch und vereinzelt auch in Spanisch (Rössler 2002). Die Ursprünge dieser Form des bilingualen Unterrichts liegen in der nach dem Zweiten Weltkrieg von Charles de Gaulle und Konrad Adenauer forcierten deutsch-französischen Freundschaft. In der Folge des deutsch-französischen Freundschaftsvertrags 1963 haben sich bilinguale Bildungsgänge und bilinguale Schulen etabliert, die über eine verstärkte Förderung der beiden Sprachen und Kulturen die politischen Versöhnungsbestrebungen umsetzen.

Dabei werden inzwischen an einigen Schulen in Deutschland bilinguale Zweige angeboten, in denen ein Sachfach in der Arbeitssprache Spanisch unterrichtet wird. Es handelt sich in der überwiegenden Mehrheit um die Fächer Geschichte und Geografie sowie etwas seltener um Gemeinschaftskunde, Sozialkunde und Politik. In vereinzelten Fällen werden Kunst, Sport, Physik und Mathematik in einer Fremdsprache unterrichtet.   *bilingualer Zweig*

Die ersten bilingualen Klassen wurden vor allem in Nordrhein-Westfalen Anfang der 1970er Jahre eingerichtet. Etwa 15 Jahre später kam eine zweite Welle der Einrichtung des bilingualen Sachfachunterrichts auf, die sich vor allem auf die Zeit zwischen 1988 und 1999 konzentrierte. Obwohl die Idee des bilingualen Sachfachunterrichts ursprünglich auf Französisch bezogen war, dominieren seit den 1990er Jahren englischsprachige bilinguale Züge (Mentz 2004).

Charakteristisch für den bilingualen Sachfachunterricht ist die Orientierung an den Inhalten, die Gegenstand des jeweiligen Sachfachs sind. Prinzipiell wird das Sachfach in der Fremdsprache unterrichtet. Dies bedeutet, dass die Fremdsprache nicht Gegenstand, sondern Medium des bilingualen Unterrichts ist. Dementsprechend müssten die theoretische Herleitung und die didaktische Diskussion über Charakteristika, Begründungen und Zielsetzungen vor allem in den Sachfachdidaktiken verortet sein. Faktisch allerdings wird der bilinguale Sachfachunterricht vorwiegend in den Fremdsprachendidaktiken diskutiert. Hierin spiegelt sich die in Deutschland dominierende Vorstellung, dass bilingualer Sachfachunterricht vor allem zu einer vertieften fremdsprachlichen Kompetenz führe. Überlegungen beispielsweise aus der Geschichtsdidaktik oder der Geografiedidaktik zu vertieften Zugängen oder einem differenzierteren Verständnis des jeweiligen Fachs durch das Medium einer anderen Sprache werden weit seltener formuliert. Eine eigenständige Didaktik des bilingualen Unterrichts an sich steht ebenfalls noch aus (Breidbach 2005).   *Didaktik des Sachfachunterrichts*

Argumentationen von Seiten der Fremdsprachendidaktiken zielen darauf ab, dass die integrale Verquickung von Sprache und Inhalt in einem themenbezogenen bilingualen Unterricht zu vertieften Fremdsprachenkenntnissen führe. Der Bezug auf ein Sachfach fördere authentische Gespräche über Inhalte und Themen und gehe damit über einen Spanischunterricht hinaus, in dem grammatische Schwerpunkte, Wortschatzarbeit und andere metasprachliche   *Verquickung von Sprache und Inhalt*

Zugriffe eine weniger an Inhalten ausgerichtete und weniger intensive Auseinandersetzung in der Fremdsprache ermöglichen. Die enge Verquickung von Sprache und Inhalt findet Parallelen in englischsprachigen Diskursen zu dieser Form bilingualen Lernens, in denen sich die Bezeichnung *Content and Language integrated Learning* (CLIL) durchgesetzt hat.

CLIL
interkulturelles
Lernen im bilingualen
Sachfachunterricht

Weitere Argumente für den bilingualen Sachfachunterricht zielen auf veränderte Perspektiven zu bestimmten Themenfeldern sowie auf interkulturelles Lernen (Rössler 2002). Neben grundsätzlichen Argumentationen zu Möglichkeiten und Rahmenbedingungen werden immer wieder konkrete Vorschläge zu bestimmten Inhalten gemacht, die sich gerade für interkulturelles Lernen im bilingualen Sachfachunterricht eigneten. Hierzu gehören beispielsweise im bilingualen Geschichtsunterricht Auseinandersetzungen mit dem Faschismus aus spanischer und deutscher Perspektive, Sichtweisen auf zentrale Ereignisse in den 1930er und 1940er Jahren oder Einschätzungen zu bestimmten Sachverhalten aus spanischer oder deutscher Sicht. So bietet es sich an, in einer Unterrichtseinheit zur Bombardierung der Stadt Guernica während des Spanischen Bürgerkriegs 1937 originale Quellen der Zeit zu bearbeiten und Gemeinsamkeiten oder Unterschiede in der Einschätzung der Ereignisse zu analysieren.

methodische
Umsetzung

Dieses Beispiel führt direkt zu einer grundsätzlichen Frage der methodischen Umsetzung, nämlich welche Sprache(n) in welcher Form und mit welchem Stellenwert in diesem Unterricht Raum haben sollten. Wird bilingualer Sachfachunterricht ausschließlich auf Spanisch erteilt? Kann auch auf Deutsch zurückgegriffen werden und wenn ja, in welcher Intensität? Diese Fragen finden unterschiedliche Antworten in einzelnen Bundesländern: So schreiben Curricula in Niedersachsen einen Sachfachunterricht vor, der in der Fremdsprache erteilt werden soll, Bayern hingegen favorisiert eine sinnvolle Ergänzung beider Sprachen in einzelnen Unterrichtseinheiten und Rheinland-Pfalz schreibt zwei Stunden in der Fremdsprache sowie eine Stunde in der Muttersprache vor (Otten/Wildhage 2003: 15).

Fremdsprache als
Arbeitssprache

Ein Unterricht, in dem die Fremdsprache als Arbeitssprache, d.h. als Medium fungiert und nicht als Unterrichtsgegenstand, führt spezifische sprachliche und inhaltliche Zielsetzungen mit sich. Wenn beispielsweise das Fach Geschichte auf Spanisch erteilt wird, stehen nicht klassische Themen des Fremdsprachenunterrichts im Mittelpunkt, sondern die Schwerpunkte liegen eher auf fachsprachlichen Aspekten, auf der Förderung rezeptiver Lesekompetenzen oder produktiver sprachlicher Kompetenzen in funktionalen Verwendungssituationen. Dies bedeutet auch, dass Fehler in der Fremdsprache anders behandelt und bewertet werden als im herkömmlichen Spanischunterricht.

Leistungsbewertung

Die Leistungsbewertung bildet somit einen umstrittenen Gegenstand von Diskussionen. So muss die Notengebung im bilingualen Geschichtsunterricht mit der des herkömmlichen Geschichtsunterrichts vergleichbar sein. Dies bedeutet, dass die Inhalte im Vordergrund stehen und nicht die fremdsprachlichen Kompetenzen. Fehler in der Fremdsprache sollten somit nicht den gleichen Stellenwert erhalten wie im Spanischunterricht und nicht zu einer Verschlechterung der Note führen. Gleichzeitig können die sprachlichen Kompetenzen nicht völlig unabhängig von den Inhalten betrachtet werden, so dass hier konstruktive Verfahrensweisen im Vordergrund stehen sollten, die nicht zu einer Verdoppelung von Fehlerdimensionen – fremdsprachliche einerseits und sachfachliche andererseits – führen sollten.

Inhaltlich ist der bilinguale Sachfachunterricht zunächst Fachunterricht, dessen Inhalte, Zielsetzungen und methodische Umsetzungen an curricularen Vorgaben des Sachfachs ausgerichtet sind. Die Inhalte des auf Spanisch erteilten Geschichtsunterrichts unterscheiden sich somit nicht wesentlich von den Inhalten des auf Deutsch erteilten Geschichtsunterrichts. Darüber hinaus bietet es sich jedoch auch an, spezifische Bezüge zum Partnerland Spanien, zu seiner Geschichte und Kultur gesondert herauszuarbeiten.

Orientierung am Sachfach

Da bilingualer Sachfachunterricht auf Spanisch relativ selten erteilt wird, gibt es von Seiten der Schulbuchverlage kaum Unterrichtsmaterialien, die genau dafür konzipiert sind. Somit müssen Lehrerinnen und Lehrer häufig selbst geeignete Materialien und Texte finden, die den Anforderungen des Sachfachs in der Fremdsprache gerecht werden. Verwendete Unterrichtsmaterialien rekrutieren sich aus Publikationen, die für das Sachfach in Spanien verwendet werden, d.h. also spanische Lehrmaterialien für den Geschichtsunterricht, eigens zusammengestellte authentische Texte oder auch adaptierte Texte, die dem sprachlichen Niveau der Lerngruppe entgegenkommen.

Unterrichtsmaterialien

Dieser Unterricht stellt insgesamt hohe Anforderungen an die Lehrkräfte, die in der Regel über eine Lehrberechtigung in der Fremdsprache und im Sachfach verfügen sollten. Gesonderte Zusatzausbildungen wären wünschenswert, sind jedoch nicht flächendeckend in allen Bundesländern vorhanden. Für das Fach Spanisch wird an der Universität Bochum ein Zusatzstudiengang „Bilinguales Lehren und Lernen" angeboten, und an der Universität Bremen besteht die Möglichkeit, ein zusätzliches Zertifikatsstudium „Bilingualer Sachfachunterricht" zu absolvieren.

Lehrer/innen

Diese hohen Anforderungen des bilingualen Sachfachunterrichts gelten nicht nur für die Lehrenden, sondern auch für die Lernenden. Die (fremd-) sprachlichen Kompetenzen der Schülerinnen und Schüler müssen auf einem Niveau sein, das eine inhaltliche Auseinandersetzung mit den jeweiligen Themen ermöglicht und die Spracharbeit nur nachrangig notwendig macht. Daher gehen dem bilingualen Unterricht häufig verstärkte Unterrichtsstunden in der Fremdsprache voraus und das Fach selbst wird ebenfalls oft mit einer zusätzlichen Stunde pro Woche unterrichtet.

Schüler/innen

? Vergleichen Sie den bilingualen Sachfachunterricht in der Arbeitssprache Spanisch mit herkömmlichem Spanischunterricht. Welche Gemeinsamkeiten und Unterschiede stellen Sie im Hinblick auf Begründungen, Zielsetzungen sowie methodisch-didaktische Umsetzungen fest?

Aufgabe 6.3

6.4 | Die Staatliche Europa-Schule Berlin (SESB)

zweisprachiges
Konzept an der SESB

In Berlin besteht seit Anfang der 1990er Jahre eine Schule mit einem besonderen Konzept. Die Staatliche Europa-Schule Berlin (SESB) versteht sich als kulturübergreifende und sprachintensive Begegnungsschule, in der ab Jahrgangsstufe 1 ein konsequent zweisprachiger Unterricht durchgeführt wird, der zu bilingualen Abschlüssen nach der 10. oder der 12./13. Jahrgangsstufe führt.

Partnersprache

Die Besonderheit dieser Schule (vgl. Göhlich 1998) besteht darin, dass der Unterricht jeweils zur Hälfte in Deutsch und in der jeweiligen Partnersprache – Englisch, Französisch, (Neu-)Griechisch, Italienisch, Polnisch, Portugiesisch, Russisch, Spanisch und Türkisch – erfolgt. Dieser Unterricht wird grundsätzlich von Muttersprachlern durchgeführt, so dass jede Klasse von zwei Lehrern unterrichtet wird. Die Lehrkräfte sollten jedoch nicht allein ihre Erstsprache beherrschen, d. h. Deutsch oder die jeweilige Partnersprache einer Schule, sondern im Idealfall zweisprachig sein.

zweisprachige
Erziehung im Alltag

Dieses Prinzip einer jeweils hälftigen Aufteilung gilt nicht nur für die Lehrkräfte, sondern auch für die Lerngruppen, die zur Hälfte aus deutsch- und partnersprachigen Schülerinnen und Schülern bestehen. Durch diese Zusammensetzung der Lerngruppen wird zweisprachige Erziehung als Charakteristikum des Alltags gelebt. Insgesamt soll die Präsenz der beiden Partnersprachen konsequent umgesetzt werden, wobei Deutsch als Umgebungssprache häufig dominiert und auch der Status der nicht deutschen Partnersprache von Bedeutung ist.

Säulen der SESB

Wesentliche Säulen der SESB bestehen in Binnendifferenzierung im Muttersprachen- und im Partnersprachenunterricht, in der Mitarbeit von Eltern und Elternberatung, im Kontakt und in der Begegnung mit Sprechern der Partnersprache und in der Synthese von Sach- und Sprachlernen (Immersion). Sie sollen zu weitgehenden bilingualen und interkulturellen Kompetenzen bei den Kindern führen (vgl. Zydatiß 2000: 16).

Dabei bestehen deutliche Unterschiede zwischen natürlichem Spracherwerb und dem Spracherwerbskonzept der SESB. Man vertritt einen „primarstufengerechten Zweitspracherwerb unter institutionellen Lernbedingungen" (Zydatiß 2000: 38), wobei in dem themen- und inhaltsbezogenen Sachunterricht gerade die besondere Situation der SESB berücksichtigt werden muss.

Immersion in der
SESB

Zentrale Aspekte von Immersion bestehen hier in der Verwendung einer Zweit- und Fremdsprache als Unterrichtssprache, in gezielter Unterstützung der Mutter- oder Erstsprache der Lernenden, in der Ausrichtung des Schulprogramms auf „additive Zweisprachigkeit", in der Begrenzung der Begegnung mit der Zweitsprache auf das Klassenzimmer, in der Aufnahme von Lernenden mit einem begrenzten Sprachfähigkeitsniveau in der L2, in der Zweisprachigkeit der Lehrkräfte sowie in der soziokulturellen Prägung durch die Umgebungssprache (vgl. Zydatiß 2000: 28).

Eine unbestrittene Voraussetzung für eine erfolgreiche zweisprachige Erziehung ist das Prinzip der funktionalen Sprachtrennung (vgl. Kielhöfer/ Jonekeit 1983: 20 f.). *One person – one language* wird als zentrale Grundlage erachtet, um Kinder auf dem Weg in die Zweisprachigkeit (ohne Sprachmischung oder Konfliktzweisprachigkeit) zu begleiten. Zweisprachigkeit wird dabei als unabgeschlossener Prozess gesehen, der nicht nach ein paar Grundschuljahren vollendet ist (vgl. Kielhöfer/Jonekeit 1983: 93).

Prinzip der funktionalen Sprachtrennung

Diese Überlegungen werden in der Staatlichen Europa-Schule Berlin konsequent umgesetzt, indem die Klassen jeweils eine Lehrkraft haben, die mit den Kindern ausschließlich Deutsch spricht und den deutschsprachigen Unterricht (Deutsch als Muttersprache, Deutsch als Partnersprache, Mathematik) erteilt, und eine weitere Lehrkraft, die die jeweils andere Sprache repräsentiert und z. B. Spanisch als Muttersprache, Spanisch als Partnersprache sowie den auf Spanisch abgehaltenen Fachunterricht (Sachkunde, Musik, Kunst) erteilt. Damit werden bestimmte Personen und Fächer mit einer der beiden Partnersprachen assoziiert und eine funktionale Sprachtrennung umgesetzt. Diese beiden Lehrkräfte arbeiten immer zusammen und sollen ihren Unterricht gezielt aufeinander abstimmen.

zwei Lehrkräfte pro Klasse

Der bilinguale Unterricht an der SESB führt in der Regel dazu, dass die Kinder auch in ihrer Partnersprache Kompetenzen erwerben, die nicht mit fremdsprachlichen Kompetenzen Jugendlicher im herkömmlichen Fremdsprachenunterricht vergleichbar sind. Die Äußerungen der Kinder in ihrer Partnersprache ähneln weit mehr den muttersprachlichen Kompetenzen Spanisch sprechender Kinder gleichen Alters. Somit nimmt die Partnersprache den Stellenwert einer Zweitsprache bzw. Unterrichtssprache und nicht den einer Fremdsprache ein. Vor diesem Hintergrund formuliert die deutsch-spanische Hausburgschule Berlin in ihrem Schulprogramm folgenden Anspruch:

Zielsetzungen des bilingualen Spracherwerbs

> Am Ende ihrer Grundschulzeit können sich die Schülerinnen und Schüler auf Spanisch verständlich und zusammenhängend mündlich und schriftlich äußern.
>
> Sie schreiben eigene spanische Texte, präsentieren sie und nutzen dabei vielfältige Textformen.
>
> Sie kennen und beachten Sprach- und Rechtschreibregeln und haben Kenntnisse über Aufbau und Struktur der spanischen Sprache.
>
> Die Partnerkinder werden die spanische Sprache akzentfrei sprechen.
>
> (Hausburgschule. Staatliche Europa-Schule Berlin 2009: 14)

| Text 6.2

Insgesamt bestehen die Charakteristika des Unterrichts mit Spanisch als Partnersprache an der Staatlichen Europa-Schule Berlin in Folgendem: verstärkte Schwerpunktlegung auf inhaltliche Zusammenhänge bei gleichzeitiger und bewusster Nichtbewertung schriftlicher und mündlicher Fehler sowie gezielte Wortschatzarbeit und Ausspracheschulung im Zusammenhang mit dem bearbeiteten Inhalt (Fäcke 2007). Damit erscheint das bilinguale Partnersprachenkonzept dieser Schule trotz einiger Schwächen überzeugend, insofern als

Charakteristika des bilingualen Unterrichts

sowohl die bilingualen Kompetenzen der Kinder als auch ihre Einstellung und Motivation gegenüber dem Erwerb zweier Sprachen sehr positiv sind.

Zusammenfassung

In dieser Einheit haben Sie zunächst Definitionen von individuellem und gesellschaftlichem, von additivem und subtraktivem Bilingualismus sowie von Immersion und Submersion kennengelernt. Gesellschaftliche Zweisprachigkeit hat in einigen hispanoamerikanischen Ländern zur Implementierung bilingualen Unterrichts (EIB) auf der Basis verschiedener Modelle der Immersion geführt.

In Deutschland gibt es Ansätze bilingualen Sachfachunterrichts, die weit stärker an schulischen Fremdsprachenunterricht anknüpfen und sprachliches mit inhaltlichem Lernen sowie ein Sprachfach (z. B. Spanisch) mit einem Sachfach (z. B. Geschichte) verbinden. Darüber hinaus wurde die Staatliche Europa-Schule Berlin als ein besonderes Beispiel vorgestellt, in dem das gesamte schulische Konzept von der ersten Klasse der Primarstufe bis zur letzten Klasse der Sekundarstufe auf einem bilingualen Ansatz aufgebaut ist.

Aufgabe 6.4

? Die Gesamtkonferenz eines Gymnasiums diskutiert die Einführung bilingualen Geschichtsunterrichts in der Arbeitssprache Spanisch. Bitte listen Sie mögliche Argumente von Lehrerinnen und Lehrern auf, die jeweils aus der Perspektive der Fächer Geschichte und Spanisch diese Einführung befürworten oder verhindern wollen. Nehmen Sie anschließend Stellung und geben Sie ein eigenes Votum zu dieser Entscheidung ab.

Literatur

Breidbach, Stephan (2005): Bilinguale Didaktik – noch immer zwischen allen Stühlen? Zum Verhältnis von Fremdsprachendidaktik und Sachfachdidaktiken. In: Bach, Gerhard/Niemeier, Susanne (Hg.): Bilingualer Unterricht. Grundlagen, Methoden, Praxis, Perspektiven. 3., überarbeitete und erweiterte Auflage. Frankfurt am Main u. a.: Lang, 165–176. (Kolloquium Fremdsprachenunterricht, Bd. 5).

Cummins, James (1982): Die Schwellenniveau- und die Interdependenzhypothese: Erklärungen zum Erfolg zweisprachiger Erziehung. In: Swift, James (Hg.): Bilinguale und multikulturelle Erziehung. Würzburg: Königshausen + Neumann, 34–43.

Fäcke, Christiane (2007): Sprachliche Bildung und zweisprachige Erziehung. Beobachtungen zum Partnersprachenmodell der Staatlichen Europa-Schule Berlin (SESB). In: Elsner, Daniela/Küster, Lutz/Viebrock, Britta (Hg.): Fremdsprachenkompetenzen für ein wachsendes Europa. Das Leitziel „Multiliteralität". Frankfurt am Main u. a.: Lang, 241–256. (Kolloquium Fremdsprachenunterricht, Bd. 31).

Von Gleich, Utta (2008): Conflictos de ideologías lingüísticas en sistemas educativos: tres décadas (1975–2005) de observación y análisis en los países andinos Bolivia, Ecuador y Perú. In: Süselbeck, Kirsten/Mühlschlegel, Ulrike/Masson, Peter (Hg.): Lengua, Nación e Identidad. La regulación del plurilingüismo en España y América Latina, 431–366.

Göhlich, Michael (Hg.) (1998): Europa-Schule – Das Berliner Modell. Beiträge zu zweisprachigem Unterricht, Europäischer Dimension, Interkultureller Pädagogik und Schulentwicklung. Neuwied, Kriftel: Luchterhand.

Kielhöfer, Bernd/Jonekeit, Sylvie (1983): Zweisprachige Kindererziehung. Tübingen: Stauffenburg.

Krashen, Steven (1981): Second language acquisition and second language learning. Oxford u. a.: Pergamon Press.

Mentz, Olivier (2004): Bilingualer Unterricht mit der Zielsprache Französisch. Eine Untersuchung über die aktuelle Situation in Deutschland – Ein erster Zwischenbericht. In: französisch heute 35/2: 122–133.

Otten, Edgar/Wildhage, Manfred (2003): Content and Language Integrated Learning. Eckpunkte einer „kleinen" Didaktik des bilingualen Sachfachunterrichts. In: Wildhage, Manfred/Otten, Edgar (Hg.): Praxis des bilingualen Unterrichts. Berlin: Cornelsen Scriptor, 12–45.

Rössler, Andrea (2002): Mehr Fremdverstehen? Chancen interkulturellen Lehrens und Lernens im biligualen Geschichtsunterricht Spanisch. In: Breidbach, Stephan/Bach, Gerhard/Wolff, Dieter (Hg.): Bilingualer Sachfachunterricht. Didaktik, Lehrer-/Lernerforschung und Bildungspolitik zwischen Theorie und Empirie. Frankfurt: Lang, 85–100.

Selinker, Larry (1972): Interlanguage. In: International Review of Applied Linguistics in Language Teaching 10/1: 209–231.

Wode, Henning (1995): Lernen in der Fremdsprache. Grundzüge von Immersion und bilingualem Unterricht. Ismaning: Hueber.

Zydatiß, Wolfgang (2000): Bilingualer Unterricht in der Grundschule. Entwurf eines Spracherwerbskonzepts für zweisprachige Immersionsprogramme. Ismaning: Hueber.

Internet

Cummins, James (1998): Immersion education for the millennium: What we have learned from 30 years of research on second language immersion. http://www.iteachilearn.com/cummins/immersion2000.html.

Hausburgschule. Staatliche Europa-Schule Berlin (2009): Schulprogramm der Hausburgschule. November 2009. http://www.hausburgschule.cidsnet.de/Schule/PDF/Schulprogramm_2009.pdf.

López, Luis Enrique/Küper, Wolfgang (1999): La educación intercultural bilingüe en América Latina: balance y perspectivas. In: Revista Iberoamericana de Educación 20. http://www.rieoei.org/rie20a02.htm.

Mayer, Ana (2002): El mundo de Santiago. Lima: Centro de Documentación e Información de Literatura Infantil. http://www.librosperuanos.com/biblioteca/infantil.html.

Sprachenlernen als Kind, Jugendliche/r und Erwachsene/r

In dieser Einheit geht es zunächst um die Frage, inwieweit das Alter der Lernenden einen das Fremdsprachenlernen beeinflussenden Faktor bildet und welches Alter eventuell förderlich für das Lernen von Fremdsprachen sein könnte. Ausgehend von diesen Überlegungen werden sprachenpolitische Umsetzungen in der Schule vorgestellt: Seit einigen Jahren wird vor allem Englischunterricht und vereinzelt auch Französischunterricht als Fach in der Grundschule angeboten, wobei verschiedene Konzepte und besondere Aspekte des Fremdsprachenfrühbeginns zum Tragen kommen. Spanischunterricht hingegen erfolgt vor allem mit älteren Lernenden, d.h. als dritte und spät beginnende Fremdsprache oder außerhalb der Schule.

Überblick

7.1 | Der Altersfaktor beim Fremdsprachenlernen

Zusammenhang zwischen Alter und Fremdsprachenlernen

In Anlehnung an Erfahrungen mit dem Erstspracherwerb von Kleinkindern werden häufig Vorstellungen zur Bedeutung des Alters für das (Fremd-)Sprachenlernen formuliert, die mehrheitlich davon ausgehen, dass Sprachenlernen mit zunehmendem Alter schwieriger und weniger effizient werde. Je jünger die Lernenden, desto besser und erfolgreicher seien die Lernprozesse. Kindern wird unterstellt, eine Sprache perfekt lernen zu können, Erwachsene hingegen seien nicht mehr dazu fähig.

Frage des optimalen Alters

Psycholinguistische Forschungen zu dieser Fragestellung, die sich vor allem auf den Zweitspracherwerb und nicht auf gesteuerten schulischen Fremdsprachenunterricht beziehen, haben bislang noch nicht zu eindeutigen Ergebnissen geführt. Ein optimales Alter zum Spracherwerb konnte bislang nicht nachgewiesen werden. Darüber hinaus sind Kinder Erwachsenen nicht grundsätzlich überlegen, lediglich im Bereich der Aussprache können Vorteile nachgewiesen werden. In anderen Bereichen sind Erwachsene Kindern überlegen. Dies bezieht sich in der Regel auf kognitive Kompetenzen, d.h. auf das Erfassen kausaler Zusammenhänge, auf logisches Denken oder auf bewusste, strategische Zugänge zur Fremdsprache. Hierzu gehört auch die Möglichkeit, auf Erfahrungen zurückgreifen zu können, die zuvor bereits beim Lernen anderer Fremdsprachen gemacht wurden (Roche 2008: 36 ff.).

Aussprache

In Bezug auf die Aussprache werden jedoch Vorteile für jüngere Lernende gegenüber Erwachsenen festgestellt. In einigen empirischen Untersuchungen konnte belegt werden, dass Kinder weit eher und besser als Erwachsene eine akzentfreie Aussprache in der Fremdsprache erlernen (Wode 1988: 304 ff.). Die Minimierung von Akzenten hänge stärker vom Anfangsalter ab, in dem eine Sprache gelernt wird, als von der Dauer des Lernprozesses. Diese Unterschiede werden mit dem Konzept einer sensiblen Phase begründet, die für jüngere Lernende hohe Fähigkeiten in der Unterscheidung von Lauten annimmt. Zusammenfassend ergeben sich folgende Tendenzen:

> Die Lerngeschwindigkeit hängt vom Alter und den sprachlichen Strukturbereichen ab. Am günstigsten für die Phonologie ist die Altersspanne von 6;0–10;0. Längerfristig haben präpubertäre Lerner die günstigsten Aussichten auf einen guten Lernerfolg für Flexionen und Syntax. Sprachenlernen unter Zuhilfenahme von erklärenden Regeln gelingt erst nach dem Erreichen des Stadiums der formalen Operationen, also ab etwa 11;0. Jüngere Erwachsene können kurzfristig schneller und erfolgreicher vorankommen als andere Altersgruppen, werden aber meistens längerfristig von Lernern, die als Kinder oder Jugendliche Kontakt zur L2 erhalten, überholt. Die entwicklungsspezifische linguistische Ausprägung von Lerneräußerungen und Entwicklungssequenzen ändert sich für bestimmte Strukturbereiche altersabhängig. Längerfristig führt das intuitive Lernen zu größerem Erfolg, namentlich in der Entwicklung jener Fähigkeiten, die die spontane Verwendung einer Sprache erfordert. (Wode 1988: 306)

Auch David Singleton weist auf etliche empirische Untersuchungen zur *Critical Period Hypothesis* hin, die unterschiedliche Ergebnisse eröffnen. Ein eindeutiger Vorteil für einen vorgezogenen Fremdspracherwerb kann auch hier nicht belegt werden, doch Singleton unterstreicht den Vorteil eines längeren Lehrgangs sowie auf Dauer bessere kommunikative Leistungen und betont darüber hinaus, dass sich keine negativen Nebenwirkungen für die Gesamtentwicklung von Kindern durch den Frühbeginn ergeben (Singleton 1995).

Critical Period Hypothesis

Insgesamt werden verschiedene Erklärungsmodelle für die genannten Ergebnisse herangezogen. Hierzu gehören biologische, intellektuell-kognitive oder auch affektive Erklärungen (Wode 1988: 306 ff.).

Forschungen aus den 1960er und 1970er Jahren zufolge wird der Spracherwerb in Zusammenhang mit der Lateralisierung des Gehirns gedeutet (z. B. Lenneberg 1967, Krashen 1973). Die Lateralisierung des Gehirns und der Zugriff auf die linke und rechte Hirnseite wurden als Vorteil für den Spracherwerb gesehen. Mit dem Abschluss der Lateralisierung, die nach Lenneberg in der Pubertät und nach Krashen im Alter von fünf Jahren erfolge, seien die unterschiedlichen Sprachlernerfolge von Kindern und älteren Lernenden zu erklären. Diese neuropsychologischen Hypothesen zur *Critical Period* sind jedoch heute aufgrund weiterer Forschungsergebnisse nicht mehr aufrechtzuerhalten. Die Vermutungen zur Entwicklung des Gehirns und der Fähigkeit, Sprachen (perfekt) zu lernen, können nicht in genauen Zusammenhang mit Lerntempo, Lernniveau oder Lernerfolg gebracht werden. Auch ältere Lernende weisen fremdsprachliche Kompetenzen auf dem Niveau von Sprechern der Zielsprache auf. Darüber hinaus werden vor allem die ersten Lebensmonate als entscheidende Prägephase erachtet (Roche 2008: 38).

Lateralisierung des Gehirns

Die kognitive und intellektuelle Entwicklung von Kindern bildet einen weiteren Faktor für das Sprachenlernen. Für die Semantik könne die intellektuelle Entwicklung als Voraussetzung erachtet werden, jedoch nicht für die Phonologie und für formale Aspekte der Syntax. Der Erstspracherwerb stehe in direktem Zusammenhang mit der kognitiven Entwicklung eines Kleinkinds, der Zweitspracherwerb hingegen hänge ab von der kognitiven Entwicklung der Lernenden zum Zeitpunkt des Spracherwerbs. Während Kleinkinder in der Regel nur Wörter verwenden, deren Konzept sie kennen und verstehen, gelte dieser direkte Zusammenhang für ältere Lernende nicht mehr (Wode 1988: 309).

kognitive Entwicklung

Auch affektive Faktoren werden mit dem Alter der Lernenden in Zusammenhang gebracht. Der zunehmende Grad der Verfestigung der Identität und Sozialisation sowie daraus folgende Fähigkeiten, sich anderen Wertesystemen gegenüber zu öffnen, spielen für den Sprachlernprozess eine Rolle. Während ältere Lernende bzw. Erwachsene Integrationszwänge gegenüber anderen sozialen Wertesystemen erleben, sind derartige Überlegungen für Kinder noch nicht relevant. Erwachsene verfügen bereits über ausgeprägte Einstellungen gegenüber bestimmten Kulturen, Nationen und deren Sprache, die bei

affektive Faktoren

positiver Prägung den fremdsprachlichen Lernprozess fördern, bei negativer Prägung jedoch auch behindern können. Die Offenheit bzw. Verschlossenheit gegenüber der Zielsprachenkultur und damit gegenüber der zu erlernenden Sprache wirkt sich somit auch auf Sprachlernerfolge aus, so dass affektive Faktoren als Lernmotivation bzw. als Lernbarriere fungieren können.

> Insgesamt zeigt sich, dass der Faktor Lebensalter eine sehr wichtige und komplexe Rolle beim Spracherwerb spielt. Als biologische Eigenschaft ist das Lebensalter nicht direkt relevant für den Spracherwerb, sondern nur indirekt über reifungs- und sozialisationsbedingte Entwicklungen des Gedächtnisses sowie des intellektuellen, sozialen und affektiven Bereiches. (Wode 1988: 318)

Die eingangs genannten verbreiteten Vermutungen dazu, dass jüngere Lernende Fremdsprachen besser und leichter als ältere Lernende erfassen, müssen nach derzeitigem Stand der Forschung revidiert werden. Jedes Lebensalter bietet bestimmte Vor- und Nachteile, die sich auf den Erfolg des Fremdsprachenlernens auswirken.

Dennoch haben die genannten Überlegungen einen grundlegenden Beitrag zu einer schulsprachenpolitischen Entwicklung in Deutschland geleistet, nämlich zur sukzessiven Vorverlegung des Fremdsprachenunterrichts von den Sekundarstufen in die Primarstufe und darüber hinaus auch in den vorschulischen Bereich.

Aufgabe 7.1 | **?** In welchem Zusammenhang stehen Alter und Fremdsprachenlernen? Fassen Sie die wesentlichen Forschungsergebnisse zusammen und formulieren Sie in Stichworten einen Kommentar.

7.2 | Fremdsprachen lernen in der Grundschule

Die Praxis des Fremdsprachenunterrichts an verschiedenen Schultypen ist durch grundlegende Vorstellungen geprägt, die eine lange historische Tradition haben. So erklärt sich die Erteilung von Fremdsprachenunterricht an weiterführenden Schulen und (zumindest bis vor kurzem) die Ausgrenzung aus Primarschulen mit Vorstellungen aus dem 19. Jahrhundert, wie das folgende Beispiel verdeutlicht:

Adolf Diesterweg
Der Pädagoge Adolf Diesterweg (1790–1866) vertritt gängige Positionen seiner Zeit zum schulischen Fremdsprachenunterricht: Erst nach der bewussten Ausbildung von Wesen und Formen der Muttersprache könnten im Schulunterricht auch fremde Sprachen gelehrt werden. Um Unklarheit und Verwirrung zu vermeiden und den Geist der Lernenden nicht zu schädigen, dürfe mit dem Fremdsprachenunterricht erst nach dem Ende des Elementarunterrichts begonnen werden (Diesterweg 1890: 160 ff.).

Daraus folgt, daß die Muttersprache, ihr Wesen und ihre Formen überhaupt, ihm [dem Kinde] zum klaren Bewusstsein gebracht sein müssen, bevor es nach den Grundsätzen einer natur- und sachgemäßen Methode zur Erlernung einer fremden Sprache durch den Schulunterricht geführt werden kann und soll.

Wenn nun zufolge des früheren der Elementarunterricht der Muttersprache auf der unteren Stufe des Schulunterrichts die Aufgabe hat, die dem Schüler geläufigen Formen derselben zum Bewußtsein zu bringen, und dafür im allgemeinen bis zur Vollendung ein Alter von mindestens zwölf Jahren angenommen werden muss: so ergiebt sich daraus weiter, dass vor diesem Alter der Unterricht in einer fremden Sprache nicht wohl gedeihen kann.

(Diesterweg 1890: 160 f.).

Sprachenlernen im 19. Jahrhundert

Aus dieser Position heraus erklärt sich, warum Fremdsprachenunterricht in Deutschland über Jahrzehnte aus dem Bereich der Primarstufe ausgeschlossen blieb und erst in den Sekundarstufen erteilt wurde. Nachdem Lernende in der Regel erstmals im Alter von 10–11 Jahren Fremdsprachenunterricht erhielten, weicht dieser Einschnitt jedoch zunehmend auf und heute wird die erste Fremdsprache in allen Bundesländern ab Klasse 3 bzw. Klasse 1 erteilt.

Die Anfänge des Frühbeginns, d.h. des Fremdsprachenunterrichts an der Grundschule, liegen in den 1960er Jahren. Ausgelöst durch die oben dargestellten Fragen zum optimalen Alter für das Erlernen einer Fremdsprache und durch Versuche in anderen Ländern, schulischen Fremdsprachenunterricht auszubauen (z. B. Immersionskonzepte in Kanada, Frühbeginn und Sachfachunterricht in der Sowjetunion), werden erste Versuche in Hessen und Berlin mit Englisch ab Klasse 3 durchgeführt. Dabei wird insbesondere auf den Zeitgewinn, d. h. die Verlängerung der Lernzeiten, sowie auf (vermeintlich) bessere Lernchancen im Kindesalter hingewiesen. In Baden-Württemberg finden sich vor allem in grenznahen Gebieten erste Versuche mit Französisch in der Grundschule. Nach einer ersten Hochphase des Frühbeginns in den 1970er Jahren wird das Konzept in den 1980er Jahren weit weniger verfolgt und erlebt einen zweiten Höhepunkt ab den 1990er Jahren. Seit der Jahrtausendwende hat sich der Frühbeginn weithin etabliert und wird mehr und mehr an Grundschulen durchgeführt. Derzeit ist die erste Fremdsprache in allen Bundesländern ab Klasse 3 verpflichtend und wird bereits in einigen Bundesländern ab Klasse 1 angeboten (Sauer 2004). Diese aktuelle Entwicklung erklärt sich nicht allein aus lernpsychologischen Überlegungen, sondern steht auch in Zusammenhang mit sprachenpolitischen Zielsetzungen der Europäischen Union zur verstärkten Förderung der Mehrsprachigkeit aller Bürger.

Anfänge des Frühbeginns

Entwicklung seit den 1970er Jahren

Dabei wird über die Konzeption des Frühbeginns zunächst kontrovers diskutiert. Es finden sich insgesamt mehrere Konzepte, die in zwei große, einander entgegengesetzte Modelle eingeordnet werden können: Systematischer Fremdsprachenunterricht versus Begegnung mit Sprachen. Den Lehrgangsmodellen und den Begegnungssprachenmodellen geht es grundsätzlich um

Konzepte des Frühbeginns

unterschiedliche Zielsetzungen: um das Lernen von Fremdsprachen oder um die Begegnung mit Fremdsprachen.

Begegnungssprachenmodell

Zu den Begegnungssprachenmodellen zählen beispielsweise die Ansätze in Baden-Württemberg „Lerne die Sprache des Nachbarn" (Manfred Pelz) und in Nordrhein-Westfalen „Begegnung mit Sprachen" (Hans Bebermeier). Beide Ansätze zielen auf Sprachenbewusstsein, auf Mehrsprachigkeit und auf interkulturelles Lernen. Begegnungssprachenmodelle stehen einem Lehrgangscharakter auch aus sprachenpolitischen Gründen entgegen, da ein systematischer Fremdsprachenunterricht in der Grundschule faktisch nur eine einzige Fremdsprache fördert: Englisch.

„Lerne die Sprache des Nachbarn"

Das Projekt von Manfred Pelz zielt Ende der 1980er Jahre auf konkrete Begegnung zwischen Kindern an Grundschulen in den grenznahen Gebieten Baden und Elsass und ist bewusst als Nachbarsprachenkonzept angelegt. Im Vordergrund stehen Erfahrungen durch die konkrete Begegnung von französischsprachigen und deutschsprachigen Kindern in Frankreich und Deutschland, die leicht durch Tagesfahrten ins Nachbarland umgesetzt werden können. Ein lehrgangsorientiertes Konzept mit sprachlichem Input auf der Basis einer stringenten Progression, Lernziel- und Leistungsorientierung wird dabei nicht verfolgt.

„Begegnung mit Sprachen"

In Nordrhein-Westfalen gibt es Anfang der 1990er Jahre ein ähnliches Projekt, das jedoch nicht nur eine Zielsprache im Blick hat, sondern gleich mehrere Sprachen der Nachbarn aufgreift. Dazu werden Sprachen der Nachbarländer, z. B. Niederländisch, ebenso gezählt wie die Sprachen der Nachbarn innerhalb Nordrhein-Westfalens, die durch Migration im direkten schulischen Umfeld bzw. in der gleichen Lerngruppe gesprochen werden. Hierzu zählen beispielsweise Türkisch oder Spanisch als Herkunftssprachen der entsprechenden Minderheitenangehörigen. Im Vordergrund dieses Ansatzes stehen Sprachvergleich und Sprachbewusstsein, Überlegungen zu *language across the curriculum* oder natürlicher Mehrsprachigkeit, jedoch nicht das gezielte Erlernen einer einzigen Fremdsprache.

Lehrgangsmodell

Lehrgangsmodelle setzen hingegen auf sprachliche Progression, auf konkrete Lernziele und Leistungsüberprüfung, wenn auch in grundschulgerechter Vermittlungsperspektive (Doyé 1990). Der sprachliche Fortschritt und das Nutzen einer längeren Lehrgangsdauer werden den pädagogischen Zielsetzungen der Begegnungssprachenmodelle vorgeordnet. Gleichzeitig gilt ein in der Primarstufe beginnender Unterricht einer ersten Fremdsprache auch als Grundlage zur Vorverlegung der Einführung einer zweiten Fremdsprache.

Aufgabe 7.2

? Vergleichen Sie die Begegnungssprachenmodelle und die Lehrgangsmodelle miteinander. Welche Vor- und Nachteile stellen Sie auf beiden Seiten fest? Vervollständigen Sie die folgende Tabelle und nehmen Sie begründet Stellung.

	Vorteile	Nachteile
Begegnungssprachenmodell	–	–
	–	–
	–	–
Lehrgangsmodell	–	–
	–	–
	–	–

Parallel zu diesen Bestrebungen finden kontroverse Diskussionen in den Fremdsprachendidaktiken und in der Pädagogik zu Bedeutung und Erfolg des Frühbeginns statt. Einzelne Forschungsprojekte zeigen, dass die Dauer der Lernzeit bzw. des Kontakts mit der Zielsprache mehr von Bedeutung sind als z. B. die im Unterricht angewendeten Methoden oder angenommene besondere frühkindliche Kompetenzen zum Sprachenlernen. Darüber hinaus erweisen sich ein grundschulgerechter Unterricht, gut ausgebildete Lehrkräfte sowie die Kontinuität des Übergangs von der Grundschule zu den weiterführenden Schulen als wesentlich für den Erfolg des Frühbeginns (Sauer 2004). Eine erhöhte Wirksamkeit des Frühbeginns ließ sich in empirischen Studien kaum belegen.

Kritik am Frühbeginn

Nach der Jahrtausendwende verstärkt sich der politische Druck zur Einführung des Frühbeginns. Die ehemals bestehende Kontroverse zwischen Lehrgangsmodellen und Begegnungssprachenmodellen wird zu Gunsten des Fremdsprachenfrühbeginns entschieden. 2003 führen einige Bundesländer Englisch verbindlich ab Klasse 3 ein und verfolgen dabei ein ergebnisorientiertes Konzept (Sauer 2004). In den folgenden Jahren wird Fremdsprachenunterricht in allen Bundesländern verpflichtend eingeführt, meist ab Klasse 3, dann auch ab Klasse 1. Im Saarland, in Rheinland-Pfalz und in den linksrheinischen Gebieten Baden-Württembergs wird Französisch in der Grundschule erteilt, in den meisten Bundesländern hingegen dominiert Englisch. Rheinland-Pfalz vertritt ein lehrgangsorientiertes Konzept und in Baden-Württemberg wird das Modell „Lerne die Sprache des Nachbarn" abgelöst von einem verpflichtenden Fremdsprachenunterricht für alle mit Lernziel- und Leistungsorientierung. Die überwiegende Mehrheit der Grundschulen bietet Englisch an, Spanisch findet sich demgegenüber nur sehr vereinzelt, so z. B. an einigen Grundschulen in Hamburg und Berlin.

obligatorischer Fremdsprachenfrühbeginn seit 2003

Dem aktuellen Stand der Forschung zufolge ist die Vorverlegung des Fremdsprachenunterrichts allein kein Garant für erhöhte Effektivität gegenüber dem Fremdsprachenunterricht in den Sekundarstufen. Wenn Frühbeginn die Fähigkeiten von Kindern beim Erstspracherwerb nutzen will, braucht dies Zeit. Die Nutzung des Altersfaktors kann nur erfolgreich sein, wenn die Kinder in der Grundschule mehr Zeit zum Kontakt mit der Fremdsprache

Forschung zum Frühbeginn

bekommen, wie es beispielsweise bei kanadischen Immersionsprogrammen oder in der Staatlichen Europa-Schule Berlin (vgl. Einheit 6, S. 98 ff.) der Fall ist. Zwei Wochenstunden reichen dafür nicht aus.

Lehrer/innen

In etlichen empirischen Untersuchungen wird ein besonderer Klassen- bzw. Lehrereffekt festgestellt. Dies verweist auf die besondere Bedeutung der Lehrkräfte für den frühen Fremdsprachenunterricht. Gerade auch infolge ihrer dominanten Stellung in den Grundschulen wirken sich die fremdsprach- lichen Kompetenzen, die Vielfalt der Methoden, die Grundschulgerechtheit ihrer Umsetzung sowie insgesamt die fachdidaktischen und pädagogischen Fähigkeiten der Lehrkräfte deutlich aus.

Gerade die besondere Bedeutung der Lehrerinnen und Lehrer, die den Frühbeginn an Grundschulen durchführen, verweist auf ein bislang noch bestehendes Problem: Wer soll, darf und kann eine Fremdsprache an der Grundschule unterrichten? Grundschullehrkräfte verfügen in der Regel nicht über genügend Fremdsprachenkenntnisse sowie über eine angemessene Aus- bildung, Fremdsprachenlehrkräfte der weiterführenden Schulen verfügen zwar darüber, allerdings nicht über eine Ausbildung für die Primarstufe. Dem- entsprechend sind gerade in Phasen eines schulpolitischen Übergangs diese Fragen weitgehend ungelöst und werden durch lokale, individuelle Lösungen bzw. Übergangslösungen ersetzt, die nicht unbedingt optimal im Sinne des Frühbeginns sind.

Frage des Übergangs

Ein erfolgreich durchgeführter Fremdsprachenunterricht an der Grund- schule ist jedoch allein noch kein Erfolgsgarant für die Kinder und ihre Lernprozesse. Darüber hinaus stellt sich die Frage des Übergangs von der Pri- marstufe in die Sekundarstufe I. Ohne die Fortführung des Fremdsprachenun- terrichts in den weiterführenden Schulen drohen die bereits erworbenen und gelernten Kenntnisse in Vergessenheit zu geraten.

Englisch oder andere Fremdsprachen in der Primarstufe

Diese Problematik um die Kontinuität stellt sich auf rein organisatori- scher Ebene und in methodisch-didaktischen Dimensionen. Zunächst muss gewährleistet sein, dass ein in einer Grundschule angebotener Fremdspra- chenunterricht an allen weiterführenden Schulen ebenfalls angeboten wird. Dies ist in der Regel angesichts der Dominanz des Englischen nur für diese Sprache gegeben. Spanischunterricht wird häufig nicht an allen weiterfüh- renden Schulen angeboten, an Hauptschulen und Realschulen grundsätzlich nicht. Selbst an Gymnasien ist Spanisch in der Regel nicht die erste Fremd- sprache. Damit ist ein zentrales Argument für die Einführung von Englisch an der Grundschule und gegen die Einführung aller anderen Sprachen gegeben. Lediglich Französisch kann sich in einigen grenznahen Gebieten behaupten. Über die Gewährleistung eines faktischen Angebots hinaus stellt sich auch die Frage nach der methodisch-didaktischen Gestaltung und nach einer kontinu- ierlichen Ausrichtung eines solchen Lehrgangs. Derzeit sind diese Fragen des Übergangs noch in der Diskussion und werden sich vermutlich im Lauf der nächsten Jahre deutlich weiterentwickeln (Sauer 2004).

Die Frage der Sprachenwahl stellt sich nicht allein aus Perspektive derjenigen, die den Fremdsprachenunterricht anbieten und damit entsprechende Sprachen auswählen müssen. Auch aus der Perspektive der Kinder, die nun Englisch oder Spanisch oder eventuell eine andere Sprache lernen möchten, muss eine Sprache ausgewählt werden. Dabei sind sicherlich andere und vielfältige Auswahlkriterien leitend, die wohl kaum mit den Interessen von Bildungspolitikern und Verantwortlichen in der schulischen Administration einhergehen. So spielen hier erste Vorstellungen über die jeweilige Fremdsprache und ihre Kultur – vermittelt u. a. durch amerikanische Stars, italienische Pizza oder den letzten Urlaub in Spanien – ebenso eine Rolle wie der Wunsch, auch in der weiterführenden Schule neben der besten Freundin der Grundschule sitzen zu wollen. Neben Abgrenzungsbedürfnissen von den Vorschlägen der eigenen Eltern stehen eigene Vorstellungen im Vordergrund, die mit persönlichen Lebenserfahrungen wie dem Hören englischsprachiger Popmusik im Zusammenhang stehen.

Sprachenwahl aus Sicht der Lernenden

Die Frage der Sprachenwahl ist somit von verschiedenen Kriterien beeinflusst. Hierzu gehören

Kriterien zur Sprachenwahl

► individuelle Kriterien (persönliche Motivation, Kontakte zu Sprechern einer Sprache, familiäre Einflüsse z. B. Wunsch der Eltern, …)
► gesellschaftliche, historische Kriterien (Bildungstraditionen, Sprachenangebot, Sprachenpolitik der Bundesländer, Schulsystem, Schulformen, …)
► sprachenspezifische Kriterien (Sprachenprestige, Schwierigkeitsgrad einer Sprache, Einflüsse der Kultur der Zielsprache z. B. durch Musik, Kino, …)

Wenn Frühbeginn in Deutschland in der Regel zwar auf Englisch bezogen ist, so stellt sich dennoch die Frage, ob dies denn nun so gut ist oder ob nicht auch andere Fremdsprachen an der Grundschule unterrichtet werden sollten. Macht eine Veränderung der Schulsprachenpolitik Sinn und sollte für eine andere und vielfältigere Sprachenfolge plädiert werden?

? Sie sind im Gespräch mit Bildungspolitikern Ihres Bundeslandes zur Frage, ob Englisch flächendeckend und verpflichtend an allen Grundschulen angeboten wird oder ob mehrere Sprachen, darunter auch Spanisch, angeboten werden sollen. Vertreten Sie eine eigene Position und begründen Sie Ihre Meinung.

Aufgabe 7.3

Der Frühbeginn ist heutzutage durch verschiedene Prinzipien charakterisiert (vgl. z. B. Rück 2008). Dazu gehören je nach Schwerpunktsetzung in einzelnen Bundesländern die folgenden:

Prinzipien des Frühbeginns

► Teilimmersion
Fremdsprachenunterricht in der Primarstufe orientiert sich in weiten Teilen an Bestrebungen, Kindern in frühem Alter ein Sprachenbad in Anlehnung an Immersionsunterricht wie beispielsweise in Kanada zu ermöglichen. Allerdings

sind die Rahmenbedingungen nicht vergleichbar, so dass höchstens eine Teilimmersion umgesetzt werden kann. Da die Sprache des Frühbeginns nicht die umgebende Sprache ist, kann hier nur auf einen Fremdsprachenunterricht abgezielt werden, der einige der Charakteristika der Immersion aufnimmt. Hierzu gehören die authentische und inhaltsbezogene Kommunikation ebenso wie der Verzicht auf eine systematische und an Grammatik orientierte Progression.

▶ Spielerisches Lernen
Kinder lernen mit allen Sinnen und vor allem durch Spielen. Ausgehend von diesen pädagogischen Überlegungen stehen spielerische Elemente an zentraler Stelle. Hierzu gehören Sprachspiele, Sprachlernspiele und ein insgesamt spielerischer Zugang zur Sprache.

▶ Handlungsorientierung
Kinder lernen, indem sie handeln und agieren. Das Benutzen der neuen Sprache wird somit in konkrete handlungsbezogene Situationen eingebunden. Dies bedeutet vor allem die lebensnahe Umsetzung in authentischem Rahmen.

▶ Bewegung
Kinder haben einen natürlichen Bewegungsdrang und können im wahrsten Sinne des Wortes noch nicht stillsitzen. Darüber hinaus unterstreichen Ergebnisse der Lernpsychologie, dass Lernen durch Bewegung unterstützt wird. Daher kommen im Frühbeginn auch Elemente zum Tragen, die Bewegungen der Kinder im Klassenraum erfordern. Hierzu gehören u. a. auch Elemente der *Total Physical Response.*

▶ Ganzheitliches Lernen
Sprache wird nicht in ihre Einzelteile zerlegt, genauso wenig der Sprachlernprozess. Daher kommen Elemente ganzheitlichen Lernens zum Tragen, die integrierende Aspekte in den Vordergrund stellen. Die sprachlichen Einheiten werden nicht durch eine grammatische Analyse segmentiert, sondern als Ganzes erlernt.

▶ Primat des Mündlichen
Frühbeginn beginnt in der 3. oder in der 1. Klasse. Gerade in Letzterer kann noch nicht davon ausgegangen werden, dass die Kinder bereits alphabetisiert sind. Daher steht das Mündliche im Vordergrund. Dies bedeutet darüber hinaus auch, dass das Lautbild vor dem Schriftbild vermittelt und so das Risiko der Aussprachefehler minimiert wird. Die zunächst vermittelten Fertigkeiten sind das Hören und Sprechen.

▶ Sekundäre Stellung des Schriftlichen
Dennoch ist das Schriftliche nicht völlig aus dem Frühbeginn verbannt. Gerade im Fremdsprachenunterricht ab Klasse 3 kommen auch das Lesen und das Schreiben zum Tragen. Somit kann das Mündliche durch den Bezug auf das Schriftliche unterstützt werden.

► Progression durch Kommunikation

Anders als im herkömmlichen Fremdsprachenunterricht der Sekundarstufen, in dem letztlich die Grammatik zentral die Progression steuert und alle anderen Aspekte nachgeordnet werden, wird Progression, sofern es sie gibt, durch Kommunikation gesteuert. Damit können auch formalgrammatische Elemente bereits früh genutzt werden, die im herkömmlichen Spanischunterricht erst spät vermittelt werden. Wenn beispielsweise ein Märchen vorgelesen wird, sind Formen des *Imperfecto* und des *Indefinido* (z. B. *Érase una vez*) selbstverständlich, wenn sie auch nicht systematisch gelernt werden sollen.

► Nachordnung der Grammatik

Formalgrammatische Elemente und Dimensionen einer grammatischen Metasprache spielen im Frühbeginn eine sekundäre Rolle. Hier geht es zunächst nicht darum, dass Kinder Begriffe einer lateinischen Grammatik (z. B. Demonstrativpronomen) kennenlernen und auch nicht Übungen machen, in denen bestimmte grammatische Formen wiederholt werden. Insgesamt wird der Inhalt der Form deutlich vorgeordnet bzw. die Form im Unterricht weitgehend ausgeblendet.

► Sprachreflexion

Neben dem Eintauchen in die Fremdsprache kommen auch Aspekte der Reflexion über Sprache zum Tragen. Kinder lernen so das Vorhandensein mehrerer Sprachen und damit auch Kulturen kennen und haben die Möglichkeit, verschiedene Ausdrucksmöglichkeiten in verschiedenen Sprachen zu reflektieren. Hier kommen Überlegungen aus einem kognitionsorientierten Fremdsprachenunterricht mit Bezug auf *language awareness* in den Blick.

► Bezug auf musische und kreative Elemente

Kinder sind gut durch Musik und eigenen Gesang sowie durch weitere kreative Formen zu motivieren. Diese Dimensionen werden bewusst in den Frühbeginn integriert, z. B. in Form spanischer Kinderlieder und Reime (u. a. *rima infantil*), die sich zum Singen in der Klasse anbieten. Darüber hinaus kann Spanisch auch durch kreative Verfahren im Unterricht aktiviert werden, insofern als Kinder basteln, ausschneiden und kleben oder auch eigene Bilder malen und dies mit sprachlichen Aufgaben kombiniert wird.

► Interkulturelles Lernen

Spanischunterricht in der Grundschule bezieht sich nicht allein auf die Vermittlung der Fremdsprache, sondern auch auf den Umgang mit der fremden Kultur. Die Kinder werden sensibilisiert für Unterschiede und Gemeinsamkeiten in Bezug auf Spanien, hispanoamerikanische Länder und ihre Bewohner. Das erste Kennenlernen des Anderen führt zur Relativierung eigener Lebenserfahrungen.

► Handpuppe

Ein konkretes Element des Frühbeginns, das sich deutlich vom Fremdsprachenunterricht der Sekundarstufen unterscheidet, ist die Integration einer Handpuppe in den Unterricht. Diese Handpuppe wird durch die Lehrkraft mit verstellter Stimme geführt, sie spricht direkt auf Spanisch zu den Kindern und bildet eine motivierende Kontaktperson, die Identifikation stiften soll. Häufig handelt es sich um ein Tier, das auch in Unterrichtsmaterialien für den Frühbeginn vorkommt.

Spanisch in der bilingualen Vorschulerziehung

Vereinzelt gibt es vorschulische Erziehung, die bilingual deutsch-spanisch angelegt ist, so u.a. in Wolfsburg (Doyé 2009: 83 ff.). Hier geht es um soziales, sprachliches und interkulturelles Lernen. Diese Form vorschulischer Erziehung integriert Immersion ebenso wie ganzheitliche und handlungsorientierte Verfahren für die Kinder. Dabei werden auch spanische Kinderlieder wie das Folgende gesungen.

Text 7.1

(Doyé 2009: 114)

7.3 | Spanisch lernen in der Sekundarstufe

Elemente des Frühbeginns in der Sekundarstufe

Vor dem Hintergrund dieser Darstellung stellt sich die Frage, welche Aspekte des Fremdsprachenfrühbeginns konstruktive Anregungen für den Fremdsprachenunterricht der Sekundarstufen darstellen. Auch wenn sich der Fremdsprachenunterricht an weiterführenden Schulen sicherlich deutlich von dem der Grundschule unterscheidet, z. B. im Blick auf eine gezielte Progression, auf Lernziel- und Leistungsorientierung oder auch auf die Geschwindigkeit des angestrebten Lernfortschritts, so lassen sich dennoch fruchtbare Anregungen aus den hier dargestellten Überlegungen zum Frühbeginn auf den Spanischunterricht in der Sekundarstufe übertragen. Hierzu gehören motivierende Elemente ebenso wie der Fokus auf Sprachreflexion, Progression durch Kommunikation oder auch die Nachrangigkeit der Grammatik. Andere Aspekte wie die Bezugnahme auf eine Handpuppe, die deutliche Nachrangigkeit des Schriftlichen oder ein spielerisches Bewegungslernen werden bei älteren Kindern vermutlich weniger motivierend wirken und zu Recht als Infantilisierung empfunden werden. Gleichwohl werden Elemente eines Grundschulunterrichts vor allem für die 5. und 6. Klasse einer weiterführenden Schule einen konstruktiven Beitrag leisten können. Die konzeptionelle und pragmatische Weiterentwicklung des Frühbeginns in den kommenden Jahren sowie die Integration von Primarstufen- und Sekundarstufenunterricht könnten sich als wegweisend erweisen.

Während vor allem der Englischunterricht und zum Teil auch der Französischunterricht in den Bereich der Primarstufe vorgezogen wird, wird Spanisch meist als dritte oder vierte Fremdsprache unterrichtet. Mit der Vorverlegung von Spanisch in den Bereich der zweiten Fremdsprache und der Einführung von G8 wird Spanischunterricht in einigen Bundesländern bereits ab Klasse 6 erteilt. Eine Vorverlegung in die Grundschule ist jedoch nicht intendiert.

Spanisch als spät beginnende Fremdsprache

Betrachten wir genauer Spanisch als Tertiärsprachenunterricht. Wenn Jugendliche in der Klasse 8 mit Spanisch – in der Regel als Wahlpflichtfach – anfangen, haben Sie zuvor bereits Unterricht in zwei anderen Fremdsprachen erhalten: meist Englisch als erste Fremdsprache und Französisch oder Latein als zweite Fremdsprache. Die Entscheidung für Spanisch geht häufig einher mit entsprechendem Abwahlverhalten nach einigen Jahren (Meißner 2011: 44 f.). Insgesamt kann Spanischunterricht „auf eine sehr positive Einstellung der Lerner gegenüber zumindest eines Teils der hispanophonen Länder zählen. Der Wunsch nach Kommunikation mit Spanischsprachigen ist bemerkenswert und der Spanischunterricht sollte dies berücksichtigen. Dies betont erneut den Vorrang der Mündlichkeit." (Meißner 2011: 60)

Charakteristika des Spanischunterrichts

Darüber hinaus ist der Spanischunterricht auch dadurch charakterisiert, dass die Lernenden – anders als in ihrem ersten Fremdsprachenunterricht Englisch – über Kenntnisse in anderen Sprachen verfügen und bereits etliche Erfahrungen mit Fremdsprachenunterricht gemacht haben. Diese Vorerfahrungen beeinflussen auch ihre Einstellungen gegenüber dem Spanischunterricht. Dies wird in der Fremdsprachendidaktik als Phänomen der motivationalen Interferenz bezeichnet. Ein Spanischunterricht, der diesen Umstand berücksichtigt, muss dementsprechend grundlegende Überlegungen zur Didaktik der Mehrsprachigkeit berücksichtigen (vgl. Einheit 4, S. 52 ff.). Kenntnisse in Französisch (und mit Einschränkungen auch in Latein) legen nahe, die Verwandtschaft der romanischen Sprachen zu nutzen und einen Unterricht im Sinne der Interkomprehension durchzuführen, d. h. aktiv auf

Mehrsprachigkeit

sprachliche Parallelen in Wortschatz, Grammatik oder Syntax zu verweisen. Auch der Bezug zu anderen zuvor gelernten Fremdsprachen kann sich für den Spanischunterricht als sinnvoll erweisen, so dass Überlegungen zu *language awareness* und Erfahrungen mit dem Lernen von Fremdsprachen insgesamt genutzt werden können (vgl. Einheit 4, S. 58 f.).

Tertiärsprachendidaktik

Anstelle eines isolierten Unterrichtens einzelner Sprachen ohne Bezugnahme auf weitere zu lernende Fremdsprachen votiert die Tertiärsprachendidaktik für ein Gesamtsprachencurriculum, das die Folge der nacheinander zu lernenden Fremdsprachen konkret berücksichtigt. Dazu gehört die Förderung deklarativen sprachlichen Wissens durch „Arbeitsschritte zur curricularen Planung und Entwicklung des didaktischen Konzepts; Sprachsensibilisierung/Aktivierung und Erweiterung von Sprachkenntnissen" (Neuner 2005: 58) durch den Vergleich von Erstsprache, erster Fremdsprache und weiteren Fremdsprachen. Daneben geht es auch um die Förderung prozeduralen Wissens und die Entwicklung von Sprachlernbewusstsein (Neuner 2005: 62 ff.).

Spanischunterricht in der Erwachsenenbildung

Da Spanisch lange Jahre nicht in gleichem Maße in der Schule unterrichtet wurde wie Englisch und Französisch, gibt es schon seit Jahren eine lange Tradition des Spanischunterrichts an außerschulischen Einrichtungen der Erwachsenenbildung, z. B. an Volkshochschulen, privaten Sprachschulen und Universitäten. Auch dieser Unterricht muss sich auf die Altersstruktur seiner Teilnehmer/innen einstellen. Hier werden die grundschulgerechten handlungsorientierten Verfahren ersetzt durch Methoden, die stärker das kognitiv ausgerichtete Lernverhalten berücksichtigen (Roche 2008: 36 ff.).

Zusammenfassung

Gegenstand dieser Einheit war ein Überblick über Forschungsdiskurse zum optimalen Alter für das Fremdsprachenlernen, die sich deutlich am Erstspracherwerb von Kleinkindern orientieren. Ein optimales Alter konnte jedoch bislang von der Forschung nicht nachgewiesen werden, vielmehr zeichnen sich alle Altersstufen durch Vor- und Nachteile aus. Während Erwachsene bzw. fortgeschrittene Lernende Vorteile durch ihre kognitiven Kompetenzen haben, ergibt sich für Kinder und jüngere Lernende ein Vorteil im Blick auf einen langfristigen und ganzheitlichen Fremdspracherwerb, der vor allem im Bereich der Aussprache zu deutlich hörbaren Erfolgen führt.

Eine indirekt damit in Zusammenhang stehende Entwicklung ist die sukzessive Vorverlegung des Fremdsprachenunterrichts in Deutschland auf die Primarstufe sowie darüber hinaus in den vorschulischen Bereich. Gerade seit der Jahrtausendwende hat sich die verpflichtende Einführung der ersten Fremdsprache ab Klasse 3 in allen Bundesländern etabliert, die sich durch ein grundschulgerechtes Konzept des Fremdsprachenfrühbeginns auszeichnet. Spanisch wird hingegen vor allem als dritte oder spät beginnende Fremdsprache oder im außerschulischen Bereich der Erwachsenenbildung unterrichtet.

|Aufgabe 7.4

? Im Gespräch mit Eltern, deren Kinder ein Gymnasium mit Spanisch als zweiter und dritter Fremdsprache besuchen, werden Sie um eine Stellungnahme nach Sinn, Bedeutung, Vor- und Nachteilen eines früheren oder späteren Beginns des Spanischunterrichts gebeten. Stellen Sie die wesentlichen Argumentationsstränge dar und formulieren Sie darüber hinaus eine eigene Position dazu. Fassen Sie die zentralen Aspekte in einem Elternbrief von der Länge einer DIN-A4-Seite zusammen.

Literatur

Diesterweg, Adolf (1890): Ausgewählte Schriften. 2. Auflage. Erster Band. Hg. von Georg Langenberg. Frankfurt am Main: Diesterweg.

Doyé, Peter (1990): Fremdsprachenunterricht als verbindlicher Lernbereich der Grundschule. Bedingungen für seine bundesweite Einführung. In: Gumpf, Gondi (Hg.): Kinder lernen europäische Sprachen e.V.: Jahrbuch 1990. Stuttgart: Klett, 26–31.

Doyé, Peter (2009): Didaktik der bilingualen Vorschulerziehung. Dargestellt am Beispiel der vorschulischen Einrichtungen in Berlin und Wolfsburg. Tübingen: Narr. (Giessener Beiträge zur Fremdsprachendidaktik).

Krashen, Steven D. (1973): Lateralisation, language learning, and the critical period: Some new evidence. In: Language Learning 23, 63–74.

Lenneberg, Eric H. (1967): Biological foundations of language. New York u. a.: Wiley.

Meißner, Franz-Joseph (2011): Spanischunterricht statistisch: Lernerkontingente, Lernerfahrungen, Lernhaltungen, Lernpläne. In: Abendroth-Timmer, Dagmar (Hg.): Kompetenzen beim Lernen und Lehren des Spanischen. Frankfurt am Main u. a.: Lang, 43–64. (Kolloquium Fremdsprachenunterricht, Bd. 41).

Neuner, Gerhard (2005): Gesamtsprachenkonzept, Mehrsprachigkeitsansatz und Tertiärsprachenlernen, Beispiel Westschweiz. In: Hufeisen, Britta/Lutjeharms, Madeline (Hg.): Gesamtsprachencurriculum, Integrierte Sprachendidaktik, Common Curriculum. Tübingen: Narr. (Giessener Beiträge zur Fremdsprachendidaktik).

Roche, Jörg (2008): Fremdsprachenerwerb, Fremdsprachendidaktik. 2. Auflage. Tübingen und Basel: Francke.

Rück, Heribert (2008): Fremdsprachen in der Grundschule – Französisch und Englisch. 2. Auflage. Landau: Verlag Empirische Pädagogik. (Landauer Schriften zur Kommunikations- und Kulturwissenschaft, Bd. 4).

Sauer, Helmut (2004): Erfahrungen und Erkenntnisse der Geschichte des frühbeginnenden Fremdsprachenlernens. In: Kierepka, Adelheid u. a. (Hg.): Frühes Fremdsprachenlernen im Blickpunkt. Status quo und Perspektiven. Tübingen: Narr, 11–33. (Giessener Beiträge zur Fremdsprachendidaktik).

Singleton, David (1995): Introduction: A Critical Look at the Critical Period Hypothesis in Second Language Acquisition Research. In: Singleton, David/Lengyel, Zsolt (Hg.): The Age Factor in Second Language Acquisition. Clevedon u. a.: Multilingual Matters, 1–29.

Wode, Henning (1988): Psycholinguistik. Eine Einführung in die Lehr- und Lernbarkeit von Sprachen. Ismaning: Hueber.

Kompetenzförderung im Spanischunterricht

Gegenstand dieser Einheit ist die Ausrichtung des Spanischunterrichts an verschiedenen zu vermittelnden Kompetenzen. In Anlehnung an Überlegungen aus dem Gemeinsamen europäischen Referenzrahmen für Sprachen und an Diskurse im Sinne der Bildungsstandards werden funktionale kommunikative Kompetenzen, interkulturelle Kompetenzen, methodische und soziale Kompetenzen unterschieden. Darüber hinaus werden für den Spanischunterricht relevante Fertigkeiten – Hörverstehen bzw. Hör-/Sehverstehen, Sprechen, Leseverstehen, Schreiben, Sprachmittlung – und Lern(er)strategien mit konkreten Beispielen dargestellt.

Überblick

8.1 | Funktionale kommunikative Kompetenzen

kommunikative
Kompetenz

Kommunikative Kompetenz ist ein Begriff, der seit den 1970er Jahren (Piepho 1974) die didaktische Theorie und Praxis des Spanischunterrichts wesentlich bestimmt. Zentral sind seit dieser Zeit Vorstellungen eines Fremdsprachenlernens, das weniger das Wissen über die Sprache und ihre korrekte Anwendung in den Mittelpunkt stellt und mehr auf die Angemessenheit der sprachlichen Kommunikation entsprechend der Situation und den Gesprächspartnern zielt (vgl. Einheit 3, S. 43 ff.).

Gemeinsamer
europäischer
Referenzrahmen für
Sprachen

Dieser Begriff erfährt insbesondere durch den Gemeinsamen europäischen Referenzrahmen für Sprachen (Europarat 2001) eine Ausweitung und Ausdifferenzierung. Hier werden kommunikative Sprachkompetenzen in linguistische, soziolinguistische und pragmatische Kompetenzen unterteilt.

► **Linguistische Kompetenz,** d. h. die Fähigkeit, sich auf lexikalischer, grammatikalischer, semantischer und phonologischer Ebene angemessen und für andere akzeptabel auszudrücken;

► **Soziolinguistische Kompetenz,** d. h. die Fähigkeit, soziale Beziehungen zu etablieren und sprachlich zu gestalten, registerbezogen zu formulieren sowie Sprachvarietäten zu erkennen und in der Interaktion zu berücksichtigen;

► **Pragmatische Kompetenz,** d. h. die Fähigkeit, den sprachlichen Diskurs situationsangemessen und funktional im Sinne der kommunikativen Intentionen zu gestalten;

► **Strategische Kompetenz,** d. h. die Fähigkeit, Interaktionen zu planen, auszuführen und zu kontrollieren und Kommunikationshindernisse (z. B. Missverständnisse) auszuräumen.   (Schumann 2009: 185 f.)

linguistische
Kompetenzen

Linguistische Kompetenzen lassen sich in deklaratives Wissen über die Sprache, d. h. beispielsweise Wortschatz, Grammatik, Aussprache und Orthografie, und in prozedurales Wissen, d. h. in die Fertigkeiten Sprechen, Hören, Schreiben, Lesen und Übersetzen, untergliedern. Im Referenzrahmen werden die linguistischen Kompetenzen weiter ausdifferenziert in lexikalische, grammatische, semantische, phonologische, orthografische und orthoepische Kompetenzen (Europarat 2001: 110 ff.). Orthoepik ist die Lehre der korrekten Aussprache der Wörter.

Kompetenzen gemäß
Referenzrahmen und
Bildungsstandards

Dem Referenzrahmen und den von der Kultusministerkonferenz verabschiedeten Bildungsstandards für die erste Fremdsprache (Kultusministerkonferenz 2003) zufolge geht es jedoch nicht allein um kommunikative Kompetenzen zur Förderung des Sprechens selbst, sondern für den Fremdsprachenunterricht werden interkulturelle Kompetenzen, ästhetisch-literarische Kompetenzen, Methodenkompetenz, Medienkompetenz sowie soziale Kompetenzen anvisiert (vgl. Einheit 5, S. 72 ff.). Erst die Kombination dieser Dimensionen trage zu einem komplexen und umfassenden Verständnis einer kritischen und verantwortlichen Partizipation in der Fremdsprache bei.

| Aufgabe 8.1

? Welche Konsequenzen ergeben sich aus dem hier dargestellten Verständnis für einen Spanischunterricht, der an den oben genannten Kompetenzen ausgerichtet ist?

Je nach ihrer Relevanz für authentische Kommunikationssituationen kommen die Fertigkeiten Hören, Sprechen, Lesen, Schreiben und Übersetzen zum Tragen. Die Reihenfolge Hören – Sprechen – Lesen – Schreiben nimmt gleichzeitig die Reihenfolge des natürlichen Spracherwerbs auf. Diese Fertigkeiten werden in aktive und passive bzw. rezeptive und produktive unterteilt.

Fertigkeiten

Der erste Kontakt mit der Fremdsprache Spanisch erfolgt in der Regel durch das Hören. Die Fertigkeit des Hörverstehens kommt seit der Jahrtausendwende wieder stärker zum Tragen und wird in schulexternen Sprachenzertifikaten wie DELE (vgl. Einheit 14; S. 238 ff.) oder Aufgabenformaten im Sinne des Europäischen Referenzrahmens und der Bildungsstandards explizit überprüft.

Hörverstehen

Hörverstehen wird in der Kognitionspsychologie als komplexer Prozess gesehen, der *bottom up-* und *top down*-Prozesse der Informationsverarbeitung und der Bedeutungskonstruktion umfasst. Während des Hörens wird versucht, das Gehörte zu verstehen, und gleichzeitig erfolgt der Rückgriff auf vorhandenes Weltwissen und Vorkenntnisse zu dem Thema, um das Gehörte besser einordnen zu können (Wolff 2003). Diesem interaktiven Verständnis des Hörverstehens zufolge sind gerade die Interdependenzen zwischen den genannten Prozessen von Bedeutung.

Mit einem solchen Verständnis des Hörverstehens lassen sich Schwierigkeiten konstruktiv bewältigen. Probleme ergeben sich beispielsweise durch ein hohes Sprechtempo und undeutliche Aussprache, durch eine hohe Anzahl verschiedener Sprecher, die sich gegenseitig nicht ausreden lassen, durch Situationen, Konstellationen oder Inhalte, die Lernenden unvertraut sind, durch eine entsprechend komplexe Sprache mit hohem Fachvokabular oder auch durch die Verwendung einer unvertrauten Varietät.

Schwierigkeiten beim Hörverstehen

Um dem entgegenzutreten werden Hörtexte auf Kassetten bzw. CDs zu Lehrwerken des Anfangsunterrichts sehr langsam und deutlich ausgesprochen. Hintergrundgeräusche sind stark reduziert, das Sprechtempo ist verlangsamt und die Aussprache erfolgt normgerecht. Für den Fortgeschrittenenunterricht ändert sich diese Praxis zu Gunsten einer stärkeren Imitation authentischer Gesprächssituationen, in denen das Sprechtempo erhöht ist, Dialekte oder andere Besonderheiten der Aussprache zum Tragen kommen und auch mehr Hintergrundgeräusche hörbar sind.

Hörtexte auf Kassette/CD

Die Förderung des Hörverstehens im Spanischunterricht erfolgt nicht automatisch dadurch, dass Lernende die spanische Sprache durch die Lehrkraft oder andere Mitschüler/innen hören, sondern bedarf einer gezielten methodischen Umsetzung. Dabei gilt es Globalverstehen, selektives Verstehen und Detailverstehen zu unterscheiden. Beim Globalverstehen geht es darum, den Gesamtzusammenhang des Gehörten zu verstehen und einordnen zu

Globalverstehen

können, d. h. beispielsweise die Situation, den Rahmen, die Sprecher, Inhalte und Themen. Detailinformationen sind hier jedoch nicht gefragt. Darauf zielt wiederum das **Detailverstehen**, bei dem wirklich alle Informationen des Hörtextes verstanden werden sollen. Eine authentische Variante bildet daneben das **selektive Verstehen**, bei dem bestimmte Informationen gezielt herausgehört werden sollen, ohne jedoch wirklich alle Details zu verstehen. Selektives Verstehen ist häufig an Bahnhöfen oder Flughäfen gefordert, wenn beispielsweise Abfahrtzeiten, Bahngleise oder Verspätungen verstanden werden sollen, die durch einen Lautsprecher bei hohem Geräuschpegel im Hintergrund bekannt gegeben werden. Dabei gilt es herauszuhören, ob man selbst von der Mitteilung betroffen ist und ob gegebenenfalls Änderungen, z. B. Verspätungen des Zuges oder ein anderes Abfahrtgleis, zu beachten sind.

Detailverstehen

selektives Verstehen

Hörverstehen in drei Phasen

Das **Hörverstehen** kann im Spanischunterricht aktiv gefördert werden. Dazu gehört, verschiedene Phasen zu berücksichtigen: vor dem Hören, während des Hörens und nach dem Hören. Die Vorbereitung auf das Hörverstehen dient dazu, die Lernenden auf Thema, Situation oder Kontext einzustimmen, Vorkenntnisse zu aktivieren oder auch Hypothesen über das Kommende und eigene Erwartungen zu formulieren. Während des Hörens können die Lernenden durch spezifische Aufgabenformate dem Hörtext gezielte Informationen entnehmen (z. B. Schlüsselbegriffe, Anzahl der Sprecher, Ort und Zeit), gezielte Fragen zum Inhalt beantworten oder aus Einzelinformationen Rückschlüsse auf Gesamtzusammenhänge ziehen. Nach dem Hören geht es darum, abschließend das Verständnis des Gehörten zu sichern, es inhaltlich zusammenzufassen, zu analysieren und zu kommentieren.

Hör-/Sehverstehen

Eine weitere Dimension neben dem Hörverstehen bildet das **Hör-/Sehverstehen**, bei dem auditive und visuelle Aspekte miteinander kombiniert werden. Die Bedeutung des Hör-/Sehverstehens ist angesichts der Dominanz von Fernsehen, Internet oder DVD nicht zu vernachlässigen. Gerade die Kombination verschiedener Wahrnehmungskanäle kann das Verstehen erleichtern und das Spanischlernen unterstützen. So wird das Verstehen der täglichen Nachrichten im Fernsehen sicher einfacher sein als im Radio, insofern als Informationen über politische Ereignisse durch die visuelle Berichterstattung verständlicher werden und Kontexte schneller und besser hergestellt werden können. Seien es Naturkatastrophen, Terrorakte oder politische Gipfeltreffen, sie alle lassen sich durch Bild und Film schneller und leichter erfassen als allein durch den gesprochenen Text eines Nachrichtensprechers im Radio. Darüber hinaus können sprachliche Defizite durch Bedeutungskonstruktionen aus dem Bildmaterial aufgefangen werden.

Aufgabe 8.2 **?** Lesen Sie den folgenden Text durch. Sehen und hören Sie den dazugehörigen Werbefilm im Internet an.

Cruzcampo, hecha de Andalucía
Andalucía.
Andalucía no es donde termina Europa.
Es donde empieza. Aquí fue ni más ni menos donde se inició el Nuevo Mundo.
Tenemos mar, campo, nieve, desierto.
Tenemos vaqueros y hasta soldados ingleses.
Y tenemos arte, mucho arte.
El andaluz no es un acento. Es un castellano entre amigos.
Y las rubias nunca están solas. Vienen con tapa.
Aquí no comemos tomate. Nos lo bebemos.
Nuestros trajes no se lucen. Son de luz.
Y nuestros partidos siempre tienen un tercer tiempo.
En Andalucía no nos dan miedo los cuernos. Los toreamos.
No nos desabrochamos la camisa. Nos la partimos.
No andamos por la calle. La vivimos.
En Andalucía no exageramos. Son los demás los que se quedan cortos.
Amamos el aceite de oliva, el jamón y las bombillas de colores.
Amamos la amistad, la pasión y soñar a media tarde.
Amamos a los que se fueron y a los que se quedaron.
Amamos ese arte, esa risa, ese orgullo, esa casta.
Ese verde, ese blanco.
Los andaluces amamos esta tierra y brindamos por ella con esta cerveza.
Cruzcampo, hecha de Andalucía.
(http://www.ver-taal.com/pub_cruzcampo.htm)

Entwickeln Sie verschiedene Aufgabenstellungen zu diesem Werbefilm, die vor dem Sehen, während des Sehens und nach dem Sehen im Spanischunterricht Anwendung finden könnten (jeweils zwei pro Phase).

Das Sprechen in der Fremdsprache ist sicherlich weit komplexer und schwieriger umzusetzen als das Hörverstehen. Üblicherweise hat es im Spanischunterricht zwar einen wichtigen Stellenwert, doch überwiegt der Redeanteil der Spanischlehrkraft, während derjenige der einzelnen Schülerinnen und Schüler pro Unterrichtsstunde in der Regel nur wenige Sekunden oder Minuten beträgt. Diese extrem unterschiedlichen Redeanteile erklären sich u. a. mit der großen Differenz zwischen rezeptiven und produktiven Sprachkenntnissen. Gleichwohl enthebt dies den Spanischunterricht nicht seiner Verpflichtung, gerade auch die Fertigkeit Sprechen zu fördern. *Sprechen*

Dabei gilt es, das Sprechen im Dialog oder im Monolog zu unterscheiden. Beim Sprechen im Dialog kommt es darauf an, mit anderen zu interagieren, Mechanismen des Sprecherwechsels zu beachten, die Aussagen der Gesprächspartner zu verstehen und sprachlich angemessen darauf zu reagieren. Ein monologisches Sprechen hingegen verlangt die gezielte Planung und Darstel- *Dialog und Monolog*

123

lung beispielsweise eines Vortrags oder einer Erzählung. Im Referenzrahmen wird zwischen mündlicher Interaktion und mündlicher Produktion, zwischen interaktiver und transaktionaler Kompetenz unterschieden.

Text 8.1

Bei **produktiven mündlichen Aktivitäten** (beim **Sprechen**) produzieren die Sprachverwendenden einen gesprochenen Text, der von einem oder mehreren Zuhörern empfangen wird. Beispiele für solche Sprachaktivitäten sind:

– öffentliche Durchsagen (Mitteilungen, Anweisungen usw.);
– vor Zuhörern sprechen (öffentliche Reden, Vorlesungen, Predigten, unterhaltende Darbietungen, Sportreportagen, Verkaufspräsentationen usw.)

Dazu gehört zum Beispiel:
– einen geschriebenen Text vorlesen;
– anhand von Notizen oder anhand eines schriftlichen Textes oder mit anderen visuellen Stützen (Diagramme, Bilder, Schaubilder) sprechen;
– eine eingeübte Rolle spielen;
– spontan sprechen;
– singen. (Europarat 2001: 63)

Text 8.2

Bei der mündlichen Interaktion handeln Sprachverwendende abwechselnd als Sprechende und Hörende mit einem oder mehreren Gesprächspartnern, um durch das Aushandeln von Bedeutung auf der Basis des Prinzips der Kooperation das Gespräch gemeinsam entstehen zu lassen.

Während einer Interaktion werden ständig Rezeptions- und Produktionsstrategien verwendet. Ferner gibt es Klassen von kognitiven und kooperativen Strategien (auch Diskurs- oder Kooperationsstrategien genannt), die die Kooperation und Interaktion steuern, wie etwa ‚Sprecherwechsel', ‚sich auf ein Thema einigen und darauf, wie man sich ihm nähert', ‚Lösungen vorschlagen und evaluieren', ‚rekapitulieren und den erreichten Gesprächsstand zusammenfassen', ‚in einem Konflikt vermitteln' usw.

Beispiele für interaktive Aktivitäten sind:
– Tranksaktionen: Dienstleistungsgespräche;
– zwanglose Unterhaltung;
– informelle Diskussion;
– formelle Diskussion;
– Debatte;
– Interview;
– Verhandlung;
– gemeinsames Planen;
– praktische zielorientierte Zusammenarbeit usw. (Europarat 2001: 78)

Zum Sprechen gehören verschiedene mentale Prozesse: das Planen dessen, was man sagen möchte, das Formulieren, das Aussprechen sowie das Darstellen des zu Sagenden.

Darüber hinaus werden verschiedene Fertigkeitsstufen beim Sprechen unterschieden (Rampillon 1989: 98 ff.). Die erste Stufe besteht in der Reproduktion dessen, was sprachlich vorgeben ist, z. B. beim Auswendiglernen von Texten und Textpassagen oder beim Vor-/Nachsprechen in Partnerarbeit. Die zweite Stufe der Rekonstruktion beinhaltet bereits mehr Eigenständigkeit beim Sprechen, insofern als hier mit verschiedenen Stützmaßnahmen wie z. B. dem Anfertigen von Notizen Elemente freien Sprechens mit gelenktem Sprechen verknüpft werden. Die letzte Stufe der Konstruktion zielt auf das freie und eigenständige Sprechen, sei es im Monolog oder im Dialog. Die sukzessive Förderung des Sprechens gemäß diesen Fertigkeitsstufen wird sicherlich parallel zu Entwicklungen des Sprechens im Anfangsunterricht und im Fortgeschrittenenunterricht erfolgen. Ausgehend von eher reproduktiven und rekonstruktiven Anteilen, die vermutlich eher in den ersten Lernjahren überwiegen, werden zunehmend mehr eigenständige Redeanteile mit fortschreitendem Lehrgang angestrebt.

Fertigkeitsstufen beim Sprechen

Es gibt jedoch auch fremdsprachendidaktische Methoden, denen zufolge das Sprechen gerade in der Anfangsphase außen vor bleibt und Lernende im Spanischunterricht in den ersten Monaten nicht sprechen, sondern nur hören. Dies gilt insbesondere für die Methode der *Total Physical Response* (Asher) (vgl. Einheit 4; S. 50). In der Regel wird diese Methode im Anfangsunterricht Spanisch der staatlichen Schulen nicht praktiziert, sondern das Sprechen der Lernenden von der ersten Spanischstunde an eingefordert.

Total Physical Response

Dazu gehört auch das Einüben einer korrekten Aussprache, die neuerdings wieder einen etwas größeren Stellenwert einnimmt, nachdem sie im Zuge des kommunikativen Ansatzes in den 1970er Jahren stark vernachlässigt wurde. Übungen zur Ausspracheschulung werden in aktuellen Lehrwerken wieder verstärkt integriert, darüber hinaus sind auch Intonation und Gesprächsführung von Bedeutung.

Ausspracheschulung

So bedarf das Sprechen selbst gezielter Schulung. Dies kann geschehen durch das Einüben der Aussprache, bestimmter Kommunikationsmuster, von Besonderheiten des Sprechflusses im Spanischen (d. h. Intonation, Pausen, Betonung) oder auch von Besonderheiten einer mündlichen Umgangssprache.

? Schülerinnen und Schüler einer 9. Klasse tragen im Spanischunterricht (2. Lernjahr) kleinere selbst verfasste Sketche vor. In welcher Form könnte eine sinnvolle und konstruktive Ausspracheschulung in eine solche Stunde integriert werden? Entwickeln Sie mehrere Vorschläge und begründen Sie Ihre Position.

Aufgabe 8.3

Das Leseverstehen gehört in den Bereich der schriftlichen Kommunikation. Ähnlich wie das Hörverstehen umfasst das Leseverstehen *bottom up*- und *top down*-Prozesse. *Bottom up*-Prozesse sind datengeleitete, textgesteuerte Prozesse, das Lesen erfolgt vom graphischen Symbol über Phoneme, Wörter und Sätze zu Sinneinheiten. *Top down*-Prozesse hingegen sind wissensgeleitete

Leseverstehen

bottom up

top down

Abb. 8.1

Verarbeitungsprozesse und sie bedeuten, Vorerfahrungen und Vorkenntnisse zum Inhalt des Textes beim Leseverstehen heranzuziehen und über Hypothesen zum Inhalt den Lesetext zu erschließen.

Bei Lesern, die lediglich *bottom up*-Prozesse verfolgen, hängt die Lesegeschwindigkeit stark von den Fremdsprachenkenntnissen ab und kann u. U. sehr langsam sein, was das Leseverstehen stark beeinträchtigt, insofern als die Aktivitäten des Arbeitsspeichers im Gehirn durch das Lesen der Buchstaben und Wörter gebunden sind und kaum Raum für das Verstehen des Textes und seines Inhaltes insgesamt bleibt (vgl. Einheit 12, S. 199).

Ebenen des Lesens   Somit werden in der Leseverstehensforschung mehrere Ebenen des Lesens unterschieden, d. h. Dekodierung, Bedeutungselaboration und Sinnkonstitution (Karcher 1985: 16), und verschiedene Fertigkeiten verlangt.

Text 8.3   Um zu lesen, muss der Lernende
– den schriftlichen Text *wahrnehmen* können (visuelle Fertigkeiten)
– die Schrift *erkennen* können (orthographische Fertigkeiten)
– die Mitteilung als solche *identifizieren* können (linguistische Fertigkeiten)
– die Mitteilung *verstehen* können (semantische Fertigkeiten)
– die Mitteilung *interpretieren* können (kognitive Fertigkeiten)

(Europarat 2001: 93)

reading literacy   Mit den im Referenzrahmen genannten linguistischen Fertigkeiten sind sprachliche Fertigkeiten gemeint und nicht sprachwissenschaftliche. Lesen und Leseverstehen bestehen somit nicht nur aus den ersten der drei im Referenzrahmen genannten Fertigkeiten, die ein Lesen ohne wirkliches Verstehen des Gelesenen zulassen könnten, sondern gerade das Verstehen und Interpretieren des Gelesenen, d. h. das Erfassen seiner tieferen Bedeutung, gehören konstitutiv zu einer *reading literacy* dazu.

Lesekompetenz gemäß PISA   Der PISA-Studie zufolge wird *reading literacy*, d. h. die Lesekompetenz, als verstehender Umgang mit Texten betrachtet, wobei das Lesen ein komplexer Prozess der Bedeutungsentnahme ist und Lesekompetenz als Fähigkeit erachtet wird, Texte in einen größeren Zusammenhang einzuordnen und sachgerecht zu nutzen. Nach diesem Verständnis geht es um ein Lesen als

Informationsentnahme und pragmatisch-utilitaristische Vorbereitung auf Lebenswirklichkeit und Alltag (Baumert 2001).

Zum Leseverstehen gehört auch, Leerstellen im Text zu erkennen, durch Inferieren die Lücke zu schließen und Hypothesen zu inhaltlichen Zusammenhängen zu entwickeln. Wenn beispielsweise in einem Kriminalroman die Flucht einer Person durch einen dunklen, einsamen Wald sowie die Verfolgung durch zwei weitere bewaffnete Personen geschildert wird und im nächsten Kapitel der Kommissar eine Leiche in ebendiesem Wald findet, könnte diese Leerstelle im Text dahingehend gefüllt werden, dass routinierte Leser von Kriminalromanen die flüchtende Person im Wald mit der Leiche identifizieren.

Leerstellen und Inferieren

Das Leseverstehen sollte durch eine große Bandbreite an Textsorten geschult werden, z. B. Sachtexte, Prosatexte, literarische Texte, Poesie, Tabellen oder auch Bildmaterial. Gerade die Vielfalt an Textsorten sowie die Authentizität dieser Texte tragen zur Förderung des Leseverstehens im Spanischunterricht bei.

Textsorten

Bei visuellen rezeptiven Aktivitäten (beim Lesen) empfangen und verarbeiten Sprachverwendende als Lesende geschriebene Texte als Input (Eingabe), der von einem oder mehreren Autoren geschrieben wurde. Zu den Lesetätigkeiten gehören:

Text 8.4

– zur allgemeinen Orientierung lesen;
– lesen, um Informationen aufzunehmen, z. B. Nachschlagewerke benutzen;
– Anweisungen lesen und befolgen;
– zur Unterhaltung lesen.

Mit dem Lesen könnte folgende Absicht verbunden sein:
– global verstehen (erfassen, was insgesamt gemeint ist);
– selektiv verstehen (eine ganz bestimmte Information erhalten);
– detailliert verstehen (das Gesagte in seinen Einzelheiten verstehen);
– Schlussfolgerungen ziehen können usw.   (Europarat 2001: 74)

Das Leseverstehen kann im Spanischunterricht konstruktiv gefördert werden. Dabei werden *pre reading activities, reading activities* und *post reading activities* unterschieden (Hinz 1995). Vor der Lektüre eines Textes empfiehlt es sich beispielsweise, den Text sprachlich und inhaltlich vorzuentlasten, d. h. bestimmten Wortschatz, grammatische Strukturen oder auch inhaltliche Zusammenhänge zu vermitteln. Während des Lesens können Aufgabenstellungen zu gezieltem Leseverstehen den Leseprozess strukturieren und unterstützend wirken, so beispielsweise Fragen zum Globalverstehen eines Romankapitels oder auch zu einzelnen Details in einem informativen Sachtext, je nach Zielsetzung der Lektüre. Nach dem Lesen kann es darum gehen, das Verstandene zu strukturieren, zu festigen, zu analysieren oder zu kommentieren. Dabei erweist sich ein großer Unterschied zum Hörverstehen als hilfreich: Die Lese-

Leseverstehen in drei Phasen

geschwindigkeit ist individuell bestimmbar, so dass beim Leseverstehen Textpassagen oder Sätze wiederholt gelesen werden können, einzelne Aspekte im Text gezielt gesucht werden können oder auch je nach Bedürfnis schnell oder langsam gelesen werden kann.

Aufgabe 8.4

? Lesen Sie einen aktuellen Artikel aus *El País* und entwickeln Sie *pre reading activities*, *reading activities* und *post reading activities* zur Förderung des Leseverstehens an diesem Textbeispiel. Bitte nutzen Sie für Ihre Recherche die folgende Internetseite: www.elpais.com.

Schreiben

Die Fertigkeit Schreiben stellt im Spanischunterricht traditionell einen wichtigen Bestandteil dar und hat eine zentrale Funktion, insofern als auf ihrer Basis üblicherweise Noten erstellt werden.

Schreibanlässe

Dabei gilt es zunächst, Schreibanlässe zu unterscheiden: Beispiele für authentische Schreibanlässe sind das Schreiben einer E-Mail oder eines Briefes im Rahmen eines Schüleraustauschs nach Spanien, Beispiele für funktionales Schreiben sind das Verfassen einer Postkarte, eines Leserbriefs, eines Bewerbungsschreibens oder eines Briefs, die jedoch auch fingiert sein könnten und nicht unbedingt an real existierende Personen adressiert sein müssen.

gelenktes und kreatives Schreiben

Darüber hinaus sind auch gelenktes und kreatives Schreiben im Spanischunterricht relevant. Gelenktes Schreiben bedeutet, dass der Schreibauftrag etliche Vorgaben umfasst, die beim Verfassen des Textes berücksichtigt werden müssen. Diese Vorgaben können eine Hilfestellung und Orientierung für das Schreiben darstellen, jedoch auch als einengendes Korsett erfahren werden. Ein solches Korsett ist beim kreativen Schreiben weitgehend abgeschafft, insofern als hier gerade die Eigenständigkeit, Phantasie und Kreativität der Schülerinnen und Schüler im Vordergrund stehen.

Schreibprozess in drei Phasen

Der Schreibprozess selbst ist im Spanischunterricht begründet in verschiedene Phasen unterteilt: Die erste Phase beinhaltet das Planen und Strukturieren des Textes, der geschrieben werden soll. Hierzu gehören das Sammeln von Stichworten, zentralen Gedanken und Argumenten sowie die Vorstrukturierung des Inhalts. Die zweite Phase stellt das eigentliche Schreiben dar: Dabei geht es um das Formulieren des Textes selbst, wobei neben dem Inhalt auch Aspekte wie die Orthografie und der Stil zum Tragen kommen. Die letzte Phase des Schreibprozesses besteht im Überarbeiten des geschriebenen Textes. Hierzu gehören das Überarbeiten der inhaltlichen Seite, d. h. der Gedanken, der Argumentation, der Stellungnahmen etc., sowie das sprachliche Überarbeiten und eine Selbstkorrektur im Blick auf sprachliche Fehler (s. Aufgabe 8.5).

Sprachmittlung/ Mediation

Die Fertigkeit Sprachmittlung (Mediation) fordert eine Kombination verschiedener Fertigkeiten, d. h. Hör- oder Leseverstehen und Sprechen oder Schreiben. Dabei geht es um die Vermittlung zwischen Menschen, die verschiedene Sprachen sprechen. Anders als bei der Übersetzung, die seit der Grammatik-Übersetzungs-Methode im Spanischunterricht praktiziert wird, geht es bei der Mediation nicht um die wörtliche Übersetzung zwischen Deutsch und Spanisch, sondern um die sinngemäße Vermittlung von Informationen.

> Bei **sprachmittelnden Aktivitäten** geht es den Sprachverwendenden nicht darum, seine/ihre eigenen Absichten zum Ausdruck zu bringen, sondern darum, Mittler zwischen Gesprächspartnern zu sein, die einander nicht direkt verstehen können, weil sie Sprecher verschiedener Sprachen sind (was der häufigste, aber nicht der einzige Fall ist). (Europarat 2001: 89)

Lesen Sie die folgenden beiden Schreibaufgaben durch:

1. Escribid un diario de viaje.
2. Diario de viaje.

Aufgabe 8.5

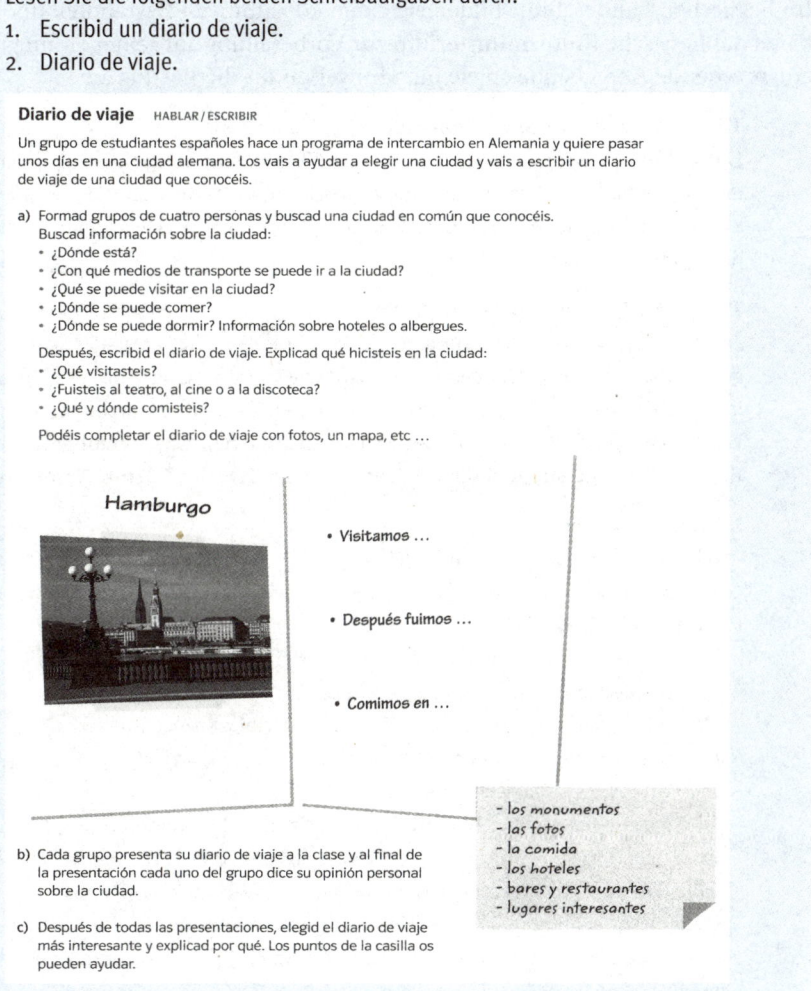

Diario de viaje   HABLAR / ESCRIBIR

Un grupo de estudiantes españoles hace un programa de intercambio en Alemania y quiere pasar unos días en una ciudad alemana. Los vais a ayudar a elegir una ciudad y vais a escribir un diario de viaje de una ciudad que conocéis.

a) Formad grupos de cuatro personas y buscad una ciudad en común que conocéis.
   Buscad información sobre la ciudad:
   • ¿Dónde está?
   • ¿Con qué medios de transporte se puede ir a la ciudad?
   • ¿Qué se puede visitar en la ciudad?
   • ¿Dónde se puede comer?
   • ¿Dónde se puede dormir? Información sobre hoteles o albergues.

   Después, escribid el diario de viaje. Explicad qué hicisteis en la ciudad:
   • ¿Qué visitasteis?
   • ¿Fuisteis al teatro, al cine o a la discoteca?
   • ¿Qué y dónde comisteis?

   Podéis completar el diario de viaje con fotos, un mapa, etc ...

   Hamburgo

   • Visitamos ...

   • Después fuimos ...

   • Comimos en ...

   – los monumentos
   – las fotos
   – la comida
   – los hoteles
   – bares y restaurantes
   – lugares interesantes

b) Cada grupo presenta su diario de viaje a la clase y al final de la presentación cada uno del grupo dice su opinión personal sobre la ciudad.

c) Después de todas las presentaciones, elegid el diario de viaje más interesante y explicad por qué. Los puntos de la casilla os pueden ayudar.

(Barquero u. a. 2010: 87)

Vergleichen Sie die beiden Aufgaben. Welche Vor- und Nachteile stellen Sie für die jeweilige Schreibaufgabe fest?

Mediation wird beispielsweise relevant, wenn Schüler/innen mit ihren Eltern den Urlaub in Spanien verbringen und ihre Eltern kein Spanisch sprechen. In diesem Fall kommt es den Lernenden zu, auf dem Campingplatz, im Hotel, im Restaurant oder beim Einkaufen sprachlich zu vermitteln. Wesentlich ist nicht, dass dabei wörtlich übersetzt wird, sondern dass die nötige Information über den Preis des Hotelzimmers, die Zusammensetzung eines Menüs oder die Öffnungszeiten der örtlichen *panadería* vermittelt werden.

Aufgaben zur Sprachmittlung

Aufgaben zur Sprachmittlung nehmen derartige Situationen auf und laden zur Mediation in fingierten authentischen Kommunikationssituationen ein. Im hessischen Landesabitur bilden sie einen konstitutiven Bestandteil und so bietet das hessische Kultusministerium zur Vorbereitung auf seiner Homepage entsprechende Aufgabenbeispiele mit Hinweisen für die Lösung an:

Text 8.5

Teil A: Aufgabe zur Sprachmittlung
Estás en un programa de intercambio en España y tu amigo tiene que hacer una presentación sobre el tratamiento del franquismo hoy en día. Le quieres ayudar y le resumes en un informe lo más importante de este artículo tomado de la prensa alemana.

Teil A: Aufgabe zur Sprachmittlung
Der Prüfling soll die Kernpunkte des Textes in Form eines Berichtes wiedergeben. Dabei wird eine sinngemäße schriftliche Zusammenfassung des wesentlichen Gehaltes des Textes im Präsens erwartet. Persönliche Stellungnahmen, Wertungen, direkte Rede und Zitate sollen nicht in den Bericht einfließen. Der Bericht sollte mit einem Einleitungssatz beginnen (Quelle, Thema, Autor usw.).

Inhaltliche Elemente:
– In Spanien gibt es 2007, gut 70 Jahre nach Ende des Bürgerkrieges und rund 30 Jahre nach Ende des Francoregimes, ein neues Gesetzesvorhaben über das „historische Gedächtnis".
– Dieses Gesetz spricht erstmals eine Verurteilung der Verbrechen während des Bürgerkriegs und des Francoregimes aus.
– Das Gesetz der regierenden sozialistischen Partei ist umstritten.
– Die PP hat Schwierigkeiten diese neue Sicht der Dinge zu akzeptieren, anderen Parteien geht das Gesetz nicht weit genug.
– Das Parlament wird mit dem Gesetz folgende Maßnahmen beschließen: materielle Wiedergutmachung, Anfechtbarkeit von Unrechtsurteilen, Zugang zu den Archiven, Umwandlung des „Valle de los Caídos" in eine Gedenkstätte, Vergabe der spanischen Staatsbürgerschaft an die Nachfahren der Exilierten, Abschaffung von faschistischen Denkmälern und Straßennamen.

(Spanisch Leistungskurs: Beispiel zur kombinierten Aufgabe (Thema und Aufgabenstellung) S. 2; (Lösungs- und Bewertungshinweise) S. 1; http://www.hessen.de/irj/HKM_Internet?cid=bca588b90975f291a162385dd543b6c7).

Der in der Aufgabe zitierte Artikel ist ebenfalls auf der genannten Homepage abrufbar.

Methodische und soziale Kompetenzen | 8.2

Neben den funktionalen kommunikativen Kompetenzen sind für den Spanischunterricht auch interkulturelle Kompetenzen (vgl. Einheit 11, S. 180 ff.), methodische und soziale Kompetenzen relevant. Gerade die letztgenannten Kompetenzen zielen darauf, dass Lernende ihre eigenen Lernprozesse bewusst und eigenständig steuern sowie dazu notwendige Strategien und Techniken entfalten (vgl. Einheit 4, S. 58 f.).

Diese Strukturierung der Kompetenzen wird auch in curricularen Texten manifest. So sind in den Bildungsstandards für Spanisch (3. Fremdsprache) im Bildungsplan Gymnasium des Landes Baden-Württemberg Leitgedanken für den Kompetenzerwerb formuliert, in denen neben den kommunikativen Fertigkeiten (Hör- und Hör-/Sehverstehen, Sprechen, Leseverstehen, Schreiben, Sprachmittlung) die Beherrschung der sprachlichen Mittel (phonologische, lexikalische und grammatische Kompetenz), Umgang mit Texten, kulturelle Kompetenz (soziokulturelles Wissen und interkulturelle Kompetenz) sowie Methodenkompetenz (Lern- und Arbeitstechniken, Sprachlernkompetenz, Medienkompetenz und Präsentation) aufgeführt sind (Ministerium für Kultus, Jugend und Sport Baden-Württemberg 2004: 364 ff.).

Bildungsplan Baden-Württemberg

Ein Spanischunterricht in diesem Sinne ist nicht allein auf die Fremdsprache und auf kommunikative Kompetenzen ausgerichtet, sondern greift auch Überlegungen der Lernerautonomie, der *language awareness*, der Sprachbewusstheit, des Lernen Lernens oder auch der Lernstrategien und Lerntechniken auf. Insgesamt steht dahinter die Vorstellung, dass die höhere Verantwortlichkeit der Lernenden für ihre eigenen Lernprozesse zu einer erhöhten intrinsischen Motivation sowie daraus resultierend zu Erfolg und Nachhaltigkeit des Spanischlernens beiträgt. Dies geschieht durch eine verstärkte Übertragung von Verantwortung an die Lernenden in Bezug auf die Planung und Gestaltung ihrer Lernprozesse, die Vermittlung von Lernstrategien und Lerntechniken oder auch die Schaffung einer angenehmen Lernatmosphäre mit zahlreichen Lernanlässen. Eine mitverantwortliche oder eigenständige Planung und Gestaltung von Lernprozessen durch die Lernenden selbst besteht in der Einflussnahme der Lernenden auf das Thema, auf den inhaltlichen oder sprachlichen Schwerpunkt, auf den Zeitpunkt und die Dauer der Bearbeitung, auf den Ort der Bearbeitung, auf die Sozial- und Aktionsformen (z. B. Einzelarbeit, Partnerarbeit usw.) oder auch auf die Methoden.

Lernerautonomie

Die Anbahnung oder Umsetzung von Lernerautonomie im Spanischunterricht lässt sich beispielsweise durch Lernstrategien unterstützen (vgl. Einheit 4, S. 58 f.).

Lernstrategien

Text 8.6

Strategien werden von Sprachverwendenden dazu eingesetzt, die eigenen Ressourcen zu mobilisieren und ausgewogen zu nutzen, Fertigkeiten und Prozesse zu aktivieren, um die Anforderungen der Kommunikation in einem Kontext zu erfüllen und die jeweilige Aufgabe erfolgreich und möglichst ökonomisch der eigenen Absicht entsprechend zu erledigen. Kommunikations- und Kompensationsstrategien sollten daher nicht einfach im Sinne eines Defizitmodells aufgefasst werden, d. h. als eine Möglichkeit, sprachliche Defizite oder fehlgeschlagene Kommunikation auszugleichen. Vielmehr setzen auch Muttersprachler regelmäßig kommunikative Strategien aller Art ein, die der jeweiligen Situation angemessen sind […].

Den Einsatz kommunikativer Strategien kann man auffassen als Anwendung der metakognitiven Prinzipien *Planung, Ausführung, Kontrolle* (*monitoring*) und *Reparaturhandlungen* bei den verschiedenen Arten kommunikativer Aktivitäten, nämlich Rezeption, Interaktion, Produktion und Mittlung. Der Begriff ‚Strategie' wird auf vielfältige Weise verwendet. In diesem Kontext ist damit die Auswahl einer möglichst effektiven Handlungsweise gemeint. Fertigkeiten, die für das Verstehen oder Artikulieren gesprochener und geschriebener Sprache unverzichtbar sind (z. B. *chunking*, d. h. das Bündeln eines Kontinuums von Sprachlauten, um diese in eine Abfolge von Wörtern zu „übersetzen", die eine propositionale Bedeutung haben), werden in Hinblick auf die jeweiligen kommunikativen Prozesse als untergeordnete Fertigkeiten eingestuft […].

(Europarat 2001: 62 f.)

direkte und indirekte
Strategien

Die Strukturierungen und Abgrenzungen zwischen verschiedenen Strategien werden immer wieder unterschiedlich vorgenommen, doch hat sich folgende Unterteilung (nach Oxford 1990) als pragmatisch und überzeugend erwiesen:

Text 8.7

Direkte Strategien	**Indirekte Strategien**
Gedächtnisstrategien	Metakognitive Strategien
– mentale Verbindungen herstellen	– das Lernen auf das Wesentliche konzentrieren
– Bilder und Geräusche anwenden bzw. nutzen	– das Lernen planen und vorbereiten
– Gelerntes genau überprüfen	– das Lernen evaluieren
– Handlungen zum Behalten nutzen	Affektive Strategien
Kognitive Strategien	– Ängste reduzieren
– aktiv üben	– sich Mut machen
– analysieren und schlussfolgern	– eigene Gefühle wahrnehmen
– Strukturen für Input und Output erstellen	Soziale Strategien
Kompensationsstrategien	– Fragen stellen
– kluges Raten	– mit anderen kooperieren
– eigene Wissensgrenzen beim Reden und Schreiben überwinden	– sich in andere hineinversetzen

(nach Oxford 1990: 17)

132

Die Unterteilung in direkte und indirekte Strategien sowie die genannten Beispiele sind auf Lehr-/Lernprozesse allgemein bezogen und können für alle Schulfächer genutzt werden. Ein direkter Bezug auf den Fremdsprachenunterricht bedeutet, Strategien konkreter auf den Wortschatzerwerb, auf Grammatikerwerb sowie auf die Fertigkeiten zu beziehen (vgl. Rampillon 1989).

Strategien im Fremd- sprachenunterricht

Ein Beispiel für eine solche konkrete Umsetzung für den Spanischunterricht bietet sich im Bildungsplan 2004 für das Gymnasium in Baden-Württemberg, in dem für die Klasse 10 folgende Methodenkompetenzen formuliert sind:

Bildungsplan Baden-Württemberg

5. METHODENKOMPETENZ

Text 8.8

Lern- und Arbeitstechniken/Sprachlernkompetenz

Die Schülerinnen und Schüler haben auf der Grundlage ihrer Muttersprache(n) und weiterer Fremdsprachen Einblick in den Systemcharakter von Sprache gewonnen. Sie können sprachliche Zusammenhänge und Gesetzmäßigkeiten zum Teil selbstständig erschließen. Diese Fähigkeiten können zur Vertiefung der Spanischkenntnisse und beim Erlernen weiterer Fremdsprachen individuell genutzt werden. Die Schülerinnen und Schüler kennen elementare Kommunikationsstrategien und Techniken für das selbstständige Lernen und Arbeiten. Sie verfügen über

- ein Inventar an verschiedenartigen Lernstrategien und können die ihrem Lernertyp entsprechende Lernstrategie auswählen und gezielt einsetzen;
- Techniken, um eigene Texte auf Fehler im elementaren Wortschatz- und Strukturenbereich hin zu überprüfen und zu verbessern;
- Strategien, um den Lernprozess selbstverantwortlich zu unterstützen und zu ergänzen (eigene Defizite erkennen und ausgleichen);
- Methoden, den Lernprozess selbstständig im Sprachenportfolio zu dokumentieren;
- wesentliche Techniken des Wortschatzerwerbs und der Wortschatzerweiterung (Wortfelder, Wortfamilien, gezielte Memorierungstechniken, fächerübergreifender und lernökonomischer Transfer von Lernerfahrungen, Vernetzung mit anderen Fremdsprachen);
- wesentliche Techniken der Worterschließung, die ihnen das Verstehen unbekannter Wörter in Texten ermöglichen (Transfer aus anderen Sprachen, Wortfamilien, Kontext);
- wesentliche Hör- und Leseverstehensstrategien (Sinnzusammenhänge kombinieren, Verstehensinseln schaffen, Illustrationen einbeziehen);
- Methoden des Umgangs mit Hilfsmitteln in den Bereichen Wortschatz (zweisprachiges Wörterbuch) und Grammatik;
- wesentliche Techniken der Texterarbeitung (Informationsentnahme durch Markierungs- und Gliederungstechniken, Mindmap) und Textproduktion (Stichwortsammlung, Strukturierung, Zusammenfassung);
- geeignete Methoden, um Informationen zu sammeln und zu gruppieren und Stichwortnotizen als Grundlage für die Sprachproduktion anzufertigen;

– Strategien, die sie befähigen, mit Partnern zielgerichtet zusammenzuarbeiten.

Medienkompetenz und Präsentation

Die Schülerinnen und Schüler können mit verschiedenen Medien umgehen und Arbeitsergebnisse angemessen präsentieren.

Sie können

– Standardsoftware nutzen;
– zu ausgewählten Themen Informationen (mit Quellenangabe) sammeln und zusammenstellen (traditionelle und moderne Medien);
– Kommunikationsmedien nutzen (für Brief- und Austauschkontakte);
– vertraute Inhalte visualisieren (Collage, Wandzeitung, Overheadfolie, Skizze und Plakat) und diese mithilfe von Stichwörtern auf Spanisch präsentieren. (Ministerium für Kultus, Jugend und Sport Baden-Württemberg 2004: 358)

Vermittlung von Kompensationsstrategien

Die Beschreibung von Strategien und zu erreichenden Kompetenzen allein stellt keine Garantie für die konkrete Umsetzung im Spanischunterricht dar, sondern Strategien müssen gezielt vermittelt und praktiziert werden, was am Beispiel der Kompensationsstrategien, die im Spanischunterricht zentral relevant sind, dargestellt werden soll. Lernende machen immer wieder Erfahrungen damit, dass sie etwas sagen möchten, jedoch über dafür notwendige einzelne Wörter oder auch ganze Satzstrukturen im Spanischen nicht verfügen. An dieser Stelle gilt es, das fehlende Sprachwissen in der konkreten Kommunikationssituation zu überbrücken.

Dies kann beispielsweise dadurch geschehen, dass den Lernenden zunächst bewusst gemacht wird, dass sie in einem Gespräch mit Muttersprachlern Defizite im Bereich Hörverstehen oder auch Sprechen haben. Sie können nicht alles oder vielleicht sogar gar nichts verstehen und sie können sich selbst nicht verständlich machen. Nach diesem ersten Schritt der Bewusstmachung könnten entsprechende Kompensationsstrategien vermittelt werden, z.B. die Entschuldigung (*Perdón, no he entendido.*), die Bitte um Wiederholung (*Puedes repetir, por favor.*), die Rückfrage (*¿Puedes explicármelo otra vez?*) oder auch die Bitte um deutliche Aussprache (*Habla más despacio, por favor.*). Hierzu gehört auch, Möglichkeiten der Umschreibung, Definition oder sogenannter „Platzhalter" (*la cosa*) sowie von Verben mit breitem Bedeutungsspektrum (*hacer*) zu nutzen. Ein Spanischunterricht, in dem aktiv Lernerstrategien vermittelt werden und die Eigenständigkeit und Autonomie der Lernenden unterstützt wird, kann somit den theoretischen Überlegungen im Sinne des Gemeinsamen europäischen Referenzrahmens, der Bildungsstandards und der Kompetenzorientierung Rechnung tragen.

Aufgabe 8.6

? Welchen Stellenwert sollten Strategien und Strategieförderung im Spanischunterricht einnehmen? Begründen Sie ihre Meinung unter Bezugnahme auf ein konkretes Beispiel.

In dieser Einheit haben Sie verschiedene Kompetenzen, Fertigkeiten und Strategien kennengelernt, die den Spanischunterricht im Sinne des Gemeinsamen europäischen Referenzrahmens für Sprachen und der Bildungsstandards prägen. Die gezielte Vermittlung fünf verschiedener Fertigkeiten – Hörverstehen bzw. Hör-/Sehverstehen, Sprechen, Leseverstehen, Schreiben, Sprachmittlung – erweist sich dabei als zentral. Ein daran angelehntes Verständnis von zu vermittelnden Kompetenzen wird auch in curricularen Vorgaben (z. B. in Baden-Württemberg) verfolgt.

Neben funktionalen kommunikativen Kompetenzen haben Sie methodische und soziale Kompetenzen kennengelernt, die sich u. a. in einem Fokus auf Lern(er)strategien manifestieren. Mit einer solchen Struktur erweitert sich das Verständnis des Spanischunterrichts von einem engen Fokus auf die Vermittlung der Sprache bzw. sprachlichen Metawissens auf ein komplexes Verständnis eines Unterrichts, in dem auch Einstellungen zur Sprache oder Methoden zum Sprachenlernen zum Tragen kommen.

Zusammenfassung

? Lesen Sie die zentralen Passagen in curricularen Vorgaben Ihres Bundeslandes zum Spanischunterricht (z. B. Lehrplan, Rahmenplan, Kerncurriculum, Bildungsstandards, Bildungsplan) in Bezug auf die Vermittlung von Kompetenzen, Fertigkeiten und Strategien. Inwiefern erscheinen Ihnen die dort aufgeführten Aussagen für Ihre eigene zukünftige Arbeit als Spanischlehrer/in hilfreich, unterstützend, einengend, erschwerend etc.? Nehmen Sie begründet Stellung.

Aufgabe 8.7

Literatur

Barquero, Antonio u. a. (2010): ¡Adelante! Nivel elemental. Stuttgart, Leipzig: Klett.

Baumert, Jürgen u. a. (Hg.) (2001): PISA 2000. Basiskompetenzen von Schülerinnen und Schülern im internationalen Vergleich. Opladen: Leske und Budrich.

Europarat (2001): Gemeinsamer europäischer Referenzrahmen für Sprachen: lernen, lehren, beurteilen. Berlin u. a.: Langenscheidt.

Hinz, Klaus (1995): Die Phasen des pre-reading, reading und post-reading im fremdsprachlichen Literaturunterricht. In: Börner, Wolfgang/Vogel, Klaus (Hg.): Der Text im Fremdsprachenunterricht. Bochum: AKS, 249–259. (Fremdsprachen in Lehre und Forschung, 17).

Karcher, Günther L. (1985): Aspekte einer Fremdsprachenlegtik: Zur Differenzierung von erst- und fremdsprachlichem Lesen. In: Jahrbuch DaF 11: 14 35.

Oxford, Rebecca L. (1990): Language Learning Strategies. What every teacher should know. Boston, MA: Heinle & Heinle.

Piepho, Hans-Eberhard (1974): Kommunikative Kompetenz als übergeordnetes Lernziel im Englischunterricht. Limburg: Frankonius.

Rampillon, Ute (1989): Lerntechniken im Fremdsprachenunterricht. Ismaning: Hueber.

Schumann, Adelheid (2009): Förderung funktionaler kommunikativer Kompetenzen. In: Grünewald, Andreas/Küster, Lutz (Hg.): Fachdidaktik Spanisch. Tradition, Innovation, Praxis. Stuttgart, Seelze: Klett, Kallmeyer, 185–212.

Wolff, Dieter (2003): Hören und Lesen als Interaktion: Zur Prozesshaftigkeit der Sprachverarbeitung. In: Der fremdsprachliche Unterricht Englisch 64 + 65: 11–16.

Internet

Kultusministerkonferenz (2003): Bildungsstandards für die erste Fremdsprache (Englisch/ Französisch) für den mittleren Schulabschluss. Beschluss vom 4.12.2003. http://www.kmk.org/schul/Bildungsstandards/1.Fremdsprache_MSA_BS_04-12-2003.pdf.

Ministerium für Kultus, Jugend und Sport Baden-Württemberg (2004): Bildungsplan Gymnasium. Spanisch (3. Fremdsprache). http://www.bildung-staerkt-menschen.de/service/downloads/Bildungsstandards/Gym/Gym_S_3f_bs.pdf.

Wortschatzarbeit

Im Zentrum dieser Einheit steht die Arbeit mit Wörtern, die eine wesentliche Basis für das Spanischlernen darstellen. Ausgehend von der Verarbeitung des Wortschatzes im Gehirn und der Darstellung des mentalen Lexikons werden Rahmenbedingungen der Wortschatzarbeit aus Sicht der Lehrenden und der Lernenden dargestellt. Hierzu gehören Verfahren der Semantisierung sowie der Festigung und Evaluation des Wortschatzes ebenso wie Hilfen zum Erlernen und Memorieren der Wörter aus Sicht der Lernenden.

Überblick

9.1 | Wörter lehren und vermitteln

Spanischlehrer/innen vermitteln im Lauf ihres Berufslebens Tausende von Wörtern und tun dies regelmäßig. Vermutlich wird in der großen Mehrheit aller Spanischstunden neuer Wortschatz eingeführt, geübt oder überprüft. Das Lehren und Lernen von Wortschatz hat demzufolge in einem Spanischlehrgang einen kontinuierlichen und wichtigen Platz. Wörter nehmen somit einen zentralen Stellenwert im Spanischunterricht ein. Diese Einsicht hat sich seit den 1980er Jahren verstärkt durchgesetzt, nachdem in der Fremdsprachendidaktik über Jahre die Grammatik als wichtigster Aspekt der Fremdsprachenvermittlung erachtet wurde (Stork 2003: 10 ff.). Doch mit Grammatik allein kann man nicht Spanisch sprechen, dazu sind vor allem auch Wörter nötig.

Diccionario de la Real Academia Española

Die Bedeutung und Anzahl von Wörtern im Fremdsprachenunterricht spiegelt sich in der Bedeutung und Anzahl von Wörtern in einer Sprache. So beinhaltet das *Diccionario de la lengua española*, das Wörterbuch der spanischen Sprache, das von der *Real Academia Española* gemeinsam mit den Akademien der anderen spanischsprachigen Länder verantwortet wird, mehr als 83.000 Einträge (Real Academia Española 2001, vgl. auch die Online-Version).

Wortschatz in der Erstsprache

Wie viele Wörter der Wortschatz eines Menschen in der Erstsprache umfasst, kann jedoch nicht in vergleichbarer Weise präzise bestimmt werden. Man geht allerdings davon aus, dass ein gebildeter Erwachsener mit Englisch als Erstsprache wahrscheinlich nicht unter 50.000 Wörter kennt und aktiv nutzen kann, dass diese Zahl jedoch weit höher liegen könnte (Aitchison 1997: 9). Gerade auch infolge der hohen Anzahl an Wörtern einer Sprache lassen sich hier kaum präzise Bestimmungen vornehmen, sondern man muss eher mit Schätzungen operieren. Dies gilt auch für die Einschätzung des Wortschatzes bei Kindern. So geht man davon aus, dass ein zweijähriges Kind im Durchschnitt etwa 500 Wörter aktiv verwendet, ein dreijähriges mehr als 1.000 und ein fünfjähriges bis zu 3.000. Der passive Wortschatz eines sechsjährigen Kindes wird auf 14.000 Wörter geschätzt (Aitchison 1997: 221).

Vokabellernen

Offensichtlich kann das Gehirn ohne besondere Mühe Tausende, wenn nicht Zehntausende von Wörtern bewältigen. Dies gilt mindestens für den Erstspracherwerb, u. U. auch für den natürlichen Zweitspracherwerb, jedoch wohl kaum für den gesteuerten Fremdsprachenunterricht. Wir alle erinnern uns sicherlich an die Anstrengungen, die das Lernen von Vokabeln gekostet hat, seien es die eigenen oder die anderer Schülerinnen und Schüler. Allein das Lernen und Behalten von beispielsweise 50 Vokabeln für einen Test sowie die sich anschließenden Testergebnisse einer Lerngruppe zeigen, wie schwierig und mühsam Wortschatzarbeit im gesteuerten Fremdsprachenunterricht sein kann.

Funktionsweise des Gehirns

Die bislang aufgeführten quantifizierenden Aussagen führen zu der Frage, wie das menschliche Gehirn mit dieser hohen Anzahl an Wörtern umgeht. Der Forschungsstand in der Psycholinguistik und in der Kognitionswissenschaft verweist dazu auf einen menschlichen Wortspeicher im Gehirn, der als „mentales Lexikon" bezeichnet wird. Es ist ein Modell bzw. eine Metapher für diesen Wortspeicher, der vor allem hocheffektiv funktioniert, wenn man bedenkt, in welchen Bruchteilen von Sekunden Muttersprachler in der Lage sind, unter zehntausenden von möglichen Wörtern genau die benötigten Wörter für das Formulieren eines Satzes zu finden oder Wörter beim Hören sofort zu verstehen.

mentales Lexikon

Ein vollständiger und detaillierter Einblick in das mentale Lexikon ist mit den derzeitigen Forschungsmethoden nicht möglich. Hinweise auf das mentale Lexikon werden aus Wortsuche und Versprechern von Menschen ebenso erschlossen wie aus Wortfindungsproblemen von Aphasikern (d. h. Menschen mit Gehirnschädigung beispielsweise nach einem Verkehrsunfall), aus psycholinguistischen Experimenten oder aus Arbeiten der theoretischen Linguistik (Aitchison 1997: 20 ff.). Daher lassen diese Zugänge jeweils nur indirekte Schlussfolgerungen zum mentalen Lexikon zu.

Forschung zum mentalen Lexikon

Demzufolge ist das mentale Lexikon

Charakteristika

- ► in seinem Umfang nicht beschränkt,
- ► in seiner Entwicklung dynamisch und flexibel,
- ► in seinen Einträgen immer *up to date*,
- ► sowie in seiner Struktur netzwerkartig angelegt.

Wörter sind im mentalen Lexikon in einem engen Geflecht miteinander verbunden. Diese Wortgewebe sind offenbar nach semantischen Feldern strukturiert. Die Verbindungen lassen sich als Gerüst vorstellen, das flexibel und für Ergänzungen offen ist (Aitchison 1997: 105 ff.). Anstelle einer alphabetischen Ordnung wie in gedruckten Wörterbüchern sind die Einträge nach Bedeutungsähnlichkeit oder Lautähnlichkeit geordnet. Vermutlich werden Wörter auch nach Wortklassen geordnet, wobei wohl auch eine grundlegende Unterteilung in Funktionswörter und Inhaltswörter vorgenommen wird. Die einzelnen Einträge umfassen phonologische, morphologische, semantische und syntaktische Informationen zu den Wörtern. Insgesamt handelt es sich bei dem Gesamtaufbau des mentalen Lexikons

Vernetzung von Wörtern

> [...] um einen evolutionären Mischmasch, dessen Bestandteile sich im Laufe der Jahrtausende zu einer etwas merkwürdigen Komposition verbunden haben. So sind die beiden Hauptkomponenten verschieden strukturiert; die eine erleichtert die Worterzeugung, die andere die Worterkennung. Beide überschneiden sich mit anderen Aspekten der Sprache und Kognition und interagieren mit ihnen. Insgesamt gesehen, beruht das mentale Lexikon – ein Begriff, der wohl als Metapher zu verstehen ist – auf Verbindungen, nicht Lokalisierungen, Kernbereichen, nicht Peripherien und Umrissen, nicht festen Details.
>
> (Aitchison 1997: 301)

Die bislang aufgeführten Beschreibungen beziehen sich auf ein monolinguales mentales Lexikon. Wie sieht nun das mentale Lexikon von Bilingualen aus? Verfügen Mehrsprachige über ein einziges Lexikon, in dem die verschiedenen Sprachen integriert aufgeführt sind, oder über mehrere Lexika, in denen jede einzelne Sprache getrennt aufgeführt ist? Der Stand der Forschung zu dieser Frage ist noch nicht abgeschlossen, jedoch bestehen verschiedene Hypothesen. Sie postulieren eine

mentales Lexikon von Bilingualen

Hypothesen

- ► getrennte Speicherung je nach Sprache,
- ► gemeinsame Speicherung aller Sprachen in einem mentalen Lexikon,
- ► getrennte Speicherung sprachspezifischer Elemente und gemeinsame Speicherung ähnlicher Elemente,
- ► gemeinsame Speicherung aller Sprachen mit starker Verbindung zwischen Elementen derselben Sprache (Stork 2003: 76 ff.).

Aufgabe 9.1 | **?** Fassen Sie die zentralen Aussagen zum mentalen Lexikon zusammen. Was bezeichnet dieser Begriff und wie ist das mentale Lexikon aufgebaut?

Im Zusammenhang mit den genannten Überlegungen zum mentalen Lexikon und zum Wortschatz eines Menschen stellt sich die Frage nach einer begründeten Auswahl und Menge des im Spanischlehrgang zu erlernenden Wortschatzes (vgl. Barrera-Vidal 1977). Curricularen Vorgaben zufolge kann die Menge des Wortschatzes im Spanischunterricht je nach Bundesland erheblich variieren.

Im Lehrplan des Jahres 1994 schreibt Bayern ca. 500 Wörter für Spanisch als spätbeginnende Fremdsprache jeweils in Klasse 10, 11 und 12 vor (Bayerisches Kultusministerium 1994: 97, 102, 106), Hessen hingegen verlangt 2010 etwa 1000 lexikalische Einheiten für Spanisch als 2. Fremdsprache in Klasse 6 (Hessisches Kultusministerium 2010: 12). Im Durchschnitt der Bundesländer werden wohl 600–700 Wörter pro Lernjahr vorgeschrieben.

Hamburger Rahmenplan

Im Hamburger Rahmenplan 2003 für Spanisch an der Realschule werden keine genauen Anforderungen an den Umfang des zu vermittelnden Wortschatzes vorgegeben. Stattdessen wird aktiver und passiver Wortschatz deutlich unterschieden:

Text 9.1 | **Wortschatz und Idiomatik:** Das Erlernen von Wörtern, Kollokationen (Wortverbänden) und idiomatischen Wendungen hat eine semantische, eine phonetische und eine orthografische Komponente. Aufgabe der Wortschatzarbeit ist es, alle Aspekte gezielt zu schulen.

Die Schülerinnen und Schüler erwerben einen aktiven Wortschatz, der für die Textrezeption und die Textproduktion verfügbar ist. Seine Auswahl richtet sich einerseits nach seiner Verwertbarkeit in realen und erwartbaren zukünftigen Kommunikationssituationen, nach Sprechabsichten und nach Themen, die für Schülerinnen und Schüler dieser Altersstufe interessant sind, und andererseits nach der allgemeinen Vorkommenshäufigkeit im mündlichen und schriftlichen Gebrauch der jeweiligen Standardsprache. Zur Übung und Festigung eignen sich besonders offene und spielerische Unterrichtsformen, z. B. Rätsel, Wettspiele, Lernkarteien; die Schülerinnen und Schüler werden angeleitet, selbstständig mit einem Partner oder in Kleingruppen zu arbeiten.

Neben dem aktiven wird von Anfang an auch ein passiver Wortschatz erworben. Dieser muss für die Dauer der Beschäftigung mit einem bestimmten Stoffgebiet verfügbar sein. Er wird jedoch nicht wie der aktive als dauernd verbindlicher Wortschatz wiederholt, gefestigt und geprüft. Der passive Wortschatz erweitert sich in engem Zusammenhang mit den Fortschritten des Hör-, Seh- und Leseverstehens und den dort eingeübten Lerntechniken zur Aufnahme und Verarbeitung von Information. Die Schülerinnen und Schüler üben und festigen ihre Techniken zur Bedeutungsermittlung, insbesondere durch das Erkennen von verwandten Wörtern in anderen Sprachen und durch das Erschließen von Wörtern aus dem Kontext.

(Freie und Hansestadt Hamburg. Behörde für Bildung und Sport 2003: 13 f.)

Angesichts dieser unterschiedlichen Zahlen und offenen Vorstellungen gilt es auszuloten, welche Wörter denn nun im Spanischunterricht ausgewählt und vermittelt werden sollen. Als wesentliches Kriterium wird immer wieder die Häufigkeit eines Wortes gewählt (z. B. im Hamburger Rahmenplan). Ein Meilenstein, der einen wesentlichen Beitrag zu einer fundierten Auswahl von Wortschatz darstellt, ist das *Français Fondamental* in den 1960er und 1970er Jahren (Ministère de l'Education Nationale 1966, 1973). Ausgehend von einem strukturalistischen Sprachverständnis und auf der Basis einer Untersuchung gesprochener Sprache wird ein Grundwortschatz des Französischen nach dem Kriterium der Frequenz der Wörter im realen Sprachgebrauch erstellt. *(Français Fondamental)*

Analog dazu besteht in Spanien eine Initiative zur Erstellung des *Español fundamental* ausgehend von einem Corpus von 1.200.000 Wörtern des gesprochenen Spanisch. „El español fundamental representa un esfuerzo para conocer, con criterios estadísticos, la configuración estructural, lexicológica, sintáctica, estilística, etc. del español hablado." (Rojo Sastre/Rivenc/Ferrer 1968: 10) *(Español fundamental)*

Bis heute wird die Auswahl des Wortschatzes im Fremdsprachenunterricht u. a nach dem Kriterium der Häufigkeit vorgenommen (vgl. Barrera-Vidal 1977).

Infolge des Aufkommens der kommunikativen Didaktik in den 1970er Jahren erfolgen eine Abkehr von alphabetisch geordneten Wortlisten nach der Logik des *Français Fondamental* und die Hinwendung zu Redemitteln und Kommunikationssituationen. Ausgehend von Sprechintentionen in verschiedenen Kommunikationssituationen werden Redemittel zur Umsetzung der Intentionen aufgelistet. *(Redemittel)*

Bis heute ist die Auswahl des im Spanischunterricht vermittelten Wortschatzes an diesen Überlegungen orientiert. Die Ausrichtung am gespro- *(Kriterien: Frequenz, Relevanz)*

141

chenen Spanisch, an der Häufigkeit der Wörter, an Bezügen zur Lebenswelt der Jugendlichen sowie an Sprechintentionen und Redemitteln fließt in die Auswahl und Vermittlung von Wörtern ein. Die genannten Kriterien gelten jedoch nicht als absolut. Das Kriterium der Häufigkeit wird beispielsweise ergänzt durch inhaltliche und thematische Bezüge oder auch durch Motivation und Umsetzbarkeit in Kommunikationssituationen. So erweisen sich Wörter zur Bezeichnung von Gegenständen in einem Klassenzimmer (z. B. *la tiza, la pizarra, …*) als nicht hoch frequent. Gleichwohl werden sie in der Regel recht früh im Spanischunterricht vermittelt, da sie in der konkreten Kommunikationssituation im Unterricht wichtig sind.

produktiver, rezeptiver und potenzieller Wortschatz

Darüber hinaus unterscheidet man im Spanischunterricht den produktiven (aktiven) und den rezeptiven (passiven) Wortschatz sowie den potenziellen Wortschatz. Der produktive Wortschatz bezeichnet die gesamte Anzahl an Wörtern, die ein Mensch aktiv selbst benutzt. Der rezeptive Wortschatz umfasst die Menge aller Wörter, die Lernende verstehen, jedoch selbst nicht anwenden können und würden. Der rezeptive Wortschatz ist weit umfangreicher als der produktive Wortschatz. Der potenzielle Wortschatz umfasst Wörter, die zwar noch nicht gelernt wurden, jedoch beim ersten Hören verstanden werden. Hierunter fallen Internationalismen, d. h. Wörter, die in vielen Sprachen existieren (z. B. Hotel, Restaurant, in, international oder Europa), oder auch Ableitungen aus Wörtern, die bereits gelernt wurden (z. B. *trabajo* von *trabajar, calor* von *caliente*).

Aufgabe 9.2

? Welche der folgenden Wörter sollten aus Ihrer Sicht im Anfangsunterricht Spanisch (d. h. im 1. und 2. Lernjahr) vermittelt werden, welche nicht? Begründen Sie Ihre Auswahl.

comer, yo, el mercado, la flor, el clavel, el granero, finalmente, la capital, cuando, rápido, ir, la casa de paredes entramadas, el herrador, fracasar, leer, aprender, internacional, Inglaterra, evidentemente, gozar de, el bálsamo de tigre, si, la OTAN, ella, el/la cortacésped, buenos días, mama, el diputado, rojo

Die Wortschatzarbeit umfasst aus Perspektive der Lehrenden verschiedene Schwerpunkte. So geht es um die Einführung neuen Wortschatzes, um Einübung und Transfer sowie um die Überprüfung des Wortschatzes.

Semantisierung

Die Phase der Einführung neuer Wörter und der Erklärung ihrer Bedeutung wird als Semantisierung bezeichnet. Grundsätzlich gilt es, zwischen der aktiven und bewussten Semantisierung durch die Lehrkraft, der inzidentellen Semantisierung und der Autosemantisierung zu unterscheiden.

Semantisierungsverfahren

Bewusst durch die Lehrkraft durchgeführte Semantisierungsverfahren lassen sich unterscheiden in sprachliche und nicht-sprachliche Semantisierungsverfahren, erstere wiederum in einsprachige und zweisprachige Semantisierungsverfahren.

1. Sprachliche Semantisierung		
1.1 Einsprachige Semantisierung	Definition	**El microondas** es un horno eléctrico que funciona con radiaciones electromagnéticas, que permiten que los alimentos se calienten o se cocinen con gran rapidez. (vgl. Pons Diccionario ilustrado de la Lengua Española 2006: 696)
	Umschreibung	El **domingo**, no se trabaja, se pone ropa bonita, se come bien y hay gente que va a la misa.
	Charakterisierung	**El tigre** es un animal grande, fuerte, peligroso y salvaje. Le gusta dormir y cazar a otros animales cuando tiene hambre.
	Beispiel	Madrid es **la capital** de España.
	Synonym	**buscar hacer algo** = tratar de hacer algo
	Antonym	**grande** – pequeño
	Wortfamilie	**el fruto,** la fruta, el frutal, el frutero, la fruticultura, la frutería, fructificar, la fructificación, fructífero
1.2 Zweisprachige Semantisierung	Übersetzung	**de alguna manera** – quiere decir *irgendwie*
2. Nicht-sprachliche Semantisierung	Mimik	Soy **feliz**. – glücklichen Gesichtsausdruck imitieren
	Gestik	Soy **fuerte**. – auf eigene Muskeln zeigen und die Muskeln am Oberarm anspannen
	Proxemik	**Estoy andando de un lado para otro**. – im Klassenzimmer umherlaufen.
	Visualisierung durch Foto, Zeichnung	**un coche** – Foto eines Autos zeigen oder Auto an die Tafel zeichnen
	Gegenstand	**el libro** – auf ein Buch in der Klasse zeigen

Die aktive Semantisierung wird häufig als Vorentlastung vor der Erarbeitung eines neuen Textes durchgeführt. Wesentlich ist die Berücksichtigung verschiedener Phasen bei dieser Einführung, d. h. die Orientierung an den vier Fertigkeiten Hören – Sprechen – Lesen – Schreiben in dieser Reihenfolge. Zunächst sollten die Lernenden das jeweilige Wort mehrfach hören, es dann selbst nachsprechen und dabei die Aussprache üben, anschließend das Wort lesen, sei es an der Tafel oder im Text, und schließlich das Wort selbst schreiben.

Semantisierung in vier Phasen

? Welche Semantisierungsverfahren würden Sie für die folgenden Wörter nutzen? Begründen Sie Ihre Entscheidung.

curioso, lavar, el mono, la semana, pequeño, facilmente, si, cuándo, Francia, aprender, el panadero

Aufgabe 9.3

| inzidentelle Semantisierung | Die inzidentelle Semantisierung verläuft demgegenüber zufällig und nebenher im Unterrichtsgeschehen. Im Zentrum einer solchen Spanischstunde stehen Texte, Inhalte oder Themen, nicht jedoch die Semantisierung an sich. Falls ein neues Wort in dem zu lesenden Text vorkommt, wird es gegebenenfalls und auf Nachfrage der Lernenden besprochen. Anders als im Anfangsunterricht, in dem es gezielt um die Erweiterung des Wortschatzes geht, ist die inzidentelle Semantisierung jedoch nicht Ziel und Zweck der Stunde, sondern ein Nebenprodukt. |

Die inzidentelle Semantisierung verläuft demgegenüber zufällig und nebenher im Unterrichtsgeschehen. Im Zentrum einer solchen Spanischstunde stehen Texte, Inhalte oder Themen, nicht jedoch die Semantisierung an sich. Falls ein neues Wort in dem zu lesenden Text vorkommt, wird es gegebenenfalls und auf Nachfrage der Lernenden besprochen. Anders als im Anfangsunterricht, in dem es gezielt um die Erweiterung des Wortschatzes geht, ist die inzidentelle Semantisierung jedoch nicht Ziel und Zweck der Stunde, sondern ein Nebenprodukt.

Die Autosemantisierung ist dadurch charakterisiert, dass Lernende selbst und eigenständig die Semantisierung vornehmen und dieser Prozess nicht zentral durch die Lehrkraft gesteuert ist. Sie erschließen sich die neuen Wörter selbst und greifen dabei auf ihre Kenntnisse aus anderen Sprachen, auf Ableitungen oder auf Hinweise aus dem Kontext zurück. Dieses Verfahren steht im Zeichen der Lernerautonomie und nimmt daher einen immer stärkeren Platz im Spanischunterricht ein.

Mit der Einführung der neuen Wörter haben die Lernenden diese jedoch noch längst nicht dauerhaft in ihr mentales Lexikon aufgenommen. Weitere Schritte zur Vermittlung und Festigung des Wortschatzes bestehen somit in Aufgaben und Übungen zum Wortschatz, in denen die neuen Wörter angewendet und verarbeitet werden. Diese Verfahren sollten nicht allein Formen stupider und eindimensionaler Wiederholung folgen, sondern die Wörter in immer neuen Zusammenhängen umwälzen. Gerade angesichts neuerer Entwicklungen hin zu Aufgabenorientierung (*task based language learning*), zu inhaltsbezogenem Spanischunterricht und Kompetenzorientierung gilt es, Übungen nicht mehr im Sinne einer einfachen Anwendung der neuen Wörter in sich wiederholenden Kommunikationssituationen anzulegen – und schon gar nicht im Sinne von *Pattern drill*-Übungen. Übungen sollten vielmehr an komplexen und authentischen Aufgaben und Redeanlässen orientiert sein.

Die Überprüfung des gelernten Wortschatzes erfolgt traditionell in Vokabeltests. Das Abfragen von Wortgleichungen entspricht jedoch kaum Erkenntnissen der Psycholinguistik und Gedächtnispsychologie. Wörter werden in Kontexten angewandt und nicht entkontextualisiert genutzt. Dies gilt es auch, in der Evaluation zu respektieren. Anstelle eindimensionaler Wortgleichungen ist es sinnvoller, eine an authentischen Kommunikationssituationen orientierte Anwendung im Unterricht selbst anzuleiten (vgl. Einheit 13, S. 217 ff.).

9.2 | Wörter lernen und behalten

Überlegungen zur Wortschatzarbeit beziehen sich nicht nur auf den Anteil der Lehrenden, sondern auch auf die Arbeit, die die Lernenden vornehmen müssen. Gerade wenn man von Positionen ausgeht, die Spanischlernen als eigenständigen und aktiven Konstruktionsprozess der Lernenden begreifen (vgl. Einheit 4, S. 55 ff.), gilt es, vor allem auch den Lernenden und ihren Akti-

144

vitäten Rechnung zu tragen. Hierzu gehören die Aufnahme neuer Wörter, ihre Einübung und dauerhafte Memorierung.

Ausgehend von den eingangs dargestellten Aspekten zum mentalen Lexikon und aktuellen Forschungen der Psycholinguistik und Gedächtnispsychologie können Lernen und Memorieren von Wörtern durch verschiedene Aspekte erleichtert werden. Behaltensleistungen des Gehirns werden in Zusammenhang mit unterschiedlichen Gedächtnismodellen und -theorien erklärt. Diese Gedächtnismodelle sehen die Leistung des Gehirns beispielsweise in Abhängigkeit von einem Zeitfaktor oder auch von der Intensität der Verarbeitung.

Gedächtnismodell

Der Mehrspeichertheorie (Shiffrin/Atkinson) zufolge wird das Gedächtnis in das sensorische Register, das Kurzzeit- und Langzeitgedächtnis unterteilt. Die Aufnahme von Informationen in den Gedächtnisspeicher erfolgt von kurzzeitigen zu dauerhaften und langzeitigen Verarbeitungen. Das Kurzzeitgedächtnis bzw. Arbeitsgedächtnis kann etwa sieben Einheiten, z. B. Wörter, erfassen und kurzzeitig, d. h. vermutlich für wenige Sekunden, behalten. Durch Wiederholung kann die Behaltensdauer verlängert werden. Im Langzeitgedächtnis sind Informationen z. T. sogar lebenslang enthalten, doch auch hier gibt es die Möglichkeit des Vergessens (Stork 2003: 56 ff.).

Mehrspeichertheorie

Daneben besteht auch ein Gedächtnismodell, das von der Intensität der Verarbeitung als Kriterium für eine dauerhafte Aufnahme von Informationen in das Gedächtnis ausgeht. Nach der Theorie der Verarbeitungstiefe bzw. dem Mehrebenenansatz (Craik/Lockhart) ergibt sich für die Aufnahme und Memorierung z. B. von Wörtern eine erleichterte und erhöhte Behaltensleistung durch eine tiefergehende Verarbeitung. Die Gedächtnisspur ist abhängig vom Grad der Oberflächlichkeit oder der Gründlichkeit der Verarbeitung (Stork 2003: 61 f.).

Theorie der Verarbeitungstiefe

Gemäß der Theorie der dualen Kodierung (Paivio) geht man von zwei Gedächtnissystemen aus: von einem imaginalen und einem verbalen System. Nicht-sprachliche Informationen, d. h. Vorstellungsbilder visueller, auditorischer oder haptischer Natur, werden im imaginalen System verarbeitet, sprachliche Informationen im verbalen System. Während das imaginale System Informationen parallel, flexibel und schnell verarbeitet, erfolgt die Verarbeitung im verbalen System statisch und langsamer. Diese Theorie erklärt, warum konkrete und bildhafte Wörter leichter und schneller gelernt und behalten werden als abstrakte Begriffe (Stork 2003: 62 ff.).

Theorie der dualen Kodierung

Im Blick auf das Wortschatzlernen führen diese Gedächtnismodelle ebenso wie die Hypothesen zum mentalen Lexikon zur Berücksichtigung verschiedener Aspekte im Spanischunterricht. Das Lernen von Wörtern wird somit erleichtert und nachhaltig unterstützt durch

Erleichterung des Wortschatzlernens

► mehrkanalige Einführung und Anwendung,
► Anschluss von Neuem an bereits Bekanntes,
► Verknüpfung von Wort und Bild,

145

- Auffälligkeit in der Wahrnehmung, d. h. visuelle Hervorhebung von Besonderem,
- Wiederholung in elaborierter Form, d. h. in neuen Varianten,
- tiefergehende Verarbeitung,
- Herstellung eines Lernkontextes,
- Übertreibung und Humor,
- Anregung der Phantasie und
- Vernetzung in Sinnzusammenhängen.

Vokabelverzeichnis Das Lernen von Vokabeln erfolgt im Spanischunterricht üblicherweise mit Hilfe von Vokabelverzeichnissen in Lehrwerken und durch das Abschreiben und Lernen dieser Vokabeln in Listenform (Neveling 2004: 95 ff.). In den Vokabelverzeichnissen der Lehrwerke sind die in einer Lektion neu eingeführten Wörter in der Reihenfolge ihrer Einführung aufgelistet. Die Listen sind in der Regel dreispaltig: In der ersten Spalte befindet sich das spanische Wort, häufig auch mit phonetischer Umschrift, in der zweiten Spalte ein kurzer Beispielsatz, eine Erklärung oder Zeichnung, in der dritten Spalte die deutsche Übersetzung. Das Vokabelverzeichnis im Lehrwerk *¿Qué pasa?* (Martos Villa u. a. 2006) enthält darüber hinaus Zeichnungen, landeskundliche Erklärungen (2006: 161) oder gesonderte Aufführungen von Vokabeln nach Wortfeldern, z. B. die Wochentage (2006: 173) oder Farben (2006: 174).

Vokabellernen Obwohl das Anfertigen eines eigenen Vokabelhefts seit Jahrzehnten von Lehrenden, Lernenden und Eltern als Basis für das Vokabellernen erachtet wird, haben fremdsprachendidaktische Forschungen längst zu einer Abkehr davon plädiert. Die Effektivität dieses klassischen Vokabellernens wird wiederholt in Frage gestellt (Holtwisch 2000). Diese Form des Vokabellernens führt vor allem dazu, sich zu erinnern, auf welcher Seite und an welcher Stelle im Lehrwerk die jeweilige Vokabel abgedruckt ist, nicht jedoch, was sie bedeutet. Weit effektiver als das individuelle Lernen von Vokabeln mit Vokabelheft ist die wiederholte Anwendung der neuen Wörter im Unterricht. Das Lernen und Memorieren neuer Wörter sollte dabei vor allem nicht entkontextualisiert erfolgen.

Alternativen zu den Vokabelheften bestehen in Verfahren, in denen die Wörter individuell und flexibel durch die Lernenden bearbeitet werden. Lernen und Memorieren von Wörtern könnte u. a wie im folgenden Beispiel realisiert werden:

Karteikasten Selbst angefertigte Vokabelkarteikarten, die im Karteikasten jeweils neu geordnet werden können, bieten Lernenden einen aktiven, konstruktiven Zugang zu Wörtern. Auf den jeweiligen Karteikarten werden auf der Vorderseite die einzelnen Wörter aufgeführt und auf der Rückseite Beispielsätze, einsprachige Erklärungen oder auch eine Übersetzung. Ein weiterer Vorteil des Karteikastens besteht in einer flexiblen Neuordnung der Karten je nach individuellem Lernstand der Einzelnen. Aktuelle Lehrwerke bieten detaillierte

Hinweise zur Erstellung und Nutzung von Wortkarteien. Darüber hinaus werden solche Karteikästen zum Kauf angeboten und stellen eine weit verbreitete und gängige Alternative zum Vokabelheft dar.

? Vergleichen Sie das Lernen von Wörtern mit Hilfe eines Vokabelhefts und mit Hilfe eines Karteikastens. Welche Vor- und Nachteile beinhalten die jeweiligen Verfahren? Was würden Sie Ihren zukünftigen Schülerinnen und Schülern empfehlen? Begründen Sie Ihre Entscheidung.

Aufgabe 9.4

Eine wichtige Möglichkeit zur Erleichterung des Memorierens bilden Mnemotechniken. Mnemotechnik ist ein Begriff aus dem Griechischen: μνήμη (mneme) bedeutet Gedächtnis bzw. Erinnerung. Mnemotechniken sind Gedächtnishilfen und Techniken, die das Lernen und Behalten unterstützen. Sie wurden insbesondere von Rednern der Antike genutzt, um mit ihrer Hilfe längere Reden frei halten zu können. Darunter fallen einfache Merksätze und Reime ebenso wie komplexe Methoden, z. B. die Folgenden:

Mnemotechnik

► Loci-Technik: Eine Reihenfolge von Dingen, z. B. die zu behaltenden Wörter, werden mit bestimmten Orten verbunden, beispielsweise mit Haltestellen der Straßenbahn oder einer Buslinie. Die Lerninhalte werden damit lokalisiert und das Behalten vereinfacht.

Loci-Technik

Beispiel: Um eine Einkaufsliste für einen Supermarkt zu behalten, werden die einzelnen Wörter mit einem Weg assoziiert: *el pescado* mit der eigenen Haltestelle, *la mantequilla* mit der ersten Abbiegung nach links, *el aguacate* mit der großen Linde 200 Meter weiter, *la zanahoria* mit der nächsten Haltestelle, usw.

► Erfinden einer Geschichte: Neu zu lernende Wörter werden nicht entkontextualisiert der Reihenfolge nach gelernt, sondern zu einer Geschichte verbunden. Die Lerninhalte werden so miteinander verknüpft, der Rahmen wird behalten und das Memorieren der einzelnen Elemente dadurch unterstützt.

Geschichte bzw. Wortkette

Beispiel: Eine Wortliste (z. B. *el sol, el invierno, comer, rápidamente, la variedad, el león, el carnicero, feliz*) wird zu einer Geschichte oder einer Wortkette assoziiert: *En invierno, el león no es feliz porque el sol se pone temprano. Para consolar al animal, el carnicero del parque zoológico le da rápidamente una gran variedad de carne para comer.*

► Schlüsselwortmethode: Ein Wort wird über Assoziationsketten gelernt. Ausgangspunkt ist die Aussprache des spanischen Worts, das ähnlich wie ein anderes Wort im Deutschen klingt. Über diese Bedeutungsähnlichkeit wird ein Bezug zwischen den Wörtern generiert.

Schlüsselwortmethode

Beispiel: *la escalera* – eskalieren; wenn ein Kind eine hohe Treppe hinunterfällt und sich dabei verletzt, eskaliert die Situation.

Assoziationen: Eselsbrücke und Merksatz

Die auf Assoziationen basierende Struktur des mentalen Lexikons legt nahe, Assoziationen gezielt zum Wortschatzlernen zu nutzen. Somit bietet es sich auch an, auf Eselsbrücken, d. h. Merkverse, Reime oder Lernsprüche, zur Unterstützung der Erinnerung zurückzugreifen. Ein Beispiel zur Akzentsetzung bei spanischen Interrogativpronomen ist der Merksatz: „Wenn du schreibst ein Fragewort, setze den Akzent sofort." Ein Merksatz zum korrekten Gebrauch von *otro, -a* ist der Folgende: „Pass auf beim Reden und beim Schreiben, lass *un* vor *otro* immer bleiben."

Wörternetz

Eine weitere Möglichkeit zur Arbeit mit Wörtern sind Wörternetze. Sie stellen ebenfalls eine konkrete Umsetzung für den Spanischunterricht aus der Erkenntnis über die netzwerkartige Struktur des mentalen Lexikons dar (Neveling 2004). Das Erstellen eines Wörternetzes erfolgt in drei Schritten. Nach einer ersten Vorordnung der neuen Wörter werden Teilnetze erstellt und auf Papier festgehalten. Diese Wörter werden in einem dritten Schritt miteinander durch Linien verbunden und das Wörternetz schließlich mit Umrahmungen und eventuell mit kleinen Zeichnungen ausgeschmückt.

Anstelle einer linearen Anordnung der Wörter werden Wörter somit in einem Gewebe angeordnet und aufgebaut. Dabei lassen sich Wortfamiliennetze, Sachnetze, Begriffsnetze, Merkmalsnetze, Klangnetze, syntagmatische Netze und affektive Netze unterscheiden (Neveling 2007: 6).

Text 9.2

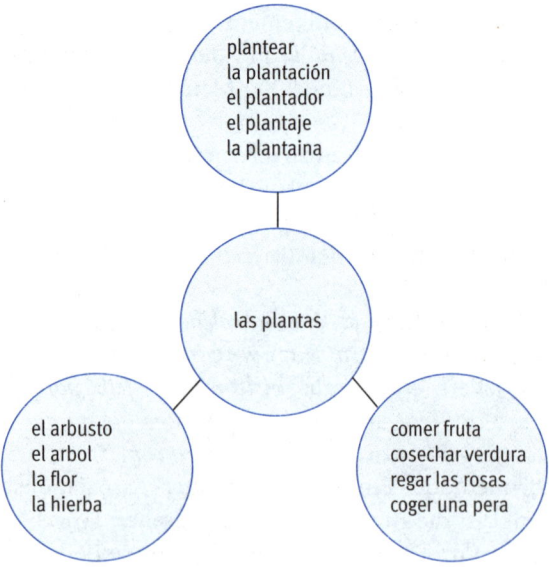

Aufgabe 9.5

? Entwickeln Sie ein Wörternetz ausgehend von dem Begriff *la fiesta*. Beschreiben Sie anschließend, wie und nach welchen Kriterien Sie dieses Wörternetz aufgebaut haben.

Darüber hinaus lassen sich Wörter gut durch Wortbilder einprägen. Hierbei *Wortbilder*
wird die Bedeutung des jeweiligen Wortes durch eine entsprechende Visuali-
sierung dargestellt. Ein Wort wird mit einer Form gezeichnet oder mit einer
Anordnung der Buchstaben, die die Bedeutung des Wortes zum Ausdruck
bringen. Die Assoziation erfolgt durch die Verknüpfung von Wort und Bild.
Die folgenden Wortbilder, die von Amrei (12 Jahre) und Johannes (11 Jahre)
gemalt wurden, erleichtern nicht nur das Behalten des jeweiligen Wortes, sondern unterstützen auch die Motivation zum Spanischlernen und eignen sich
besonders für den Anfangsunterricht.

? Entwickeln Sie zu den folgenden Wörtern Visualisierungen mit Hilfe von Wortbildern, | Aufgabe 9.6
die die Bedeutung der jeweiligen Wörter verdeutlichen.

la luna, comer, andar, el soldado, grande, rápidamente, el pantalón

Neben diesen kreativen Formen der Wortschatzarbeit lässt sich das Lernen Wortschatzliste
von Wörtern im Spanischunterricht auch in der Arbeit mit Wörterbüchern und Wörterbuch in
realisieren. Lehrwerke bieten in den Einzelbänden eines Lernjahrs ein selek- Lehrwerken
tives Wörterverzeichnis aller Wörter an, die in dem jeweiligen Band oder in
vorausgehenden Bänden aufgeführt sind. Diese Wörterverzeichnisse sind in
alphabetischer Reihenfolge in Deutsch – Spanisch und in Spanisch – Deutsch
angeordnet. Sie enthalten neben dem spanischen Wort z.T. Informationen zur
Grammatik (z.B. zur Konjugation oder mögliche Endungen) und verweisen
darüber hinaus auch auf die Lektion, in der das Wort neu eingeführt ist. Sie

ermöglichen den Lernenden damit, einzelne Wörter individuell und selbstständig nachzusehen (z. B. Martos Villa u. a. 187 ff.).

Wörterbuch für Schüler

Darüber hinaus gibt es auch Wörterbücher, die insbesondere für Schülerinnen und Schüler erstellt sind. Hierzu gehört beispielsweise das PONS Schülerwörterbuch Spanisch (2007), das Spanisch – Deutsch und Deutsch – Spanisch angelegt ist und in etwa 120.000 Stichwörter, darunter das Vokabular aller aktuellen Spanischlehrwerke, enthält. Neben den eigentlichen Übersetzungen und verschiedenen Bedeutungen eines Worts finden sich landeskundliche Informationskästchen zu einigen Begriffen sowie eine spanische Kurzgrammatik.

Das Langenscheidt Premium Schulwörterbuch Spanisch (2009) ist ebenfalls explizit für den schulischen Spanischunterricht insbesondere der ersten Lernjahre angelegt. Es enthält einen aktuellen Wortschatz auf der Basis von 130.000 Stichwörtern und Hinweise zu typischen Fehlerquellen, eine Kurzgrammatik, Musterbriefe und E-Mails sowie einen Vokabeltrainer.

einsprachige und zweisprachige Wörterbücher

Grundsätzlich gilt es, einsprachige und zweisprachige Wörterbücher zu unterscheiden. Erstere bieten vor allem die kontextualisierte Semantisierung eines Wortes in der jeweiligen Sprache, letztere beinhalten Übersetzungen. Einsprachige Wörterbücher bieten neben Informationen zur Orthografie und Grammatik vor allem eine komplexe Einordnung der Nutzung eines Wortes im Spanischen im Kontext und enthalten damit semantische und syntaktische Informationen. Sie stellen jedoch keine Hilfe dar, wenn Lernende ein Wort in der Fremdsprache wissen möchten und eine Übersetzung aus der eigenen Sprache benötigen. Dazu sind zweisprachige Wörterbücher hilfreich, doch beinhalten sie für Lernende einige Hürden, insofern als sprachliche Kontexte fehlen, somit die Anwendung eines Wortes u. U. nicht genau nachvollzogen werden kann und darüber hinaus auch mehrere Bedeutungen von Wörtern eine Einordnung erschweren. Schließlich sind direkte eins zu eins Übersetzungen nicht möglich. Daher liegt es nahe, die Nutzung von Wörterbüchern zu erlernen und zu üben.

Lernwörterbuch

Neben den genannten alphabetisch geordneten Wörterbüchern gibt es auch Lernwörterbücher, die nach Themen und Sachgebieten geordnet sind und Satzbeispiele enthalten (vgl. z. B. Langenscheidt Premium Grundwortschatz Spanisch 2011). Diese Zugänge zur Wortschatzarbeit nehmen Forschungsergebnisse zum mentalen Lexikon konstruktiv auf.

Wörterbücher in elektronischer Form

Schließlich werden Wörterbücher auch in elektronischer Form zur Nutzung mit dem Computer angeboten. Ein großer Vorteil liegt in der erhöhten Geschwindigkeit beim Nachschlagen, insofern als ein Suchbegriff durch den Computer sofort bereitgestellt wird. Dabei sind auch die Suchmöglichkeiten weit schneller und flexibler, als die konventionelle Suche beim Umblättern eines Buches ermöglicht. Darüber hinaus bieten Wörterbücher im Internet einen schnellen und kostenfreien Zugriff (vgl. z. B. www.pons.eu).

Lernsoftware

Eine weitere Alternative zum herkömmlichen Vokabellernen ist Lernsoftware. Vokabeltrainer simulieren die Arbeit mit dem Karteikasten und ermög-

lichen einen individuellen und hoch flexiblen Umgang mit dem eigenen Voka-
bellernprozess. Einzelne Lernaufgaben erfordern beispielsweise das Erkennen
oder Nennen eines Wortes und bieten eine direkte Rückmeldung über Fehler
des Lernenden.

Darüber hinaus ist es auch wichtig, die Wörter wiederholt und im Spa- | Umwälzung des
nischunterricht immer neu zu verwenden. Die Anwendung und Umwälzung | Wortschatzes
des Wortschatzes ist letztlich der entscheidende Faktor, der zu nachhaltigem
und dauerhaftem Memorieren führt.

Die Verarbeitung der Wörter im Gehirn des Menschen bildet den Gegenstand dieser | Zusammenfassung
Einheit. Das mentale Lexikon ist eine Metapher für den menschlichen Wortspeicher im
Gehirn. Es ist netzwerkartig aufgebaut und verfügt über eine hohe Flexibilität im Umgang
mit Wörtern. Unter Berücksichtigung von Forschungsergebnissen zum Charakter des
mentalen Lexikons sollte Wortschatzarbeit im Fremdsprachenunterricht ebenfalls den
assoziativen Charakter der Gehirnstrukturen berücksichtigen. In Semantisierungsverfahren, in der Einübung und Festigung des Wortschatzes ebenso wie in der Überprüfung des
Wortschatzes kann das Lernen und Memorieren für Lernende einfacher und nachhaltig
erfolgreich sein, wenn entsprechende Verfahren und Mnemotechniken sinnvoll im Spanischunterricht eingesetzt werden.

? Analysieren Sie ein aktuelles Spanischlehrwerk Ihrer Wahl. Nehmen Sie den Schüler- | Aufgabe 9.7
band für das erste Lernjahr und untersuchen Sie, inwieweit die hier aufgeführten Überlegungen zur Wortschatzarbeit in diesem Lehrwerkband umgesetzt sind. Welche Aspekte
finden Sie wieder, welche nicht?

Literatur

Aitchison, Jean (1997): Wörter im Kopf. Eine Einführung in das mentale Lexikon. Tübingen:
Niemeyer. (Konzepte der Sprach- und Literaturwissenschaft, Bd. 56).

Barrera-Vidal, Albert (1977): Zur didaktischen Begründung der Sprachminima für den Spanischunterricht. In: Hüllen, Werner u. a (Hg.): Sprachminima und Abschlußprofile. Beiträge zur Erarbeitung von Sprachinventaren für den modernen Fremdsprachenunterricht.
Frankfurt am Main u. a: Diesterweg.

Holtwisch, Herbert (2000): Vokabelhefte und Wortgleichungen – und sonst nichts? Vorschläge zur behaltensfördernden Wortschatzarbeit im Englischunterricht der unteren
Klassen der Sekundarstufe I. In: Praxis des neusprachlichen Unterrichts 47/4: 367–
376.

Langenscheidt Premium Grundwortschatz Spanisch (2011): Berlin u. a: Langenscheidt.

Langenscheidt Premium Schulwörterbuch Spanisch (2009): Berlin u. a: Langenscheidt.

Martos Villa, Pilar u. a. (2006): ¿Qué pasa? Für Klasse 6 und 7 an Gymnasien und Gesamtschulen. Band 1. Braunschweig: Diesterweg.

Ministère de l'Education Nationale (Hg.) (1966): Le français fondamental (1er degré). Paris: Institut Pédagogique National.

Ministère de l'Education Nationale (Hg.) (1973): Le français fondamental (2e degré). Paris: Institut Pédagogique National.

Neveling, Christiane (2004): Wörterlernen mit Wörternetzen. Eine Untersuchung zu Wörternetzen als Lernstrategie und als Forschungsverfahren. Tübingen: Narr. (Giessener Beiträge zur Fremdsprachendidaktik).

Neveling, Christiane (2007): Lernstrategie: Wörternetze. In: Der Fremdsprachliche Unterricht Französisch 90: 2–8.

Pons-Schülerwörterbuch Spanisch-Deutsch Deutsch-Spanisch (2007): Stuttgart: Klett Sprachen.

Pons Diccionario ilustrado de la Lengua Española (2006): Barcelona u. a: Klett Sprachen.

Real Academia Española (2001): Diccionario de la lengua española. Bd. 1 und 2. Madrid: Espasa-Calpe.

Rojo Sastre, Antonio José/Rivenc, Paul/Ferrer, Adán (1968): Vida y diálogos de España. Primer grado. Libro del profesor y lista alfabética de formas empleadas. Paris: Didier.

Stork, Antje (2003): Vokabellernen. Eine Untersuchung zur Effizienz von Vokabellernstrategien. Tübingen: Narr. (Giessener Beiträge zur Fremdsprachendidaktik).

Internet

Bayerisches Kultusministerium (1994): Lehrplan für Spanisch als spätbeginnende Fremdsprache. KWMBl So.-Nr. 4/1994. http://www.isb.bayern.de/isb/download.aspx?Download FileID=964ef59179d8dbde3036d475771d4f21.

Freie und Hansestadt Hamburg, Behörde für Bildung und Sport (2003): Rahmenplan Neuere Fremdsprachen. Französisch, Spanisch. Bildungsplan Realschule Sekundarstufe I. http://www.hamburg.de/contentblob/2512154/data/zweite-fremdsprache-hr-sek-i.pdf.

Hessisches Kultusministerium (2010): Lehrplan Spanisch. Gymnasialer Bildungsgang. Jahrgangsstufen 6G bis 9G und gymnasiale Oberstufe. http://www.hessen.de/irj/HKM_Internet?cid=ac9f301df54d1fbfab83dd3a6449af60.

Real Academia Española: Diccionario de la lengua española. Vigésima segunda edición. http://www.rae.es/rae.html.

Grammatikarbeit

In dieser Einheit geht es um die Relevanz von Grammatik für den Spanischunterricht. Ausgehend von Definitionen und Bedeutungen des Begriffs ‚Grammatik' sowie verschiedenen Konzeptionen von Grammatik von der Grammatik-Übersetzungs-Methode bis zum aktuellen Spanischunterricht werden konzeptionelle Vorstellungen zur Vermittlung von Grammatik diskutiert. Neben methodisch-didaktischen Entscheidungen zur Gestaltung des Grammatikunterrichts kommen Phasen des Grammatikunterrichts ebenso zum Tragen wie Überlegungen zu einem motivierenden und authentischen Grammatikunterricht.

Überblick

10.1 | Begriff ‚Grammatik‘

Spanischunterricht ist für viele daran Beteiligte, seien es Lehrkräfte, Lernende oder deren Eltern, sicher kaum ohne Grammatik vorstellbar. Der Begriff ‚Grammatik‘ wird in Gesprächen über das Lehren und Lernen von Spanisch häufig benutzt und so kann man Äußerungen hören wie „Ich muss das noch mal in meiner Grammatik nachschlagen." oder „Die Grammatik habe ich noch nicht richtig verstanden." Allein diese beiden Sätze verweisen auf unterschiedliche Bedeutungen des Begriffs.

Aufgabe 10.1 | Ordnen Sie die Beispielsätze den jeweiligen Bedeutungen zu.

1. „Öffnet bitte eure Grammatik auf Seite 26."
2. „Jetzt lesen wir noch einmal den § 4 zur Grammatik des *subjunctivo*."
3. „Machst du immer noch so viele Grammatik-Fehler?"
4. „Grammatik ist nötig, wenn man eine Fremdsprache korrekt sprechen will."
5. „Zum Nachschlagen benutze ich immer die Grammatik der Real Academia Española."

a. Dies bezieht sich auf die individuellen Grammatikkenntnisse eines Lernenden.
b. Damit ist eine Grammatik als Nachschlagewerk gemeint.
c. Dies meint eine konkrete Grammatik-Regel als Gegenstand des Unterrichts.
d. Dies bezieht sich auf ein grammatisches Beiheft, das zum Spanischlehrwerk gehört.
e. Hier ist das grammatische Regelsystem einer Sprache gemeint.

 Die Antworten zu der Aufgabe finden Sie auf <u>www.bachelor-wissen.de</u>.

Bedeutungen des Begriffs ‚Grammatik‘ Diese Beispiele verdeutlichen, dass es mehrere Bedeutungen des Begriffs Grammatik gibt, deren Anwendung im Alltag in der Regel keine Schwierigkeiten macht. Sie lassen sich folgendermaßen strukturieren (vgl. Funk/Koenig 1991: 13):

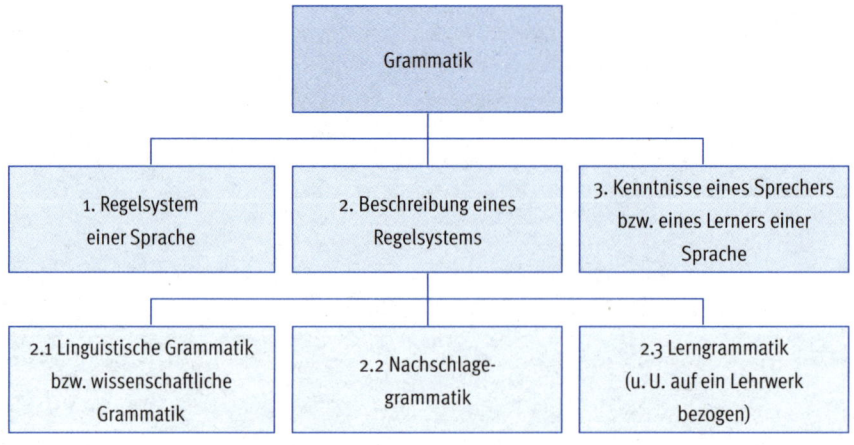

Eine Sprache verfügt zunächst über ein Regelsystem, unabhängig davon ob sie nun gelernt oder gesprochen wird (1. Bedeutung). Dieses Regelsystem macht die Sprachwissenschaft durch Beschreibungen sichtbar und nachvollziehbar (2. Bedeutung). Menschen verstehen dieses Regelsystem, wenn vielleicht auch nur teilweise, und bilden damit ihre eigene Grammatik im Kopf bzw. ihre Lernergrammatik (3. Bedeutung).

Die Beschreibung des Regelsystems kann, je nach ihren Funktionen, unterschiedlich ausfallen. Eine umfassende linguistische Beschreibung der Grammatik einer Sprache (2.1) beinhaltet in systematischer Ordnung alle grammatischen Regeln und Phänomene (z. B. Alarcos Llorach 2003), eine Nachschlagegrammatik (2.2) ist nach Themenbereichen geordnet und umfasst nicht unbedingt alle Aspekte, die in einer linguistischen Grammatik enthalten sind (z. B. Süß u. a. 2003). Eine Lerngrammatik (2.3) ist häufig auf ein Lehrwerk bezogen und nach der Progression dieses Lehrwerks oder möglichen Lernfortschritten strukturiert (z. B. Honer-Henkel u. a. 2006). Dabei kann beispielsweise der *subjunctivo* in verschiedene Paragraphen je nach einzelnen Lektionen unterteilt sein, was in einer linguistischen Grammatik oder einer Nachschlagegrammatik nicht der Fall ist.

Beschreibung des Regelsystems

Diese Klassifizierungen können noch differenzierter erfolgen: So lassen sich Grammatiken in wissenschaftliche Grammatiken und Gebrauchsgrammatiken unterscheiden. Als besonderer Typ einer Gebrauchsgrammatik gilt eine Fremdsprachengrammatik, die in lehrwerkunabhängige Lehrergrammatiken, lehrwerkbezogene Lehrergrammatiken sowie lehrwerkunabhängige Nachschlagegrammatiken für den Lerner (z. B. Moriena/Genschow 2004) sowie lehrwerkbezogene Lerngrammatiken unterteilt wird. Klassifizierungen nach dem Stand der Lerner unterscheiden zwischen Basis-/Elementargrammatiken, Grammatiken für Fortgeschrittene, Schulgrammatiken, Universitätsgrammatiken und Grammatiken für die Erwachsenenbildung. Klassifizierungen nach dem Sprachlernprozess unterteilen in systematische Grammatiken, progressionsbezogene Grammatiken und Wiederholungs-/Selbstlerngrammatiken. Klassifizierungen nach der Darstellungssystematik unterteilen in Wortarten- und Satzgrammatiken, Textgrammatiken und kommunikative Grammatiken (vgl. Zimmermann 2007).

Klassifizierungen von Grammatiken

Das Verständnis von Grammatik wird auch an der im Unterricht verwendeten Terminologie erkennbar. Der Grammatikunterricht der modernen Fremdsprachen ist ursprünglich vom Lateinunterricht und seinem Grammatikverständnis geprägt. Die Grammatik als Beschreibungssystem einer Sprache speist sich aus der lateinischen Grammatik und aus einer dazugehörigen Terminologie, die auf andere Sprachen übertragen wurden. Dies wird deutlich an Begriffen wie Subjekt, Prädikat, Nominativ, Dativ, Prädikatsnomen, Possessivpronomen oder Präteritum.

Terminologie im Grammatikunterricht

Daneben finden sich jedoch auch Weiterentwicklungen und Anpassungen der grammatischen Terminologie an das Spanische. Dazu ein Beispiel: Das

Orientierung an
Latein

lateinische Kasussystem hat sich im Spanischen nicht in gleicher Form erhalten, so dass beispielsweise Dativ und Akkusativ sinnvoller als indirektes oder direktes Objekt beschrieben werden (vgl. Süß u. a. 2003: 194 f.).

Dieses Verständnis von Grammatik, das sich primär an Latein und am Lateinunterricht orientierte, hat vor allem die Grammatik-Übersetzungs-Methode (vgl. Einheit 3; S. 33 ff.) geprägt. Übungen in Lehrwerken sind nicht an kommunikativen Redeintentionen oder inhaltsbezogenen Aufgaben ausgerichtet, sondern an formalen Fragen und Einsetzungsübungen, in denen eine bestimmte grammatische Form wiederholt und angewendet wird. Dies zeigt sich auch im folgenden Beispiel, in dem die Aufgabenstellung der Grammatikübung zu reflexiven Verben im Einsetzen von Lücken, in der Beantwortung von Fragen und im Übersetzen besteht.

Text 10.1

AUFGABE 17:

Setze das reflexive Fürwort ein:

¿A qué hora … levantas?

¿Cómo … porta el chico?

¿Ya … marchan los señores?

¿No … equivocas?

¿A qué … decidís?

¿No … alegran Vds. del diploma?

¿… habla español en el Brasil?

¿… quedamos todavía?

¿Cómo … llama ella?

Beantworte diese Fragen.

AUFGABE 18:

Yo me llamo Juan Sánchez García. ¿Cómo os llamáis vosotros? Yo me llamo Ramón, y ella se llama Carmen. ¿No te levantas? Si, señor, me levanto. Luego me lavo. ¿Te marchas? No, me quedo. Ella se marcha. ¿No os cansáis? No, señora, no nos cansamos. ¿Cómo se pronuncia la palabra? Yo no me acostumbro al desayuno español.

(Lepiorz 1983: 43)

Fokus auf
grammatische Form
und grammatische
Funktion

Seit der kommunikativen Wende in den 1970er Jahren und damit auch seit der Unterordnung der Grammatik unter die kommunikative Kompetenz wird der Fokus von der grammatischen Form auf die grammatische Funktion verlagert. Dies bedeutet, dass Aufgabenstellungen nicht mehr direkt auf das Ausfüllen von Lücken zum Üben einer grammatischen Form zielen. Die Form ist nicht mehr Selbstzweck, sondern dient zur Vermittlung bestimmter Inhalte oder Redeabsichten. Auch im folgenden Beispiel geht es um die reflexiven Verben. Die Aufgabenstellung besteht jetzt jedoch nicht mehr im Bearbeiten von entkontextualisierten Sätzen, sondern in einer Anwendung in einem authentischen situativen Kontext.

| Text 10.2

2 a) **Pedro Rojas, un empresario internacional.**
Pedro Rojas ist Inhaber eines Delikatessenhandels mit Produkten aus aller Welt. Können Sie sich seinen Tagesablauf vorstellen? Schreiben Sie einen kleinen Text und verwenden Sie darin möglichst viele der Begriffe unter dem Foto. Die Ausdrücke in den blauen Kästchen helfen Ihnen, den Text zu strukturieren.

primero		del trabajo
después	antes	de ir al trabajo
luego	después	del desayuno
al final		de desayunar

✎ 3, 4

b) **Los productos de don Pedro.**
Woher könnten die Produkte aus Don Pedros Geschäft stammen?
Tragen Sie Ihre Vermutungen ein.

levantarse ★ desayunar ★ reunirse con sus empleados ★ aburrirse ★ encontrarse con clientes ★ almorzar ★ concentrarse ★ relajarse ★ acostarse

(Görrissen u. a. 2005: 75)

? Vergleichen Sie die beiden Übungen zu reflexiven Verben in Text 10.1 und Text 10.2. Was stellen Sie fest? Welche Vor- und Nachteile beinhalten die jeweiligen Übungen?

| Aufgabe 10.2

Die beiden Aufgaben zu den reflexiven Verben spiegeln jeweils das Verständnis und den Stellenwert von Grammatik ihrer Zeit. Insgesamt verläuft die Entwicklung von einem Verständnis von Grammatik, in dem die Form allem anderen vorgeordnet wird, hin zu einer Nachordnung der Grammatik unter die Kommunikation und den Inhalt. Grammatik nimmt eine mehr und mehr dienende Funktion ein.

> Grammatik als dienende Funktion

Dies bedeutet auch, die Progression im Sprachlehrgang nicht mehr an der Grammatik des Spanischen auszurichten, sondern an kommunikativen und inhaltsbezogenen Aspekten. Die Strukturierung erfolgt nicht nach dem (vermuteten) sprachlichen Schwierigkeitsgrad einzelner grammatischer Regeln und Strukturen, sondern an Themen, Situationen und Inhalten. Soweit lautet jedenfalls der theoretische Anspruch in der fremdsprachendidaktischen Diskussion, in curricularen Texten und aktuellen Vorstellungen zum Spanischunterricht. In der Realität sieht dies vermutlich nicht immer so aus. Der Blick auf korrekte Endungen von Verben oder die Angleichung von Adjektiven dürfte infolge der eindeutig möglichen Zuordnung von Fehlern vermutlich immer noch strenger ausfallen als der Blick auf stilistische oder interkulturelle Fehler, die stärker die inhaltliche Seite des Spanischunterrichts in den Mittelpunkt stellen.

> Progression im Sprachlehrgang

10.2 | Grammatik vermitteln

Wenn Grammatik nicht völlig aus dem Spanischunterricht verbannt ist und auch nicht verbannt werden sollte, stellt sich die Frage nach ihrem Stellenwert und nach ihrer Vermittlung.

Ein unterhaltsames Beispiel über die Gestaltung einer Grammatikstunde bietet der folgende literarische Text, ein *micro-relato* von Mario Benedetti:

Text 10.3 |

Todo lo contrario

– Veamos – dijo el profesor –. ¿Alguno de ustedes sabe qué es lo contrario de IN?
– OUT – respondió prestamente un alumno.
– No es obligatorio pensar en inglés. En español, lo contrario de IN (como prefijo privativo, claro) suele ser la misma palabra, pero sin esa sílaba.
– Sí, ya sé: insensato y sensato, indócil y dócil, ¿no?
– Parcialmente correcto. No olvide, muchacho, que lo contrario del invierno no es el vierno sino el verano.
– No se burle, profesor.
– Vamos a ver. ¿Sería capaz de formar una frase, más o menos coherente, con palabras que, si son despojadas del prefijo IN, no confirman la ortodoxia gramatical?
– Probaré, profesor: «Aquel dividuo memorizó sus cógnitas, se sintió dulgente pero dómito, hizo ventario de las famias con que tanto lo habían cordiado, y aunque se resignó a mantenerse cólume, así y todo en las noches padecía de somnio, ya que le preocupaban la flación y su cremento.»
– Sulso pero pecable – admitió sin euforia el profesor.

(Benedetti 1990: 72)

Grammatikunterricht mit Fokus auf der Form

Betrachten wir zunächst, welches Verständnis von Grammatikunterricht in diesem Beispiel präsentiert wird. Der Lehrer vertritt einen Ansatz, der stark von der Grammatik-Übersetzungs-Methode geprägt ist. So stellt er seinen Schülern eine Frage zur Analyse grammatischer Formen. Einer der Schüler reagiert prompt mit einem Verweis auf das Englische, was jedoch nicht der Erwartungshaltung des Lehrers entspricht. Die belehrende Reaktion des Lehrers auf IN als *prefijo privativo* führt dazu, dass der Schüler einen Beispielsatz formuliert und dabei mit dem Weglassen des Präfix IN spielt. Der gewählte Beispielsatz macht deutlich, dass der Schüler die Logik der Grammatik verstanden hat und souverän damit umgehen kann. Gleichzeitig bringt er zum Ausdruck, dass er die formorientierte Schwerpunktsetzung seines Lehrers kritisiert. Seine spielerische Auseinandersetzung mit dem Thema verweist zudem auf den Titel des Textes: *Todo lo contrario*.

methodisch-didaktische Gestaltung des Grammatikunterrichts

Dieses Beispiel verdeutlicht auf unterhaltsame Weise, wie Grammatikunterricht vielleicht nicht aussehen sollte. Es steht auch in Zusammenhang mit Fragen zur Konzeption und zur methodisch-didaktischen Gestaltung des Grammatikunterrichts an sich sowie zu unterschiedlichen Antworten in der Geschichte des Fremdsprachenunterrichts und seiner Methoden. Dazu gehören Fragen nach Induktion und Deduktion, expliziter und impliziter Grammatikvermittlung, nach Kognitivierung und Habitualisierung, nach dem Verhältnis von Inhalt und Form, nach Kontextualisierung, nach ein- oder zweisprachiger Vermittlung oder nach Instruktion und Konstruktion.

In den einzelnen Methoden werden jeweils andere Schwerpunkte gelegt: Während in der Grammatik-Übersetzungs-Methode ein systemlinguistischer und regelorientierter Zugang für den Grammatikunterricht dominiert, in dem Grammatik einen wichtigen Bestandteil des Fremdsprachenunterrichts bildet sowie kognitiv und entkontextualisiert vermittelt wird, steht in der Direkten Methode eine explizite Grammatikvermittlung im Hintergrund. In der Audiovisuellen Methode dominieren mechanistische *Pattern drill*-Übungen, denen grammatische Regeln implizit zu Grunde gelegt sind, die jedoch nicht explizit erklärt werden. Durch Automatisierung und Habitualisierung sollen Lernende gleichsam von selbst Grammatik anwenden, ohne sie direkt verstehen zu müssen. Im kommunikativen Ansatz schließlich steht eine kontextualisierte Vermittlung der Grammatik nicht als Selbstzweck, sondern in ihrer Bedeutung und Funktion im Mittelpunkt (vgl. Einheit 3, S. 31 ff.).

Grammatikunterricht in verschiedenen Methoden

Neuere Entwicklungen zum Grammatikunterricht zielen darauf, Grammatik als ein sinnvolles Hilfsmittel zur Strukturierung der spanischen Sprache zu nutzen. Damit verbindet sich die Überlegung, dass dies zu einer Unterstützung und Erleichterung des Sprachlernprozesses führt. Dieses Verständnis steht in Zusammenhang mit Vorstellungen von einem Spanischunterricht, der von Kognitionsorientierung, konstruktivistischem Lernen, Lernerautonomie und kommunikativer Didaktik sowie von Bildungsstandards und Aufgabenorientierung geprägt ist. Um dieses Ziel zu erreichen, sollten verschiedene Überlegungen zum Umgang mit Grammatik berücksichtigt werden. Zu einem solchen Grammatikunterricht gehören demnach unter anderen:

Grammatikunterricht heute

- ► der Vorrang der Funktion vor der Form,
- ► die Absage an ein Verständnis von Grammatik als Selbstzweck,
- ► die angemessene, schülerorientierte Nutzung einer grammatischen Metasprache,
- ► die Einbettung der Grammatik in Inhalte und Themen,
- ► die Verständlichkeit der Grammatikregeln.

? Vergleichen Sie die Beschreibungen des Grammatikunterrichts mit Ihren eigenen Unterrichtserfahrungen. Welche Aspekte haben Sie selbst erlebt? Stellen Sie Ihre eigene Einschätzung dazu begründet dar.

Aufgabe 10.3

Lehrkräfte stehen somit bei der Vorbereitung und Gestaltung von Grammatikunterricht vor drei grundlegenden Entscheidungen, die das methodischdidaktische Vorgehen im Spanischunterricht wesentlich beeinflussen:

> ► Habitualisierung versus Kognitivierung?
> ► Induktion versus Deduktion?
> ► Einsprachigkeit versus Zweisprachigkeit?

Habitualisierung
versus Kognitivierung

Im Zusammenhang mit der Erarbeitung einer grammatischen Regel muss grundsätzlich darüber entschieden werden, wie diese Grammatikregel nun eingeführt, erklärt und geübt wird bzw. welchen Stellenwert eine solche Regel im Spanischunterricht überhaupt einnehmen soll. Spanischlehrer/innen können sich für ein kognitivierendes oder habitualisierendes Vorgehen bzw. für dazwischen liegende Mischformen entscheiden.

Dabei geht es darum, wie sehr und wie intensiv Grammatik durch Bewusstmachung oder durch Nachahmung erlernt werden kann.

Definition

Habitualisierung meint, dass ein Lerninhalt ohne Bewusstmachung und lediglich durch Gewohnheit und Wiederholung erlernt wird. Grammatische Fachtermini oder eine grammatische Regel werden nicht explizit erklärt. Stattdessen wird die Grammatik durch Wiederholung und an konkreten Beispielen eingeübt.
Kognitivierung bedeutet, dass ein Lerninhalt kognitivierend, d. h. bewusstmachend erklärt und gelernt wird. Eine Grammatikregel wird explizit erklärt, die grammatischen Termini werden explizit benannt, Lernen erfolgt durch einen Bewusstmachungsprozess.

Habitualisierung

Ein habitualisierendes Vorgehen im Grammatikunterricht bietet sich bei all den Inhalten an, die ohne Bewusstmachung verstanden werden können. Wenn Lernende aus Beispielen heraus Formen verstehen und anwenden können, ist es nicht unbedingt nötig, das entsprechende grammatische Phänomen bewusst zu machen und zu erklären. Wenn Possessivpronomina allein durch eine mit Mimik und Gestik massiv unterstützte Anwendung verstanden und im Anschluss von den Lernenden selbst angewendet werden können, ist der Rückgriff auf eine explizite Grammatikregel dazu nicht mehr zwingend notwendig, wenn auch nicht zwingend ausgeschlossen.

Signalgrammatik

Ein solches Vorgehen kann insbesondere durch Prinzipien der Signalgrammatik unterstützt werden. Signalgrammatik verweist, wie der Begriff impliziert, auf die Vermittlung von Grammatik durch – meist visualisierende – Signale. Insbesondere Lerngrammatiken, die Bestandteil eines Lehrwerks bilden, sind mit signalgrammatischen Elementen angereichert (vgl. Text 10.4).

Kognitivierung

Ein kognitivierendes Vorgehen im Grammatikunterricht setzt dagegen auf bewusstmachende Lernprozesse, auf Explizierung von Grammatikregeln und Vermittlung der Fachterminologie. Dies bietet sich gerade bei komplexen grammatischen Phänomenen oder bei solchen an, die im Deutschen nicht vorkommen. Dazu gehören beispielsweise die Verwendung des *subjuntivo* oder die Unterscheidung von *indefinido* und *imperfecto*. Erklärungen wie in Text 10.5 verdeutlichen, dass der Lernprozess nicht über Imitation und Wiederholung angelegt ist, sondern über kognitive Verstehensprozesse der Lernenden bezüglich der Struktur und der Verwendung des *imperfecto*.

GH 25|32 **2** El uso de ser y estar | Der Gebrauch von ser und estar |Text 10.4

Javi es un chico muy tranquilo, Elena es buena en mates, Esteban es activo,	pero **hoy**	**está nervioso** porque tiene un examen. no **está atenta** en clase. **está cansado.**

Finde jeweils drei weitere Beispiele für ser + Adjektiv und estar + Adjektiv und formuliere drei Sätze.

(Balser 2008: 94)

167 Das Imperfekt (el pretérito imperfecto) |Text 10.5

Das Imperfekt wird verwendet

1. zur Beschreibung vergangener Handlungen, Vorgänge oder Zustände, die als nicht abgeschlossen angesehen werden:

Mi padre era amable para con todo el mundo.	Mein Vater war zu jedermann freundlich.
Aquella noche llovía a cántaros.	In jener Nacht regnete es in Strömen.
Estábamos muy cansados.	Wir waren sehr müde.
Lo veía venir.	Ich habe es kommen sehen.

2. zur Beschreibung von Handlungen, die sich in der Vergangenheit regelmäßig wiederholt haben:

Durante las vacaciones no me levantaba nunca antes de las nueve.	Während der Ferien stand ich nie vor neun Uhr auf.
Mi hermano iba al cine por lo menos una vez por semana.	Mein Bruder ging mindestens einmal in der Woche ins Kino.

(Reumuth/Winkelmann 2006: 212)

Eine konkrete Möglichkeit einer unterhaltsamen und gleichzeitig die Funktion und Form anvisierenden Bearbeitung von Grammatik bietet sich durch die Bearbeitung verschiedener Grammatikübungen im Internet. Auf der Internetseite *Ejercicios de español para extranjeros: vocabulario, gramática, ejercicios de escucha...* werden verschiedene Übungen zum Spanischlernen präsentiert und nach Themen strukturiert, so u. a. auch nach grammatischen Phänomenen. Lernende können verschiedene Übungen auswählen, beispiels-

Grammatikübungen im Internet

weise Lückentexte ausfüllen und anschließend mit dem korrekten Ergebnis vergleichen.

Aufgabe 10.4 | ? Recherchieren Sie auf der Internetseite *Ejercicios de español para extranjeros: vocabulario, gramática, ejercicios de escucha…*: http://www.ver-taal.com/index.htm.
Wählen Sie eine Übung unter der Rubrik *Gramática* aus und machen Sie die vorgegebene Übung. Inwieweit wird dabei Kriterien der Habitualisierung und Kognitivierung Rechnung getragen? Nehmen Sie begründet Stellung.

Induktion versus Deduktion

Neben der Entscheidung über den Grad der Habitualisierung und Kognitivierung des Grammatiklernens stellt sich auch die Frage nach einem induktiv oder deduktiv geprägten Vorgehen.

Definition

Induktion beschreibt einen Lernweg vom Beispiel zur Regel, vom Einzelnen zum Ganzen. Grammatik wird ausgehend von Beispielen vermittelt, aus denen die Grammatikregel hergeleitet wird. Dabei erschließen die Lernenden sich die Regel aus einzelnen Beispielsätzen.

Deduktion beschreibt einen Lernweg von der Regel zum Beispiel, vom Ganzen zum Einzelnen. Ausgehend von einer von der Lehrkraft vorgegebenen Grammatikregel werden einzelne Beispiele auf die Regel angewandt. Die Lernenden üben die Regel anschließend mit Beispielsätzen ein.

Induktion

Induktion ist ein relativ zeitaufwändiges und schülerorientiertes Vorgehen, das Erarbeitungen mit Umwegen impliziert und als leicht verständlich, einprägsam und motivationspsychologisch sinnvoll gilt, da den Bedürfnissen und Fragen der Lernenden ein großer Stellenwert eingeräumt wird.

Phasen der Induktion

Induktion:
1. Reaktivierung der Vorkenntnisse
2. Präsentation von Sprachbeispielen
3. Erkennen des neuen grammatischen Phänomens in den Beispielen und Analyse von Form und Funktion durch Lernende
4. Abstrahieren der grammatischen Regel und Formulierung als Regel-Instruktion, Merksatz oder Modell durch Lernende
5. Einüben und Übertragung der Regel auf analoge Beispiele in zunehmend komplexeren Kontexten

Die induktive Erarbeitung einer Grammatikregel erfolgt in der Regel lernerzentriert und berücksichtigt Überlegungen zur Lernerautonomie. Dabei ist Grammatik nicht Selbstzweck, sondern in einen inhaltlichen und kommunikativen Rahmen eingebettet. Betrachten wir als Beispiel die Einführung der Possessivbegleiter.

Den Ausgangspunkt könnte ein Gespräch im Unterricht bilden, in dem die Lehrkraft und die Lernenden über ihre Taschen, Bücher, Stifte, Hefte oder ihre

Kleidungsstücke reden. Durch Zuordnungen unter Rückgriff auf Beispielsätze wie *Es mi libro. ¿Es tu cuaderno, Janina?¿ Dónde está tu abrigo, Thomas?* können Possessivbegleiter eingeführt und erarbeitet werden.

induktive Einführung der Possessivbegleiter

Die nächsten Schritte nach der Einführung der Possessivbegleiter im Gespräch bestehen darin, dass die Lernenden das für sie neue grammatische Phänomen zu beschreiben suchen, unter Umständen bereits mit einer ersten Regel, die mit eigenen Worten formuliert ist. Diese erste Regelformulierung kann im Anschluss, sofern nötig, an weiteren Beispielen überprüft und dann im Kontext angewandt werden. Dabei können auch Umwege bei der Regelfindung sowie falsche Hypothesen der Lernenden letztlich zu einer fruchtbaren, weil nachhaltigen Regelerarbeitung beitragen.

Alternativ zu einem Unterrichtsgespräch bietet es sich an, Beispiele aus einem Text – sei es ein literarischer Text, ein Sachtext oder ein didaktisierter Text aus einem Lehrwerk – zu nutzen. Charakteristisch für Lehrwerktexte ist vor allem die Konzentration auf eine Grammatikregel und die Anhäufung entsprechender Beispiele. Dies wird auch im folgenden Text aus einem Lehrwerk für Spanisch als zweite Fremdsprache deutlich, der eine hohe Anzahl an Possessivbegleitern enthält:

Grammatik im Lehrwerktext

Elena y sus cosas

[…]

Madre: ¡Elena! …¿Dónde estás?

Elena: Estoy en mi habitación. Mamá, ¿dónde está mi móvil?

Madre: Ay, Elena, ¡otra vez! Seguro que está en tu chaqueta, como siempre.

Elena: No, mama, el móvil no está allí.

Madre: Pues muy bien. Así hablas más con tu madre y menos con tus amigos.

Elena: Mamá, ¡por favor! Necesito mi móvil.

Madre: ¿Y no está en el salón?

Elena: Tampoco.

(Balser u. a. 2008: 33)

Text 10.6

Demgegenüber steht die Deduktion, in der ausgehend von der Regel Beispiele dazu eingeübt werden. Dieses Vorgehen ist zeitökonomischer, jedoch weniger anschaulich und einprägsam als die Induktion. Lernende bleiben passiv, doch wird ihr theoretisches Abstraktions- und Verallgemeinerungsvermögen hierbei gefördert.

Deduktion

Deduktion:

Phasen der Deduktion

1. explizite Erklärung einer grammatischen Regel (Paradigma, Regel-Instruktion) durch die Lehrkraft
2. Konkretisierung der Regel durch Demonstration an Beispielen
3. Einüben der Regel durch Übertragung auf analoge Beispiele

Ein deduktives Vorgehen setzt somit bei der Vorgabe der neuen Grammatikregel durch die Lehrkraft an. Die vorgegebene Regel wird den Lernenden erklärt und im Anschluss an konkreten Beispielen angewandt. Dabei geht man zunächst von einfacheren Beispielen aus, die auf eine direkte Wiederholung zielen, und entwickelt schrittweise komplexere Beispiele, bei denen die Lernenden mehr Umformungen oder schwierigere Antworten leisten müssen.

Induktion und Deduktion im Vergleich

Beide Verfahren können letztlich für alle grammatischen Phänomene und Regeln angewandt werden, doch gilt die Induktion infolge der höheren Berücksichtung von Lernerautonomie und individuellen Lernwegen als das nachhaltigere Verfahren, bei dem eine größere Behaltensleistung seitens der Lernenden erzielt wird. Beide Verfahren sind jedoch mit Vorteilen und Nachteilen verbunden:

	Vorteile	Nachteile
Induktion	– Berücksichtigung individueller Lernwege und Lernzeiten – Förderung von Lernerautonomie und eigenständiger Gestaltung der Lernprozesse – Stärkung von Nachhaltigkeit der Behaltensleistungen – Hoher Grad an Verständlichkeit	– Inkaufnahme von Lernumwegen und Missverständnissen – Gefahr der unklaren Regelformulierung – Inkaufnahme einer langen Dauer – Vernachlässigung des Abstraktionsvermögens
Deduktion	– Nutzung einer gezielten Regelerklärung – Vermeidung von Missverständnissen – Nutzung der Präzision und damit einer kurzen Dauer – Förderung des Abstraktionsvermögens	– Vernachlässigung der Individualität der einzelnen Lernenden – Förderung eines lehrerzentrierten Spanischunterrichts – Inkaufnahme einer hohen Vergessensrate – Geringer Grad an Anschaulichkeit und Einprägsamkeit

Insgesamt berücksichtigen induktive Verfahren eher aktuelle Überlegungen zum Spanischunterricht und nehmen konstruktiv Diskurse der Lernerautonomie, des eigenständigen und konstruktivistisch geprägten Lernens auf. Der höhere Zeitaufwand mag zunächst als Nachteil für den Spanischunterricht erscheinen, doch wenn man die intensivere Festigung des Gelernten und das längere Behalten auf Seiten der Lernenden berücksichtigt, so erscheint die investierte Zeit im Nachhinein als berechtigt und sinnvoll.

Aufgabe 10.5

? Würden Sie die Entscheidung für ein induktives oder ein deduktives Vorgehen von dem jeweiligen grammatischen Phänomen bzw. der grammatischen Regel abhängig machen, oder nicht? Begründen Sie Ihre Position.

Darüber hinaus stellt sich für Spanischlehrer/innen grundsätzlich die Frage, ob Grammatik auf Spanisch oder auf Deutsch erklärt werden sollte. Diese Frage wird von vielen Lehrkräften mit einem Votum für Deutsch beantwortet (vgl. Zimmermann 1990: 82 f.). So sei Grammatik schließlich ein zentraler Teil des Fremdsprachenunterrichts und durch den Wechsel zu Deutsch sei sichergestellt, dass alle in einer Lerngruppe die Grammatik verstehen könnten. Außerdem seien viele Grammatikregeln so schwer, dass sie nicht einsprachig thematisiert, erklärt und verstanden werden könnten.

einsprachige versus zweisprachige Grammatikvermittlung

Hinter derartigen Äußerungen stehen Vorstellungen, die immer noch von der längst überkommenen Grammatik-Übersetzungs-Methode geprägt zu sein scheinen. Das Wissen über die Sprache wird als wichtiger erachtet als die Anwendung dieses Wissens in der Fremdsprache. Angesichts aktueller bildungspolitischer Entwicklungen erscheint dies problematisch. Der Kompetenzbegriff, der im Zuge der Implementierung der Bildungsstandards breit vertreten wird (Weinert), visiert Wissen im Sinne von Können und Handeln, d. h. von Anwendung des Gelernten, an (vgl. Einheit 5, S. 77 ff.). Inwieweit ein auf Deutsch erlerntes Wissen nun auf die Ebene einer Handlungskompetenz übertragen werden kann, erscheint zumindest mit einem Fragezeichen zu versehen. Wesentlich für die Lernenden ist, dass sie nicht nur eine Grammatikregel auf Deutsch formulieren können und vereinzelte Beispielsätze verstehen, sondern dass sie diese Grammatikregel auf andere Beispiele eigenständig übertragen und anwenden können.

Kritik

Über die drei genannten grundlegenden Entscheidungen zur Gestaltung des Grammatikunterrichts hinaus erscheint auch relevant, in welchen Schritten bzw. Phasen Grammatik im Unterricht thematisiert wird. Analog zu anderen Inhalten gibt es für den Grammatikunterricht folgende Phasen (vgl. Schumann 2009: 208 f.):

Phasen im Grammatikunterricht

► Präsentation und Erarbeitung des Neuen
► Sicherung und Kognitivierung (z. B. der Grammatikregel)
► Einübung (durch Wiederholung und eng an die Grammatikregel angelehnte Übungen)
► Transfer (durch Übertragung der Struktur auf andere Zusammenhänge)
► Anwendung (durch eigenständige Nutzung der Struktur in anderen Kontexten)

Diese Reihenfolge der Phasen ist primär an der einzuführenden grammatischen Struktur oder Regel orientiert. Ein Vorgehen, dass jedoch weniger die Grammatik selbst als mehr ihre dienende Funktion als Ausgangspunkt wählt (beispielsweise in einem Spanischunterricht, der durch den *enfoque por tareas* geprägt ist), würde mehr von der Anwendung und einer komplexen Situation ausgehen und die Grammatikregel dem unterordnen. Dies würde bedeuten, zunächst den Inhalt, die Situation, die Aufgabe oder den Rahmen in den Mittelpunkt des Unterrichts zu stellen und daraus Teilbereiche zur Erfüllung

task based language learning: Rahmenaufgabe

der Aufgabe oder zur situativen Ausgestaltung des Inhalts und zur kommunikativen Bearbeitung der Situation zu entwickeln. Dementsprechend wäre der oben genannten ersten Phase – Präsentation und Erarbeitung des Neuen – eine weitere Phase vorgeschaltet, nämlich die Vorstellung einer *tarea*, einer Aufgabe, eines situativen und sprachlich-kommunikativen Rahmens, in den das sprachlich-kommunikativ-grammatisch Neue eingebettet wäre.

Aufgabe 10.6

> **?** Wie würden Sie die Grammatikregeln zum Komparativ (*más/menos* + Adjektiv + *que*) einführen und erklären? Erläutern Sie Ihr Vorgehen unter Bezugnahme auf die dargestellten Überlegungen zum Grammatikunterricht.

Grammatik mit literarischen Texten

Eine möglichst authentische und motivierende Arbeit mit Grammatik im Spanischunterricht könnte auch mit literarischen Texten umgesetzt werden, in denen Beispiele für eine bestimmte Grammatikregel gehäuft vorkommen. Ein solches Vorgehen ist jedoch nicht unumstritten. Grundsätzlich geht es dabei um die Frage, inwieweit Grammatik in authentische Situationen und Inhalte eingebettet werden kann und sollte und inwieweit literarische Texte für Grammatik instrumentalisiert werden können und sollten. Betrachten wir diese Problematik an einem konkreten Beispiel: an einem Text von Gloria Fuertes.

Text 10.7

Niños de Somalia
Yo como
Tú comes
Él come
Nosotros comemos
Vosotros coméis
¡Ellos no!
Gloria Fuertes, Mujer de verso en pecho. Madrid: Cátedra, 1996.

(Bade 2006: 29)

Dieses Beispiel aus dem Spanischlehrwerk *Línea verde* macht deutlich, inwieweit der literarische Text zur Unterstützung des grammatikorientierten Spracherwerbs genutzt – bzw. missbraucht – wird: Die Orientierung an der Vermittlung eines Konjugationsschemas ist offensichtlich (Bade 2006: 29).

Die Kombination mit weiteren Texten, orientiert am Konjugationsmuster von *hablar* und *amar*, zeigt das primäre Interesse an der Vermittlung von Grammatik auf, während die kommunikative Einbettung der Aufgabenstellungen nachrangig scheint. Der inhaltliche Bezug, nämlich die Lebensbedingungen von Kindern in Somalia und ungleiche Verteilung von Ressourcen im globalen Vergleich, ist völlig ausgeblendet.

Die sprachlich deutliche Struktur des Textes sowie die Häufung an Formen des Verbs *comer* legen nahe, diesen Text im Hinblick auf die Grammatik zu betrachten und zu analysieren. Doch Aufgabenstellungen, die lediglich zur Erarbeitung und Übung bestimmter Strukturen und Formen dienen, lassen den Inhalt des literarischen Textes sowie seinen literarischen Charakter außen vor. In diesem Spannungsfeld gilt es, eine sinnvolle Position zu finden.

? Welchen Stellenwert würden Sie der Grammatik, d.h. den Formen des *subjuntivo*, in einem Spanischunterricht über das folgende Lied der kolumbianischen Sängerin Shakira einräumen? Stellen Sie Ihre Position begründet dar.

| Aufgabe 10.7

Shakira: Que me quedes tú

| Text 10.8

Que se arruinen los canales de noticias
Con lo mucho que odio la televisión
Que se vuelvan anticuadas las sonrisas
Y se extingan todas las puestas de sol
Que se supriman las doctrinas y deberes
Que se terminen las películas de acción
Que se destruyan en el mundo los placeres
Y que se escriba hoy una última canción

Pero que me quedes tú y me quede tu abrazo
Y el beso que inventas cada día
Y que me quede aquí después del ocaso
Para siempre tu melancolía
Porque yo si que dependo de ti
Y si me quedas tú
Me queda la vida

Que desaparezcan todos los vecinos
Y se coman las sobras de mi inocencia
Que se vayan uno a uno los amigos
Y acribillen mi pedazo de conciencia
Que se consuman las palabras en los labios
Que contaminen todo el agua del planeta
O que renuncien los filántropos y sabios
Y que se muera hoy hasta el último poeta

Pero que me quedes tú y me quede tu abrazo
Y el beso que inventas cada día
Y que me quede aquí después del ocaso
Para siempre tu melancolía
Porque yo si que dependo de ti
Y si me quedas tú
Me queda la vida

(Musik & Text: Shakira, Luis Ochoa)

167

Grammatik und
Literatur: Pro und
Contra

Dieser Text, der nach einem breiten Literaturbegriff als literarisch zu bezeichnen ist, könnte gut für die Verwendung des *subjuntivo* genutzt werden. In den einzelnen Strophen und im Refrain dominieren Formen des *subjuntivo*, mit denen die Sängerin ihre Wünsche zum Ausdruck bringt. Kritik an politischen Verhältnissen – *que desaparezcan todos los vecinos* – wird mit persönlichen Wünschen – *y si me quedas tú, me queda la vida* – kontrastiert.

An diesem Text wird die Bedeutung und Verwendung des *subjuntivo* gut deutlich. Die Funktion der Grammatik und ihre Relevanz im Spanischen sind gut nachvollziehbar, die Form könnte der Funktion bei einem solchen Schwerpunkt einer Spanischstunde nachgeordnet sein. Soweit die positiven Aspekte einer solchen Textauswahl.

Literarische Texte sollten jedoch nicht zur Erklärung einer Grammatikregel instrumentalisiert werden, um die Motivation der Lernenden, sich mit Inhalten literarischer Texte auseinanderzusetzen, nicht zu konterkarieren. Somit bietet sich die Lektüre dieses Textes natürlich für den Spanischunterricht an, auch um damit erneut eine Grammatikregel in ihrer konkreten Anwendung zu verstehen. Wenn jedoch der Text letztlich der Grammatik untergeordnet ist, wird dem literarischen Charakter und dem Inhalt des Textes nicht Rechnung getragen.

Grammatik nicht als
Selbstzweck

Insgesamt ist es wichtig, dass Grammatik nicht als Selbstzweck und pure Konjugationsübung den Spanischunterricht dominiert, sondern dass ihre Funktion für die Fremdsprache und den Sprachlernprozess sowie für die Motivation der Lernenden nachhaltig genutzt wird.

Zusammenfassung

> Gegenstand dieser Einheit waren die Bedeutung und der Stellenwert von Grammatik für den Spanischunterricht. Der Begriff ‚Grammatik' an sich umfasst verschiedene Bedeutungen, so u. a. das Regelsystem einer Sprache, die Beschreibung des Regelsystems sowie die individuellen Kenntnisse der Sprecher einer Sprache. Darüber hinaus haben Sie verschiedene Konzeptionen von Grammatik für den Spanischunterricht kennengelernt sowie grundlegende Entscheidungen über den Grad der Kognitivierung und Habitualisierung, über die Nutzung eines induktiven oder deduktiven methodisch-didaktischen Vorgehens oder über die einsprachige oder zweisprachige Vermittlung von Grammatik. Grammatikunterricht zeichnet sich daneben auch durch die Einbettung in inhaltliche und kommunikative Zusammenhänge sowie durch Bezugnahme auf authentische Situationen aus.

Aufgabe 10.8

? Welchen Stellenwert sollte Grammatik im Anfangsunterricht und im Leistungskurs Spanisch einnehmen? Welche methodisch-didaktischen Überlegungen sind für Sie leitend? Stellen Sie Ihre Position begründet dar.

Literatur

Alarcos Llorach, Emilio (2003): Gramática de la Lengua Española. Colección Nebrija y Bello, Real Academia Española. 12. Auflage. Madrid: Espasa Calpe.

Bade, Peter u. a. (2006): Línea Verde 1. Stuttgart, Leipzig: Klett.

Balser, Joachim u. a. (2008): ¡Apúntate! 1. Método de español. Berlin: Cornelsen.

Benedetti, Mario (1990): Despistes y franquezas. Madrid: Alfaguara.

Funk, Hermann/Koenig, Michael (1991): Grammatik lehren und lernen. Fernstudieneinheit 1. Berlin u. a.: Langenscheidt.

Görrissen, Margarita u. a. (2005): Caminos plus 1. Lehrbuch. Stuttgart: Klett.

Moriena, Claudia/Genschow, Karen (2004): Große Lerngrammatik Spanisch. Regeln, Anwendungsbeispiele, Tests. München: Hueber.

Honer-Henkel, Mechthild u. a. (2006): Línea verde 1. Grammatisches Beiheft. Stuttgart: Klett.

Lepiorz, Gerhard (1983): Weltsprache Spanisch. München: Hueber.

Reumuth, Wolfgang/Winkelmann, Otto (2006): Praktische Grammatik der spanischen Sprache. Neubearbeitung. 5. Auflage. Wilhelmsfeld: gottfried egert Verlag.

Schumann, Adelheid (2009): Förderung funktionaler kommunikativer Kompetenzen. In: Grünewald, Andreas/Küster, Lutz (Hg.): Fachdidaktik Spanisch. Tradition, Innovation, Praxis. Stuttgart: Klett, Kallmeyer, 184–212.

Süß, Kurt u. a. (2003): Lerngrammatik Spanisch. Braunschweig: Bildungshaus Schulbuchverlage, Diesterweg.

Zimmermann, Günther (1990): Grammatik im Fremdsprachenunterricht der Erwachsenenbildung. Ergebnisse empirischer Untersuchungen. Ismaning: Hueber.

Zimmermann, Günther (2007): Grammatiken. In: Bausch, Karl-Richard/Christ, Herbert/Krumm, Hans-Jürgen (Hg.): Handbuch Fremdsprachenunterricht. 5. Auflage. Tübingen und Basel: Francke, 406–409.

Landeskunde und interkulturelles Lernen

In dieser Einheit lernen Sie verschiedene Konzeptionen und Ansätze der Landeskunde und des interkulturellen Lernens kennen. Der Überblick umfasst Positionen der Realienkunde, der Kulturkunde, der kritischen Landeskunde der 1970er Jahre und Ansätze interkulturellen Lernens wie die interkulturelle Kommunikation, die Didaktik des Fremdverstehens oder auch transkulturelles Lernen. Die theoretischen Ansätze werden durch konkrete Beispiele aus dem Spanischunterricht illustriert. Ein weiterer Schwerpunkt liegt auf interkulturellen Kompetenzen im Sinne des Gemeinsamen europäischen Referenzrahmens für Sprachen.

Überblick

11.1 | Landeskunde

Im Spanischunterricht geht es neben dem Lehren und Lernen der Fremdsprache darum, spanischsprachige Länder und ihre Kulturen kennenzulernen und sich mit ihnen auseinanderzusetzen. Dies ist Gegenstand der Didaktik der Landeskunde und des interkulturellen Lernens.

Landeskunde bezieht sich auf die „Kunde" über ein bestimmtes Land, d.h. die Thematisierung von Inhalten in einem Unterricht, der vor allem eine positivistische Wissensvermittlung durch Faktenwissen beinhaltet. Die Kenntnis gesellschaftlicher, historischer, geografischer oder politischer Zusammenhänge gilt dabei als wesentlich für das Verständnis des jeweiligen Landes.

Phasen der Landeskunde Konzeptionen der Landeskunde haben sich im Lauf der Jahrzehnte verändert und mit bildungspolitischen wie fremdsprachendidaktischen Rahmenbedingungen weiterentwickelt. Wenn in der Realität des Fremdsprachenunterrichts auch keine deutlich voneinander abgrenzbaren Phasen auszumachen sind und wohl eher von langsamen und kontinuierlichen Entwicklungen bzw. nebeneinander bestehenden Ansätzen ausgegangen werden muss, erscheint eine systematische Strukturierung der einzelnen Phasen zur Übersicht sinnvoll (vgl. z.B. Schumann 2007: 4).

Realienkunde In den Anfängen der neusprachlichen Reformbewegung gegen Ende des 19. Jahrhunderts kommt die Realienkunde mit einem Fokus auf alltagspraktische Realien der fremden Kultur auf. Mit Viëtors Forderung nach einer Umkehr des Fremdsprachenunterrichts (vgl. Einheit 3, S. 35) und der damit verbundenen Absage an einen von Grammatik und Literatur geprägten Fremdsprachenunterricht geht ein verstärktes Interesse an landeskundlichen Themen und Inhalten einher. Aus einem positivistischen Bildungsverständnis heraus entwickelt sich eine kognitiv-wissensorientierte Landeskunde. Das Ziel dieser Realienkunde besteht in der Vermittlung von Faktenwissen über Spanien, insbesondere über geografische, gesellschaftliche, historische und politische Inhalte. Hierzu gehört die Vermittlung von Kenntnissen über die spanische Hauptstadt, die Anzahl ihrer Einwohner, Bahnhöfe oder U-Bahnlinien ebenso wie das Kennenlernen von Realien, d.h. Briefmarken, Postkarten oder Menükarten eines Restaurants. Anhand der Realien soll ein direkter Zugang zur fremdsprachlichen Kultur und Gesellschaft verwirklicht werden.

Kulturkunde In den 1920er und 1930er Jahren dominiert die Kulturkunde, in der es um mehr als reines Faktenwissen durch Realien geht und in der das Verstehen des Fremden anvisiert wird. Dies bedeutet eine Suche nach der spanischen Kultur und dem in ihr „Typischen" bzw. nach ihren konstitutiven Merkmalen. Gegenstand des Fremdsprachenunterrichts sind nicht mehr allein Fahrkarten und Preise von Lebensmitteln, sondern die spanische Kultur sowie die Spanier, ihr Wesen und ihr Nationalcharakter. Dies erfolgt vor allem auf der Basis einer Analyse der Sprache, Kunst und Literatur und ist einem Kulturbegriff verpflichtet, in dem Volk, Kultur und Nation als Einheit betrachtet werden.

Dabei läuft die Kulturkunde jedoch Gefahr, dass Typologisierungen und Verallgemeinerungen, die zum Verstehen der spanischen Kultur unumgänglich sind, zu Stereotypen und Klischees führen und zu einer vereinfachten Wahrnehmung des fremden Nationalcharakters beitragen (Steinbrügge 2005).

In der Zeit des Nationalsozialismus entwickelt sich die Kulturkunde zur rassistischen Wesenskunde weiter. Fremdsprachenunterricht wird in dieser Zeit erteilt, um den Feind besser verstehen und damit besiegen, regieren und verwalten zu können. Menschen aus anderen Ländern werden dabei mit ausschließlich negativen Wesenszügen belegt. Sie seien hinterhältig, nachtragend und verlogen sowie gegenüber dem deutschen Arier in Art und Charakter minderwertig.

Wesenskunde

Nach dem Zweiten Weltkrieg besteht zunächst das Bedürfnis nach einer Tabuisierung der in der Zeit des Nationalsozialismus vertretenen landeskundlichen Vorstellungen. Im Fremdsprachenunterricht kommen vor allem sprachdidaktische Inhalte zum Tragen, landeskundliche Themen bleiben weitgehend ausgespart. Insgesamt bestehen moderate Traditionen einer bildungsorientierten Kulturkunde fort.

Dieses Konzept der geisteswissenschaftlich begründeten Kulturkunde wird erst im Zuge der Studentenbewegung von 1968 grundlegend in Frage gestellt und durch den Ansatz einer sozialwissenschaftlichen, kritischen und politischen Landeskunde weiterentwickelt. So entfaltet sich ein neues Verständnis von Landeskunde im Spanischunterricht, das primär *cultura y civilización*, d. h. Kultur und Gesellschaft, zum Gegenstand macht. Daraus entwickeln sich in der Fachdidaktik Überlegungen zu einem Unterricht, in dem ein kritischer Blick auf Alltagswirklichkeiten, Stereotype und Klischees sowie gesellschaftskritische und politische Perspektiven in den Vordergrund gerückt werden. Diese Landeskunde zielt auf Völkerverständigung, Abbau von Vorurteilen und Förderung von kommunikativer Kompetenz in internationalen Zusammenhängen.

kritische Landeskunde

In den 1980er Jahren entwickeln sich daraus neue Schwerpunkte. Die Didaktik der Landeskunde wird in dieser Zeit insbesondere durch die Stuttgarter Thesen zur Landeskunde im Französischunterricht (Robert Bosch Stiftung/Deutsch-französisches Institut 1982) geprägt. Dabei steht das Lernziel einer transnationalen Kommunikationsfähigkeit im Mittelpunkt:

Stuttgarter Thesen zur Landeskunde

> Das Lernziel Transnationale Kommunikationsfähigkeit gilt für sämtliche Stufen des Französischunterrichts. Dieser muss vorbereiten auf Situationen authentischer Kommunikation mit Menschen der anderen Gesellschaft und Ausländern im eigenen Land und auf das Verstehen und Erörtern dargestellter fremder und eigener Wirklichkeit in sprachlichen und nicht-sprachlichen Dokumenten.
>
> (Robert Bosch Stiftung/Deutsch-französisches Institut 1982: 11)

173

Paradigmenwechsel

Dieses Verständnis der Landeskunde deutet bereits einen Paradigmenwechsel an: von dem einseitigen Blick auf das andere Land, seine Sprache und Menschen, ohne die eigene Situation und Perspektive auf die Anderen zu reflektieren, hin zu einer doppelten Blickrichtung zwischen der eigenen und der fremden Wirklichkeit. Über das landeskundliche Faktenwissen hinaus werden sprachliche und kommunikative Kompetenzen wie transnationale Kommunikationsfähigkeit anvisiert. Dies zielt auf die Sensibilisierung für Unterschiede, den bewussten Abbau von Vorurteilen sowie die Entwicklung von Toleranz und kritischem Bewusstsein.

Aufgabe 11.1

? Vervollständigen Sie die folgende Tabelle. Geben Sie dabei in Stichworten zu den einzelnen landeskundlichen Ansätzen zentrale Charakteristika und Zielsetzungen sowie Unterrichtsbeispiele an.

Ansatz	Charakteristika	Zielsetzungen	Unterrichtsbeispiel
Realienkunde			
Kulturkunde			
Kritische Landeskunde			

11.2 | Interkulturelles Lernen

Interkulturalität

Der Paradigmenwechsel, der sich in den Stuttgarter Thesen zur Landeskunde bereits andeutet, vollzieht sich endgültig in den 1990er Jahren, in denen öffentliche Diskurse und auch fremdsprachendidaktische Themen von Interkulturalität, multiethnischen Gesellschaften, Migration und Globalisierung geprägt sind. Die Bandbreite der Argumentationen ist dabei kaum von Konsens geprägt.

Der Fremdsprachenunterricht wird infolge seines Gegenstands, d. h. die fremde Sprache und Kultur, als grundsätzlich interkulturell eingestuft, worin sich die zentrale Stellung interkulturellen Lernens in der Fremdsprachendidaktik begründet. Der Begriff verweist auf eine konzeptuelle Weiterentwicklung der Landeskunde (Vences 2007). Aus der Fokussierung der jeweils anderen Kultur in der Landeskunde werden Überlegungen zu interkulturellem Lernen mit einer doppelten Blickrichtung zwischen der eigenen und der fremden Kultur entwickelt. Sichtweisen und Wahrnehmungen der eigenen und anderer Kulturen kommen zur Sprache, möglichst gegenseitiges Verstehen wird anvisiert.

erziehungswissenschaftliche Perspektiven

Ein Unterricht, der dem Rechung trägt und in dem das Verhältnis zwischen verschiedenen Kulturen analysiert und reflektiert wird, könnte fremdsprachendidaktisch oder auch erziehungswissenschaftlich begründet sein. Interkulturelles Lernen kann somit als grundlegendes Prinzip jeglichen Unterrichts und damit fächerübergreifend verstanden werden. Diese Perspektive der

Erziehungswissenschaften bildet sich in Positionen der Ausländerpädagogik und in interkulturellen Ansätzen ab, in denen multikulturelle Differenzen oder Positionen der Diversität und Pluralität vertreten werden. Diese Argumentationen werden auf alle Schulfächer bezogen.

Die Ausländerpädagogik, ein erziehungswissenschaftlicher Ansatz zur Integration der Gastarbeiterkinder in den 1950er und 1960er Jahren, geht von einem sprachlichen und kulturellen Defizit der Minderheiten aus. Damit sind fehlende Deutschkenntnisse der Kinder oder auch ihr mangelndes Wissen über das Leben in Deutschland gemeint. Ziel ist die sprachliche und kulturelle Assimilation dieser Kinder.

Ausländerpädagogik

Die Einseitigkeit dieser Defizit-Hypothese und ihr negativer Blick auf die Minderheiten werden von der Differenz-Hypothese einer Multi-Kulti-Pädagogik abgelöst. Kulturelle Vielfalt und Kompetenzen in mehreren Sprachen gelten als positiv und werden im schulischen Alltag zunächst kulturalisierend und exotisierend aufgenommen, beispielsweise in Form einer Integration kulinarischer Beiträge aus den Herkunftsländern zu Schul- und Klassenfesten. Selbstgekochtes und Gebackenes wie türkische Süßspeisen, arabischer Hummus oder spanische Churros werden als sinnvoller Anknüpfungspunkt zur Würdigung der Minderheitenangehörigen erachtet. Kulturelle Differenz und Ethnizität gelten als Wert und die Begegnung zwischen Angehörigen verschiedener Kulturen wird angestrebt.

Defizit-Hypothese
Differenz-Hypothese

Auch die Differenz-Hypothese führt nicht zu überzeugender Integration und erfolgreicher interkultureller Erziehung. Kritikpunkte zielen auf die Stigmatisierung der Fremden als Fremde, auf die Vernachlässigung gesellschaftspolitischer und sozioökonomischer Überlegungen, auf die Exotisierung der Fremden oder auf mangelnde Berücksichtigung rassistischer Diskriminierungen, was insbesondere in den Ansatz des Antirassismus mündet. Dieser betont, dass Respekt gegenüber den Fremden und Integration von Minderheiten nicht allein durch den Konsum exotischer Gerichte oder folkloristischer Musik umgesetzt werden können. Politische und ökonomische Kriterien seien weit wichtiger. So zielt die Analyse auf das Erkennen rassistischer Denkstrukturen und Handlungsweisen.

Antirassismus

Der antirassistischen Pädagogik geht es vor allem um die Demontage rassistischer Denkstrukturen und Handlungsweisen. Dabei stehen politische und wirtschaftliche Argumentationen im Vordergrund. Kritisiert werden offen diskriminierende Handlungsweisen ebenso wie versteckter Rassismus, beispielsweise in Form eines paternalistischen Rassismus. Auch die wohlmeinende Hilfe gegenüber als hilflos und minderwertig erachteten Minderheiten wird als Rassismus gesehen, insofern als dadurch erneut eine hierarchische Struktur und die Unterlegenheit des Anderen bestätigt werde.

Die bewusste Thematisierung von Rassismus erfolgt in unterhaltsamer Form in einer Publikation, die von der europäischen Kommission als Beitrag zu kritischer Reflexion rassistischer Denkweisen gesehen wird.

Aufgabe 11.2

> **?** Der Comic *¿RACISTA YO?* ist auf der Internetseite der Europäischen Kommission einsehbar: http://ec.europa.eu/publications/archives/young/01/txt_whatme_racist_es.pdf. Lesen Sie die Seite 6: *Racismo en cadena*. Welche Botschaft soll hiermit vermittelt werden? Wie finden Sie diesen Comic? Nehmen Sie begründet dazu Stellung.

Kritik am Antirassismus

Der kritische Blick auf Schwarz-Weiß-Denken und das Aufdecken rassistischer Strukturen sind sinnvoll und notwendig, doch beinhalten sie gleichzeitig eine grundlegende Schwäche: Die Dichotomisierung der eigenen und der fremden Kulturen und jegliche Einschätzung von Verhaltensweisen als rassistisch führen zu einer kontraproduktiven Stagnation. Wenn jegliches Denken und Handeln als rassistisch interpretiert wird, dann sind vermeintlich „richtige" und politisch korrekte Handlungsweisen von vornherein ausgeschlossen.

Pädagogik der soziokulturellen Vielfalt

Aus dieser Kritik am Antirassismus öffnen sich die Denkweisen in den folgenden Jahren und eine Pädagogik der soziokulturellen Vielfalt etabliert sich. Vielfalt und Diversität werden damit als sinnvolle Alternative zu den genannten Ansätzen betrachtet. Dies bedeutet, Differenz nicht nur kulturell oder ethnisch zu begründen und einzig aus diesen Kategorien Sichtweisen auf Mehrheiten und Minderheiten abzuleiten. Daneben bestehen weitere Diskriminierungskategorien wie Religion, sexuelle Orientierung oder Behinderung. Jeder Mensch gehört mit verschiedenen Teilidentitäten den einzelnen Kategorien an und kann, je nach Kontext, Minderheitenangehöriger oder auch Teil der Mehrheit sein. Zielsetzungen bestehen in der Förderung einer Sensibilität für Diversität (Allemann-Ghionda 1997: 6).

Aufgabe 11.3

> **?** Führen Sie die Tabelle der Aufgabe 11.1 fort und ergänzen Sie sie mit den hier angeführten Ansätzen.

fremdsprachendidaktische Perspektiven

Diese Positionen der Erziehungswissenschaften werden auf Schule und Unterricht insgesamt bezogen und damit auch auf den Fremdsprachenunterricht. Innerhalb der Fremdsprachendidaktik bestehen darüber hinaus weitere Ansätze, die sich explizit mit interkulturellem Lernen im Spanischunterricht auseinandersetzen.

Interkulturelles Lernen wird in der Fremdsprachendidaktik intensiv und kontrovers vor allem in den 1990er Jahren diskutiert. Aus der Breite der Ansätze haben drei Positionen die Diskussionen besonders geprägt: Diskurse zu interkultureller Kommunikation, die Giessener Didaktik des Fremdverstehens und Konzeptionen eines Fremdsprachenunterrichts als hybridem Raum, drittem Ort und damit zusammenhängend Vorstellungen von Transkulturalität (Fäcke 2005).

interkulturelle Kommunikation

In Diskursen zu interkultureller Kommunikation geht es um angemessene und erfolgreiche Kommunikation bei Begegnungen mit Menschen aus anderen Kulturen, um möglichst umfangreiches Wissen über die andere Kultur, um Vorstellungen und Erwartungen der Angehörigen der anderen Kultur, um Klischees, Vorurteile und Stereotype und deren Aufbrechen, Abbau und Überwindung sowie schließlich um Kulturstandards. Kultur wird dabei als ein spezifisches Orientierungssystem und Kulturstandards als Bewertungs- und Verhaltensstandards definiert.

> Unter Kulturstandards werden alle Arten des Wahrnehmens, Denkens, Wertens und Handelns verstanden, die von der Mehrzahl der Mitglieder einer bestimmten Kultur für sich persönlich und andere als normal, selbstverständlich, typisch und verbindlich angesehen werden. Eigenes und fremdes Verhalten wird auf der Grundlage dieser Kulturstandards beurteilt und reguliert. (Thomas 1996: 112)

Definition

Gerade im Blick auf die Fremdsprache geraten eigene und fremde Kulturstandards in den Fokus der Analyse. Dabei werden unterschiedliche Formen erfolgreicher und weniger erfolgreicher Kommunikation sowie (interkulturelle) Missverständnisse analysiert. So geht es hier z. B. um Fragen nach dem Bedeutungsspektrum der Gestik und Mimik von Deutschen und Spaniern im Vergleich.

interkulturelles Missverständnis

Der Vergleich zwischen den jeweiligen assoziierten Bedeutungen und Kulturstandards, die Betonung von Unterschieden sowie die Vermeidung von möglichen interkulturellen Missverständnissen bilden somit den Gegenstand und die Zielsetzung von interkultureller Kommunikation. Auch die Auseinandersetzung mit Klischees und Stereotypen wird anvisiert mit dem Ziel, klischeehafte Denkweisen aufzubrechen und kritisch zu beleuchten. Durch Kenntnis kulturspezifischer Unterschiede, so die Vorstellung, könnten interkulturelle Missverständnisse vermieden werden.

Vergleich von Kulturstandards

a) **Gestos del mundo del español.**
Mire estas fotos. ¿Puede imaginarse qué quiere "decir" el chico con los gestos?

Text 11.1

b) 🎧 **Escuche. ¿Qué significa cada gesto?**

1. _____
2. _____
3. _____
4. _____

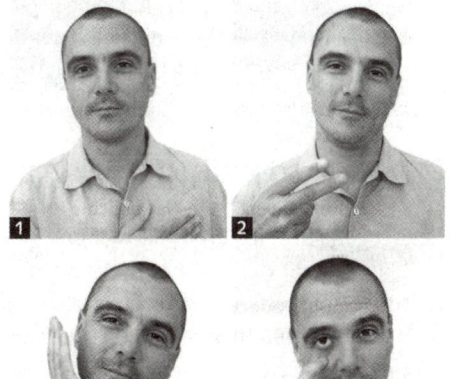

(Görrissen u. a. 2006: 55)

177

Aufgabe 11.4

? Analysieren Sie die Aufgabenstellungen zu den in der spanischen Welt üblichen Gesten. Inwieweit tragen Sie zum Aufbrechen, Infragestellen oder Zementieren interkultureller Missverständnisse bei?

Kritik

Dieser kulturalistische Ansatz sieht sich zahlreicher Kritik ausgesetzt: Hier stünden statische, die eigene und fremde Kultur und Sprache zementierende Sichtweisen im Vordergrund, die die jeweiligen Kulturen als homogene und in sich kohärente Blöcke betrachteten, die kulturelle Vielfalt innerhalb der jeweiligen Kultur nivellierten sowie Veränderlichkeit und Veränderbarkeit von Kulturen kaum berücksichtigten. Obwohl Zielsetzungen u. a. in der Überwindung von Klischees und Stereotypen lägen, trage dieser Ansatz kontraproduktiv zu ihrer Bestätigung bei. Lösungen dienten der Zementierung eines vermeintlich bestehenden Status quo.

So könne interkulturelles Lernen nicht nur zum Ziel haben, Klischees und Stereotypen über ein bestimmtes Land und seine Bewohner zu vermitteln, sondern darüber hinaus sollten die historische Bedingtheit und Entstehungsgeschichte dieser Klischees zur Sprache kommen, ihre Vielfalt und Unterschiedlichkeit je nach Perspektive des Betrachters sowie schließlich Möglichkeiten ihrer Aufhebung, Aufbrechung und Infragestellung aufgezeigt werden.

Didaktik des Fremdverstehens

In den 1990er Jahren wird das hermeneutische Konzept (vgl. Einheit 1, S. 8 f.) der Didaktik des Fremdverstehens entwickelt (vgl. z. B. Christ 1998). In diesen Positionen geht es um das Wechselverhältnis zwischen dem Eigenen und dem Fremden. Den Ausgangspunkt der Überlegungen bilden kulturelle Differenz und die Zugehörigkeit zu unterschiedlichen Muttersprachen:

Definition

> Von Fremdverstehen sprechen wir dann, wenn zwei Partner, die einander verstehen wollen, unterschiedliche, kulturell bedingte Referenzrahmen haben. Das ist z. B. immer dann (aber nicht nur dann) der Fall, wenn sie verschiedene Sprachen als Muttersprachen sprechen und sich folglich in einer ihnen fremden Sprache verständigen müssen. (Christ 1998: 8)

Diese Position basiert auf dem Postulat einer homogenen Lerngruppe und eines in sich kulturell kohärenten Subjekts. Der Einzelne wird z. B. durch den Lerngegenstand im Fremdsprachenunterricht mit dem Fremden konfrontiert.

Verstehen durch Perspektivenwechsel und Empathie

Damit steht der hermeneutische Ansatz des Fremdverstehens im Kontext kulturbezogener Überlegungen. Differenzen zwischen fremden Kulturen und Sprachen werden insgesamt zu einem konstitutiven Moment der Auseinandersetzung mit Fremdheit gemacht und Verstehen zwischen als fremd definierten Kulturen wird durch Perspektivenwechsel und durch Empathie angestrebt.

Die Kritik an der Didaktik des Fremdverstehens zielt darauf, dass der Vielfalt, den Überschneidungen und Brüchen zwischen dem Eigenen und dem Fremden bzw. multiplen Identitäten innerhalb eines Subjekts kaum

Rechnung getragen werde. Ethnizität, gesellschaftliche Strukturen und soziale Hierarchien bzw. hierarchische Verhältnisse im Kontext eines globalen Blicks würden kaum in den Diskurs aufgenommen. Somit sei die Didaktik des Fremdverstehens einem Verständnis in sich homogener, deutlich voneinander abgrenzbarer Kulturen verpflichtet. Infragestellungen des Kulturbegriffs oder auch antirassistische Argumentationen würden nicht aufgegriffen.

Ist Fremdverstehen nun möglich oder nicht? Diese Frage wird von der Didaktik des Fremdverstehens positiv beantwortet. Neben diesem hermeneutischen Optimismus gibt es jedoch auch kritische Positionen, die Fremdverstehen grundsätzlich als nicht realisierbar erachten (Hunfeld 1990, 2004). Die hermeneutische Distanz bzw. Differenz wird stehengelassen und als Ausgangspunkt für (selbst)kritische Reflexion genutzt.

hermeneutischer Skeptizismus

Gleichsam als Weiterentwicklung aus der Didaktik des Fremdverstehens verabschieden sich neuere Ansätze in den Fremdsprachendidaktiken von vereindeutigenden, dichotomen Kategorien wie z. B. das Eigene und das Fremde, visieren verstärkt offenere Überlegungen an und beziehen diese u. a. aus der Tradition der Postmoderne.

So finden sich mehr und mehr Positionen auf der Basis von Transkulturalität und transkulturellem Verstehen (vgl. z. B. Eckert/Wendt 2003). Diese Argumentationen richten sich gegen die Vorstellung voneinander abgrenzbarer Kulturen und treten für ein Aufbrechen dichotomer Sichtweisen ein, sie stehen in der Tradition von Poststrukturalismus und Postmoderne sowie des erkenntnistheoretischen Konstruktivismus. Transkulturalität steht im Zusammenhang mit der Hybridisierung und Öffnung der Kulturen. Kultur wird als Diskurs, als Text oder als Intertext verstanden, insofern als sie durch Vielfalt, Brüche und Überlappungen sowie durch Mehrdeutigkeiten und Unschärfen gekennzeichnet sei. Diesem Verständnis zufolge sind Kulturen nicht eindeutig voneinander zu trennen, sondern sind durch Hybridität, d. h. Mischungen und Überschneidungen, gekennzeichnet.

Transkulturalität

Postmoderne/Poststrukturalismus ist ein philosophischer Denkansatz, dessen Vertreter (z. B. François Lyotard, Michel Foucault, Jacques Derrida) seit den 1960er Jahren das Ende der Moderne proklamieren. Die Welt sei nicht mehr eindeutig erkennbar und eindimensional erklärbar. Anstatt durch einen einzigen Herrschaftsdiskurs ließen sich Welt und Wirklichkeit weit angemessener durch Vielfalt, Brüche und Ambivalenzen erfassen. Anstelle einer unhinterfragten Übernahme bestehender Strukturen erfolgt die Kritik und Dekonstruktion von Denkweisen, Normen und Prinzipien sowie die Analyse von Diskursen, die die genannten Strukturen begründen.

Definition

Transkulturalität verweist auf ein Verständnis der Verquickung von Kulturen. Infolge des Aufeinandertreffens verschiedener Kulturen kommt es zu Verwischungen von Grenzen, zu Aufhebungen, Verschiebungen und Brüchen zwischen diesen Kulturen, die sich in

Definition

vielfältigen Lebensformen, Einstellungen sowie Denk- und Handlungsweisen manifestieren. Dies bedeutet eine Absage an Vorstellungen eindeutig voneinander abgrenzbarer Kulturen ebenso wie an Vorstellungen einer universellen globalen Kultur, in der sich alle wie in einem „Einheitsbrei" wiederfinden können.

culture ,of a third kind'

Auch Claire Kramsch argumentiert ausgehend von ähnlichen Überlegungen und mit vergleichbaren Zielsetzungen. Aus der Bewusstwerdung von Differenz, die sie als *betwixt and between* (Kramsch 1993: 234) sieht, entwickele sich ein Potenzial für mögliche Veränderungsprozesse im Fremdsprachenunterricht im Sinne eines Entstehens einer *culture ,of a third kind'* (Kramsch 1993: 235). Ausgehend von einem kritischen pädagogischen Zugriff gehe es um einen offenen Prozess, der sich im Fremdsprachenunterricht zwischen der eigenen Kultur und der Zielsprachenkultur entwickele. So seien Lernende neugierig auf Grenzüberschreitungen und das Testen der Grenzen durch eine Sicht auf die fremde Sprache, die nicht als monolithischer Block, sondern als bewegliches Konstrukt verstanden werde.

Kultur als Diskurs

Diese Überlegungen zielen auf eine Öffnung des Kulturbegriffs, ein Verständnis von Kultur als Diskurs, die Auseinandersetzung mit eigenen Wirklichkeitskonstruktionen, die Vermeidung von Aneignungen und den kritischen Umgang mit Macht- und Herrschaftsdiskursen. Die Vermeidung von Dichotomien und Ontologisierungen führt zu Vorstellungen von Hybridität, *Dekonstruktion* Aufhebung und Dekonstruktion. Transkulturalität bildet somit den Rahmen für ergebnisoffene Denkprozesse und Auseinandersetzungen, in denen ein sensibler Umgang mit Kultur und Macht konstruktiv ausgehandelt werden kann. Dies führt zu einem Verständnis eines Fremdsprachenunterrichts als hybridem Raum, in dem diskursive Aushandlungsprozesse anvisiert werden. Gleichzeitig besteht hierbei die Gefahr postmoderner Verwischungen, die eine konkrete Sichtbarmachung gesellschaftlicher Hierarchien und Ausgrenzungen in den Hintergrund rückt.

Aufgabe 11.5

? Betrachten Sie erneut die Aufgabe 11.3 zu Mimik und Gestik in Spanien. Welche Zielsetzungen und möglichen Aufgabenstellungen würden sich aus der Sicht der Didaktik des Fremdverstehens und des Ansatzes der Transkulturalität dazu ergeben?

11.3 | Interkulturelle Kompetenzen fördern

Hessischer Lehrplan

Der Überblick über die Entwicklungen innerhalb der Landeskunde und des interkulturellen Lernens hat verschiedene Ansätze mit je eigenen Schwerpunkten und Zielsetzungen deutlich gemacht. Diese Überlegungen wirken sich auch konkret auf die Gestaltung des Spanischunterrichts aus. Auf curricularer Ebene ist interkulturelle Kompetenz neben kommunikativer Kompetenz als Zielsetzung im Spanischunterricht in allen Bundesländern breit etabliert. Exemplarisch macht dies der folgende Auszug aus dem Lehrplan für Gymnasien in Hessen deutlich:

1 Aufgaben und Ziele des Faches

Spanisch ist eine Weltsprache, die in mehr als 20 Ländern dieser Erde als Erst- oder Zweitsprache gesprochen wird.

Bereits das Beherrschen von Grundstrukturen des Spanischen erlaubt eine Orientierung in vielfältigen Begegnungssituationen einer immer enger zusammenrückenden Welt.

Trotz der offensichtlichen Omnipräsenz des Englischen in vielen wirtschaftlichen und politischen Bereichen ist das Spanische bei persönlichen Begegnungen und dem Kontakt zu Menschen der hispanophonen Welt unverzichtbar.

Die Integration Spaniens in die Europäische Union, Spaniens Vollmitgliedschaft in der NATO und die Bedeutung der hispanoamerikanischen Welt in ihrer Beziehung zu Deutschland und Europa sowie die Akzeptanz des Spanischen als Welthandelssprache machen die spanische Sprache zu einer Sprache, die in dieser Welt immer größere Bedeutung erfährt.

Daher wird die Kenntnis der spanischen Sprache für eine Orientierung im europäischen und außereuropäischen Raum nahezu unerlässlich; dies auch angesichts des politischen Willens der EU, Mehrsprachigkeit in Europa zu fördern.

Durch eine bewusst getroffene Entscheidung, Spanisch als Fremdsprache erlernen zu wollen, eröffnen sich Schülerinnen und Schüler Zugang zu vielfältigen Gesellschaften und Kulturen in unterschiedlichen Regionen dieser Erde, in denen das Spanische als Verkehrssprache eine vorrangige Rolle einnimmt. Sie lernen, sich in der Welt zu orientieren, machen neue Erfahrungen und werden in einem neuen Medium zu sprachlich gestalterischen Tätigkeiten angeregt. Durch erfolgreiches Lernen des Spanischen werden sie individuell, gesellschaftlich und später auch beruflich handlungsfähig.

[…]

2 Didaktisch-methodische Grundlagen

Spanischunterricht weckt **konstruktive Neugier** und fördert die **Lernbereitschaft** der Schülerinnen und Schüler, sich in die Gestaltung des Alltags von Menschen, die unter anderen gesellschaftlichen, politischen und kulturellen Bedingungen leben, hineinzuversetzen. Indem sie lernen, sich mit den Lebensbedingungen der Menschen anderer Lebensweisen und Kulturen auseinander zu setzen, soll auch der Wunsch zu einem lebendigen Austausch geweckt werden.

Durch das Lernen der spanischen Sprache werden Schülerinnen und Schüler befähigt, in dieser Fremdsprache auf unterschiedlichen Niveaustufen nach jeweils erbrachter Lernleistung und in Relation zu der zur Verfügung stehenden Lernzeit mündliche und schriftliche Verständnisbedürfnisse **situationsge-**

| Text 11.2

recht und **partnerbezogen** zu verwirklichen. Somit wird die Vermittlung von Sprache und Landeskunde zur **Voraussetzung interkultureller und transnationaler Kommunikationsfähigkeit**.

(Hessisches Kultusministerium 2010: 2 f.)

Aufgabe 11.6 | **?** Vergleichen Sie die genannten hessischen Zielsetzungen mit den Argumenten der zuvor aufgeführten landeskundlichen und interkulturellen Ansätze. Welche Bezugspunkte stellen Sie fest?

Gemeinsamer europäischer Referenzrahmen für Sprachen

Die curricularen Vorstellungen einzelner Bundesländer machen die zentrale Position interkulturellen Lernens im Spanischunterricht sichtbar. Darüber hinaus ist interkulturelles Lernen im Fremdsprachenunterricht heute vor allem auch durch Zielvorstellungen des Europarats und des Gemeinsamen europäischen Referenzrahmens für Sprachen geprägt. In diesem Zusammenhang wird von verschiedenen Kompetenzen ausgegangen: *savoirs, savoir-faire, savoir-apprendre, savoir-être, savoir-comprendre* und *savoir-s'engager*, die im Bereich des Wissens, der Fertigkeiten und Einstellungen angesiedelt sind (Byram 1997: 34). Interkulturelle Kompetenzen spiegeln somit

► deklaratives Wissen und Kenntnisse über ein Land, seine Bewohner und Kulturen, Fertigkeiten (*saber*),
► prozedurales Wissen über einen sensiblen Umgang mit Angehörigen anderer Kulturen als Vermittlungsperson in interkulturellen (Konflikt-)Situationen (*saber-hacer*),
► persönlichkeitsbezogene Kompetenzen in Bezug auf Einstellungen, Motivationen, Wertvorstellungen und Überzeugungen (*saber-ser*),
► sowie die Lernfähigkeit, mit diesen Kompetenzen umzugehen und sich gesellschaftspolitisch zu engagieren (*saber-aprender*) (vgl. Consejo de Europa 2002).

Kompetenzen im Referenzrahmen

Der Referenzrahmen beschreibt folgende allgemeine individuelle Kompetenzen:

Text 11.3 |
2.1.1 Las competencias generales del individuo

Las *competencias generales* de los alumnos o usuarios de lenguas [...] se componen de sus *conocimientos, sus destrezas* y su *competencia existencial*, además de su *capacidad de aprender*. Los **conocimientos**, es decir, los conocimientos declarativos (*savoir*, [...]), se entienden como aquellos conocimientos derivados de la experiencia (empíricos) y de un aprendizaje más formal (académicos). Toda la comunicación humana depende de un conocimiento compartido del mundo. En lo que se refiere al uso y al aprendizaje de lenguas, los conocimientos que entran en juego no están relacionados directa y exclusivamente con la lengua y cultura. El conocimiento académico en un campo educativo de tipo científico o técnico, y los conocimientos académico o empírico en un campo profesional desempeñan evidentemente un papel importante en la recepción y comprensión de textos que están escritos en una lengua extranjera relacionada con esos campos. El conocimiento empírico relativo a la vida diaria (organización de la jornada, las comidas, los medios de transporte, la comunicación y la información), en los ámbitos público o privado, es, por su parte, igual de esencial para la realización de actividades de lengua en una lengua extranjera. El conocimiento de los valores y las creencias compartidas por grupos sociales de otros países y regiones, como, por ejemplo, las creencias religiosas, los tabúes, la historia común asumida, etc., resulta esencial para la comunicación intercultural. Estas múltiples áreas de conocimiento varían de un individuo a otro: pueden ser específicas de una cultura, pero también pueden estar relacionadas con parámetros y constantes más universales. [...]

Las ***destrezas y habilidades*** (saber hacer) [...] ya sea para conducir un coche, tocar el violín o presidir una reunión, dependen más de la capacidad de desarrollar procedimientos que de los conocimientos declarativos, pero se puede propiciar esta destreza mediante la adquisición de conocimientos interiorizados, y puede ir acompañada de formas de competencia existencial (por ejemplo, la actitud relajada o la tensión a la hora de realizar una tarea). [...]

La ***competencia existencial*** (saber ser) [...] se puede considerar como la suma de las características individuales, los rasgos y las actitudes de personalidad que tienen que ver, por ejemplo, con la autoimagen y la visión que tenemos de los demás y con la voluntad de entablar una interacción social con otras personas. Este tipo de competencia no se contempla sólo como resultado de características inmutables de la personalidad, pues incluye factores que son el producto de varios tipos de aculturación y que pueden ser modificados. [...]

La ***capacidad de aprender*** (saber aprender) [...] moviliza la competencia existencial, los conocimientos declarativos y las destrezas, y hace uso de varios tipos de competencia. La capacidad de aprender también se puede concebir como la predisposición o la habilidad para descubrir lo que es diferente, ya sea otra lengua, otra cultura, otras personas o nuevas áreas de conocimiento.

(Consejo de Europa 2002: 11 f.)

In diesen Kompetenzen spiegeln sich Zielsetzungen der Landeskunde – *saber* – und des interkulturellen Lernens – *saber-hacer, saber-ser, saber-aprender* – deutlich wieder. Deklaratives Wissen über das andere Land und die andere Kultur wird mit prozeduralem Umsetzungswissen und Handlungskompetenzen, mit Einstellungen und Bereitschaft, sich eine interkulturelle Sensibilität anzueignen, kombiniert.

? Vergleichen Sie den Zugang des Gemeinsamen europäischen Referenzrahmens für Sprachen mit älteren interkulturellen Ansätzen. Welche Gemeinsamkeiten, welche Unterschiede stellen Sie fest? Welche Vor- und Nachteile impliziert die Bezugnahme auf *saber, saber-hacer, saber-ser, saber-aprender*?

Aufgabe 11.7

Umsetzungen im
Spanischunterricht

Ein Spanischunterricht, in dem diese landeskundlichen und interkulturellen Zielsetzungen aktiv umgesetzt werden, zeichnet sich durch die explizite und implizite Bezugnahme auf bestimmte Inhalte ebenso aus wie durch die Vermittlung von Einstellungen und Denkweisen, die auf Offenheit und Neugier gegenüber spanischsprachigen Kulturen und Nationen und auch auf ein konstruktives Miteinander gegenüber dem nahen Fremden, d. h. Mitschülerinnen und Mitschülern nicht-deutscher Herkunft bzw. mit Migrationshintergrund, zielen.

Anfangsunterricht

Im Anfangsunterricht wird ein solches kulturspezifisches Wissen wohl eher implizit vermittelt werden, beispielsweise durch Fotografien der Lehrwerke, die ein Haus, eine Straße oder eine Schule in Spanien zeigen und damit indirekt auf Besonderheiten gegenüber vergleichbarer Architektur in Deutschland hinweisen, durch die Vermittlung spanischer Begrüßungsformen oder auch durch Bezugnahme auf spanische Alltagskultur.

Text 11.4

PRACTICAR

2 **Hacer la compra** ▷ RESUMEN 8
ā *Estáis en Granada y queréis comprar algo
para una tarde en el campo.
Hacer la lista de la compra.*

Medio kilo de [¿]
Un/tres cuarto/s de [¿]
[¿] kilo/s de [¿]
[¿] botella/s de [¿]
[¿] litro/s de [¿]

los tomates

el agua

el chorizo

una barra de pan

(Marín Barrera u. a. 2003: 62)

Bezug zu hispano-
amerikanischen
Ländern

Neben dieser Alltagskultur werden im Spanischunterricht auch Länder Hispanoamerikas und die USA explizit thematisiert. Die in Lehrwerken auftretenden Lehrwerkfiguren stammen mit gleicher Selbstverständlichkeit aus Spanien oder aus Chile, Kuba oder Peru (z. B. Marín Barrera u. a. 2003: 16).

Hispanoamerika im
Lehrwerk

Die Bezugnahme auf verschiedene spanischsprachige Länder erfolgt z. B. durch die Gestaltung der Umschlaginnenseiten der Lehrwerke mit den Landkarten Spaniens und Südamerikas. *Encuentros* (Marín Barrera u. a. 2003) beinhaltet in Band 1 Einheiten zu Chile, *América Latina* allgemein, zur Karibik und zu den Andenländern. *Caminos plus* (Görrissen u. a. 2006) verweist in

Band 2 auf mehrere Staaten neben Spanien, darunter auf Chile, Kolumbien, Uruguay und die Dominikanische Republik. Dabei werden landeskundliche Informationen zu den einzelnen Ländern vermittelt, d.h. zu Geografie, Geschichte und Kultur. Darüber hinaus kommen Unterschiede zwischen dem in Spanien und dem in Hispanoamerika gesprochenen Spanisch zur Sprache (siehe unten). Schließlich beinhalten einige Lehrwerktexte Informationen zu den schwierigen Lebensbedingungen, zur Armut und Gewalt in einzelnen hispanoamerikanischen Ländern. Ein weiterer Schwerpunkt liegt auf der Darstellung der Hispanos in den USA als zweitgrößter sprachlicher Gruppe nach Englisch.

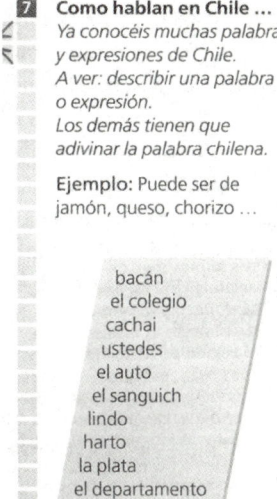

7 **Como hablan en Chile ...**

*Ya conocéis muchas palabras
y expresiones de Chile.
A ver: describir una palabra
o expresión.
Los demás tienen que
adivinar la palabra chilena.*

Ejemplo: Puede ser de
jamón, queso, chorizo ...

bacán
el colegio
cachai
ustedes
el auto
el sanguich
lindo
harto
la plata
el departamento

Text 11.5

(Marín Barrera u. a. 2003: 110)

Interkulturelle Kompetenzen lassen sich darüber hinaus gut durch literarische Texte erwerben. Dafür eignen sich gerade auch Texte, deren Autoren aus einer Minderheitenperspektive schreiben oder in denen die Perspektive von Minderheiten explizit im Mittelpunkt steht. Dies wird auch im folgenden Jugendroman (Páez 1994) deutlich, in dem die Geschichte des etwa 17-jährigen Tuareg Abdel geschildert wird. Da die Tuareg eine verfolgte Minderheit in Marokko darstellen, kommen Abdel und sein Vater illegal nach Spanien. Ihre Geschichte reflektiert die Lebensbedingungen der illegalen Einwanderer, die von gefährlichen Überfahrten über das Mittelmeer, Ausnutzung ihrer Situation in Spanien durch Kriminelle, Verfolgung durch die Guardia Civil und von Verhaftung geprägt ist. Zu Beginn schildert Abdel aus der Retrospektive seine Situation folgendermaßen:

interkulturelle Kompetenzen durch Literatur

185

Vivo en un cementerio, aunque no soy un muerto. Tampoco el enterrador. Soy un hijo del desierto, escondido entre las tumbas de Marbella. Puede que la situación suene graciosa, pero no lo es en absoluto. Mi padre está en la cárcel. Yo soy menor de edad en un país extranjero, inmigrante ilegal, y sin documentos que me identifiquen. La policía me busca. Una banda de traficantes de drogas me busca. Si alguno de ellos me encuentra, estaremos perdidos: mi padre y yo.

Estamos en el mes de julio, así que al menos no hace demasiado frío por las noches. No tengo más ropa que la que llevo puesta. Tengo hambre. Apenas he comido desde hace tres días. También tengo miedo. Mucho miedo. Y no sólo a que me encuentren, sino porque el hecho de dormir junto a un montón de cadáveres no es lo que yo llamaría pasar unas buenas vacaciones. No me gusta estar aquí, pero no puedo abandonar a mi padre. Él confía en mí, estoy seguro. Yo soy el único que puede ayudarle, aunque no sepa cómo. De momento, mientras lo pienso, me refugio en este extraño mausoleo de la familia Ponce Santamaría. ¿A que no es nada divertido?

Ahora tengo mucho tiempo libre. Esto es un contrasentido, ya lo sé, porque de libre tiene poco. Quiero decir que me sobran horas durante el día. Me sobran todas las horas. No oscurece hasta bien pasadas las nueve y media de la noche, y no puedo arriesgarme a salir de mi escondite a la luz del sol, con toda la gente husmeando por ahí. Alguna noche el hambre me ha obligado a salir de mi encierro para buscar comida. Aunque éste es un país muy fértil, he tenido serias dificultades para encontrar algo que llevarme a la boca. No me arriesgo a bajar a la ciudad. No es fácil pasar inadvertido en un país extranjero.

Vivo como las lechuzas y los búhos, pero mucho más aburrido. La soledad no me asusta, porque crecí en el desierto, pero echo de menos los espacios abiertos. En un lugar cerrado el tiempo transcurre más despacio, y como tiempo es algo que no me va a faltar, entretengo mis horas lentas escribiendo. La honda, este cuaderno y un bolígrafo es lo único que pude salvar en mi huida, y gracias a que lo llevaba encima. Pero empezaré por el principio.

Nací en alguna parte del desierto, en una *jaima* o tienda de una caravana de tuaregs que se dirigía a Hauza, según me han contado muchas veces. Desciendo de una larga familia beréber, y mi padre, Yasir Muhbahar, era uno de los hombres más respetados de la tribu. Aquí, en cambio, no es nadie. Tal vez no debimos salir del Sáhara, por muy mal que nos fueran allí las cosas.

– La democracia europea es el paraíso de la libertad. Empezaremos una nueva vida en España – me dijo antes de emprender el viaje.

[…]

Los tuaregs somos un pueblo nómada, y nos movemos de acá para allá con nuestros rebaños de ovejas y cabras. Vivimos en un mar de arena llamado Sáhara, en donde en lugar de islas hay pozos y oasis. Navegamos a lomos de caballos y camellos. Hay quienes nos llaman los hombres azules, porque los mantos teñidos con los que nos cubrimos del sol van coloreando nuestra piel poco a poco. Las fronteras, esas líneas de rayas y puntos que separan los países, no existen en la realidad. El Sáhara es un sólo desierto, una misma arena que no entiende de rayas ni de mapas.

(Páez 1994: 12–15)

Aufgabe 11.8

? Welche Kompetenzen würden Sie mit der Lektüre dieses Textes in Ihrem eigenen Spanischunterricht vermitteln? Nehmen Sie bei der Antwort Bezug auf die Kompetenzen des Referenzrahmens *saber*, *saber-hacer*, *saber-ser* und *saber-aprender*.

Hier wird aus der Perspektive eines Jugendlichen die schwierige Situation illegaler Einwanderer in Spanien thematisiert. Gerade durch diese Innensicht kommen Lebensbedingungen zum Tragen, die den meisten Jugendlichen im Spanischunterricht kaum vertraut sein dürften. Der spanische Jugendbuchautor Enrique Páez nutzt hier die Form eines fiktiven Tagebuchs, um das Thema der illegalen Einwanderung und das Verhalten der Spanier gegenüber den Immigranten engagiert und kritisch zur Sprache zu bringen (vgl. Klink 2001). Durch diese Perspektive ist dieser literarische Text geeignet, interkulturelles Lernen im Spanischunterricht in Deutschland umzusetzen.

Zusammenfassung

In dieser Einheit wurden verschiedene Konzepte der Landeskunde und des interkulturellen Lernens thematisiert. Landeskunde bezieht sich auf gesellschaftliche, kulturelle, politische und ökonomische Zusammenhänge eines bzw. mehrerer spanischsprachiger Länder. Interkulturelles Lernen visiert demgegenüber einen doppelten Blick zwischen verschiedenen Kulturen, d. h. zwischen der eigenen Kultur der Lernenden und der fremden Kultur der Zielsprache, an. Neben Wissen und Kenntnissen geht es um Einsichten und Einstellungen zur Zielkultur und zu den Unterrichtsinhalten. Interkulturelle Kompetenzen, wie sie im Gemeinsamen europäischen Referenzrahmen für Sprachen entwickelt sind, bestehen aus Wissen, Fertigkeiten und Einstellungen (*saber*, *saber-hacer*, *saber-aprender*, *saber-ser*).

Aufgabe 11.9

? Welchen Stellenwert würden Sie interkulturellem Lernen in Ihrem Spanischunterricht einräumen? Stellen Sie Ihre eigene Position begründet dar und beziehen Sie sich dabei auf die oben dargestellten Diskurse.

Literatur

Allemann-Ghionda, Christina (1997): Mehrsprachige Bildung in Europa. In: BMW AG, München (Hg.): LIFE. Ideen und Materialien für interkulturelles Lernen. Lichtenau: AOL, 1–10.

Byram, Michael (1997): Teaching and Assessing Intercultural Communicative Competence. Clevedon u. a.: Multilingual Matters.

Comisión Europea (1998): ¿RACISTA YO? Luxemburgo: Oficina de Publicaciones Oficiales de las Comunidades Europeas.

187

Eckert, Johannes/Wendt, Michael (Hg.): Interkulturelles und transkulturelles Lernen im Fremdsprachenunterricht. Frankfurt: Lang. (Kolloquium Fremdsprachenunterricht, Bd. 15).

Fäcke, Christiane (2005): Französischunterricht heute: Theoretische Positionen, didaktische Leitlinien, konkrete Umsetzungen. Eine Bestandsaufnahme – insbesondere im Hinblick auf interkulturelles Lernen. In: Neusprachliche Mitteilungen 58/4: 5–16.

Görrissen, Margarita u. a. (2006): Caminos plus 2. Lehrbuch. Barcelona u. a.: Klett.

Hunfeld, Hans (1990): Literatur als Sprachlehre, Ansätze eines hermeneutisch orientierten Fremdsprachenunterrichts. Berlin, München: Langenscheidt.

Hunfeld, Hans (2004): Fremdheit als Lernimpuls. Skeptische Hermeneutik – Normalität des Fremden – Fremdsprache Literatur. Meran, Klagenfurt: Alpha Beta, Drava.

Klink, Hella (2001): Abdel – ein junger Tuareg als Emigrant in Spanien. Der selbständige Umgang mit einem fiktionalen Text im späteinsetzenden Spanischunterricht. In: Neusprachliche Mitteilungen 54/4: 222–230.

Kramsch, Claire (1993): Context and culture in language teaching. Oxford: Oxford university press. (Oxford applied linguistics).

Marín Barrera, Sara u. a. (2003): Encuentros 1. Nueva edición. Lehrwerk für den Spanischunterricht. Berlin: Cornelsen.

Páez, Enrique (1994): Abdel. Madrid: Ed. SM.

Robert Bosch Stiftung/Deutsch-französisches Institut (1982): Stuttgarter Thesen zur Rolle der Landeskunde im Französischunterricht.

Schumann, Adelheid (2007): Le Maghreb. Inhalte und Verfahren einer Interkulturellen Landeskunde. In: Der Fremdsprachliche Unterricht Französisch 41/86: 2–9.

Steinbrügge, Lieselotte (2005): Kulturkunde – die verdrängte Tradition der interkulturellen Didaktik. In: Schumann, Adelheid (Hg.): Kulturwissenschaften und Fremdsprachendidaktiken im Dialog. Perspektiven eines interkulturellen Französischunterrichts. Frankfurt am Main u. a.: Lang, 85–96. (Kolloquium Fremdsprachenunterricht, Bd. 19).

Thomas, Alexander (1996): Analyse der Handlungswirksamkeit von Kulturstandards. In: ders. (Hg.): Psychologie interkulturellen Handelns. Göttingen u. a.: Hogrefe. Verlag für Psychologie, 107–135.

Vences, Ursula (2007): Interkulturelles Lernen – weit mehr als Landeskunde. In: Der Fremdsprachliche Unterricht Spanisch 16/5: 4–9.

Internet

Christ, Herbert (1996): Fremdverstehen und interkulturelles Lernen. Zeitschrift für Interkulturellen Fremdsprachenunterricht [Online], 1 (3). http://zif.spz.tu-darmstadt.de/jg-01-3/beitrag/christ.htm.

Consejo de Europa (2002): Marco común europeo de referencia para las lenguas: aprendizaje, enseñanza, evaluación. Madrid: Ministerio de Educación, Cultura y Deporte. http://cvc.cervantes.es/ensenanza/biblioteca_ele/marco/cvc_mer.pdf.

Hessisches Kultusministerium (2010): Lehrplan Spanisch. Gymnasialer Bildungsgang. Jahrgangsstufen 6G bis 9G und gymnasiale Oberstufe. http://www.hessen.de/irj/HKM_Internet?cid=ac9f301df54d1fbfab83dd3a6449af60.

Literaturunterricht

Gegenstand dieser Einheit sind die Bedeutung und der Stellenwert von Literatur für den Spanischunterricht. Sie lernen grundlegende Überlegungen zum Einsatz literarischer Texte kennen. Dazu gehören die Frage nach einem möglichen Kanon und nach verpflichtender Lektüre, unterschiedliche Zugangsweisen verschiedener literaturdidaktischer Modelle, Leseprozesse in der Fremdsprache und schließlich die Diskussion über die Bedeutung eines Literaturunterrichts angesichts aktueller Entwicklungen im Zeichen der Bildungsstandards, der Kompetenzorientierung und neuer Aufgabenformate.

Überblick

12.1 | Literatur und literarischer Kanon

Welchen Stellenwert sollten literarische Texte im Spanischunterricht einnehmen? Warum und mit welchen Zielsetzungen sollte man literarische Texte in den Spanischunterricht einbinden? Wie lässt sich mit literarischen Texten sinnvoll umgehen? Welche Kompetenzen sollen bei jugendlichen Lesern und Leserinnen anvisiert werden? Mit welchen Intentionen sollten literarische Texte rezipiert werden? Wie lassen sich nachhaltige Bezüge zur Literatur bei Schülerinnen und Schülern fördern?

Diese Fragen bilden einen Überblick über Themen, die in der Literaturdidaktik diskutiert werden, und natürlich gibt es darauf sehr viele unterschiedliche Antworten. In Begründungen zum Einsatz literarischer Texte im Spanischunterricht wird beispielsweise auf die Bedeutung ästhetisch-literarischer Bildung an sich verwiesen, auf die Möglichkeiten, sich phantasievoll mit fiktiven Charakteren und Handlungen auseinandersetzen zu können oder auch auf die Anleitung zu Sinn entnehmendem Leseverstehen durch Texte, die einen vielfältigen, persönlichen und eigenständigen Zugang ermöglichen. Im Fremdsprachenunterricht könne Literatur darüber hinaus den Fremdsprachenlernprozess motivierend unterstützen.

Ein langfristiges Ziel des Literaturunterrichts besteht darin, Schülerinnen und Schüler nachhaltig zum Lesen zu motivieren und sie, wenn möglich, zur Rezeption sowohl deutsch- als auch fremdsprachiger Literatur auch über das Ende der Schulzeit hinaus anzuleiten. Die damit anvisierte intrinsische Lesemotivation wird nicht unbedingt durch ein lehrer- und textzentriertes Leseverstehen mit Interpretation eines postulierten Textsinns gefördert. Da dies in der schulischen Praxis jedoch häufig praktiziert wird, erscheint es begründet, individuelle Umgangsweisen mit literarischen Texten auch für die Schule einzufordern, so z. B. Seiten beim Lesen zu überspringen, nicht zu Ende zu lesen, überhaupt nicht zu lesen oder auch selbst die Texte auszuwählen, die man nun doch lesen möchte.

Diese Überlegungen entsprechen kaum der alltäglichen Praxis des Literaturunterrichts. Sie werden vermutlich von vielen als Widerspruch zu anderen schulischen Aspekten wie Leistungsorientierung, Vergleichbarkeit und Notengebung empfunden. Diese Öffnung des Literaturunterrichts ist nicht gleichzusetzen mit einem alle Schülerinnen und Schüler motivierenden Unterricht, der Leselust fördern und nachhaltig auch über das Ende des Fremdsprachenunterrichts hinaus unterstützen möchte. Jugendliche lesen literarische Texte nicht immer, nicht immer gern und auch nicht immer mit tiefem Verständnis, wie Studien zum Lesen deutlich machen. Die Ursachen dafür liegen nicht allein an der methodisch-didaktischen Gestaltung des Literaturunterrichts, sondern auch an gesellschaftlichen Entwicklungen wie z. B. an einer veränderten Kindheit und Jugend und an medialen Einflüssen, die die Lektüre von Büchern wesentlich seltener als Selbstverständlichkeit erscheinen lassen.

Auch das Sinn entnehmende Lesen ist eine Kompetenz, über die zahlreiche Jugendliche nur defizitär verfügen. Angesichts dieser Schwierigkeiten stellt sich die Frage, wie sich der Literaturunterricht im Fach Spanisch entwickeln sollte.

Dabei geht es zunächst auch um die Auswahl literarischer Texte für die Lektüre im Unterricht. Die Praxis des fremdsprachlichen Literaturunterrichts zeigt immer wieder die Kontinuität bestimmter Lesetraditionen des Spanischunterrichts, die u. a. mit dem bestehenden Unterrichtsmaterial, d. h. Lehrwerken und didaktisierten Texten und Textsammlungen, sowie mit organisatorischen Rahmenbedingungen, z. B. der Stundentafel oder der Dauer einer Unterrichtsstunde, zusammenhängen. Auswahl literarischer Texte

Im Spanischunterricht determiniert zunächst der sprachliche Schwierigkeitsgrad die Auswahl literarischer Texte. Darüber hinaus erweisen sich weitere, zum Teil auch implizite Kriterien von Bedeutung, die mit der Dominanz gesellschaftlicher Diskurse, mit Ausbildungstraditionen der jeweiligen Lehrergeneration oder auch mit Einflüssen seitens der Kultusministerien zusammenhängen.

Im Anfangsunterricht Spanisch wird immer wieder der sporadische Einsatz kurzer literarischer Formen wie Gedichte, Chansons oder Kurzgeschichten praktiziert. Darüber hinaus kommen adaptierte oder auch didaktisch aufbereitete Texte vor, gestaffelt nach dem fremdsprachlichen Niveau der Schülerinnen und Schüler. Diese *Easy Readers* beinhalten vereinfachte literarische Texte, Texte der Kinder- und Jugendliteratur oder auch didaktisierte Texte, die explizit für den Fremdsprachenunterricht verfasst sind. literarische Texte im Anfangsunterricht

Im fortgeschrittenen Spanischunterricht besteht zunehmend die Tendenz zur Lektüre immer längerer literarischer Ganzschriften, vor allem im Bereich der Sekundarstufe II und im Leistungskurs. Hierzu zählen Klassiker wie Miguel de Cervantes Saavedra, Fernando de Rojas oder Calderón de la Barca oder auch moderne Klassiker wie Gabriel García Márquez, Mario Vargas Llosa oder Antonio Machado. Daneben finden sich aktuelle literarische Texte zeitgenössischer Autoren oder auch Kinder- und Jugendliteratur (z. B. Sandra Cisneros, Eloy Cebrián). literarische Texte im fortgeschrittenen Spanischunterricht

Empirische Untersuchungen über die Verwendung literarischer Texte im Spanischunterricht liegen bislang nicht vor, doch ist die Auswahl literarischer Texte vermutlich von bildungspolitischen Entwicklungen und curricularen Vorgaben beeinflusst. Dazu gehört u. a. das Zentralabitur, weswegen im Folgenden der Lehrplan des Bundeslandes Bayern exemplarisch vorgestellt wird. Diese zentralisierte Abschlussprüfung hat direkte Auswirkungen auf die Textauswahl im Literaturunterricht des Fachs Spanisch in der Sekundarstufe II. literarischer Kanon im Spanischunterricht

Im Lernbereich „Umgang mit Texten und Medien" des bayrischen Lehrplans für das Gymnasium ist für die modernen Fremdsprachen Folgendes formuliert: bayrischer Lehrplan

Text 12.1
Die Schüler lernen, Texte vielfältiger Art unter verschiedenen Gesichtspunkten zu erschließen und zu kommentieren und entwickeln eine individuelle Lesekompetenz. Neben der Arbeit mit schriftlichen Texten, bei denen auch die Anwendung unterschiedlicher Lesestrategien trainiert wird, beschäftigen sie sich mit Hörtexten, Filmen bzw. Filmausschnitten sowie mit Cartoons, Photos und anderen visuellen und graphischen Darstellungen. Von Anfang an werden die Schüler durch altersgemäße Lesestoffe an die Begegnung mit Literatur herangeführt; so sollen sie Freude am Umgang mit Literatur entwickeln sowie zur Auseinandersetzung mit Wertvorstellungen und Fragen der sprachlichen Ästhetik angeregt werden. Die Interaktion von Leser und Text steht im Mittelpunkt; handlungs- und produktionsorientierte, die Kreativität anregende Methoden sowie formalanalytische Verfahren ergänzen sich gegenseitig und tragen zur intellektuellen wie ästhetischen Bildung bei. Mit dem Verfassen von fremdsprachigen Texten zu vielfältigen Kommunikationsanlässen, die adressatengerecht und sprachlichstilistisch angemessen gestaltet sein sollen, bereiten sich die Schüler auf die unterschiedlichsten Situationen in Studium, Beruf und Privatleben vor. Dabei schulen sie ihre sprachpraktischen Fertigkeiten sowie ihre Fähigkeit zu logischer Gedankenführung und klarer Strukturierung; gleichzeitig werden sie angeregt, ihre Phantasie zu entfalten.

(Bayrisches Kultusministerium 2006)

Der Umgang mit Texten und Medien wird für den Spanischunterricht weiter präzisiert. Neben der Texterschließung im Allgemeinen wird die Arbeit mit literarischen Texten beschrieben:

Text 12.2
Daneben schafft die Einbeziehung literarischer Texte – auch in Verbindung mit Tonaufnahmen, Verfilmungen oder Theateraufführungen – sowie geeigneter filmischer Dokumente Möglichkeiten der Deutung und der Anbindung an bereits vorhandenes Wissen; Aspekte der formalen Analyse werden dabei in angemessenem Umfang mit einbezogen. Die Schüler gewinnen Einblicke in Literaturgeschichte und gängige Methoden der Interpretation von Texten, indem sie einige bedeutende Werke (ggf. in Auszügen) exemplarisch analysieren und Bezüge zum zeitgeschichtlichen Hintergrund sowie zu weiteren künstlerischen Ausdrucksformen (Kunst, Malerei, Musik), ggf. auch der Literatur anderer Sprachen herstellen. Sie arbeiten Gestaltungsmittel sowie deren Wirkung und Aussageabsicht heraus und erschließen sich die ästhetische, historische und gesellschaftliche Dimension der Texte. Sie erkennen die Bedeutung von Literatur als künstlerischer Ausdrucksform und erleben ihre Rezeption als einen kreativen, den Verstand und emotionale Reaktionen sowie ästhetisches Empfinden stimulierenden Prozess. Die Lektüre literarischer Texte soll die Schüler dazu motivieren, sich mit anderen Haltungen, Denk- und Lebensweisen auseinanderzusetzen. Eine integrative Betrachtung von Literatur und Landeskunde bietet zahlreiche Gelegenheiten fächerübergreifenden Arbeitens und trägt dazu bei, die Schüler zur Lektüre auch über die Schule hinaus anzuregen.

(Bayrisches Kultusministerium 2006)

Die bislang genannten Formulierungen im bayrischen Lehrplan für die Arbeit mit literarischen Texten sind noch sehr allgemein gehalten. Im Bereich der Texterschließung finden sich schließlich weitere Präzisierungen fiktionaler Texte, die für den Unterricht verbindlich vorgeschlagen werden:

Textauswahl

> fiktionale Texte aus Spanien und Hispanoamerika:
>
> – repräsentative Beispiele aus der Lyrik seit dem *Siglo de Oro* (Autoren wie Quevedo, Machado, Mistral, Neruda)
> – mindestens zwei Ganzschriften aus der Literatur des 20./21. Jahrhunderts, darunter ein Roman und ein modernes Drama (Autoren wie García Márquez, García Lorca) bzw. eine Ganzschrift aus dem Bereich Film (Filmskript oder Textbuch)
> – weitere Textbeispiele unterschiedlicher Gattungen und aus verschiedenen Epochen, vorzugsweise ab dem *Siglo de Oro*, ggf. in adaptierter Form (z. B. *Don Quijote*; Autoren wie Lope de Vega, Calderón de la Barca, Pérez Galdós, Allende)
> – zeitgenössische Kurzprosa (Autoren wie Matute, Martín Gaite, Benedetti, Borges, Paz)
> – *canciones*
> – Comics und Karikaturen
> – mindestens ein Spielfilm in Auszügen (Bayrisches Kultusministerium 2006)

|Text 12.3

Auf eine genaue Vorgabe bestimmter Autoren und Werke wird an dieser Stelle verzichtet, stattdessen findet sich das Kriterium der Repräsentativität und des Überblicks über verschiedene Jahrhunderte und literarische Gattungen. Unter den vorgeschlagenen Autoren sind die „Klassiker" versammelt, andere Autoren, die noch nicht den Rang „kanonisierter Klassiker" haben, finden sich hier nicht.

Kriterium: Repräsentativität der literarischen Texte

Die Auswahl der literarischen Texte wird letztlich nicht begründet, sondern lediglich vorgegeben. Sie mag infolge mangelnder Transparenz der Entscheidungsfindung als willkürlich oder auch als unhinterfragte Anlehnung an einen mehr oder weniger traditionellen, von der Literaturwissenschaft vorgegebenen Kanon empfunden werden. Jegliche Form der Kanonbildung, sei sie nun enger oder weiter angelegt, beinhaltet zwangsläufig eine Normierung, d. h. eine Aufwertung bestimmter als kanonisierbar eingestufter Texte und eine Ausgrenzung aller anderen Texte, die die Aufnahme in den Kanon nicht erreichen.

Kanonbildung

Welche Konsequenzen sind damit für den Literaturunterricht im Fach Spanisch zu erwarten? Lernende werden primär mit den immer gleichen Texten konfrontiert, die für sie jedoch jeweils neu sind. Lehrende reproduzieren immer wieder gleiche oder ähnliche Unterrichtseinheiten über Texte und Themen, mit denen sie durch die Wiederholung sehr vertraut sind. Eine solche Form der Kanonbildung muss nicht zwangsläufig problematisch sein, sie unterstützt jedoch eine unreflektierte Übernahme von Lesetraditionen,

Konsequenzen für den Literaturunterricht

deren Genese u. U. nicht nachvollzogen und kritisch analysiert wird. Darüber hinaus führt dies zur – ungewollten – Ausgrenzung aller anderen Texte und bildet damit ein bremsendes Moment in der Erneuerung und Aktualisierung des literarischen Kanons (Fäcke 2009).

Aufgabe 12.1

? Inwieweit erachten Sie die Vorgabe eines literarischen Kanons für den Spanischunterricht als hilfreich, unterstützend, störend oder einengend? Nehmen Sie begründet Stellung.

12.2 | Literaturdidaktische Modelle

Themen der Literaturdidaktik

Die Literaturdidaktik widmet sich darüber hinaus auch Fragen zum Verhältnis zwischen Text und Leser, d. h. den kindlichen bzw. jugendlichen Leserinnen und Lesern. Sie ist stark lesedidaktisch ausgerichtet. Die diskutierten Zugangsweisen zu literarischen Texten orientieren sich an den Verstehensvoraussetzungen, zielen auf identitätsbedeutsame Leseprozesse sowie den Aufbau einer stabilen Lesemotivation und nehmen grundlegende Lesefähigkeiten in den Blick, die Schülerinnen und Schüler erwerben müssen, um fiktionale Texte für sich mit Gewinn lesen zu können. Lesen in der Schule wird verstanden als gemeinsamer Prozess, der individuellen Verstehensprozessen, kreativen wie reflektierenden Zugangsweisen und dem offenen Gespräch Raum lässt.

Bezüge zwischen Literaturtheorie und Literaturdidaktik

Die schulische Praxis des Literaturunterrichts profitiert dabei von vielfältigen Bezügen zwischen Literaturtheorie und Literaturdidaktik. So sind gerade in der jüngeren Geschichte der Literaturwissenschaft etliche Richtungen für den Literaturunterricht bedeutsam gewesen. Sichtweisen des *New Critizism* (vgl. Wimsatt/Beardsley 1954), die den Text in den Mittelpunkt stellen und Überlegungen zu möglichen Intentionen des Autors oder zu Reaktionen der Rezipienten ablehnen, haben in Gestalt der textimmanenten Interpretation Eingang in den Literaturunterricht gefunden. Positionen der ideologiekritischen Literaturwissenschaft finden sich z. B. in der Einbettung des Textes in seinen historischen, politischen und gesellschaftlichen Kontext in der schulischen Praxis des Literaturunterrichts wieder. Den größten Einfluss auf die Literaturdidaktik hat wohl die Rezeptionsästhetik ausgeübt. Dabei geht es insbesondere um die Interaktion zwischen Text und Rezipienten als Bedeutung konstituierendes Moment (vgl. Bredella 2002). Die Rezeptionsorientierung hat zu der Erkenntnis geführt, dass nicht der Text im Mittelpunkt des Unterrichts steht, sondern Kinder und junge Menschen, die einen literarischen Text lesen. In der Folge rezeptionsästhetischer, konstruktivistischer und kognitionspsychologischer Überlegungen hat sich ein dynamisches Literaturverständnis herausgebildet. Wenn literarische Texte nur als gelesene Texte existieren und ihre Realität in der Vorstellung ihrer Leser gewinnen, müssen individuelle Leseprozesse ernst genommen werden.

Solche Vorstellungen haben die traditionelle Gegenstandsorientierung mit ihrem substantialistischen Literaturverständnis abgelöst, auch wenn sie in die Praxis des täglichen Unterrichts bislang nur teilweise Eingang gefunden haben. Ein Literaturunterricht, der allein auf lineare Lektüre mit zumeist intensivem bzw. nur analytischem Lesen und Verstehen setzt, rückt in den Hintergrund zugunsten eher offener Verfahren, die auf individuelle Lese- und Verstehensprozesse zielen und häufig rezeptionsorientierte mit produktionsorientierten Zugängen verknüpfen. Dies impliziert auch die Abkehr von einem vermeintlich gegebenen eindeutigen Textsinn, der die Interpretation im Literaturunterricht steuert und vorgibt. Gerade die individuelle Auseinandersetzung mit literarischen Texten ermöglicht ein breites Spektrum an mentalen Prozessen der jugendlichen Rezipienten, deren Zugänge nicht vorschnell durch Kriterien wie „richtig" oder „falsch" kategorisiert werden können.

offene Verfahren im Literaturunterricht

? Sie lesen im Spanischunterricht den 1987 verfassten Roman *El hablador* von Mario Vargas Llosa. Entwickeln Sie mindestens 5 verschiedene Aufgabenstellungen in Bezug auf den Beginn des Romans, die eine Lektüre im Sinne der Rezeptionsästhetik nahelegen. Beziehen Sie sich dabei auf folgenden Textausschnitt:

Aufgabe 12.2

VINE A FIRENZE para olvidarme por un tiempo del Perú y de los peruanos y he aquí que el malhadado país me salió al encuentro esta mañana de la manera más inesperada. Había visitado la reconstruida casa de Dante, la iglesita de San Martino del Vescovo y la callejuela donde la leyenda dice que aquél vio por primera vez a Beatrice, cuando, en el pasaje de Santa Margherita, una vitrina me paró en seco: arcos, flechas, un remo labrado, un cántaro con dibujos geométricos y un maniquí embutido en una cushma de algodón silvestre. Pero fueron tres o cuatro fotografías las que me devolvieron, de golpe, el sabor de la selva peruana. Los anchos ríos, los corpulentes árboles, las frágiles canoas, las endebles cabañas sobre pilotes y los almácigos de hombres y mujeres, semidesnudos y pintarrajeados, contemplándome fijamente desde sus cartulinas brillantes.

Text 12.4

Naturalmente, entré. Con un extraño cosquilleo y el presentimiento de estar haciendo una estupidez, arriesgándome por una curiosidad trivial a frustrar de algún modo el proyecto tan bien planeado y ejecutado hasta ahora –leer a Dante y Machiavelli y ver pintura renacentista durante un par de meses, en irreductible soledad–, a provocar una de esas discretas hecatombes que, de tanto en tanto, ponen mi vida de cabeza. Pero, naturalmente, entré.

La galería era minúscula. [...]

No había objetos en el interior de la galería, sólo fotos, lo menos una cincuentena, la mayoría bastante grandes. Carecían de leyendas, pero alguien [...] había escrito un par de cuartillas indicando que las fotografías fueron tomadas en el curso de un viaje de dos semanas por la región amazónica de los departamentos del Cusco y de Madre de Dios, en el Oriente peruano. El artista se había propuesto describir, «sin demagogia ni esteticismo», la existencia cotidiana de una tribu que, hasta hacía pocos años, vivía casi sin contacto con la civilización, diseminada en unidades de una o dos familias. Sólo en nuestros días comenzaba a agruparse en esos lugares documentados por la muestra, pero muchos permanecían aún en los bosques. El nombre de la tribu estaba castellanizado sin errores: los machiguengas. [...]

Esto que voy a decir no.es una invención a posteriori ni un falso recuerdo. Estoy seguro de que pasaba de una foto a la siguiente con una emoción que, en un momento dado, se volvió angustia. ¿Qué te pasa? ¿Qué podrías encontrar en estas imágenes que justifique semejante ansiedad?

(Vargas Llosa 2008: 13–15)

literaturdidaktische Ansätze

Literaturdidaktische Ansätze bewegen sich auf einem Kontinuum, dessen Enden durch die Orientierung am Text oder an den Rezipienten bestimmt sind. Subjektorientierte Positionen (z. B. Fish 1995) stellen die Leser und ihre individuellen Zugänge zum Text in den Mittelpunkt, textorientierte Positionen (z. B. Werlich 1986) sehen Bedeutung ausschließlich im Text selbst. Im Fremdsprachenunterricht haben in der Praxis eher textorientierte Umgangsweisen eine lange Tradition, u. a. weil sie einen festen und determinierten Sinn postulieren und damit im Literaturunterricht gerade im Blick auf die Vergleichbarkeit von Leistungen leichter handhabbar scheinen. Seit den 1970/80er Jahren haben sich jedoch vor allem rezeptionsorientierte Ansätze sowohl in der literaturdidaktischen Theoriebildung als auch in der schulischen Praxis durchgesetzt. Darüber hinaus steht in den letzten Jahren besonders in der Fremdsprachendidaktik Intertextualität mehr und mehr im Mittelpunkt (Hallet 2002); der Blick auf den Einzeltext und dessen intensive Lektüre wird abgelöst durch den Blick auf intertextuelle Bezüge zwischen zahlreichen Texten und die Vernetzungen zu einem komplexen Textgewebe. Die Relevanz neuerer Diskurse z. B. in der Folge von Konstruktivismus (vgl. Einheit 4, S. 59 ff.) oder postmoderner Dekonstruktion für die Literaturdidaktik muss sich noch erweisen.

Literaturdidaktik: Leser – Text

Betrachten wir einmal genauer, wie sich die literaturdidaktische Orientierung am Leser und am Text bei der Bearbeitung literarischer Texte konkret auswirkt. Am Beispiel des folgenden Gedichts von Félix Lope de Vega y Carpio lassen sich diese Unterschiede aufzeigen.

Text 12.5

Soneto 133

Ya no quiero más bien que sólo amaros,
ni más vida, Lucinda, que ofreceros
la que me dais cuando merezco veros,
ni ver más luz que vuestros ojos claros.

Para vivir me basta desearos,
para ser venturoso, conoceros,
para admirar el mundo, engrandeceros,
y para ser Eróstrato, abrasaros.

196

La pluma y lengua, respondiendo a coros
quieren al cielo espléndido subiros,
donde están los espíritus más puros;

que entre tales riquezas y tesoros
mis lágrimas, mis versos, mis suspiros
de olvido y tiempo vivirán seguros.

Aus: Rimas (1609) (Lope de Vega 1998: 295)

Subjektorientierten Positionen zufolge liegen Ausgangspunkt und Zielsetzungen der Überlegungen zum Umgang mit dem Text bei den Lesenden. Dies bedeutet, Gedanken und Gefühle der Rezipienten zur Sprache zu bringen und in der Lerngruppe miteinander zu diskutieren. Dabei geht es auch darum zu erkennen, welche unterschiedlichen und komplexen Motive in den Reaktionen zum Ausdruck kommen können. Ein mögliches Verfahren besteht darin zu schreiben, worum es in dem Gedicht geht, und dadurch zu erfahren, dass literarische Texte Interpretation erfordern und es wichtig ist, eine Beziehung zum Text aufzunehmen. Aufgabenstellungen wie die Frage nach dem wichtigsten Wort, der wichtigsten Passage oder dem wichtigsten Aspekt im Text zielen darauf, die intendierte Wirkung des Textes zu erforschen und die ausgelöste Wirkung im Rezipienten zu thematisieren. Eigene Deutungen werden zur Sprache gebracht und im Vergleich mit der Gruppe analysiert und relativiert.

Im Blick auf das Gedicht Lope de Vegas würde der Fokus eines leserorientierten Zuschnitts vor allem darauf liegen, die Gedanken und Gefühle der Rezipienten bei der Lektüre zu erforschen. Welche Gefühle habe ich, wenn ich dieses Liebesgedicht lese? Empfinde ich Neugierde, Befremdung, Überraschung, Glück, Nachdenklichkeit oder auch Eifersucht, Scham und Freude? Warum ist das so? Welche Seiten in mir werden angesprochen und warum? Wie würde ich eine Liebeserklärung schriftlich formulieren? In Form eines Liebesbriefs, einer SMS oder eines Sonetts wie Lope de Vega? Der Austausch über diese Gedanken und Gefühle wird je nach Rezipienten immer neu ausfallen und ein Literaturunterricht nach diesem Modell muss letztlich jedes Mal zu anderen Gesprächen führen. Eine vermeintlich „richtige" Lösung oder den „richtigen" Umgang mit dem Gedicht gibt es nicht.

Textorientierten Positionen zufolge wird die Interpretation dieses Gedichts ganz anders aussehen. Im Mittelpunkt steht nun ein literaturwissenschaftlicher Zugriff auf den Text. Dabei werden Themen diskutiert, die auf den historischen Hintergrund der Entstehung des Gedichts abheben, auf den Autor Lope de Vega, seine Biografie, seine Zeit und auf literargeschichtliche Schwerpunkte der spanischen Lyrik des *siglo de oro*. Darüber hinaus werden auch formale und gattungstheoretische Aspekte des Sonetts analysiert, d. h. Reimschemata, Metaphern und weitere formale Besonderheiten der Strophen. Das Gedicht könnte mit anderen Sonetten Lope de Vegas oder mit anderen Gedichten der Zeit verglichen und auf Charakteristika hin analysiert werden. Schwerpunkte der

Subjektorientierung

Textorientierung

Interpretation würden sich an das anlehnen, was in literaturwissenschaftlichen Abhandlungen diskutiert wird, d. h. biografische, gattungstheoretische und geistesgeschichtliche Zusammenhänge. Dabei würde u. a. Folgendes vermittelt werden: Félix Lope de Vega y Carpio (1562–1635) gilt als einer der wichtigsten Autoren des *siglo de oro*. Er entstammt einer Familie aus einfachen Verhältnissen und sein Leben ist vor allem charakterisiert durch zahlreiche Brüche und verschiedene Liebesverhältnisse. Bereits in den 1580er Jahren ist er einer der erfolgreichsten Autoren seiner Zeit. „Las *Rimas* son, pues, un libro clave en la lírica del Barroco español. Convierten a Lope en uno de los grandes sonetistas de la lírica hispánica de todos los tiempos. Destacan los sonetos dedicados a motivos mitológicos, bíblicos, amorosos y de circunstancias, dirigidos a algún personaje histórico o figura hagiográfica." (Carreño 1998: LV) Neben der Analyse der Formen und Reimschemata wird auch die Entfaltung des Themas analysiert. „Agiganta la retórica efusiva de estas *Rimas* une serie de motivos básicos reincidentes: el amante apasionado, la amada desdeñosa, la usurpación de un bien propio, el lamento por la pérdida, la reminiscencia de la amada como torturadora memoria. Es en el espacio lírico donde se celebra el encuentro como forma y sentido." (Carreño 1998: LIV) Die Literaturkritik sucht darüber hinaus auch nach den historischen Vorbildern für die in den Sonetten beschriebenen Frauen und ordnet einzelne Frauen in Lope de Vegas Leben den jeweiligen Versen zu. So entspreche die Camila Lucinda des Sonetts Micaela de Luján, mit der Lope de Vega mehrere Kinder hatte (Carreño 1998: XXXI).

Bei diesem Zugriff werden immer die gleichen Inhalte diskutiert und erklärt, unabhängig von der Zusammensetzung der Lerngruppe. Die Ergebnisse müssen zwangsläufig immer die Gleichen sein. Dabei wird durch diesen textorientierten Zugriff indirekt eine vermeintliche Wahrheit der Interpretation vermittelt und Abweichungen werden als „falsch" gedeutet.

Aufgabe 12.3 | **?** Vergleichen Sie subjektorientierte Positionen mit textorientierten Positionen. Welche Vor- und Nachteile stellen Sie jeweils fest? Wie sollten diese Positionen im schulischen Literaturunterricht umgesetzt werden? Stellen Sie ihre eigene Position begründet dar.

12.3 | Lesen in der Fremdsprache

Die fremdsprachliche Literaturdidaktik steht im Blick auf Zugangsweisen zu literarischen Texten vor einem Problem, das die Deutschdidaktik nicht kennt: nämlich vor der Schwierigkeit, Leseprozesse in der fremden Sprache so zu organisieren, dass die Lesemotivation nicht leidet und zugleich Lesestrategien und Lesetechniken gelernt und literarische Erfahrungen möglich werden können (vgl. Fäcke/Wangerin 2007).

Lesen als Konstruktion | Lesen ist eine konstruktive Tätigkeit und ein interaktiver Prozess, in den die Wahrnehmung des Gelesenen ebenso einfließt wie die Bildung und Überprüfung von Hypothesen über das Gelesene. Auch eigene Vorkenntnisse über die Wahrscheinlichkeit von Buchstabenkombinationen, den Verlauf von Sätzen, die Wahrscheinlichkeit von Wortkombinationen und logische Strukturen sowie das eigene Weltwissen und kulturspezifische Prägungen beeinflussen das Lesen (Westhoff 1997: 46 ff.). Lesen ist eine Kombination von *bottom up* und *top down* (vgl. Einheit 8, S. 125 f.).

bottom up und *top down*

Lesen Sie einmal die folgenden Satzbeispiele und vergleichen Sie sie:

> Ha comprado un kilo de patatas en el mercado. El kilo cuesta 3,50 euros.
> Ha comprado una criada en el mercado. El kilo cuesta 32,50 euros.

Wenn die beiden Sätze auch die gleichen syntaktischen Strukturen aufweisen und sich nur in einigen wenigen Wörtern unterscheiden, so wird dennoch sofort die Bedeutung logischer Strukturen, des eigenen Weltwissens und kulturspezifischer Prägungen erkennbar. Der erste Satz lässt sich auf den ersten Blick und problemlos einer Einkaufssituation auf dem Markt zuordnen, während der zweite Satz absurd erscheint und damit schwerer lesbar und verstehbar ist. Neben dem Dekodieren der Buchstaben, der Wörter und des Satzes (*bottom up*) erweisen sich vor allem auch die Vorkenntnisse und das Weltwissen der Leserinnen und Leser (*top down*) von Bedeutung für das Leseverstehen.

Darüber hinaus sind auch Unterschiede zwischen erstsprachlichen und fremdsprachlichen Leseprozessen relevant. Die geringere Vertrautheit mit Buchstabenfrequenzen und Buchstabenkombinationen in der Fremdsprache, mit Wortformen, Orthografie und Syntax führt zu einem geringeren Lesetempo und zu einer Beeinträchtigung des Leseverständnisses. Das Lesen in der Fremdsprache unterscheidet sich somit deutlich vom Lesen in der Erstsprache.

erstsprachliche und fremdsprachliche Leseprozesse

Ferner gilt es, Lesetechniken und Leseziele zu berücksichtigen. Die Lektüre eines Fahrplans zielt auf das Herauslesen einer gezielten Information, nämlich der Abfahrtzeit des nächsten Zuges. Die Lektüre eines Gedichts visiert hingegen ein genaues und vertieftes Verständnis des gesamtes Textes an und die Lektüre einer umfassenden Ganzschrift wie beispielsweise eines Romans von Isabel Allende kann nicht mit gleicher Intensität und Genauigkeit erfolgen, sondern zielt eher auf ein Gesamtverständnis des Textes mit genauem Verständnis einiger Schlüsselszenen. Dementsprechend werden unterschiedliche Lesetechniken auch im Spanischunterricht verfolgt (vgl. Aufgabe 12.4).

Lesetechniken und Leseziele

Der fremdsprachliche Literaturunterricht kann durch die Berücksichtigung der genannten Lesetechniken unterschiedliche Umgangsweisen mit literarischen Texten fördern.

Aus lesedidaktischer Perspektive ist darüber hinaus die bewusste Unterscheidung zwischen leisem und lautem Lesen von Bedeutung. Das laute Lesen wird gerade im Fremdsprachenunterricht häufig zur Übung der Aussprache und zur Steuerung des gemeinsamen Lesens in der Klasse genutzt. Diese

leises Lesen und lautes Lesen

Form des Lesens ist künstlich und entspricht dem natürlichen Leseprozess nicht. Wer würde schon allein und zu Hause in privatem Rahmen sich selbst einen Text laut vorlesen? Das laute Lesen erscheint lediglich dann sinnvoll, wenn anderen vorgelesen wird, die den Text selbst nicht vor Augen haben, beispielsweise das Vorlesen eines Märchens für kleine Kinder. Wenn jemand hingegen einen Text nur für sich selbst liest, dann wird dies in der Regel nicht laut geschehen. Das laute Lesen führt dazu, dass der laut Lesende sich auf die Aussprache konzentriert und nicht auf den Inhalt.

Aufgabe 12.4 | ? Füllen Sie bitte die folgende Tabelle aus.

Lesetechnik	Leseziel	Beispiel/Situation	Textgattung
Detailliertes Lesen	Detaillierte Informationen heraussuchen	Das Kleingedruckte in einem Vertrag lesen	Vertrag, Bedienungsanleitung, Wörterbuch, Kochrezept
Orientierendes Lesen			
Überfliegendes Lesen/ kursorisches Lesen (*skimming*)			
Suchendes Lesen/ selegierendes bzw. selektives Lesen (*scanning*)			
Genaues Lesen/ intensives Lesen			

(vgl. Vences 2004)

leise und laut lesen im Spanischunterricht

Das leise Lesen hingegen führt zu schnellerem Leserfluss und unterstützt die Konzentration auf den Inhalt des Textes. Gerade im Fremdsprachenunterricht, wenn eine größere Lerngruppe den gleichen Text oder Textabschnitt liest, eignet sich das leise Lesen zur Unterstützung individueller Leseprozesse. Die Schülerinnen und Schüler können ihr Lesetempo individuell bestimmen, eventuell einzelne Passagen oder Sätze überfliegen, langsam oder schnell lesen oder auch mehrfach wiederholen. Das leise Mitlesen hingegen steuert ein vereinheitlichendes Lesen, bei dem alle in der Lerngruppe lediglich mitlesen können und ihr Lesen nicht selbst steuern können. Somit bietet es sich an, gerade in Lesephasen, in denen es nicht um das Üben der korrekten Aussprache geht oder um die Steuerung eines gemeinsamen Lesens, Raum für das leise Lesen zu geben. Das Unterstützen individueller Leseprozesse kann dazu beitragen, die Motivation zur Rezeption von Literatur langfristig zu unterstützen.

Ästhetisch-literarische Kompetenzen fördern

| 12.4

Diskurse zu einem primär an ästhetisch-literarischer Bildung orientierten Literaturunterricht, wie sie in der Rezeptionsästhetik verfolgt werden, müssen sich heute aktuellen Entwicklungen im Zeichen von Bildungsstandards und Kompetenzorientierung stellen, die langfristig wohl auch Veränderungen des Literaturunterrichts nach sich ziehen werden (vgl. Einheit 5, S. 76 ff.).

Die funktionalen kommunikativen Kompetenzen der Bildungsstandards umfassen kommunikative Fertigkeiten (Hör- und Hör-/Sehverstehen, Leseverstehen, Sprechen, Schreiben und Sprachmittlung), die Verfügung über die sprachlichen Mittel (Wortschatz, Grammatik, Aussprache und Intonation sowie Orthografie), interkulturelle Kompetenzen sowie methodische Kompetenzen. Damit zielen sie in Anlehnung an den Gemeinsamen Europäischen Referenzrahmen für Sprachen zunächst auf ein funktionales und pragmatisches Ziel bei der Fremdsprachenvermittlung, in dem die Befähigung zur konkreten Anwendung der jeweiligen Fremdsprache und die praktische Bewältigung interkultureller Begegnungen im Mittelpunkt stehen. Dabei fällt auf, dass die Förderung ästhetisch-literarischer Kompetenzen zunächst fehlt.

Bildungsstandards

Was bedeutet dies nun für den Literaturunterricht und seine Stellung innerhalb des Fremdsprachenunterrichts? Inwieweit ist ein Fokus auf ästhetisch-literarische Bildung in den Bildungsstandards noch denkbar? Darüber hinaus führt diese neue konzeptionelle Gewichtung des Fremdsprachenunterrichts auch zu der Frage, wie es in einem solchen Unterricht neben den zu erreichenden Kompetenzen nun mit der Bildung steht. Der Bildungsbegriff blickt auf eine lange Tradition erziehungswissenschaftlicher Diskurse und Definitionen zurück. Wenn zusammenfassend und damit zwangsläufig verkürzend Bildung als umfassender Prozess zur Herausbildung „eine[r] als wünschenswert ausgegebene[n] Persönlichkeitsstruktur" (Menze 1983: 350) definiert wird, dann bedeutet Bildung weit mehr als die oben aufgeführten Kompetenzen der Bildungsstandards. Bildung im Sinn einer Persönlichkeitsentwicklung kann damit auch durch die Auseinandersetzung mit literarischen Texten gefördert werden. Damit ergibt sich zunächst ein Missverhältnis zwischen einer anwendungsorientierten und auf Leseverständnis zielenden Erarbeitung von Texten, wie in den Bildungsstandards und im Europäischen Referenzrahmen primär anvisiert, und dem Fokus auf ein ästhetisch-literarisches Verstehen dieser Texte, wie es in den oben dargestellten literaturdidaktischen Positionen im Mittelpunkt steht.

ästhetisch-literarische Kompetenzen

Bildungsbegriff

Eine Lektüre im Sinne dessen, was in den Bildungsstandards anvisiert wird, führt primär zu einem Textverständnis, das vor allem auch in *multiple choice*-Aufgaben überprüft wird. Eine an Bildung orientierte Zielsetzung ist zunächst nicht impliziert, Fragen zur Einordnung und Bewertung der gesellschaftlichen Relevanz der in den Texten aufgeführten Themen werden nicht gestellt. Stattdessen wird der literarische Text reduziert auf eine Aufgabe,

ästhetisch-literarisches Verstehen gemäß der Bildungsstandards

die die Vergleichbarkeit aller Lösungsergebnisse postuliert und das literarische Moment des Textes ausblendet. Literaturdidaktische Überlegungen der Rezeptionsästhetik (Bredella 2002) oder subjektivistischer Zugänge (Fish 1995), die auf ein individuelles Verstehensmoment der Auseinandersetzung zwischen dem literarischen Text und den Textrezipienten zielen, bleiben eher außen vor. Unterschiedliche Auseinandersetzungen mit dem literarischen Text, die der Individualität einzelner Schülerinnen und Schüler Rechnung tragen, kommen ebenfalls kaum zum Tragen. Gleiches gilt für die Möglichkeit kontroverser Diskurse innerhalb einer Lerngruppe als konstitutives Moment für das Textverstehen.

Bildungsstandards als Herausforderung für die Literaturdidaktik

Bedeutet dies, dass der Umgang mit Fiktionalität im Fremdsprachenunterricht einerseits und Kompetenzorientierung und Bildungsstandards andererseits zwangsläufig einen Widerspruch bilden müssen und nicht kompatibel sind? Oder lassen sich Kompetenzorientierung und Persönlichkeitsbildung miteinander versöhnen? Welchen Stellenwert sollte man literarischen Texten nun im Spanischunterricht angesichts aktueller Diskurse zur Einführung der Bildungsstandards beimessen? Diese Fragen bedeuten für die Lese- und Literaturdidaktik vor allem auch, sich diesen Herausforderungen neuer bildungs- und sprachenpolitischer Entwicklungen zu stellen, Entwicklungen hin zu Bildungsstandards, Kompetenzen und Aufgabenorientierung mit zu reflektieren und Möglichkeiten der Verbesserung des Literaturunterrichts empirisch zu überprüfen. Dies bedeutet auch, neue Aufgabenformate für literarische Texte zu entwickeln (vgl. Burwitz-Melzer 2007) und begründet die Relevanz literarischer Texte für den Fremdsprachenunterricht aufzuzeigen.

Eine auf Kreativität und individuelle Auseinandersetzung zielende Arbeit mit dem literarischen Text steht zunächst nicht im Zeichen dessen, was Bildungsstandards und Kompetenzorientierung anvisieren. Jedenfalls lassen sich derartige Unterrichtsprozesse nicht nach Maßstäben der Vergleichbarkeit und Gleichheit für alle Lernenden messen.

literarische Kompetenzen im Fremdsprachenunterricht

Die fremdsprachliche Literaturdidaktik muss sich nun der Aufgabe stellen, trotz aller Kritik an konzeptionellen Vorstellungen im Zusammenhang mit den Bildungsstandards eine Zusammenführung von Kompetenzen und literaturdidaktischen Ansätzen zu realisieren. Ein Ansatzpunkt liegt dabei zunächst in der Beschreibung literarischer Kompetenzen. Andrea Rössler (2010) unterscheidet zwischen drei Kategorien, von denen im Folgenden jeweils drei Beispiele aufgeführt sind:

Text 12.6

Als vorwiegend *rezeptive kognitiv-analytische Kompetenzen* sind insbesondere die folgenden Fähigkeiten einzustufen:
- uneigentliche Redeweisen erkennen und verstehen
- weitere sprachliche Gestaltungsmittel (wie Klang, Rhythmus, rhetorische Figuren) als Abweichungen von der alltagssprachlichen Norm wahrnehmen und verstehen

- narrative und dramaturgische Handlungselemente und deren spezifische Logik und ihren Symbolgehalt verstehen

[…]

Als vorwiegend *produktive kognitiv-analytische und imaginative Kompetenzen* sind die folgenden Fähigkeiten einzuordnen:

- analysierendes und interpretierendes Schreiben (zum Beispiel Wirkungen spezifischer literarischer Gestaltungsmittel und Textintentionen erläutern)
- kreatives (gegebenenfalls sogar poetisches) Schreiben (zum Beispiel Unbestimmtheitsstellen füllen oder eigene fiktionale Texte nach vorgegebenen Modellen verfassen)
- narrative Kompetenzen (mündliches und schriftliches Erzählen)

[…]

In den Bereich der affektiven und attitudinalen Kompetenzen fallen vor allem die folgenden Fähigkeiten:

- Empathiefähigkeit (sich in literarische Figuren und deren Vorstellungswelten hineinversetzen, offen sein für andere Innensichten)
- Emotionen entwickeln und mit ihnen konstruktiv und reflexiv umgehen
- Rezeptionsgespräche einfühlsam und adressatengerecht führen und dabei begründete andere Meinungen und Deutungen anerkennen

(Rössler 2010: 133 f.)

Eine auf Messbarkeit zielende Aufgabe, die sich an den Vorschlägen der Kultusministerkonferenz oder des Instituts für Qualitätsentwicklung im Bildungswesen (IQB) orientiert, könnte im Blick auf einen literarischen Text so gestaltet sein, dass das Leseverstehen mit Hilfe von *multiple choice*-Aufgaben überprüft wird.

Aufgabe zum Messen der Lesekompetenz

Mit Aufgabenformaten dieser Art kann ein auf Vergleichbarkeit der Schülerleistungen basierender Zugang zum literarischen Text umgesetzt werden. Die Antworten lassen sich vor allem problemlos und relativ eindeutig bestimmen. Der Schwierigkeitsgrad bei der Beantwortung hängt ab von der Nähe zwischen den möglichen vorgegebenen Antworten. Auch die genaue Trennung der Kompetenzen, d. h. in diesem Fall nur die Klärung des Textverstehens, kann mit einer *multiple choice* Aufgabe gut getestet werden. Lernende werden damit angeleitet, genaues Lesen zu üben und den Inhalt zu verstehen.

multiple choice-Aufgabe

Ein solcher Umgang mit einem literarischen Text legt jedoch weiter gehende Aspekte der Auseinandersetzung nicht nahe. Ein individuelles Leseverstehen, das Achten auf eigene Gefühle beim Lesen oder auch ein persönlicher und kreativer Zugang stehen nicht im Vordergrund.

individuelles Leseverstehen

Die *multiple choice*-Aufgabe strukturiert durch die vorgegebenen Antworten die Art der Auseinandersetzung mit dem Inhalt vor. Wenn ein solches Aufgabenformat zu einem differenzierteren Verständnis des literarischen Textes genutzt werden soll, dann kann es dabei nicht mehr darum gehen, eine oder mehrere der möglichen Antworten anzukreuzen, sondern die Aufgabe und individuelle Antworten der Lernenden als Anlass zum Gespräch über den literarischen Text zu nutzen.

Literaturdidaktik zwischen Standardisierung und Förderung individueller Leseprozesse

Bildungsstandards visieren den Output und damit Kompetenzen der Lernenden an, die in konkreten Aufgaben umgesetzt werden sollen. Die an dem genannten Beispiel aufgeführten Zugänge zu dem literarischen Text unterscheiden sich deutlich von den kreativen Aufgabenstellungen, wie sie ein handlungs- und produktionsorientierter Literaturunterricht vorschlägt. Die Literaturdidaktik steht nunmehr vor einem Spagat zwischen diesen beiden Positionen und es gilt, hier einen eigenen und konstruktiven Weg zu finden, der den Lernerinteressen und dem literarischen Text gleichermaßen Rechnung trägt.

Eine mögliche Erweiterung der neuen Aufgabenformate könnte in einer Kombination standardisierter, vergleichbarer und überprüfbarer Aufgaben mit kreativen und auf individuelles Verstehen zielenden Aufgaben bestehen. Ausgehend von möglichen Antworten in den *multiple choice*-Verfahren bietet sich beispielsweise an, die eigenen Antworten zu reflektieren, im Gespräch mit anderen eventuell zu überprüfen und verschiedene Sichtweisen zu dem literarischen Text diskursiv auszuloten.

Aufgabe 12.5

? Vergleichen Sie einen Literaturunterricht im Sinne der Bildungsstandards mit einem Literaturunterricht im Sinne der Rezeptionsästhetik. Welche Gemeinsamkeiten und Unterschiede stellen Sie fest? Welche Vor- und Nachteile beinhalten die jeweiligen Positionen?

Zusammenfassung

Wesentliche literaturdidaktische Überlegungen zur Bedeutung und zum Einsatz literarischer Texte im Spanischunterricht wurden in dieser Einheit präsentiert. Aktuellen Lehrplänen zufolge ist die Lektüre bestimmter Texte im Rahmen eines orientierenden Kanons verpflichtend. Diese Lektüre erfolgt im Rahmen leser- und textorientierter literaturdidaktischer Modelle, wobei die Rezeptionsästhetik eine dominierende Rolle spielt. Dabei erweist sich auch die Analyse fremdsprachlicher Leseprozesse als bedeutsam, so u. a. die Unterscheidung zwischen erstsprachlichem und fremdsprachlichem Lesen, zwischen verschiedenen Lesetechniken oder auch zwischen leisem und lautem Lesen. Der Stellenwert literarischer Texte im Spanischunterricht ist daneben auch durch aktuelle Diskurse im Zeichen der Bildungsstandards, Kompetenzorientierung und neuer Aufgabenformate geprägt.

Aufgabe 12.6

? Sie planen in Ihrer Klasse die Lektüre eines aktuellen Jugendromans. Sie überlegen, eventuell *Bajo la fría luz de octubre* von Eloy Cebrián (2003) zu lesen. Zuvor diskutieren Sie mit einer erfahrenen Kollegin in einer Freistunde Zielsetzungen, Begründungen und mögliche Schwerpunkte der Lektüre. Stellen Sie Ihre eigene Position begründet dar.

Literatur

Burwitz-Melzer, Eva (2007): Ein Lesekompetenzmodell für den fremdsprachlichen Literatur-unterricht. In: Bredella, Lothar/Hallet, Wolfgang (Hg.): Literaturunterricht, Kompetenzen und Bildung. Trier: WVT Wissenschaftlicher Verlag Trier, 127–157.

Carreño, Antonio (1998): Prólogo. In: Lope de Vega (1998): Rimas humanas y otros versos. Edición y estudio preliminar de Antonio Carreño. Biblioteca Clásica, vol. 52. Barcelona: Crítica, XXV–CV.

Bredella, Lothar (2002): Literarisches und interkulturelles Verstehen. Tübingen: Narr.

Cebrián, Eloy (2003): Bajo la fría luz de octubre. Madrid: Alfaguara Serie Roja.

Fäcke, Christiane/Wangerin, Wolfgang (2007): Literarische Texte im Deutsch- und im Fremdsprachenunterricht. In: Fäcke, Christiane/Wangerin, Wolfgang (Hg.): Neue Wege zu und mit literarischen Texten. Diskussionsforum Deutsch, Bd. 25. Baltmannsweiler: Schneider-Verlag Hohengehren, 2–15.

Fish, Stanley Eugene (1995): Is There a Text in This Class? The Authority of Interpretive Communities. 9. Auflage. Cambridge, Mass. u. a.: Harvard University Press.

Hallet, Wolfgang (2002): Fremdsprachenunterricht als Spiel der Texte und Kulturen. Intertextualität als Paradigma einer kulturwissenschaftlichen Didaktik. Trier: WVT Wissenschaftlicher Verlag Trier.

Lope de Vega (1998): Rimas humanas y otros versos. Edición y estudio preliminar de Antonio Carreño. Biblioteca Clásica, vol. 52. Barcelona: Crítica.

Menze, Clemens (1983): Bildung. In: Enzyklopädie Erziehungswissenschaft, Bd. 1. Stuttgart: Klett, 350–358.

Rössler, Andrea (2010): Literarische Kompetenz. In: Meißner, Franz-Joseph/Tesch, Bernd (Hg.): Spanisch kompetenzorientiert unterrichten. Seelze: Klett, Kallmeyer, 131–136.

Vargas Llosa, Mario (2008): El hablador. Madrid: Alfaguara.

Vences, Ursula (2004): Lesen und Verstehen – Lesen heißt Verstehen. In: Der fremdsprachliche Unterricht Spanisch 12: 4–11.

Werlich, Egon (1986): Praktische Methodik des Fremdsprachenunterrichts mit authentischen Texten. Berlin: Cornelsen-Velhagen & Klasing.

Westhoff, Gerhard (1997): Fertigkeit Lesen. Fernstudieneinheit 17. Berlin u. a.: Langenscheidt.

Wimsatt, William K./Beardsley, Monroe C. (1954): The verbal icon. Studies in the meaning of poetry. Lexington, Ky: University of Kentucky press.

Internet

Bayrlsches Kultusministerium (2006): Lehrplan für das Gymnasium in Bayern. Moderne Fremdsprachen.
http://www.isb-gym8-lehrplan.de/contentserv/3.1/g8.de/index.php?StoryID=26366.
http://www.isb-gym8-lehrplan.de/contentserv/3.1.neu/g8.de/index.php?StoryID=26514.

Kultusministerkonferenz (2003): Bildungsstandards für die erste Fremdsprache (Englisch/Französisch) für den mittleren Schulabschluss. Beschluss vom 4.12.2003.
http://www.kmk.org/schul/Bildungsstandards/1.Fremdsprache_MSA_BS_04-12-2003.pdf.

Lehrwerke und Unterrichtsmaterialien

In dieser Einheit lernen Sie die Bedeutung und Stellung von Lehrwerken und anderen Unterrichtsmaterialien für den Spanischunterricht kennen. Dabei geht es zunächst um das Lehrwerk als Leitmedium des Unterrichts sowie um die Vor- und Nachteile dieser Dominanz, anschließend um Lehrwerkanalyse und -kritik von Seiten fremdsprachendidaktischer Forschung und schließlich um die Diskussion über die Nutzung didaktisierter und authentischer Unterrichtsmaterialien. Die Darstellung wird an zahlreichen Beispielen aus Spanischlehrwerken verdeutlicht.

Überblick

13.1 | Mit Lehrwerken Spanisch lernen

Unter den im Spanischunterricht verwendeten Unterrichtsmaterialien nimmt das Lehrwerk sicherlich eine zentrale Stellung ein. Bevor im Folgenden der Stellenwert von Lehrwerken genauer analysiert wird, gilt es zunächst, die Begriffe Lehrwerk und Lehrbuch voneinander abzugrenzen. Bis in die 1950er und 1960er Jahre werden Lehr*bücher* im Fremdsprachenunterricht genutzt, d. h. es handelt sich dabei um ein einziges Buch, in dem fremdsprachige Texte und Übungen aufgeführt sind. Seit den 1970er Jahren bieten Schulbuchverlage Lehr*werke* für den Fremdsprachenunterricht an. Diese Lehrwerke bestehen aus einem Schülerbuch, das in Lektionen oder *unidades* gegliedert ist und im Unterricht bearbeitet werden soll. Darüber hinaus gibt es zahlreiche Begleitmaterialien: ein Grammatikheft, ein Vokabelheft, ein Arbeitsheft (*cuaderno de actividades*), einen Lehrerbegleitband, Poster, Folien und seit entsprechenden technischen Neuerungen auch CDs und DVDs. Neben diesen zentral für den Unterricht konzipierten und aufeinander abgestimmten Bestandteilen gibt es weitere, die als Ergänzung zum Unterricht angeboten werden, z. B. Selbstlernmaterialien, Tandembögen, CD-Roms zur Selbstarbeit am Computer oder auch Klausurvorlagen für Lehrkräfte.

Lehrwerke dominieren vor allem im Fremdsprachenunterricht. In dieser Hinsicht bestehen deutliche Unterschiede zu Unterrichtsfächern wie z. B. Sozialkunde oder Erdkunde, in denen das Lehrwerk keine vergleichbare Leitfunktion ausübt. Progression, Auswahl der Inhalte oder auch methodische Umsetzungen werden im Spanischunterricht der Spracherwerbsphase, d. h. in den ersten Lernjahren, deutlich vom Lehrwerk vorgegeben.

Auch auf curricularer Ebene wird dem Lehrwerk häufig eine zentrale Position eingeräumt, wie das Beispiel des hessischen Lehrplans zeigt. Hier wird zwischen Spanisch als zweite Fremdsprache (ab Klasse 6), Spanisch als dritte Fremdsprache (ab Klasse 8) und Spanisch in der Einführungsphase (Klasse 10) unterschieden:

Text 13.1 |

> Bei der Vermittlung sprachlicher Kenntnisse und Fertigkeiten in thematischen Kernbereichen wird bereits in der Jahrgangsstufe 6G das Sprachverständnis gestützt durch Hinweise auf die Regelhaftigkeit sprachlicher Strukturen und Methoden bewussten Sprachenlernens. Grundlage des Anfangsunterrichts ist das jeweils eingeführte Lehrwerk. Authentische Unterrichtsmaterialien werden einbezogen. (Hessisches Kultusministerium 2010: 13)

> Die Entscheidung für Spanisch als dritte Fremdsprache erfolgt aus persönlicher Motivation der Schülerinnen und Schüler, da sie bereits Erfahrungen im Erlernen von zwei Fremdsprachen haben. [...] Daher sollte der Unterricht der dritten Fremdsprache diese Dispositionen der Schülerinnen und Schüler in stärkerem Umfange berücksichtigen und Gesichtspunkte einer Mehrsprachigkeitsdidaktik noch stärker beachten.

(Marginalien:) Lehrbuch · Lehrwerk · Begleitmaterialien · Lehrwerk als Leitmedium · hessischer Lehrplan

Dies hat zur Konsequenz, dass eine effiziente Vermittlung von Sprachkenntnissen möglich ist, so dass bei der Nutzung eines Lehrwerks darauf zu achten
ist, dass die Schülerinnen und Schüler bereits nach zwei Jahren in der Lage sind,
in stärkerem Umfange authentische Texte zu bearbeiten.

(Hessisches Kultusministerium 2010: 25)

Der Unterricht in der Einführungsphase legt einen besonderen Schwerpunkt auf
die Sicherung und Erweiterung der sprachlichen Fähigkeiten und Fertigkeiten,
die in der Sekundarstufe I erworben wurden. Die Lernenden erreichen die gymnasiale Oberstufe mit unterschiedlichem Schullaufbahnhintergrund. Dadurch
entstehen sehr heterogene Lerngruppen, so dass die kompensatorische Arbeit
in dieser Jahrgangsstufe einen besonders wichtigen Stellenwert einnimmt: [...]
  Daher bietet sich für diese Jahrgangsstufe eine Kombination von Lehrwerkarbeit mit der Bearbeitung didaktisierter und authentischer Texte an.

(Hessisches Kultusministerium 2010: 37)

Diese zentrale Stellung des Lehrwerks wird seit Jahren innerhalb der Fremd- **Fremdsprachen-**
sprachendidaktik (z. B. Leitzgen 1996, Börner/Vogel 1999) kritisiert und **didaktik: Kritik**
Schwierigkeiten, die einzelne Lehrkräfte immer wieder formulieren, werden **an Dominanz des**
wiederholt benannt. Dennoch basiert der Fremdsprachenunterricht insbe- **Lehrwerks**
sondere in der Spracherwerbsphase der Sekundarstufe I wesentlich auf dem
Einsatz von Lehrwerken. Die Kritik an diesem zentralen Stellenwert der Lehrwerke bezieht sich auf die lineare und starre Progression, auf implizite und
explizite Normierungen oder auf ein geringes Maß an Flexibilität, Authentizität und Aktualität (Börner/Vogel 1999). Darüber hinaus dominiere die
Grammatik bei der Konzeption und Progression: So seien Lehrwerkinhalte
nach grammatischen Regeln strukturiert und nicht nach lernerorientierten
Kriterien oder motivierenden Themen.

Die Dominanz des Lehrwerks im Spanischunterricht zeigt sich bereits **Aufbau des**
in Struktur und Aufbau von Lehrwerken. Ein Lehrwerk ist an einer sprach- **Lehrwerks**
lichen Progression ausgerichtet und gibt damit die zu vermittelnden Inhalte
und sprachlichen Strukturen genau vor. Dabei bauen die einzelnen Einheiten
bzw. Lektionen genau aufeinander auf und führen die in der vorangegangenen Lektion vermittelten Inhalte und sprachlichen Strukturen in der jeweils
folgenden genau fort. Diese Progression bezieht sich auf den Wortschatz, auf **Progression**
grammatische Strukturen, auf Aussprache und Syntax. Fakultative Inhalte
sind vereinzelt vorgesehen, doch wird in der Regel die lineare Erarbeitung des
Lehrwerks vorausgesetzt. Neuere Lehrwerke gehen dazu über, zwischen den
linear gestalteten Lektionen Plateauphasen einzubauen, d. h. Einheiten oder **Plateauphase**
Lektionen, die zur Wiederholung des bereits Gelernten dienen und keinen
neuen Wortschatz oder neue Grammatik beinhalten. Lehrwerke für den fortgeschrittenen Unterricht innerhalb der Sekundarstufe I arbeiten mit einzelnen
Modulen, die in beliebiger Reihenfolge bearbeitet werden können.

Lehrwerke der Sekundarstufe II

Lehrwerke für die Sekundarstufe II sind nicht an sprachlicher Progression, sondern an Inhalten und Themen ausgerichtet. Die einzelnen Kapitel müssen nicht in linearer Abfolge bearbeitet werden, sondern können individuell ausgewählt werden. Thematische Schwerpunkte liegen beispielsweise auf bestimmten Epochen spanischer Geschichte, auf einzelnen politischen und gesellschaftspolitischen Inhalten oder auch auf landeskundlichen oder kulturellen Themen.

Eine derartige Gestaltung von Lehrwerken (ver)führt dazu, dass Lehrende ihren gesamten Spanischunterricht vorwiegend bzw. ausschließlich am Lehrwerk orientieren und keine weiteren Inhalte oder Materialien integrieren müssen. Eine solche Orientierung am Lehrwerk ist zwar nicht zwingend, jedoch nahe liegend. Sie beinhaltet zahlreiche Vor- und Nachteile.

Orientierung für Lehrende und Lernende

Das Lehrwerk als Leitmedium des Unterrichts bietet zunächst eine Orientierungshilfe für Lehrende wie Lernende. Das bereits Bearbeitete und Gelernte, das derzeit im Unterricht aktuell zu Lernende sowie zukünftige Lerninhalte sind für Lehrende und Lernende jederzeit zu überblicken. Darüber hinaus ist mit der Kontinuität des im jeweiligen Lehrwerk umgesetzten Sprachvermittlungskonzepts, d. h. der Art der vorgegebenen Texte, Übungen und Aufgaben, eine Vertrautheit für Lehrende wie Lernende gegeben. Schülerinnen und Schüler wissen dadurch, worauf sie sich im Spanischunterricht einzustellen haben. Wenn jemand einmal durch Krankheit für längere Zeit fehlen sollte, sind durch die enge Anlehnung an das Lehrwerk eine individuelle Nacharbeit möglich bzw. Hilfestellungen für die Nachhilfe verfügbar.

Vergleichbarkeit

Zudem eröffnet die Konzentration auf das Lehrwerk eine mögliche Vergleichbarkeit über die jeweilige Lerngruppe hinaus. Ein Vergleich mit Parallelklassen innerhalb der Schule oder auch über die Schule hinaus kann auf den ersten Blick mit Hilfe des Lehrwerks erfolgen. Ein genauer Lernstand kann dadurch zwar nicht ermittelt werden, doch sind immerhin Aussagen darüber möglich, welche Lektion denn nun gerade in einer bestimmten Lerngruppe bearbeitet wird. Damit erleichtert ein Lehrwerk auch den Wechsel zwischen Schulen.

Arbeitserleichterung für Lehrkräfte

Das Lehrwerk stellt vor allem auch eine Arbeitserleichterung für die Lehrkräfte dar. Die gesamte Konzeption und Progression eines Lehrgangs muss nicht selbst entwickelt werden. Inhalte, Themen, Texte, Übungen und Aufgaben sind bereits vorgegeben. Selbst die Feinabstimmung zwischen den einzelnen Bereichen ist bereits erfolgt. Die einzelnen Bestandteile eines Lehrwerks innerhalb eines multimedialen Verbunds sind ebenfalls vorgegeben, so dass sie sinnvoll aufeinander abgestimmt im Unterricht eingesetzt werden können.

Lehrwerk als heimlicher Lehrplan

Die detaillierte Vorgabe des Lehrgangs durch das Lehrwerk beinhaltet jedoch nicht nur Vorteile. Die mögliche genaue Orientierung am Lehrwerk führt ebenfalls dazu, dass das Lehrwerk als heimlicher Lehrplan des Unterrichts angesehen werden kann. Somit wirkt ein Lehrwerk stärker und direkter auf den Spanischunterricht ein als curriculare Vorgaben einzelner Kultusministerien, die weit weniger rezipiert und beachtet werden. Wenn das Lehrwerk nun als heimlicher Lehrplan wirkt, bedeutet dies auch eine Normierung des Spanischunterrichts. Die starre Anlehnung an das Lehrwerk führt dazu, die einzelnen Lektionen nacheinander abzuarbeiten, aktuelle Inhalte wie beispielsweise tagesaktuelle politische und gesellschaftliche Entwicklungen in spanischsprachigen Ländern in den Hintergrund zu rücken und sich sehr eng an die vom Lehrwerk vorgegebenen Inhalte und Themen anzulehnen.

Dies führt zu einer grundsätzlichen Schwäche aller Lehrwerke, nämlich dem Problem, dass sie praktisch gleich nach ihrer Veröffentlichung veralten. Die Integration beispielsweise landeskundlicher Inhalte läuft sofort Gefahr, dass aufgeführte Politiker, Sänger oder Sportler innerhalb weniger Jahre nicht mehr aktuell sind. Die Autoren der Lehrwerke stehen damit vor einem grundlegenden Dilemma: Sollen derartige Inhalte aufgenommen werden oder nicht? Können die Fußballer der *Selección de fútbol de España* namentlich erwähnt werden, wenn sie bei der nächsten Weltmeisterschaft eventuell nicht mehr in der Mannschaft spielen? Soll José Luis Rodríguez Zapatero als Regierungschef Spaniens benannt werden, wenn er vielleicht die nächste Wahl nicht mehr gewinnt? Oder sollte eine Sängerin, die gerade die Hitlisten anführt, aufgenommen werden, obwohl sie vielleicht in einem Jahr bereits vergessen sein wird? Eine mögliche Lösung kann in der geschickten Wahl gesellschaftlich bekannter Personen bestehen, die die spanische und hispanoamerikanische Öffentlichkeit über lange Zeit dominieren, so u.a. Regisseure wie Pedro Almodóvar, Maler wie Pablo Picasso oder Comichelden wie Mafalda. Das Problem des Veraltens von Lehrwerken wird dadurch jedoch nicht grundsätzlich behoben.

Veralten der Lehrwerke

Die überwiegende Mehrheit aller Lehrkräfte setzt das Lehrwerk als zentrales Leitmedium des Unterrichts ein. Dies führt zu einem weiteren Nachteil, nämlich der Gefahr des unmündigen Umgangs mit diesem Lehrwerk und der starren und wenig hinterfragenden Anlehnung an seine Vorgaben. Dieser Gefahr erliegen sicher nicht alle Spanischlehrerinnen und -lehrer, dennoch sollte sie hier Erwähnung finden. Erst die eigene und aktive Nutzung des Lehrwerks als ein Medium unter anderen führt zu einem eigenständigen und auf individuelle Lernbedürfnisse der jeweiligen Lerngruppe abgestimmten Spanischunterricht. Dies kann ein für alle Bundesländer konzipiertes und zugelassenes Lehrwerk von sich aus nicht leisten.

wenig eigenständige Nutzung von Lehrwerken

Betrachten wir dazu die Genese eines Lehrwerks. Da ein Lehrwerk aus verkaufsstrategischen Überlegungen seitens der Schulbuchverlage möglichst weite Verbreitung und Rezeption erfahren sollte, liegt es nahe, eine Genehmigung aller Kultusministerien der einzelnen Bundesländer zu erzielen. Ein Lehrwerk, das beispielsweise nur für das Bundesland Sachsen-Anhalt konzipiert, erstellt und genehmigt würde, wäre sicher nicht sinnvoll finanzierbar. Um die Genehmigung der jeweiligen Kultusministerien zu erreichen, wird ein Lehrwerk zunächst an allen curricularen Vorgaben der Bundesländer ausge-

Entstehung eines Lehrwerks

richtet. Dies stellt sicher eine Schwierigkeit dar, wenn man bedenkt, wie die Vorgaben bezüglich z. B. der Anzahl vorgeschriebener und zu vermittelnder Wörter oder einer bestimmten grammatischen Struktur zwischen Schleswig-Holstein und Bayern voneinander differieren.

Interessengruppen

An der Genese eines Lehrwerks sind zahlreiche Personen und Interessengruppen beteiligt: Neben den Schulbehörden, die durch die Curricula Einfluss auf ein Lehrwerk ausüben, gehören dazu zunächst Vertreter des jeweiligen Schulbuchverlags sowie das Autorenteam. In der Regel wird ein Lehrwerk nicht von einem einzigen Autor erstellt, sondern von einer Gruppe mehrerer Autoren, die selbst beruflich mit dem Lehren und Lernen von Spanisch befasst sind. Dabei handelt es sich mehrheitlich um Spanischlehrerinnen und -lehrer aus der Schule oder seltener auch um Dozentinnen und Dozenten aus dem Hochschulbereich.

Nach dem Erstellen des Manuskripts durch das Autorenteam in Koordination mit den konzeptionellen Vorstellungen der Verlagsseite wird zunächst eine Prüffassung des Lehrwerks erstellt und den einzelnen Kultusministerien zur Genehmigung vorgelegt. Nach erfolgter Zulassung kann das Lehrwerk in der Schule verwendet werden.

Aufgabe 13.1

Welche Konsequenzen ergeben sich für den Spanischunterricht durch den Einsatz des Lehrwerks? Listen Sie Vor- und Nachteile für einen lehrwerkbasierten und einen lehrwerkunabhängigen Spanischunterricht in der folgenden Tabelle auf.

	Lehrwerkbasierter Spanischunterricht	Lehrwerkunabhängiger Spanischunterricht
Vorteile	– *Orientierung für Lehrende und Lernende* – –	– *individuelle Unterrichtsgestaltung* –
Nachteile	– *Lehrwerk als heimlicher Lehrplan* – –	– *hoher Aufwand bei der Lektüresuche* –

13.2 | Lehrwerke analysieren

Die Ausführungen über die Stellung und Bedeutung der Lehrwerke im Spanischunterricht haben gezeigt, dass eine unkritische Umgangsweise mit Lehrwerken grundsätzlich nicht hilfreich und konstruktiv ist. An dieser Stelle setzt die Lehrwerkanalyse und -kritik ein.

Geschichte der Lehrwerkanalyse

Lehrwerkanalysen zielen auf eine kritische Begutachtung einzelner Lehrwerke, ihrer Inhalte, Spracherwerbskonzepte oder einzelner Bereiche wie

Layout oder Grammatik. Bis zu den 1950er Jahren bilden diese Analysen noch keinen Schwerpunkt fremdsprachendidaktischer Forschung. Dies erklärt sich durch den Konsens unter Fachdidaktikern zu bestehenden Lehrbüchern, durch ein Verständnis des Fremdsprachenunterrichts als elitärem Fach für eine homogene Zielgruppe sowie durch die dominierende Stellung einiger weniger Lehrwerke in immer neuen Auflagen. Gesellschaftliche und curriculare Veränderungen sowie daraus resultierende Entwicklungen im Fremdsprachenunterricht führen in den 1960er Jahren zum Beginn der Auseinandersetzungen über Lehrwerke. Englischunterricht wird für alle verpflichtend eingeführt, die Lerngruppen werden dadurch heterogener, Zielsetzungen und Unterrichtsmethoden ändern sich. Dies führt auch zu neuen Anforderungen an die Unterrichtsmaterialien.

Mit der Entwicklung vom Lehrbuch zum komplexen Lehrwerk ergeben sich weitere Veränderungen. Die entstehende Vielfalt und Konkurrenz auf dem Lehrwerkmarkt machen Lehrwerkanalysen sinnvoll und notwendig, um den Verlagen konstruktive Vorschläge zu einer Verbesserung neuer Lehrwerke zu machen und um Schulen bzw. Lehrkräften Hilfestellung bei der Auswahl neu anzuschaffender Lehrwerke zu geben. *Vom Lehrbuch zum Lehrwerk*

Lehrwerkanalysen erfolgen auf der Basis von Kriterienkatalogen, um die Analyse transparent, objektiv und nachvollziehbar zu machen. Je nach Schwerpunktsetzung der Kriterien werden unterschiedliche Bereiche der Lehrwerke analysiert und begutachtet. Einerseits führt die Orientierung an Kriterienrastern durchaus zu differenzierten und objektivierten Lehrwerkanalysen, andererseits kann die Ausrichtung an solchen Katalogen auch als einengendes Korsett und als nur vermeintliche Objektivität erfahren werden. Auch die Auswahl und Schwerpunktsetzung einzelner Kriterien unterliegt einer letztlich subjektiven Festsetzung. *Kriterienkatalog*

Ein Beispiel für diese Kriterienkataloge ist der Stockholmer Kriterienkatalog. Er beinhaltet Fragen zum Aufbau des Lehrwerks, zum Layout, zur Übereinstimmung mit dem Lehrplan, zu Inhalten bzw. zu Landeskunde, zu Sprache, zu Grammatik, zu Übungen und zur Perspektive der Schüler (Krumm 1994: 100–104). Im Folgenden ist ein Abschnitt daraus aufgeführt: *Stockholmer Kriterienkatalog*

Stockholmer Kriterienkatalog [...] | Text 13.2

g) Übungen

1. *Arbeitsanweisungen*
- Sind die Arbeitsanweisungen eindeutig?
- In welcher Sprache sind die Arbeitsanweisungen formuliert?
- Wie werden die Lernenden angesprochen (Du/Sie-Anrede, Ton)?
- Geben die Arbeitsanweisungen Hinweise auf die (Sprech-)Situation (Regieanweisungen)?

2. *Fertigkeiten*
- Werden alle Fertigkeiten in ausgewogenem Verhältnis geübt?

3. *Übungstypen*

– Welche Übungstypen kommen vor?

– Sind die Übungen systematisch aufgebaut und ermöglichen sie eine schrittweise Einübung nach dem Muster:

1. Verstehen (Hören – Lesen)?

2. Reproduzieren (Sprechen – Schreiben)?

3. Sprechen und Schreiben in vorgegebenen Rollen und Situationen?

4. Freie Äußerungen (mündlich und schriftlich)?

4. *Übungsformen*

– Variieren die Übungsformen?

– Werden kreative Übungen betont, z. B. altersgerechte Spielübungen?

– Fördern die Übungen die Zusammenarbeit der Schüler? Gibt es Partner-übungen mit Übungen, die für (Klein-)Gruppen geeignet sind?

– Fördern die Übungen selbständiges Arbeiten und Lernen?

5. *Zusammenhang*

– Besteht ein sprachlicher und thematischer Zusammenhang zwischen Textteil, Grammatik und Übungsteil?

6. *Differenzierung*

– Gibt es genügend und verschiedenartige Übungen, um eine Differenzie-rung innerhalb heterogener Gruppen zu ermöglichen?

7. *Wiederholung*

– Gibt es systematische Wiederholungen?

– Gibt es ein ausreichendes Angebot an Übungen?

(Krumm 1994: 104)

Aufgabe 13.2

? Lesen Sie den Auszug aus dem Stockholmer Kriterienkatalog. Welche Vor- und Nach-teile, welche Chancen und Grenzen sehen Sie in der Verwendung eines solchen Kriterien-katalogs für eine Analyse der Übungen in Spanischlehrwerken? Stellen Sie Ihre Position begründet dar.

Themen von Lehrwerkanalysen

Der Rückblick auf fremdsprachendidaktische Auseinandersetzungen mit Lehrwerken verweist auf zahlreiche Themen, die in Lehrwerkanalysen zum Gegenstand gemacht wurden. Dazu gehören beispielsweise die Entwicklung von Kriterienkatalogen mit systematischen Beurteilungsrastern (z. B. Vielau 1981), gesellschaftskritische Analysen der Inhalte von Lehrwerken in den 1970er Jahren (z. B. Schüle 1973) oder auch Kritik an der Rolle der Frau in Lehrwerken. Daneben werden die Bedeutung von Grammatik (z. B. Funk 1995) oder die Funktion von Bildern analysiert. Seit den 1990er Jahren kommt verstärkt eine interkulturelle Dimension in den Blick (z. B. Fäcke 1999). Darü-ber hinaus gibt es Analysen zur Art und Weise des Umgangs mit Lehrwerken im Fremdsprachenunterricht (z. B. Wernsing 1993) und vor allem immer wie-der Überlegungen zu der unhinterfragten Dominanz des Lehrwerks oder zu der Frage nach der Abschaffung von Lehrwerken (z. B. Bleyhl 2000).

|Aufgabe 13.3

? Betrachten Sie den folgenden Ausschnitt aus einer Lektion des Lehrwerks *Línea verde* und analysieren Sie ihn im Blick auf interkulturelle Fragestellungen. Bitte beantworten Sie bei Ihrer Analyse die folgenden Fragen unter Berücksichtigung der Darstellung in Einheit 11:

► Welches Verständnis landeskundlichen und interkulturellen Lernens liegt der Darstellung dieser Übung zu Grunde?

► Welche Zielsetzungen werden verfolgt?

► Welche Vor- und Nachteile beinhaltet eine solche Darstellung?

► Inwiefern halten Sie diese Darstellung für sinnvoll, nachvollziehbar, hilfreich, störend, eingrenzend oder diskriminierend? Begründen Sie Ihre Position.

|Text 13.3

7 **Sueños** *(Träume)* (§ 13)

Contad las circunstancias *(Umstände)* y lo que pasó en los siguientes dibujos.

* Colón ser navegante *(Seefahrer)* de Génova
* tener un sueño: ir a las Indias por el Oeste

* nadie creerle
* la gente pensar
* ser un loco …

* pero un día visitar a Isabel la Católica
* darle dinero para su sueño

* vivir en Malí
* vender pequeñas cosas en las plazas
* nadie comprar nada

* no ganar mucho dinero
* soñar con una casa
* las casas ser muy caras

* así que una noche subir a una patera e irse a España

* Los abuelos de Carme: vivir en Marinaleda
* tener 3 hijos

* los dos trabajar en el campo
* no siempre haber trabajo
* no tener dinero para vivir …

* pero un día …

(Bade u. a. 2007: 32)

Lehrwerkkritik und
Lehrwerkentwicklung

Betrachtet man die Entwicklung von Lehrwerken in verschiedenen Generationen, so lassen sich Bestrebungen seitens der Lehrwerkverlage feststellen, Kritikpunkte aus der Fremdsprachendidaktik zumindest in Ansätzen aufzunehmen und bei der Konzeption neuer Lehrwerke umzusetzen. Gleichzeitig bestehen Diskrepanzen zwischen der fremdsprachendidaktischen Diskussion und der tatsächlichen Gestaltung von Lehrwerken. Während in den eher theoretisch angelegten Diskussionen bestimmte Schwerpunkte – derzeit Bereiche wie z. B. Kognitionsorientierung, Kompetenzen und Aufgabenorientierung – im Mittelpunkt stehen, lassen sich konkrete Umsetzungen dieser Gedanken erst mit einer mehrjährigen Verzögerung in den Lehrwerken wiederfinden. Diese Diskrepanz steht in Zusammenhang mit langen Vorläufen, die der Entwicklung, Konzeption, Erstellung und Genehmigung eines Lehrwerks vorausgehen, mit curricularen Zwängen, denen sich Lehrwerkverlage immer wieder ausgesetzt sehen, oder auch mit unterschiedlichen Vorstellungen von Lehrkräften, Lehrwerkautoren und Fremdsprachendidaktikern über das Lehren und Lernen von Fremdsprachen. Auch an dieser Stelle kommt ein spannungsreiches Verhältnis zwischen Theorie und Praxis zum Ausdruck.

Lehrwerk als Spiegel
seiner Zeit

Lehrwerke spiegeln somit in allen Bereichen ihrer Konzeption und Gestaltung ihre Zeit wider. Dies kommt zum Beispiel im Layout der Lehrwerke, in der Gestaltung des Bildmaterials, in der methodisch-didaktischen Konzeption und in den Inhalten der Lehrwerktexte zum Ausdruck.

Das Bildmaterial verdeutlicht die Entstehungszeit eines Lehrwerks besonders gut, so z. B. durch die Fotos und Zeichnungen der Lehrwerkfiguren, die Moden ihrer Zeit in Kleidung oder Haarfrisur repräsentieren, durch Bildmaterial mit Wohnungseinrichtungen, Autos oder auch Telekommunikationsmitteln. Während in den 1980er Jahren ein aus heutiger Sicht altmodisch wirkendes Telefon abgebildet ist, finden sich in aktuellen Lehrwerken Computer, Handys, I-Pod oder auch SMS und E-Mails.

Lehrwerke als Spiegel
fremdsprachendidak-
tischer Methoden

Lehrwerke spiegeln nicht nur in der visuellen Darstellung ihre Zeit, sondern auch in der methodisch-didaktischen Gestaltung. Fremdsprachendidaktische Methoden wie die Grammatik-Übersetzungs-Methode, die Audiolinguale oder Audiovisuelle Methode, der kommunikative Ansatz oder die interkulturelle Didaktik werden einzelnen Lehrwerken jeweils zu Grunde gelegt und finden sich im Spracherwerbskonzept insgesamt oder auch in einzelnen Übungen und Aufgaben wieder (vgl. Einheit 3, S. 31 ff.). Lehrwerke der Grammatik-Übersetzungs-Methode weisen zahlreiche Übungen auf, die einem formalanalytischen Grammatikverständnis verpflichtet sind oder die die Übersetzung von Sätzen oder Texten einfordern. Lehrwerke der Audiovisuellen Methoden enthalten zahlreiche *Pattern drill*-Übungen, aktuelle Lehrwerke legen Wert auf authentische Kommunikation oder auf Übungen, die der Kompetenzorientierung und Aufgabenorientierung verpflichtet sind.

? Ordnen Sie die folgenden Bildmaterialien den angegebenen Lehrwerken zu:

¡vamos, amigos! (1978)

¡Eso sí! (1990)

Puente nuevo (2002)

Con dinámica (2009)

Aufgabe 13.4

Diese Weiterentwicklung wird deutlich beim Vergleich einzelner Übungen verschiedener Lehrwerke, die jeweils auf den gleichen Inhalt zielen. Wortschatzübungen können ganz unterschiedlich gestaltet sein, wie die Texte 13.4 und 13.5 zeigen.

· Gestaltung von
Wortschatzübungen

Während die Übung aus dem älteren Lehrwerk aus den 1970er Jahren in der Wortschatzübung Sätze in einem immer gleichen Frage-Antwort-Schema erstellen lässt, ohne direkte, situative Bezüge herzustellen oder Hinweise auf eine konkrete Kommunikationssituation zu bieten, ist Wortschatzarbeit in dem

Text 13.4

1. Vocabulario *(esto/eso)*

A. presenta objetos y pregunta: ¿Qué es esto?
B. contesta: Eso es un(una) . . . / Eso son . . .

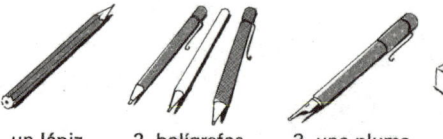

| 1. un lápiz | 2. bolígrafos | 3. una pluma | 4. cerillas |

5. un sobre   6. una carta   7. sellos de correo   8. un periódico

(Béjar Hurtado 1978: 47)

Text 13.5

EN LA CLASE

▶ 2|2
▶ 3|3
▶ 3|4

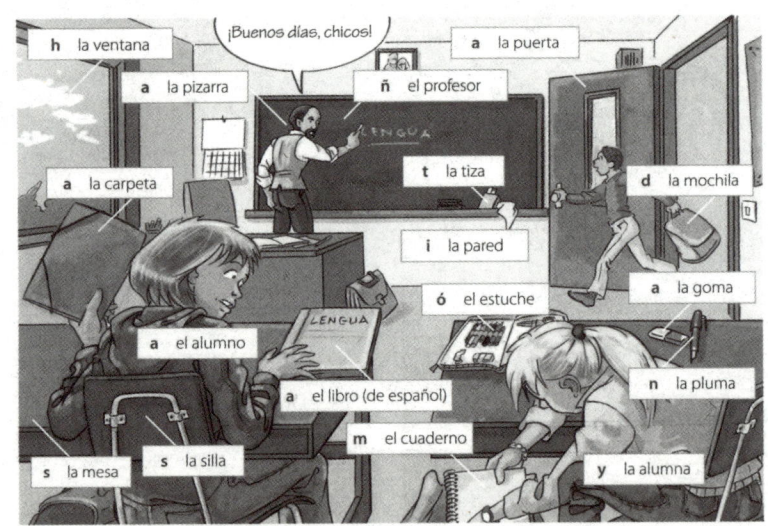

h la ventana · ¡Buenos días, chicos! · a la puerta · a la pizarra · ñ el profesor · la carpeta · t la tiza · d la mochila · i la pared · ó el estuche · a la goma · a el alumno · a el libro (de español) · n la pluma · m el cuaderno · s la mesa · s la silla · y la alumna

▰▰▰ ESCUCHAR Y REPETIR

5 a Escucha y busca las palabras en el dibujo. | Höre zu und suche die Wörter in der Zeichnung.
1|4 Schreibe den Buchstaben, der zu jedem Wort gehört, in dein Heft. Wie lautet die Lösung?

b Escucha y repite. | Höre zu und wiederhole.
1|4

6 a Escribe las palabras en tu cuaderno. | Schreibe die Wörter in dein Heft.
la silla, el estuche, la ventana, mañana, la mesa, hola, la pizarra

b Escucha y subraya las letras. | Höre zu und vergleiche: Unterstreiche die Buchstaben, die anders
1|5 ausgesprochen werden als im Deutschen.

(Balser u. a. 2008: 8)

nur wenige Jahre alten Lehrwerk in einen konkreten Kontext eingebunden. Die gewählte Unterrichtssituation entspricht darüber hinaus den Alltagserfahrungen Jugendlicher. Die Hörverstehensübung ist spielerisch angelegt und erfordert ein konsequentes Mitdenken. Das eher dekontextualisierte Vokabellernen und Üben ist einem Spracherwerbskonzept gewichen, in dem aktuelle fremdsprachendidaktische Überlegungen zu einem Sprachenlernen in authentischen Kontexten oder gedächtnispsychologische Überlegungen zum Wortschatzlernen Vorrang haben.

Fremdsprachendidaktische Lehrwerkanalysen fokussieren bislang bestimmte Inhalte der Lehrwerke, seien es nun gesellschaftskritische Perspektiven im Zusammenhang mit interkulturellem Lernen oder grammatikorientierte Perspektiven, oder sie nehmen die optische Gestaltung, das Layout und das Bildmaterial in den Blick. Die Rezeption von Lehrwerken wurde bislang jedoch noch nicht umfassend empirisch untersucht. Wie gehen Lehrende mit Lehrwerken um, wie rezipieren Lernende ihre Lehrwerke? Welche Einstellungen haben sie dazu und wie lernen sie mit ihnen? Diese Fragen sind bislang noch nicht repräsentativ und differenziert beantwortet. Die beiden folgenden Aussagen einzelner Lehrkräfte könnten jedoch das Spektrum spiegeln.

Rezeption von Lehrwerken

Eine Lehrerin, die an einer Schule in Kassel unterrichtet, orientiert ihren Unterricht zentral am Lehrwerk. Im Rahmen eines Interviews über ihr berufliches Selbstverständnis äußert sie sich auch zu den von ihr verwendeten Unterrichtsmaterialien:

Orientierung am Lehrwerk

> Ich bin erst seit ein paar Jahren als Spanischlehrerin tätig und fühle mich deswegen noch nicht so sicher. Deswegen orientiere ich mich im Unterricht streng am Lehrwerk. Da sind die Texte, Themen, Übungen und Hausaufgaben gut aufeinander abgestimmt, so dass ich sie einfach übernehmen kann. Außerdem kommt das Buch gut bei den Schülern an. Die Geschichten für den Anfangsunterricht passen gut zu den Lebenserfahrungen der Jugendlichen, und die Themen, die angesprochen werden, bieten einen schönen Einblick in die Landeskunde Spaniens und Lateinamerikas. Vielleicht ist es ein bisschen einfach, immer nur nach dem Lehrwerk vorzugehen, aber es erleichtert auch die Absprache mit der Klasse. Wenn eine Klassenarbeit ansteht, verweise ich nur auf die Seiten im Buch, die in der Arbeit drankommen.

| Text 13.6

Eine Lehrerin, die an einem Gymnasium in Augsburg unterrichtet, formuliert eher Kritik an der permanenten Verwendung von Lehrwerken:

Lehrwerk als Baustein neben anderen

> Viele meiner Kollegen nutzen das Lehrwerk als wichtigste Grundlage für ihren Unterricht. Mir selbst liegt das nicht so. Wenn man seinen Unterricht nur am Lehrwerk ausrichtet, blättert man schließlich nur von Seite zu Seite, arbeitet die Übungen ab und alles läuft nach dem gleichen Schema ab. Die neueren Spanischlehrwerke sind meist nicht so schlecht, aber einfach immer nur nach dem gleichen Prinzip aufgebaut. Jede Lektion fängt mit einem Text an, dann kommen die dazu passenden Übungen und im *cuaderno* die Aufgaben, die

| Text 13.7

mehr das Schriftliche üben und das war's dann. Deswegen verzichte ich zwar nicht völlig auf das Lehrwerk, aber ich nehme oft eigene Materialien, aus dem Internet oder was ich aus dem Urlaub aus Spanien so mitbringe.

Lehrwerk: Grundlage in der Spracherwerbsphase

Vermutlich bildet die erstgenannte Position die Meinung der Mehrheit der Lehrkräfte ab, die zweite ist hingegen wohl eher eine Minderheitenposition. Insgesamt stellt das Lehrwerk eine zentrale Grundlage im Spanischunterricht der Spracherwerbsphase dar und verdient daher, immer wieder einer kritischen Analyse unterworfen zu werden.

Aufgabe 13.5

? Welchen Stellenwert würden Sie dem Lehrwerk in Ihrem eigenen zukünftigen Spanischunterricht einräumen? Tendieren Sie eher zu der ersten oder zu der zweiten der genannten Positionen (Text 13.6 und 13.7)?

13.3 | Didaktisierte und authentische Unterrichtsmaterialien einsetzen

Neben den Lehrwerken der Spracherwerbsphase gibt es weitere Materialien, die im Spanischunterricht Verwendung finden. Dazu gehören Lektüretexte, Musik, Film sowie Materialien, die durch Computer und Internet Eingang in den Spanischunterricht finden. Kriterien für die Auswahl bestehen vor allem im sprachlichen Schwierigkeitsgrad der Texte, im inhaltlichen Bezug zum Unterricht oder auch im Bezug zu den anvisierten Zielsetzungen.

Lektüretexte

Von Schulbuchverlagen werden neben Lehrwerken vor allem Lektüretexte oder Textsammlungen angeboten. Hierbei sind didaktisierte und authentische Materialien zu unterscheiden. Authentische Materialien sind in gleicher Form und unverändert auch in Spanien erhältlich, beispielsweise ein Jugendroman. Didaktisierte Materialien hingegen sind explizit für den Spanischunterricht in Deutschland erstellt und beinhalten sprachliche Vereinfachungen, Kürzungen des Originaltextes sowie Anmerkungen, d. h. Vokabelerklärungen, Kommentare zu bestimmten landeskundlichen Inhalten oder auch Fragen zur Bearbeitung im Unterricht. Die Didaktisierung zielt auf die Vereinfachung des Textes und darauf, ihn zur Bearbeitung im Unterricht vorzubereiten sowie Lehrenden Hilfestellungen zum Unterrichten zu geben. Sie birgt jedoch auch einige Nachteile.

Adaptierte und didaktisierte Texte sind zwar vermeintlich leichter verständlich für Lernende, aber sie stellen auch eine Verfremdung des Originaltextes dar. Die Vereinfachung führt gleichzeitig zu sprachlicher und damit auch inhaltlicher Glättung des Textes, wodurch eventuell Spannungsmomente und sperrige Passagen entfernt werden, die das Wesen des Textes ausmachen.

Didaktisierung versus Authentizität

Insgesamt sind diese Lektüretexte primär als Ergänzung zur Lehrwerkarbeit in der Sekundarstufe I gedacht. In der Fremdsprachendidaktik werden didaktisierte Texte in der Regel stark kritisch kommentiert und es wird häufig ein Votum für authentische Materialien formuliert. Authentizität beinhalte etliche Vorteile, so einen unverfälschten Bezug zur Realität spanischsprachiger Länder, aktuelle und echte Vermittlungsperspektiven, sprachliche und inhaltliche Echtheit oder auch die Vermeidung verfälschender Glättungen und Vereinfachungen und damit Entfremdungen vom Originaltext. Gleichzeitig betonen vor allem Spanischlehrer/innen die Schwierigkeiten, einen sprachlich angemessenen und damit einen für das begrenzte fremdsprachliche Niveau der Schüler/innen passenden Text zu finden. Gerade für den Anfangsunterricht und ausgesprochen geringe Sprachkenntnisse der Lernenden seien nur schwer authentische Texte auffindbar.

Neben der Schwierigkeit, sprachlich einfache und damit für das Fremd-sprachenlernen angemessene Texte zu finden, beinhaltet die Suche nach authentischen Unterrichtsmaterialien weitere Probleme, die mit inhaltlicher Angemessenheit, Aktualität und Repräsentativität in Zusammenhang stehen. Jeder ausgewählte Text, der im Spanischunterricht gelesen und bearbeitet wird, bedeutet gleichzeitig die Nichtbearbeitung anderer Texte. So stellt sich die Frage, welches Bild Spaniens oder anderer hispanoamerikanischer Länder im Spanischunterricht dominieren soll. Ist es ein modernes Hightech-Spanienbild der Internet- und Telekommunikation, ein literarisches Spanienbild voll klassischer Autoren wie Cervantes und Lope de Vega oder das Spanien einer Alltags- und Jugendkultur, das mit den Unterrichtsmaterialien vermittelt wird?

Auswahl der Unterrichtsmaterialien

Authentizität ist auch durch die Verwendung von Musik und Film im Spanischunterricht herzustellen. Kriterien zur Auswahl von Musik und Filmen liegen im sprachlichen Schwierigkeitsgrad, in der Aktualität und in der Verständlichkeit für die jeweilige Lerngruppe. Darüber hinaus spielen weitere Faktoren eine Rolle, z. B. der inhaltliche Bezug zu thematischen Schwerpunkten von Unterrichtseinheiten, Kriterien wie Exemplarität und Authentizität in landeskundlicher oder interkultureller Hinsicht oder auch Möglichkeiten zur Förderung von Motivation durch Lernerorientierung.

Musik und Film

Neben konventionellen Möglichkeiten der Suche nach Musik und Film auf Tonträgern und Filmträgern gibt es diverse Seiten im Internet, die den Zugriff auf Musik und Film ermöglichen. Grundsätzlich lassen sich durch das Internet unendlich viele Möglichkeiten eines direkten, schnellen und authentischen Zugangs zu spanischsprachigen Ländern realisieren. Landeskundliche Informationen sind damit tagesaktuell und immer neu zugänglich.

Internet

? Lesen Sie den folgenden Textausschnitt aus dem Oberstufenlehrwerk *Punto de vista*, in dem in einer Einheit mit dem Titel *La España de hoy* die Verwaltungsstruktur Spaniens und die Unterteilung in *Comunidades Autónomas* beschrieben werden. Lesen Sie anschließend den Leitartikel auf der Internetseite der spanischen Tageszeitung *El País* (www.elpais.com). Vergleichen Sie den Lehrwerktext mit dem authentischen und tagesaktuellen Text aus dem Internet. Welche Gemeinsamkeiten und welche Unterschiede stellen Sie fest? Welche Vor- und Nachteile ergeben sich aus der Auswahl der jeweiligen Texte für den Spanischunterricht?

Aufgabe 13.6

Text 13.8

Las Comunidades Autónomas

Desde el siglo XVIII había predominado la organización centralizada del Estado. El proceso autonómico se inició con la democracia en 1977, al restablecerse la Generalitat de Cataluña y un gobierno preautonómico en el País Vasco, y continuó con el establecimiento de la autonomía en Galicia, Andalucía y en el resto de las comunidades autónomas. En 1983, Castilla y León, Baleares y Madrid accedieron a la autonomía, con lo que quedaban instauradas las 17 comunidades autónomas. En 1995, Ceuta y Melilla se constituyeron como ciudades autónomas.

Cada comunidad autónoma cuenta con su estatuto de autonomía, la ley fundamental que regula el autogobierno de la comunidad. Con este modelo de organización se reconoce que el Estado español está integrado por territorios de diversas lenguas, tradiciones y culturas, así como las singularidades de las nacionalidades históricas: Cataluña, País Vasco y Galicia.

El nivel de autogobierno de las comunidades autónomas es muy alto: pueden elaborar ciertas leyes y asumen numerosas competencias, como la sanidad, la educación, las obras públicas, el medio ambiente, las carreteras, etc. El gobierno central se reserva competencias, como el control de la defensa nacional y del ejército, las relaciones con otros países, el comercio exterior, la emisión de moneda o la recaudación de la mayor parte de los impuestos.

(Steveker u. a. 2006: 220)

Die Auswahl der Unterrichtsmaterialien wird für jede Lerngruppe immer wieder neu getroffen werden müssen und sich damit flexibel und dynamisch verändern. Letztlich wird wohl eine vielfältige und breite Auswahl an Texten und Unterrichtsmaterialien Grundlage eines guten und motivierenden Spanischunterrichts bilden.

Zusammenfassung

Lehrwerke stellen eine zentrale Grundlage des Spanischunterrichts dar und werden wegen ihrer jahrzehntelangen Dominanz vor allem in der Sekundarstufe I immer wieder als heimlicher Lehrplan kritisiert. Das Lehrwerk bedeutet eine Orientierung und Erleichterung für die Lehrenden sowie Sicherheit und Hilfestellung für die Lernenden, gleichzeitig jedoch auch Einengung, Normierung und Ausrichtung an schnell veraltenden Inhalten und normierter Progression. In Lehrwerkanalysen wird wiederholt Kritik an zahlreichen Aspekten der Lehrwerke formuliert, doch wurde bislang noch kaum die Rezeption von Lehrwerken untersucht. Von Seiten der Fremdsprachendidaktik werden insgesamt authentische Unterrichtsmaterialien gegenüber didaktisierten Materialien favorisiert.

Aufgabe 13.7

? Lesen und analysieren Sie den Auszug aus dem Inhaltsverzeichnis des Lehrwerks *Línea verde* auf www.bachelor-wissen.de. Welche Schlussfolgerungen ziehen Sie daraus über das Spracherwerbskonzept dieses Lehrwerks?

Literatur

Ainciburu, Maria Cecilia u. a. (2009): Con dinámica. Competencias y estratégias. Stuttgart: Klett.

Bade, Peter u. a. (2007): Línea verde 2. Stuttgart, Leipzig: Klett.

Balser, Joachim u. a. (2008): ¡Apúntate! Método de español. Berlin: Cornelsen.

Béjar Hurtado, Lorenzo (1978): ¡vamos, amigos! Lehrbuch 1. Berlin u. a.: Langenscheidt.

Bleyhl, Werner (2000): Grundsätzliches zu einem konstruktiven Fremdsprachenlernen und Anmerkungen zur Frage: Englisch-Anfangsunterricht ohne Lehrbuch? In: Fery, Renate/Raddatz, Volker (Hg.): Lehrwerke und ihre Alternativen. Frankfurt am Main u. a.: Lang, 20–34. (Kolloquium Fremdsprachenunterricht, Bd. 3).

Börner, Wolfgang/Vogel, Klaus (Hg.) (1999): Lehrwerke im Fremdsprachenunterricht. Lernbezogene, interkulturelle und mediale Aspekte. Bochum: AKS.

Fäcke, Christiane (1999): Egalität – Differenz – Dekonstruktion. Eine inhaltskritische Analyse deutscher Französisch-Lehrwerke. Hamburg: Kovač.

Funk, Hermann (1995): Grammatikvermittlung in Deutsch-als-Fremdsprache-Lehrwerken. Historische und aktuelle Perspektiven. In: Gnutzmann, Klaus/Königs, Frank G. (Hg.): Perspektiven des Grammatikunterrichts. Tübingen: Narr, 29–46.

Krumm, Hans-Jürgen (1994): Stockholmer Kriterienkatalog. In: Kast, Bernd/Neuner, Gerhard (Hg.): Zur Analyse, Begutachtung und Entwicklung von Lehrwerken für den fremdsprachlichen Deutschunterricht. Berlin u. a.: Langenscheidt, 100–104.

Leitzgen, Günter (1996): Weg vom Lehrbuch! In: französisch heute 27/3: 190–198.

Masoliver, Joaquín u. a. (1990): ¡Eso sí! I. Stuttgart u. a.: Klett.

Pérez, Petronilo u. a. (2002): Puente nuevo. Band 1. Frankfurt am Main: Diesterweg.

Schüle, Klaus (1973): Zur Inhaltsproblematik in fremdsprachlichen Lehrwerken. In: Praxis des neusprachlichen Unterrichts 20/4: 409–417.

Steveker, Wolfgang u. a. (2006): Punto de vista. Texte und Aufgaben für die Oberstufe. Berlin: Cornelsen.

Vielau, Axel (1981): Kriterien für die Beurteilung von Lehrwerken. In: Zielsprache Französisch 13/4: 187–193.

Wernsing, Armin Volkmar (1993): Von Lehrbuchtexten und dem Umgang mit ihnen. Beispiel: Französischunterricht. In: Praxis des neusprachlichen Unterrichts 40/2: 173–180.

Internet

Hessisches Kultusministerium (2010): Lehrplan Spanisch. Gymnasialer Bildungsgang. Jahrgangsstufen 6G bis 9G und gymnasiale Oberstufe. http://www.hessen.de/irj/HKM_Internet?cid=ac9f301df54d1fbfab83dd3a6449af60.

Leistungsbewertung

Gegenstand dieser Einheit sind Evaluation, Leistungsmessung und Leistungsbewertung im Spanischunterricht. Dabei werden Überlegungen zu einer objektiven, kompetenzorientierten Leistungsmessung ausgehend von curricularen Anforderungen einzelner Bundesländer vorgestellt und die Bedeutung neuerer bildungs- und sprachenpolitischer Dokumente sowie verschiedener Schulleistungsstudien angeführt. Sie lernen Kriterien und Methoden zur Evaluation schriftlicher und mündlicher Leistungen sowie die Relevanz schulexterner Sprachenzertifikate kennen.

Überblick

14.1 | Leistungsmessung und Leistungsbewertung

Rahmenlehrplan
Berlin, Brandenburg
und Mecklenburg-
Vorpommern

Schulischer Spanischunterricht beinhaltet nicht allein das Lehren und Lernen einer Fremdsprache, sondern umfasst auch die Evaluation, Bewertung und Benotung der erbrachten Leistungen der Schülerinnen und Schüler. Die Notengebung stellt einen unhintergehbaren Bestandteil im Rahmen der Institution Schule dar und wird in einzelnen Bundesländern jeweils unterschiedlich gehandhabt. Im Rahmenlehrplan Spanisch des Landes Brandenburg, der mit Berlin und Mecklenburg-Vorpommern abgestimmt ist, sind die Grundlagen der Leistungsbewertung folgendermaßen beschrieben:

Text 14.1 |

1.3 Leistungsfeststellung und Leistungsbewertung

Wichtig für die persönliche Entwicklung der Schülerinnen und Schüler ist eine individuelle Beratung, die die Stärken der Lernenden aufgreift und Lernergebnisse nutzt, um Lernfortschritte auf der Grundlage nachvollziehbarer Anforderungs- und Bewertungskriterien zu beschreiben und zu fördern.

So lernen die Schülerinnen und Schüler, ihre eigenen Stärken und Schwächen sowie die Qualität ihrer Leistungen realistisch einzuschätzen und kritische Rückmeldungen und Beratung als Chance für die persönliche Weiterentwicklung zu verstehen. Sie lernen außerdem, anderen Menschen faire und sachliche Rückmeldungen zu geben, die für eine produktive Zusammenarbeit und erfolgreiches Handeln unerlässlich sind.

Die Anforderungen in Aufgabenstellungen orientieren sich im Verlauf der Qualifikationsphase zunehmend an der Vertiefung von Kompetenzen und den im Kerncurriculum beschriebenen abschlussorientierten Standards sowie an den Aufgabenformen und der Dauer der Abiturprüfung. Aufgabenstellungen sind so offen, dass sie den Lernenden eine eigene Gestaltungsleistung abverlangen. Die von den Schülerinnen und Schülern geforderten Leistungen orientieren sich an lebens- und arbeitsweltbezogenen Textformaten und Aufgabenstellungen, die einen Beitrag zur Vorbereitung der Lernenden auf ihr Studium und ihre spätere berufliche Tätigkeit liefern.

Neben den Klausuren fördern umfangreichere schriftliche Arbeiten in besonderer Weise bewusstes methodisches Vorgehen und motivieren zu eigenständigem Lernen und Forschen.

Auch den mündlichen Leistungen kommt eine große Bedeutung zu. In Gruppen und einzeln erhalten Schülerinnen und Schüler Gelegenheit, ihre Fähigkeit zum reflektierten und sachlichen Diskurs und Vortrag und zum mediengestützten Präsentieren von Ergebnissen unter Beweis zu stellen.

Praktische Leistungen können in allen Fächern eigenständig oder im Zusammenhang mit mündlichen oder schriftlichen Leistungen erbracht werden. Die Schülerinnen und Schüler erhalten so die Gelegenheit, Lernprodukte selbstständig allein und in Gruppen zu erstellen und wertvolle Erfahrungen zu sammeln.

(Ministerium für Bildung, Jugend und Sport Land Brandenburg 2006: 7 f.)

Im weiteren Verlauf werden die abschlussorientierten Standards genauer beschrieben, die sich an den Niveaustufen B2 und vereinzelt C1 des Gemeinsamen europäischen Referenzrahmens für Sprachen (Europarat 2001) orientieren (vgl. Einheit 5, S. 72 ff.). Die Standards sind unterteilt in kommunikative Kompetenz (Rezeption, Produktion, Sprachmittlung), methodische Kompetenz (Lern- und Arbeitstechniken, Umgang mit Texten und Medien, Präsentation) und interkulturelle Kompetenz. Zur Illustration sind im Folgenden die Standards für die Sprachmittlung aufgeführt:

Standards

Sprachmittlung

Grundkursfach	**Leistungskursfach**
Die Schülerinnen und Schüler	Die Schülerinnen und Schüler
– geben unter Verwendung von Hilfsmitteln den Inhalt mündlicher oder schriftlicher Äußerungen zu vertrauten Themen in der jeweils anderen Sprache sowohl schriftlich als auch mündlich adressatengerecht wieder. Dies kann sich auf den gesamten Text, auf Hauptaussagen oder Details beziehen.	– geben unter Verwendung von Hilfsmitteln den Inhalt auch längerer, anspruchsvoller mündlicher oder schriftlicher Äußerungen auch zu weniger vertrauten Themen in der jeweils anderen Sprache sowohl schriftlich als auch mündlich adressatengerecht wieder. Dies kann sich auf den gesamten Text, auf Hauptaussagen oder Details beziehen.

Text 14.2

Dabei kommt es auf die korrekte Wiedergabe des wesentlichen Inhalts und eine angemessene sprachliche Gestaltung an.

(Ministerium für Bildung, Jugend und Sport Land Brandenburg 2006: 15)

Bevor Sie weiterlesen, bearbeiten Sie bitte die folgende Aufgabe:

? Nach welchen Maßstäben werden Leistungsfeststellung und Leistungsbewertung im Sinne des Rahmenplans von Brandenburg erstellt? Welche Kriterien sind leitend?

Aufgabe 14.1

Wie das Dokument zeigt, haben Diskurse zu Leistungsbewertung und Evaluation in den letzten Jahren zahlreiche Veränderungen erfahren. Die Orientierung an Standards und die Beschreibung von Kompetenzen unterscheidet sich deutlich von der herkömmlichen Suche nach Fehlern als Grundlage der Notengebung. Die Kompetenzen umfassen Fähigkeiten und Handlungsweisen der Schülerinnen und Schüler in konkreten Kommunikationssituationen, ohne auf inhaltliche Details wie die Auswahl an zu übersetzenden Texten, Themen, Grammatikregeln oder des Wortschatzes einzugehen. Wesentlich ist nicht eine korrekte sprachliche Wiedergabe, sondern eine korrekte Wiedergabe zentraler inhaltlicher Aspekte sowie die Angemessenheit (nicht: Korrektheit) der fremdsprachlichen Gestaltung.

Leistungsbewertung orientiert an Kompetenzen

Schulleistungs-
studien

Ein solcher Zugang ist vor allem durch große vergleichende Schulleistungsstudien wie z. B. PISA und DESI, durch den Gemeinsamen Europäischen Referenzrahmen für Sprachen sowie durch die Verabschiedung der Bildungsstandards (Kultusministerkonferenz 2003) in Deutschland geprägt (vgl. Einheit 5, S. 72 ff.). Die DESI-Studie erfasst die sprachlichen Leistungen in Deutsch und Englisch an deutschen Schulen (Klieme 2008).

Die genannten Schulleistungsstudien zeigen auf, inwieweit gerade auch die Evaluation von Schülerleistungen bislang subjektiven Kriterien unterworfen ist und damit Ungerechtigkeiten im Schulsystem mitgetragen und perpetuiert werden. Dementsprechend erfolgt die herkömmliche Leistungsbewertung und Notengebung häufig als individuelle Bewertung Einzelner oder als vergleichende Bewertung innerhalb einer Lerngruppe. Eine Schülerin könnte damit im Spanischunterricht einer Klasse 10 von verschiedenen Lehrkräften für dieselbe Leistung unterschiedliche Noten erhalten. Sie könnte auch für die gleiche Leistung in unterschiedlichen Klassen je nach durchschnittlichem Leistungsniveau der Lerngruppe andere Noten bekommen oder sie könnte an anderen Schulen und in anderen Bundesländern unterschiedlich benotet werden. Es wäre auch denkbar, dass sie von demselben Lehrer je nach Zeitpunkt der Beurteilung für die gleiche Leistung eine andere Note erhält.

Die genannten Defizite in der Vergleichbarkeit bei der Notenfindung, in der Transparenz und damit Nachvollziehbarkeit der Evaluation führen derzeit dazu, genauere Testkriterien auch in die Notengebung des Spanischunterrichts einfließen zu lassen.

Formen der
Evaluation

Grundsätzlich gilt es, dabei die folgenden Formen der Evaluation zu unterscheiden:

Eine summative Evaluation stellt eine Leistungsbewertung dar, die sich aus einzelnen Leistungen und Bewertungen additiv zusammensetzt. Im Spanischunterricht wird diese Form der Evaluation bei der Notenfindung am Ende eines Schuljahres praktiziert, insofern als bei dieser Gelegenheit eine Endnote aus einzelnen Noten zusammengesetzt wird.

Eine formative Evaluation zielt auf eine individuelle Bewertung eines Einzelnen, bei der die Entwicklungen der Lernleistungen im Vergleich zu einem vorherigen Leistungsstand beurteilt werden. Dabei soll die Leistungsentwicklung in ihrem Verlauf bewertet werden und einen möglichst motivierenden Impuls für das zukünftige Lernen geben. Hierbei spricht man oft von einer pädagogischen Note.

Die Evaluation kann jedoch auch im Vergleich zu Mitlernenden erfolgen und sich damit an einer Norm der Gruppe orientieren. Diese Form der normorientierten Evaluation stellt ein bislang gängiges Prinzip im Spanischunterricht dar, insofern als die Notengebung in Abhängigkeit von der vergleichenden Bewertung der Lernleistungen innerhalb der Lerngruppe erfolgt, ohne in der Regel auf Lernergebnisse von Parallelklassen zu achten.

Anstelle einer Orientierung an der individuellen Entwicklung eines Schülers oder am Durchschnitt einer Lerngruppe kann die Evaluation auch an festen Kriterien wie zu erreichenden Standards erfolgen. Die Leistung wird dabei durch ein eindeutig definiertes Lernziel oder einen Standard ermittelt und beinhaltet damit eine höhere Vergleichbarkeit zwischen einzelnen Schülerinnen und Schülern. Diese Form der Evaluation wird auch im oben aufgeführten Rahmenplan von Brandenburg erkennbar.

Die höchste Form der Vergleichbarkeit stellen Tests dar, d. h. Tests in Gestalt einer standardisierten Leistungsmessung, die unabhängig von einzelnen Lerngruppen, Schulen, Bundesländern oder auch Staaten durchgeführt werden. Sie sind wie im Fall von Schulleistungsstudien wie PISA und anderen an den Gütekriterien quantitativer Empirie, d. h. an Objektivität, Reliabilität und Validität, ausgerichtet. standardisierte Leistungsmessung durch Tests

Die fünf aufgeführten Formen der Evaluation sind hier nach dem Grad einer zunehmenden Objektivität geordnet, d. h. Gütekriterien werden mehr und mehr umgesetzt (vgl. dazu Hinger 2009). Testgütekriterien zielen darauf, Tests und Testergebnisse nachvollziehbar, vergleichbar und transparent zu machen. Dies wird durch die drei folgenden Kriterien realisiert: Testgütekriterien

Objektivität meint, dass die Evaluation unabhängig von subjektiven Einflüssen erfolgt. Dies bedeutet, dass subjektive Einschätzungen der Evaluierenden ausgeschlossen werden. Jeder Schüler und jede Schülerin müsste dann von jedem Lehrer und jeder Lehrerin für die gleiche Leistung gleich benotet werden. Objektivität

Reliabilität meint die Zuverlässigkeit eines Testergebnisses, das bei bestimmtem Verhalten jeweils gleich oder ähnlich ausfallen sollte. Wenn Reliabilität

► ein Test mehrfach durchgeführt wird,
► ein Test in parallelen Gruppen gleichzeitig durchgeführt wird,
► ein Test von verschiedenen Personen durchgeführt wird
und jeweils zu gleichen oder ähnlichen Resultaten führt, gilt er als reliabel.

Validität meint die Gültigkeit eines Tests, d. h. bezieht sich auf die Frage, ob ein Test wirklich das misst, was gemessen werden soll. Wenn beispielsweise das Leseverstehen getestet werden soll, dürfte ein valider Test auch wirklich nur das Leseverstehen testen. Gleiches gälte ebenso für das Hörverstehen oder das Schreiben. Eine Vermischung verschiedener Fertigkeiten in einem Test würde seine Validität beeinträchtigen oder in Frage stellen, da eine Fertigkeit als Voraussetzung einer weiteren zur Erfüllung der Testaufgabe nötig wäre und damit die eigentliche Leistung nicht eindeutig zu messen wäre (vgl. Hinger 2009: 274 ff.). Validität

Auch wenn die Leistungsbewertung im Spanischunterricht den Testgütekriterien Objektivität, Reliabilität und Validität wohl kaum immer entspricht, so gibt es in den letzten Jahren dennoch einige neue Entwicklungen, die einen Schritt in diese Richtung darstellen und die deutlichere Realisierung dieser Kriterien bei der Evaluation von Leistungen anvisieren:

Vergleichsarbeiten ▶ Die Implementierung von Vergleichsarbeiten in verschiedenen Schuljahren oder die zunehmende Einführung des Zentralabiturs (z. B. in Hessen) stärken die Vergleichbarkeit von Schülerleistungen über die einzelne Lerngruppe hinaus und fordern vermehrt die Orientierung an Standards und Lernzielen ein.

Referenzrahmen ▶ Eine deutlichere Bezugnahme auf den Gemeinsamen europäischen Referenzrahmen für Sprachen führt zu neuen Gewichtungen in der Gestaltung von Klassenarbeiten und Tests. Dazu gehört u. a. die stärkere Gewichtung mündlicher Leistungen und ihre Berücksichtigung bei der Evaluation und Leistungsbewertung, so u. a. in Bayern, wo pro Schuljahr eine Klassenarbeit (bzw. „Schulaufgabe") als mündliche Arbeit durchgeführt wird.

neue Testkultur ▶ Darüber hinaus finden sich Elemente einer neuen Testkultur, in der bestimmte Testformate aus Schulleistungsstudien verstärkt Eingang in den Spanischunterricht finden, wie z. B. Aufgaben mit *multiple choice*-Antworten.

Selbstevaluation ▶ Auch die Stärkung der Selbstevaluation neben der bislang tradierten Fremdevaluation durch die Lehrkräfte findet verstärkt Anwendung im Spanischunterricht. Dies wird vor allem in den Selbsteinschätzungen im Sinne des Sprachenportfolios (vgl. Einheit 5, S. 75 f.) umgesetzt.

Text 14.3 |

4. Mi barrio

Ergänze den Plan mit den Namen der Straßen und den sonstigen Angaben:

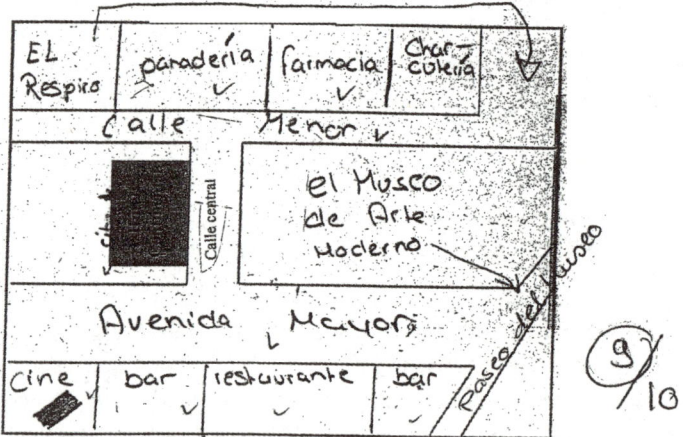

Una calle muy importante de mi barrio se llama **Avenida Mayor**. Es una calle muy grande en la que hay muchos cines, bares y restaurantes. Otra calle de mi barrio es la **Calle Menor**, no tan grande como La Avenida Mayor pero más tranquila. Allí está el Parque "El Respiro" y hay una panadería, una farmacia y una charcutería. En la **Calle Central** entre la Avenida Mayor y Calle Menor, hay un cíber al lado del "Hotel Continental". En mi ciudad también hay un museo : el ~~museo de Arte Moderno~~. Esta en la esquina de la Avenida Mayor con el **Paseo del Museo**.

---

una esquina – eine Ecke

Neue Aufgabenformate der Testaufgaben werden u. a. in Klausuren für Spanisch als dritte Fremdsprache in der 8. Klasse eingesetzt, wie das vorangegangene Beispiel zum Leseverstehen exemplarisch verdeutlicht. Die Schülerinnen und Schüler dieser Lerngruppe eines Augsburger Gymnasiums kommen in der Regel gut mit dieser Aufgabe zurecht. Aufgabenbeispiel

Aufgabenformate im Sinne dieser Testaufgaben finden vermehrt Eingang in den Spanischunterricht, und zwar nicht nur zur Feststellung von Leistungen in Klausuren, sondern auch im Alltag des Unterrichts, in dem nicht sofort eine Note gegeben wird. Die Einführung dieser Testkultur und die Berücksichtigung von Testgütekriterien für die Leistungsmessung und Leistungsbewertung im Spanischunterricht ziehen etliche Vor- und Nachteile nach sich. So werden damit mehr Gerechtigkeit und Vergleichbarkeit in der Evaluation anvisiert, allerdings gleichzeitig auch bestimmte Testformate in den Vordergrund gestellt, die zu einer Ausgrenzung der Evaluation weniger eindeutig messbarer Leistungen führen. Einstellungen, interkulturelle Kompetenzen oder auch ästhetisch-literarische Kompetenzen lassen sich wohl kaum mit Testformaten nach dem oben angeführten Beispiel messen. Die eigenständige Auseinandersetzung mit bestimmten Bildungsinhalten scheint dem Fokus auf Kompetenzen zunächst entgegenzustehen. Testaufgaben im Spanischunterricht

? Beschreiben Sie die Charakteristika von Testaufgaben, die den Testgütekriterien Objektivität, Reliabilität und Validität entsprechen. Welche Vor- und Nachteile gehen mit ihrer Verwendung im Spanischunterricht einher? Aufgabe 14.2

Evaluation schriftlicher Leistungen 14.2

Im herkömmlichen Spanischunterricht stellen die schriftlichen Leistungen die zentrale Grundlage für die Notenfindung dar. Häufig werden schriftliche Leistungen höher gewichtet als mündliche Leistungen. Dabei spielt ein vermeintlich eindeutig zu ermittelnder Fehler eine wichtige Rolle, insofern als aus der Anzahl der Fehler neben stilistischen und inhaltlichen Kriterien anschließend eine Note errechnet wird. Der Fehler wird von Seiten der Lehrer/innen wie der Lerngruppen als unhinterfragte Autorität anerkannt, daraus resultierende Noten ebenfalls. Diese Form der Leistungsbewertung stellt für Lehrende wie Lernende eine Orientierung dar, die von vielen als hilfreich eingeschätzt wird. Doch diese im Fremdsprachenunterricht oft praktizierte Orientierung am Fehler, meist abgeleitet aus sprachlicher Korrektheit, bildet nicht nur die Grundlage für die Bewertung der Leistungen, sondern unter Umständen sogar auch die Grundlage für die Bewertung (und Abwertung) der Menschen.

Einer derartigen Korrektur schriftlicher Leistungen liegt ein negatives Fehlerverständnis zu Grunde. Fehler sind demzufolge mit Versagen konno- negatives Fehlerverständnis tiert und die Lernenden müssen dementsprechend „bestraft" werden – mit schlechten Noten und damit einhergehend mit Motivationsverlust.

Eine solche Sicht auf Fehler steht in engem Zusammenhang mit grundlegenden Konzeptionen des Sprachenlernens. Werden Fehler als Störfaktor für einen erfolgreichen Sprachlernprozess erachtet, dann ergeben sich daraus ein negatives Verständnis von Fehlern sowie negative Korrekturen. Mit der Formulierung der *Interlanguage*-Hypothese (Selinker 1972) geht jedoch ein veränderter Blick auf das Sprachenlernen und damit auch auf die Bedeutung von Fehlern einher. Spracherwerb wird als ein Prozess gesehen, in dessen Verlauf Lernende verschiedene Stadien durchlaufen, die man als Interimssprache oder als Lernersprache bezeichnet. Lernende durchlaufen diese verschiedenen Lernersprachen notwendigerweise und nähern sich dabei mehr und mehr der Zielsprache Spanisch an. Fehler bilden dabei einen sinnvollen Anhaltspunkt für die Lernenden, Diskrepanzen zwischen der eigenen Lernersprache und der Zielsprache zu erkennen. Lehrende haben damit die Aufgabe, Lernenden auf diesem Weg behilflich zu sein und ihren Lernprozess zu begleiten. Dieses Verständnis des Sprachenlernens bedeutet auch, dass Fehler nicht als Defizit negativ konnotiert sind, sondern einen positiven Beitrag zum Sprachenlernen leisten und als notwendige Rückmeldung für Lernende und Lehrende dienen.

Als Konsequenz aus einem derartigen Verständnis des Sprachenlernens und des Fehlers ergeben sich bestimmte Umgangsweisen mit Fehlern im Spanischunterricht:

Anstelle einer negativen Korrektur hilft eine positive Korrektur, den individuellen Stand der Lernersprache zu diagnostizieren. Fehler werden nicht mit Rotstift markiert und gezählt, sondern es werden Punkte für erbrachte Leistungen vergeben. Ganz im Sinne des Gemeinsamen europäischen Referenzrahmens für Sprachen, in dem Kann-Aussagen formuliert sind, wird damit auch in Klausuren das bewertet, was Lernende schon können und nicht das, was sie noch nicht können. Die positive Rückmeldung wirkt auf Lernende motivierender und rückt nicht mehr den Fehler in den Mittelpunkt der Aufmerksamkeit. Der Lernprozess wird stärker berücksichtigt und dadurch die Motivation zum Spanischlernen weiter unterstützt.

Darüber hinaus sind Fehler nicht nur auf sprachliche Fertigkeiten und deklaratives Wissen bezogen, sondern werden weiter gefasst. Die Überprüfung weiterer Kompetenzen, z. B. *saber-aprender, saber-ser* im Sinne des Referenzrahmens, zielt auf ein Verständnis der Sprachanwendung, in dem umfassende kommunikative Kompetenzen höher eingestuft werden als beispielsweise das korrekte Angleichen einer Verbendung.

Die Bewertung der Leistungen bezieht sich nicht allein auf die Anzahl an Fehlern in Bezug auf sprachliche Korrektheit (d. h. Orthografie und Grammatik), sondern ist stärker an den Deskriptoren des Referenzrahmens orientiert. Damit werden allgemeine Kompetenzen und kommunikative Sprachkompetenzen anvisiert sowie verschiedene Referenzniveaus (A1 bis C2) berück-

Interlanguage-Hypothese

Fehler als notwendige Rückmeldung

positive Fehlerkorrektur

Leistungsbewertung durch Deskriptoren des Referenzrahmens

232

sichtigt. Konstitutiv ist auch die getrennte Berücksichtigung kommunikativer Sprachaktivitäten, d. h. Rezeption, Produktion, Interaktion und Sprachmittlung (jeweils mündlich und/oder schriftlich). Die Evaluation und Beurteilung schriftlicher Leistungen muss damit berücksichtigen, inwieweit die Aufgabenstellung im Blick auf Inhalte und kommunikative Kompetenzen umgesetzt ist. Dazu gehören sprachliche Sicherheit, Angemessenheit des Registers und der Varietät, des Stils und der inhaltlichen Umsetzung der Aufgabe.

Wenn mit einem solchen Vorgehen auch noch Vergleichbarkeit und Transparenz der Beurteilung einhergehen sollen, müssen Aufgabenstellungen entsprechend ausfallen. Die Berücksichtigung der Testgütekriterien Objektivität, Validität und Reliabilität fordert Aufgabenformate, die genaue Rahmenbedingungen vorschreiben, jedoch sollte auch die eigene Kreativität bei der Erfüllung der Aufgabe Raum finden. Testaufgaben, wie das oben aufgeführte Beispiel (vgl. Text 14.3) deutlich macht, entsprechen voll den Testgütekriterien und sind leicht zu korrigieren. Allerdings ermöglichen *multiple choice*-Tests keine kreative Eigenleistung der Lernenden und lassen keine individuellen Bearbeitungen der Aufgabe zu. Daher gilt es Aufgabenformate in den Spanischunterricht zu integrieren, die sowohl einer individuellen und kreativen Beantwortung Rechnung tragen als auch Testgütekriterien weitgehend berücksichtigen.

Anforderungen an neue Aufgabenformate

? Vergleichen Sie die beiden folgenden Schreibaufgaben:

Aufgabe 14.3

1. ¿Qué has hecho durante las vacaciones? Escribe una página en tu diario.
2. Pasas las vacaciones de verano con tus padres, tu hermano y tu hermana en la playa. Visitáis la región y pasáis las tardes en la playa. Hacia el final de las vacaciones, escribes una carta a tus abuelos. En esta carta,
   - describes el pueblo, la playa y vuestra casa de vacaciones,
   - cuentas como os gustan las vacaciones, lo que has hecho con tu familia,
   - mencionas la visita de un castillo y de un museo y
   - hablas de una tarde en la playa.

Inwiefern entsprechen diese beiden Aufgaben den oben genannten Kriterien der Objektivität, Validität und Reliabilität zu der Bewertung der Leistungen? Wie könnte eine Evaluation und Bewertung der Leistungen sinnvoll und konstruktiv erfolgen?

Die Bewertung der Leistungen umfasst dabei mehr als sprachliche Fehler im Bereich Grammatik, Orthografie, Syntax oder Wortschatz. Die Angemessenheit des Textes in Bezug auf die Adressaten, in diesem Fall die Großeltern, ein inhaltlicher Bezug zu dem Strandurlaub oder auch die formale Gestaltung des Briefes sind ebenso von Bedeutung. Im Vergleich zu herkömmlichen Klausuren ergibt sich in der Leistungsmessung und Leistungsbewertung vor allem eine grundlegende Verschiebung: Nicht mehr der Fehler und der Fehlerquotient sind zentral im Mittelpunkt der Bewertung, sondern die all-

Kriterien der Leistungsbewertung

gemeinen Kompetenzen und kommunikativen Sprachkompetenzen der Lernenden.

Ein solches Verständnis der Leistungsmessung und Leistungsbewertung führt zu einem veränderten Verständnis des Spanischunterrichts insgesamt. Der Fokus auf die sprachliche Korrektheit, auf Fehler und das Versagen der Lernenden wird verschoben zu Gunsten eines kompetenzorientierten Unterrichts, in dem vor allem das Können und die Kompetenzen der Lernenden in den Mittelpunkt gerückt sind.

14.3 | Evaluation mündlicher Leistungen

Die Attraktivität schriftlicher Leistungen als Grundlage der Leistungsbewertung liegt zunächst darin, dass das Schriftliche festgehalten ist und damit auch zu einem späteren Zeitpunkt für andere, d.h. Lernende, Eltern, Kollegen oder Schulleitung, nachvollziehbar bleibt. Dies bedeutet für Lehrende, dass umstrittene Leistungen auch im Nachhinein noch auf der Basis des Geschriebenen gerechtfertigt werden können. Darüber hinaus ist die Bewertung des Schriftlichen auch deswegen einfacher als die Bewertung des Mündlichen, weil wiederholtes Lesen eine gründlichere Reflexion und Korrektur ermöglicht. Die Beurteilung mündlicher Leistungen muss demgegenüber unmittelbar nach dem Gesprochenen erfolgen und kann im Nachhinein schwerer nachvollziehbar begründet werden.

Aufwertung des Mündlichen

Dennoch werden im Zuge neuerer fremdsprachendidaktischer und sprachenpolitischer Entwicklungen mündliche Leistungen stärker in den Mittelpunkt gerückt. Das Mündliche ist gegenüber dem Schriftlichen deutlich aufgewertet. Dies lässt sich zunächst gut mit der prozentualen Bedeutung mündlicher Sprachaktivitäten begründen: So umfassen das Hören und Sprechen insgesamt 75 % der Sprachaktivitäten, das Lesen und Schreiben nur 25 % (Neveling 2000: 3). Allein aus diesem Grund gilt es, das Mündliche in der Evaluation stärker zu berücksichtigen.

Bedeutung des Mündlichen im Referenzrahmen

Auch im Gemeinsamen europäischen Referenzrahmen für Sprachen wird dem Mündlichen eine eigenständige Bedeutung zugewiesen, insofern als die vier kommunikativen Sprachaktivitäten – Rezeption, Produktion, Interaktion und Sprachmittlung – getrennt aufgeführt sind und jeweils das Mündliche und/oder das Schriftliche berücksichtigt werden. Im Bereich des Mündlichen können das deklarative Wissen (*saber*), das prozedurale Wissen (*saber-hacer*), die Lernfähigkeit (*saber-aprender*) und die auf die eigene Persönlichkeit bezogenen Kompetenzen (*saber-ser*) unterschieden werden (vgl. Consejo de Europa 2002). Die Bewertung einer mündlichen Leistung umfasst dementsprechend das fremdsprachliche Wissen, die Umsetzung in der konkreten Sprechsituation, das Wissen über das eigene Sprechen sowie beispielsweise die Offenheit gegenüber Thema und Fremdsprache.

In Bayern wird in diesem Sinn seit dem Schuljahr 2007/2008 eine schrift- | mündliche Prüfung in
liche Klassenarbeit, d. h. eine „Schulaufgabe", durch eine mündliche Prüfung | Bayern
verpflichtend ersetzt.

> § 54 (Große Leistungsnachweise) Abs. 1, Satz 1: In den Fächern Deutsch und | Text 14.4
> Mathematik sowie in den Fremdsprachen sind je Schuljahr mindestens drei, bei
> vier und mehr Wochenstunden mindestens vier schriftliche Schulaufgaben zu
> halten; in <u>jeder</u> modernen Fremdsprache <u>soll in mindestens einer geeigneten
> Jahrgangsstufe</u> davon <u>eine</u> Schulaufgabe oder ein Teil einer Schulaufgabe in
> Form einer <u>mündlichen Prüfung</u> abgehalten werden.
> (Bayrisches Staatsministerium für Unterricht und Kultus 2007)

Diese mündliche Prüfung wird mit Hilfe kompetenzorientierter Aufgaben- | Orientierung an kom-
formate durchgeführt. Die Aufgaben sollen dabei möglichst authentische | petenzorientierten
Kommunikationssituationen beinhalten, motivierend und komplex sein sowie | Aufgabenformaten
Vergleichbarkeit zwischen den einzelnen Prüflingen ermöglichen. Die Aufgabenstellungen bestehen beispielsweise in einer Bildbeschreibung, in Fragen
der Prüfenden an die Prüflinge, in einer Debatte oder einem Interview oder
auch in der Sprachmittlung. Dabei wäre wünschenswert, wenn die Prüfung
monologische und dialogische Bestandteile umfassen könnte.

Für die Durchführung der Prüfung ist es hilfreich, wenn eher abstrakt for-
mulierte Kompetenzen konkret auf bestimmte Inhalte bezogen werden. Eine
Kompetenz wie z. B. „verständlich und angemessen über Vertrautes sprechen
können" ließe sich folgendermaßen konkretisieren:

Die Schülerinnen und Schüler können
- über sich selbst sprechen,
- über andere, d. h. Freunde und Familienmitglieder, sprechen,
- über ihren Alltag sprechen,
- über schulische Erfahrungen sprechen,
- über ihre Freizeitgestaltung sprechen,
- ihre Wünsche, Abneigungen und Vorlieben beschreiben.

Eine mögliche Aufgabenstellung könnte folgendermaßen aussehen:

> Participas en un intercambio escolar. Llegas a Barcelona, encuentras a tu com- | Text 14.5
> pañero de intercambio y hablas de tu familia y de tus amigos. Mencionas
> – los nombres de tus padres, su edad, su profesión
> – los nombres de tus hermanos y de tus hermanas, su edad, sus aficiones
> – los nombres de tus amigos, su edad, sus aficiones
> Haces una pregunta a tu compañero de intercambio: ideas para algunos regalos
> de España. Tienes 30 €. Váis a comprarlos juntos.
> Habla con tu interlocutor durante 3–4 minutos.

Kriterien für die Bewertung einer solchen mündlichen Prüfungsleistung zie- | kriterienorientierte
len nicht nur auf die sprachliche Korrektheit im Bereich von Grammatik und | Bewertung

Wortschatz, sondern auch auf Aussprache und Intonation, auf das Interaktionsverhalten sowie auf inhaltsbezogene Kriterien. Zentral ist, dass die Bewertung kriterienorientiert und nicht bezugsgruppenorientiert erfolgt, d. h. es wird beurteilt, inwieweit der Einzelne die Aufgaben im Blick auf die Erfüllung der vorgegebenen Standards löst. Dementsprechend ist die genaue und differenzierte Beschreibung der Standards und Kriterien bei der Leistungsbewertung hilfreich.

Ein Beispiel für eine solche Beschreibung für die Niveaustufe A2/A2+ des Gemeinsamen Europäischen Referenzrahmens liefert das bayrische Staatsinstitut für Schulqualität und Bildungsforschung in München (ISB) (http://www.isb-gym8-lehrplan.de/contentserv/3.1/g8.de/index.php?StoryID=26786):

Text 14.6 | Kriterien zur Bewertung mündlicher Sprachproduktion

A2 A2+	Aussprache/ Intonation	Sprachliche Mittel/ Sprachrichtigkeit (Grammatik/Lexik)	Strategie/ Interaktion	Aufgabenerfüllung/ Inhalt
Evtl. Faktor	2	3	2	3
5 4,5	– artikuliert und betont verständlich und fast immer korrekt, auch in längeren Äußerungen – Gesprächstempo angemessen	– verwendet eine sehr große Bandbreite des erlernten Wortschatzes in grammatisch überwiegend korrekten Strukturen, die über einfache Satzmuster hinausgehen	– agiert/reagiert weitgehend mühelos in vertrauten Gesprächssituationen und in einfachen Routinegesprächen – geht geschickt auf den Partner ein und beantwortet einfache Fragen mühelos	– erfüllt die gestellten Aufgaben oder die vorgegebene Rolle in einfachen Routinegesprächen (Freizeit, Arbeit) und vertrauten Situationen in vollem Umfang
4 3,5	– artikuliert und betont meist verständlich und korrekt – gelegentliches, aber nicht störendes Zögern	– verwendet erlernten Wortschatz in angemessenem Umfang und grammatikalisch meist korrekte Strukturen, die über einfache Satzmuster hinausgehen	– agiert/reagiert in der Regel sicher in vorhersehbaren Gesprächssituationen – äußert sich gedanklich nachvollziehbar – geht auf den Partner ein	– erfüllt die gestellten Aufgaben oder die vorgegebene Rolle in einfachen Routinegesprächen (Freizeit, Arbeit) und vertrauten Situationen in angemessenem Umfang

© ALP/Multiplikatoren, ISB, Mayrhofer (Landeskoordinatorin Moderne FS)

|Aufgabe 14.4

? Welchen Stellenwert sollte die Evaluation mündlicher Leistungen im Spanischunterricht einnehmen? Kommentieren Sie die Entscheidung Bayerns zur verpflichtenden Durchführung einer mündlichen Klassenarbeit.

Evaluation des
Hörverstehens

Neben dem Sprechen sind auch das Hörverstehen und das Hör-/Sehverstehen von Bedeutung und es gilt, auch dafür eigene Aufgaben und Testformate zu entwickeln. Das Hörverstehen selbst ist nicht direkt beobachtbar und kann nur durch Rückschlüsse aus dem Verhalten der Schülerinnen und Schüler

|Text 14.7

Zaragoza… pasado y presente

6 Las ciudades cambian…

Lernstrategie

Wenn wir ein Interview im Radio hören, konzentrieren wir uns normalerweise auf die Hauptthemen. Im Interview wird das Thema häufig in der Frage und der Antwort genannt. Diese Wiederholung erleichtert uns das Verständnis.

Zaragoza es una ciudad situada a 300 kilómetros al noreste de Madrid. En 2008 se celebró allí la Expo, una gran exposición dedicada exclusivamente al tema del agua.

a Escucha una entrevista de la radio sobre la ciudad. ¿Cómo es la ciudad y cómo ha cambiado?
🎧 CD2, 34

b Escucha la primera parte de la entrevista y marca sobre qué temas se habla:

☐ calidad de vida ☐ transportes ☐ política ☐ servicios ☐ vivienda ☐ situación económica

☐ sanidad ☐ educación ☐ tiempo libre

c Escribe en esta tabla los temas. Escucha ahora otra vez la primera parte de la entrevista y toma nota de lo más importante.

temas	notas

d Escucha ahora la segunda parte de la entrevista. ¿Qué cambios ha habido en la ciudad?

temas	antes	ahora
transportes		
arquitectura		
turismo		
empresas		

e ¿Te gustaría vivir en una ciudad como Zaragoza? ¿Por qué sí o por qué no?

(Ainciburu u. a. 2009: 142)

237

rekonstruiert werden. Dabei sollte das Hörverstehen isoliert geprüft werden und Formate wie *multiple choice*-Tests, Wahr/Falsch-Aufgaben oder auch kurze Antworten sollten in den Testaufgaben dominieren. Hörtexte werden durch ihre monologische oder dialogische Struktur und auch nach ihrem Schwierigkeitsgrad unterschieden. Der Schwierigkeitsgrad ergibt sich aus der Sprechgeschwindigkeit, der Deutlichkeit der Aussprache, der Länge, der Anzahl der Gesprächsteilnehmer oder auch der Komplexität des Textes.

Da Hörverstehenstexte darüber hinaus auch authentisch sein sollen, bietet es sich beispielsweise an, ein Radiointerview als Hörtext zu wählen. Mögliche Aufgabenstellungen dazu könnten wie in Text 14.7 aussehen.

Durch die eindeutige Zuordnung der Antworten entspricht die Bewertung des Hörverstehens eindeutig den Gütekriterien der Testformate, d. h. Objektivität, Reliabilität und Validität.

14.4 | Das Sprachenzertifikat *DELE*

außerschulische
Leistungsmessung

Leistungsmessung und Leistungsbewertung beziehen sich auf einen konstitutiven Bestandteil des Spanischunterrichts innerhalb der Institution Schule. Darüber hinaus besteht eine außerschulische Möglichkeit der Evaluation der Leistungen im Spanischen: das Sprachenzertifikat *DELE* (*Diplomas de Español como Lengua Extranjera*). Im Namen des spanischen Erziehungsministeriums wird dieses standardisierte Zertifikat seit 1988 weltweit vom *Instituto Cervantes* in Kooperation mit der Universität Salamanca abgenommen und ermöglicht damit ein hohes Maß an Vergleichbarkeit. Das DELE wird analog zu den Niveaus des Europäischen Referenzrahmens in sechs Stufen – von A1 bis C2 – angeboten.

Analog zum Referenzrahmen werden die Fertigkeiten Hörverstehen, Leseverstehen, Sprechen und Schreiben getrennt getestet. Die Aufgabenformate entsprechen in ihrer Struktur den oben aufgeführten Testformaten und ermöglichen damit ein hohes Maß an Transparenz und Vergleichbarkeit. Inhaltliche Schwerpunkte der Aufgabenstellungen zielen auf die Bewältigung realistischer Kommunikationssituationen, wobei in den einzelnen Teilprüfungen rezeptive und produktive Kompetenzen verlangt werden. Die Dominanz des Alltagsbezugs und der Fokus auf die Fremdsprache als Mittel zur Kommunikation bedeuten gleichzeitig, dass der Umgang mit literarischen Texten sowie komplexe auf die Persönlichkeit bezogene Kompetenzen (*saber-ser*) vernachlässigt werden. Im Vordergrund steht eine Konzeption, der zufolge die Fähigkeiten von Lernenden zur Bewältigung authentischer kommunikativer Situationen getestet werden. Eine solche schulexterne Prüfung trägt somit nicht nur zu höherer Vergleichbarkeit der evaluierten Schülerleistungen bei, sondern fördert auch die Qualitätsentwicklung des Spanischunterrichts (Helmke 2007).

Die Gestaltung und der Ablauf des *DELE* sind im Folgenden am Beispiel der Prüfung für B2 aufgeführt:

NIVEL B2 (INTERMEDIO) | Text 14.8

Parte del examen	Duración	Formato
Comprensión de lectura	60 minutos	El candidato contestará, seleccionando la respuesta adecuada, a 12 preguntas de opción múltiple sobre 4 textos. La extensión de estos textos no será superior a 450 palabras.
Expresión escrita	60 minutos	El candidato redactará una carta personal y una composición. Cada una de las redacciones deberá tener entre 150 y 200 palabras.
Comprensión auditiva	30 minutos	El candidato contestará a 12 preguntas de opción múltiple sobre 4 textos orales (grabaciones). Las grabaciones consistirán en avisos, noticias, conversaciones o entrevistas.
Gramática y vocabulario	60 minutos	El candidato realizará los dos ejercicios siguientes: 1. Texto incompleto (20 espacios): escogerá la opción más adecuada de las tres que se propongan para cada espacio. 2. Completará, con la opción más adecuada, 40 diálogos breves, en cada uno de los cuales existirá un espacio.
Expresión oral	10–15 minutos	El candidato mantendrá con el tribunal una conversación cuya duración será de 10 a 15 minutos.

(http://diplomas.cervantes.es/general/formato.jsp)

Zielsetzungen und Aufgabenformate des *DELE* werden auch in neueren Lehrwerken berücksichtigt, die vergleichbare Aufgaben zur Vorbereitung auf die Zertifikatsprüfungen enthalten. Sie entsprechen in ihrer Struktur den Anforderungen von *DELE* und tragen damit dazu bei, die Lernenden auf die Prüfungen vorzubereiten (z. B. Ainciburu 2009).   *DELE* in Lehrwerken

Diese Zertifikatsprüfungen unterscheiden sich deutlich von den Rückmeldungen über den Leistungsstand von Lernenden, die in schulüblicher Notengebung oder einzelnen Kommentaren von Lehrkräften enthalten sind. Sie können sicherlich einen hilfreichen Beitrag zu einem an Kompetenzen orientierten Spanischunterricht leisten, stellen andererseits – auch durch Prüfungsgebühren – Anforderungen an Lernende wie Eltern, die dem in Deutschland praktizierten Verständnis von Schule nicht entsprechen. Der Gewinn an externer und internationaler Vergleichbarkeit in der Evaluation der Schülerleistungen geht einher mit einem Fokus auf Spanischkompetenzen, die sich an alltagspraktischen Bewältigungen von Kommunikationssituationen orientieren, und mit der Vernachlässigung bestimmter Bildungsinhalte.

Zusammenfassung

In dieser Einheit haben Sie Funktionen, Methoden und Formate zur Messung und Bewertung von Leistungen im Spanischunterricht kennengelernt. Neuere curriculare Texte beschreiben die Leistungsbewertung im Spanischunterricht in Anlehnung an die Testgütekriterien Objektivität, Reliabilität und Validität. Dabei kommen Einflüsse des Gemeinsamen europäischen Referenzrahmens für Sprachen, von Schulvergleichsstudien wie PISA und DESI oder auch der Bildungsstandards zum Tragen. Leistungsmessung ist dementsprechend kompetenzorientiert und im Blick auf zu erreichende Standards angelegt. Dieser Fokus erweist sich von Vorteil für Vergleichbarkeit und Transparenz, jedoch werden bestimmte weniger eindeutig überprüfbare Kompetenzen ausgespart.

Aufgabe 14.5

? Sie diskutieren im Rahmen einer Fachkonferenz Spanisch an Ihrer Schule Vorteile und Nachteile neuer Aufgabenformate für die Leistungsmessung und Leistungsbewertung. Sie vergleichen herkömmliche Klassenarbeiten des Spanischunterrichts mit kompetenzorientierten Aufgaben, die Testgütekriterien entsprechen. Stellen Sie Ihre eigene Position begründet dar.

Literatur

Ainciburu, Maria Cecilia u. a. (2009): Con dinámica. Competencias y estratégias. Stuttgart: Klett.

Europarat (2001): Gemeinsamer europäischer Referenzrahmen für Sprachen: lernen, lehren, beurteilen. Berlin u. a.: Langenscheidt.

Helmke, Andreas (2007): Unterrichtsqualität erfassen, bewerten, verbessern. Seelze: Kallmeyer.

Hinger, Barbara (2009): Diagnostik, Evaluation und Leistungsbewertung. In: Grünewald, Andreas/Küster, Lutz (Hg.): Fachdidaktik Spanisch. Seelze, Stuttgart: Kallmeyer, Klett, 269–310.

Klieme, Eckhard (Hg.) (2008): Unterricht und Kompetenzerwerb in Deutsch und Englisch: Ergebnisse der DESI-Studie. Weinheim, Basel: Beltz.

Neveling, Christiane (2000): Hörverstehen im Fremdsprachenunterricht. Psycholinguistische Grundsatzüberlegungen. In: Praxis des neusprachlichen Unterrichts 47: 3–9.

Selinker, Larry (1972): Interlanguage. In: International Review of Applied Linguistics in Language Teaching 10/1: 209–231.

Internet

Bayrisches Staatsministerium für Unterricht und Kultus (2007): Schulordnung für die Gymnasien in Bayern (Gymnasialschulordnung – GSO) vom 23. Januar 2007. http://by.juris.de/by/gesamt/GymSchulO_BY_2007.htm#GymSchulO_BY_2007_P54.

240

Consejo de Europa: Marco común europeo de referencia para las lenguas: aprendizaje, enseñanza, evaluación. Madrid: Ministerio de Educación, Cultura y Deporte. http://cvc. cervantes.es/ensenanza/biblioteca_ele/marco/cvc_mer.pdf.

Ministerium für Bildung, Jugend und Sport Land Brandenburg (2006): Rahmenlehrplan für den Unterricht in der gymnasialen Oberstufe. Spanisch. http://bildungsserver. berlin-brandenburg.de/fileadmin/bbb/unterricht/rahmenlehrplaene_und_curriculare_ materialien/gymnasiale_oberstufe/rlp/pdf/RLP_Spanisch.pdf.

Instituto Cervantes (2010): Diplomas de Español como Lengua Extranjera. DELE. Español con garantías. Información general. Convocatorias de 2010. http://diplomas.cervantes.es/ docs/ficheros/201001210001_7_6.pdf.

Kultusministerkonferenz (2003): Bildungsstandards für die erste Fremdsprache (Englisch/ Französisch) für den mittleren Schulabschluss. Beschluss vom 4.12.2003. http://www. kmk.org/schul/Bildungsstandards/1.Fremdsprache_MSA_BS_04-12-2003.pdf.

Sachregister

Die Verweise beschränken sich auf die Seiten, auf denen Definitionen und Erläuterungen sowie Problem- und Anwendungskontexte des jeweiligen Begriffs zu finden sind.

Text- und Abbildungsverzeichnis

Text 1.1: Rivas, Manuel (2004): La lengua de las mariposas. Berlin: Cornelsen, S. 6, 9–10 (nach: ders. (1995): ¿Qué me quieres, amor?).

Text 2.4: http://www.absn.de/boell-stiftung-lehrerprofessionalitaet.pdf.

Text 2.5: Lipowsky, Frank (2006): Auf den Lehrer kommt es an. Empirische Evidenzen für Zusammenhänge zwischen Lehrerkompetenzen, Lehrerhandeln und dem Lernen der Schüler. In: Allemann-Ghionda, Cristina/Terhart, Ewald (Hg.): Kompetenzen und Kompetenzentwicklung von Lehrerinnen und Lehrern: Ausbildung und Beruf. Weinheim und Basel: Beltz, S. 47–70. (Zeitschrift für Pädagogik, 51. Beiheft).

Text 3.1: Lepiorz, Gerhard (1984): Weltsprache Spanisch. Lehr- und Übungsbuch. 14. Auflage. München: Hueber, S. 231.

Text 3.2: Ebd., S. 5.

Text 3.3: Halm, Wolfgang/Abeijón, Alfonso/Stürckow, Máximo (1973): Spanisch für Sie. Ein moderner Sprachkurs für Erwachsene. Band 1. München: Hueber, S. 58.

Text 3.4: Rojo Sastre, Antonio José/Rivenc, Paul/Ferrer, Adán (1976): Vida y Diálogos de España. Primer grado. Libro de imágenes. Paris: Didier, S. 16.

Text 3.5: Piepho, Hans-Eberhard (1973): Moderne Unterrichtsgestaltung. Stundenvorbereitung Englisch für die Klassen 5–10. 30 Beispiele. Limburg: Frankonius, S. 22 f.

Text 3.6: Bayerisches Staatsministerium für Unterricht und Kultus (2004): Lehrplan für das Gymnasium in Bayern. Fachprofile Moderne Fremdsprachen. http://www.isb-gym8-lehrplan.de/contentserv/3.1.neu/g8.de/index.php?StoryID=26366.

Text 4.1: Görrissen, Margarita/Häuptle-Barceló, Marianne/Sánchez Benito, Juana (2006): Caminos plus 2. Lehrbuch. Stuttgart: Klett, S. 64.

Text 4.2: Martinez, Hélène (2008): Lernautonomie und Sprachenlernverständnis. Eine qualitative Untersuchung bei zukünftigen Lehrerinnen und Lehrern romanischer Sprachen. Tübingen: Narr. (Giessener Beiträge zur Fremdsprachendidaktik), S. 304 f.

Text 4.3: Martos Villa, Pilar u. a. (2006): ¿Qué pasa? Band 1. Für Klasse 6 und 7 an Gymnasien und Gesamtschulen. Braunschweig: Diesterweg, S. 157.

Text 5.1: Hessisches Kultusministerium (2010): Lehrplan Spanisch. Gymnasialer Bildungsgang. Jahrgangsstufen 6G bis 9G und gymnasiale Oberstufe, S. 40. http://www.hessen.de/irj/HKM_Internet?cid=ac9f301df54d1fbfab83dd3a6449af60.

Text 5.2: Bayerisches Staatsministerium für Unterricht und Kultus (1992): Lehrplan für das bayerische Gymnasium. Fachlehrplan für Spanisch. In: Amtsblatt des Bayerischen Staatsministeriums für Unterricht und Kultus, Teil I. Sondernummer 4. München, 29. Januar 1992, S. 250.

Text 5.3: Ministerium für Schule und Weiterbildung, Wissenschaft und Forschung des Landes Nordrhein-Westfalen (Hg.) (1999): Sekundarstufe II, Gymnasium/Gesamtschule. Richtlinien und Lehrpläne. Spanisch. In: Schriftenreihe Schule in NRW, Nr. 4707. Frechen: Ritterbach, S. 10.

Text 5.4: Ebd., S. 18.

Text 5.5: Ebd., S. 52.

Text 5.6: Consejo de Europa (2002): Marco común europeo de referencia para las lenguas: aprendizaje,enseñanza, evaluación. Madrid: Ministerio de Educación, Cultura y Deporte. http://cvc.cervantes.es/ensenanza/biblioteca_ele/marco/cvc_mer.pdf, S. 26.

Text 5.7: Gebhard, Friede u. a. (2007): ¿Qué pasa? Cuaderno de actividades 1. Frankfurt: Diesterweg.

Text 5.8: aus: Vences, Ursula/Meißner, Franz-Joseph: Kompetenzaufgabe zum Schwerpunkt Hörverstehen: El mundo de los alumnos ayer y hoy en día In: Meißner, Franz-Joseph/Tesch, Bernd (Hg.): Spanisch kompetenzorientiert unterrichten, S. 172–183, hier S. 175 © 2010 Kallmeyer in Verbindung mit Klett/Friedrich Verlag GmbH, Seelze.

Text 5.9: aus: Vences, Ursula/Meißner, Franz-Joseph: Kompetenzaufgabe zum Schwerpunkt Hörverstehen: El mundo de los alumnos ayer y hoy en día In: Meißner, Franz-Joseph/Tesch, Bernd (Hg.): Spanisch kompetenzorientiert unterrichten, S. 172-183, hier S. 181 © 2010 Kallmeyer in Verbindung mit Klett/Friedrich Verlag GmbH, Seelze.

Text 5.10: Hessisches Kultusministerium (2010): Lehrplan Spanisch. Gymnasialer Bildungsgang. Jahrgangsstufen 6G bis 9G und gymnasiale Oberstufe, S. 48. http://www.hessen.de/irj/HKM_Internet?cid=ac9f301df54d1fbfab83dd3a6449af60.

Text 6.1: Mayer, Ana (2002): El mundo de Santiago. Lima: Centro de Documentación e Información de Literatura Infantil, S. 42 f. http://www.childrenslibrary.org/icdl/BookPreview?bookid=maymund_00510055&route=text&lang=Spanish&msg=&ilang=English.

Text 6.2: Hausburgschule. Staatliche Europa-Schule Berlin (2009): Schulprogramm der Hausburgschule. November 2009, S. 14. http://www.hausburgschule.cidsnet.de/Schule/PDF/Schulprogramm_2009.pdf.

Text 7.1: Doyé, Peter (2009): Didaktik der bilingualen Vorschulerziehung. Dargestellt am Beispiel der vorschulischen Einrichtungen in Berlin und Wolfsburg. Tübingen: Narr, S. 114. (Giessener Beiträge zur Fremdsprachendidaktik).

Aufgabe 8.5: © ¡Adelante! Nivel elemental; Barquero, Antonio; Ernst Klett Verlag GmbH, Stuttgart 2010, S. 87. MEV Verlag GmbH, Augsburg, Bildnummer: MEV45034.

Text 8.1: Europarat (2001): Gemeinsamer europäischer Referenzrahmen für Sprachen: lernen, lehren, beurteilen. Berlin u. a.: Langenscheidt, S. 63.

Text 8.2: Ebd., S. 78.

Text 8.3: Ebd., S. 93.

Text 8.4: Ebd., S. 74.

Text 8.5: Spanisch Leistungskurs: Beispiel zur kombinierten Aufgabe (Thema und Aufgabenstellung), S. 2; (Lösungs- und Bewertungshinweise), S. 1. http://www.hessen.de/irj/HKM_Internet?cid=bca588b90975f291a162385dd543b6c7.

Text 8.6: Europarat (2001): Gemeinsamer europäischer Referenzrahmen für Sprachen: lernen, lehren, beurteilen. Berlin u. a.: Langenscheidt, S. 62 f.

Text 8.7: Nach Oxford, Rebecca L. (1990): Language Learning Strategies. What every teacher should know. Boston, MA: Heinle & Heinle, S. 17.

Text 8.8: Ministerium für Kultus, Jugend und Sport Baden-Württemberg (2004): Bildungsplan Gymnasium. Spanisch (3. Fremdsprache), S. 358. http://www.bildung-staerkt-menschen.de/service/downloads/Bildungsstandards/Gym/Gym_S_3f_bs.pdf.

Text 9.1: Freie und Hansestadt Hamburg. Behörde für Bildung und Sport (2003): Rahmenplan Neuere Fremdsprachen. Französisch, Spanisch. Bildungsplan Realschule Sekundarstufe I, S. 13 f. http://www.hamburg.de/contentblob/2512154/data/zweite-fremdsprache-hr-sek-i.pdf.

Text 9.2: aus: Neveling, Christiane: Lernstrategie: Wörternetze In: Der Fremdsprachliche Unterricht Französisch Nr. 90, S. 2–8, hier S. 6. © 2007 Friedrich Verlag GmbH, Seelze.

Text 10.1: Lepiorz, Gerhard (1983): Weltsprache Spanisch. München: Hueber, S. 43.

Text 10.2: Görrissen, Margarita u. a. (2005): Caminos plus 1. Lehrbuch. Stuttgart: Klett, S. 75.

Text 10.3: Benedetti, Mario (1990): Despistes y franquezas. Madrid: Alfaguara, S. 72.

Text 10.4: Balser, Joachim u. a. (2008): ¡Apúntate! 1. Método de español. Berlin: Cornelsen, S. 94.

Text 10.5: Reumuth, Wolfgang/Winkelmann, Otto (2006): Praktische Grammatik der spanischen Sprache. Neubearbeitung. 5. Auflage. Wilhelmsfeld: gottfried egert verlag, S. 212.

Text 10.6: Balser, Joachim u. a. (2008): ¡Apúntate! 1. Método de español. Berlin: Cornelsen, S. 33.

Text 10.7: Gloria Fuertes, Mujer de verso en pecho. Madrid: Cátedra, 1996. In: Bade, Peter u. a. (2006): Línea Verde 1. Stuttgart, Leipzig: Klett, S. 29.

Text 10.8: Musik & Text: Shakira, Luis Ochoa © I Foreign Imported Prod. And Publishing, Sonido Azulado/Universal Music Publishing GmbH © Sony/ATV Music Publishing (Germany) GmbH.

Text 11.1: Görrissen, Margarita u. a. (2006): Caminos plus 2. Lehrbuch. Barcelona u. a.: Klett, S. 55.

Text 11.2: Hessisches Kultusministerium (2010): Lehrplan Spanisch. Gymnasialer Bildungsgang. Jahrgangsstufen 6G bis 9G und gymnasiale Oberstufe. http://www.hessen.de/irj/HKM_Internet?cid=ac9f301df54d1fbfab83dd3a6449af60, S. 2 f.

Text 11.3: Consejo de Europa (2002): Marco común europeo de referencia para las lenguas: aprendizaje,enseñanza, evaluación. Madrid: Ministerio de Educación, Cultura y Deporte. http://cvc.cervantes.es/ensenanza/biblioteca_ele/marco/cvc_mer.pdf, S. 11 f.

Text 11.4: Marín Barrera, Sara u. a. (2003): Encuentros 1. Nueva edición. Lehrwerk für den Spanischunterricht. Berlin: Cornelsen, S. 62. Foto © Held.

Text 11.5: Ebd., S. 110. Foto © S. Hartig.

Text 11.6: Páez, Enrique (1994): Abdel. Madrid: Ed. SM, 12–15.

Text 12.1: Bayrisches Kultusministerium (2006): Lehrplan für das Gymnasium in Bayern. Moderne Fremdsprachen. http://www.isb-gym8-lehrplan.de/contentserv/3.1/g8.de/index.php?StoryID=26366. http://www.isb-gym8-lehrplan.de/contentserv/3.1.neu/g8.de/index.php?StoryID=26514.

Text 12.2: Ebd.

Text 12.3: Ebd.

Text 12.4: Vargas Llosa, Mario (2008): El hablador. Madrid: Alfaguara, S. 13–15.

Text 12.5: Lope de Vega (1998): Rimas humanas y otros versos. Biblioteca Clásica, 52. Barcelona: Crítica, S. 295.

Text 12.6: aus: Rössler, Andrea: Literarische Kompetenz. In: Meißner, Franz-Joseph/Tesch, Bernd (Hg.): Spanisch kompetenzorientiert unterrichten, S. 131–136, hier S. 133 f. © 2010 Kallmeyer in Verbindung mit Klett/Friedrich Verlag GmbH, Seelze.

Text 13.1: Hessisches Kultusministerium (2010): Lehrplan Spanisch. Gymnasialer Bildungsgang. Jahrgangsstufen 6G bis 9G und gymnasiale Oberstufe. http://www.hessen.de/irj/HKM_Internet?cid=ac9f301df54d1fbfab83dd3a6449af60, S. 13, 25, 37.

Text 13.2: Krumm, Hans-Jürgen (1994): Stockholmer Kriterienkatalog. In: Kast, Bernd/Neuner, Gerhard (Hg.): Zur Analyse, Begutachtung und Entwicklung von Lehrwerken für den fremdsprachlichen Deutschunterricht. Berlin u. a.: Langenscheidt, S. 100–104, hier S 104.

Text 13.3: Bade, Peter u. a. (2007): Línea verde 2. Stuttgart, Leipzig: Klett, S. 32 © Línea verde 2; Koch, Sabine; Ernst Klett Verlag GmbH, Stuttgart 2007.

Aufgabe 13.4: Béjar Hurtado, Lorenzo (1978): ¡vamos, amigos! Lehrbuch 1. Berlin u. a.: Langenscheidt.

Masoliver, Joaquín u. a. (1990): ¡Eso sí! I. Stuttgart u. a.: Klett.

Pérez, Petronilo u. a. (2002): Puente nuevo. Band 1. Frankfurt am Main: Diesterweg.

Ainciburu, Maria Cecilia u. a. (2009): Con dinámica. Competencias y estratégias. Stuttgart: Klett.

Text 13.4: Béjar Hurtado, Lorenzo (1978): ¡vamos, amigos! Lehrbuch 1. Berlin u. a.: Langenscheidt, S. 47.

Text 13.5: Balser, Joachim u. a. (2008): ¡Apúntate! Método de español. Berlin: Cornelsen, S. 8.

Text 13.8: Steveker, Wolfgang u. a. (2006): Punto de vista. Texte und Aufgaben für die Oberstufe. Berlin: Cornelsen, S. 220.

Text 14.1: Ministerium für Bildung, Jugend und Sport Land Brandenburg (2006): Rahmenlehrplan für den Unterricht in der gymnasialen Oberstufe. Spanisch. http://bildungsserver.berlin-brandenburg.de/fileadmin/bbb/unterricht/rahmenlehrplaene_und_curriculare_materialien/gymnasiale_oberstufe/rlp/pdf/RLP_Spanisch.pdf, S. 7 f.

Text 14.2: Ebd., S. 15.

Text 14.4: Bayrisches Staatsministerium für Unterricht und Kultus (2007): Schulordnung für die Gymnasien in Bayern (Gymnasialschulordnung – GSO) vom 23. Januar 2007. http://by.juris.de/by/gesamt/GymSchulO_BY_2007.htm#GymSchulO_BY_2007_P54.

Text 14.6: Bayrisches Staatsinstitut für Schulqualität und Bildungsforschung in München (ISB) (http://www.isb-gym8-lehrplan.de/contentserv/3.1/g8.de/index.php?StoryID=26786): © ALP/Multiplikatoren, ISB, Mayrhofer (Landeskoordinatorin Moderne FS).

Text 14.7: Ainciburu, Maria Cecilia u. a. (2009): Con dinámica. Competencias y estratégias. Stuttgart: Klett, S. 142. Fotos: istockphoto, Dateinr.: 4955552 © arturbo, Dateinr.: 10051435 © Pedro Antonio Salaverría Calahorra.

Text 14.8: http://diplomas.cervantes.es/general/formato.jsp.

Leider konnten nicht alle Rechteinhaber ermittelt werden. Rechtmäßige Ansprüche können beim Verlag geltend gemacht werden.